美国田径协会初级教练员职业资格考试培训专用教材

美国田径协会
田径训练教学指导

[美] 美国田径协会（USA Track & Field） 著　[美] 威尔·弗里曼（Will Freeman） 主编
李志宇 译

U0734025

人民邮电出版社
北京

图书在版编目（CIP）数据

美国田径协会田径训练教学指导 / 美国田径协会著；
（美）威尔·弗里曼（Will Freeman）主编；李志宇译
. —— 北京：人民邮电出版社，2020.4
ISBN 978-7-115-52573-4

Ⅰ. ①美… Ⅱ. ①美… ②威… ③李… Ⅲ. ①田径运
动—运动训练—教学研究 Ⅳ. ①G820.2

中国版本图书馆CIP数据核字(2019)第263987号

版权声明

免责声明

作者和出版商都已尽可能确保本书技术上的准确性以及合理性，并特别声明，不会承担由于使用本出版物中的材料而遭受的任何损伤所直接或间接产生的与个人或团体相关的一切责任、损失或风险。

内 容 提 要

　　田径运动素有"运动之母"的美称，而良好的教学资源是保障各院校及专业运动队顺利开展此类项目的关键，其中教练员则是其中至关重要的一环。本书由美国田径协会与9位运动训练相关领域的专业人士合力打造，旨在为教练员提供一本基础理论系统全面、技术讲解细致详尽、案例演示清晰明了的教学指导书。全书不仅讲解了运动心理学、运动生物力学、运动生理学等基础理论，还针对跑、跳、投三个项群的短跑、接力、竞走、跨栏、跳远、跳高、铅球、铁饼等13个田径项目的训练原则、技术技巧、训练方法及训练计划进行了细致解读，无论您是学校的体育老师、基层教练员，还是专业队教练员，都能从本书中有所获益。

◆ 著　　　[美] 美国田径协会（USA Track & Field）
　　主　编　[美] 威尔·弗里曼（Will Freeman）
　　译　　　李志宇
　　责任编辑　林振英
　　责任印制　周昇亮

◆ 人民邮电出版社出版发行　　北京市丰台区成寿寺路 11 号
　　邮编　100164　　电子邮件　315@ptpress.com.cn
　　网址　http://www.ptpress.com.cn
　　北京天宇星印刷厂印刷

◆ 开本：700×1000　1/16
　　印张：23　　　　　　　　　　2020 年 4 月第 1 版
　　字数：530 千字　　　　　　　2025 年 9 月北京第 22 次印刷
　　著作权合同登记号　图字：01-2017-3625 号

定价：128.00 元
读者服务热线：(010)81055296　印装质量热线：(010)81055316
反盗版热线：(010)81055315

目　录

扫描右侧二维码添加企业微信。

1. 首次添加企业微信，即刻领取免费电子资源。

2. 加入体育爱好者交流群。

3. 不定期获取更多图书、课程、讲座等知识服务产品信息，以及参与直播互动、在线答疑和与专业导师直接对话的机会。

译者序

在不同的历史时期，中国田径总能在世界赛场上获得令人惊喜的成绩，特别是在伦敦奥运会结束后的几年里，中国田径在走、跑、跳、投等各个项目上实现了全面的突破：里约奥运会竞走项目独得两金；苏炳添将男子百米的黄种人纪录提升到9秒91这个举世瞩目的高度；男子跳远有3人跳出了8.40米以上的成绩，4个女子投掷项目全面爆发，其他项目也都取得了长足的进步……这一切，既是国内广大教练员和运动员勇于挑战、顽强拼搏的成果，也得益于国家田管中心"走出去、请进来"的发展战略，对国外最新训练理念的引入和方法手段的运用，以及国外顶尖教练员的支持和帮助，特别是在向田径项目领先国家学习的过程中，很多国内教练员融会贯通、洋为中用，使我国田径项目训练水平得到了快速的提升。在中国田径界同人的共同努力下，我们的很多个项目已达到了世界先进水平，并开创了今天这样一个群星闪耀的时代。

跟随国家田径队的脚步，各省市专业队陆续走出国门，不同肤色的教练员也越来越多地出现在了国内比赛的赛场上。各级别体校和学校教练员开始通过各种途径寻找各种国外先进的教学资源，不断放眼世界、不断充实提高理论水平，中国田径界形成了高涨的学习和钻研热潮。我以翻译身份随黑龙江田径队赴美训练期间，在与美国同行交流学习时，看到了这本美国田径协会编制的教练员培训手册。这是一本美国田径协会初级教练员职业资格考试的培训教材，它对所有田径项目进行了系统介绍，通过这本书，读者既可以了解美国田径训练体系的框架，又可以一窥每个项目的训练细节。他山之石，可以攻玉，看到这本书时，我便萌生了将之引入国内的想法，希望它能够为中国田径项目的发展带来小小裨益，在人民邮电出版社的支持和帮助下，这本书即将付梓，我的内心充满感激和欣慰。

这本书在前两部分介绍了田径训练的基本原则和重要的基础理论知识。几位学识渊博、经验丰富的专家，以结合训练实践的形式，对田径训练的各个学科进行了系统和简单明了的讲解。对于训练实践能力较强，但在基础理论上相对欠缺的教练员，这部分内容正是以最短的篇幅，为他们提供了最重要的理论知识，在我看来，掌握它们定会对开展训练起到进一步的促进作用。

这本书在后三个部分，分别针对跑、跳、投三个项群的所有田径项目，在技术分解、训练方法手段和计划安排等方面进行了系统的阐述，负责编写每一个项目的作者都是在各自领域功勋卓著的一线教练员，他们对项目的技术讲解力求详尽，选择的训练手段突出基础性和实用性，同时还给出了不同训练阶段的训练计划样例。无论读者是学校体育教师、基层教练员，还是专业队教练员，相信读过这本书后，都能够获得有益的参考和启发。

这本书涉及了几乎所有的田径项目，在对一些技术十分复杂的动作进行描述时，有些概念和专有名词没有与之相对应的中文词语。严谨起见，我就有关内容请教了多名国内的一线训练专家，但在很多用词上仍然没能达成一致。这给翻译工作带来了很大困难，我只好采用直译的方法，尽最大努力将文章原意表达清楚。同时，限于个人水平和经验，在翻译中亦会有错讹疏漏之处，敬请广大读者、专家和同人批评指正，不胜感激。

李志宇

序

弗恩·甘贝塔（Vern Gambetta）

训练是所有运动项目持久发展的基石。一个有效的教练员培养计划是高水平训练的基础。在美国田径协会教练员培养计划发起30周年之际，出版发行一本全新的、再次修订的教学手册是正合时宜的。这本书为所有田径项目的训练提供了纲要和方法，同时介绍了与训练相关的运动心理学、运动生理学和运动生物力学等方面的知识。它原本是为初级教练员提供的培训课本，但在我看来，它的作用远不止于此。由于它的广度和深度，它同时可以为各级别的教练员提供基本技术、训练方法和支持学科等方面的参考。它的优点在于，它是一本教练员写给教练员的参考书，这使其具备权威性。

在这里有必要对美国田径协会教练员培养计划进行简要的概述。从根本上说，这项计划开始于我与班尼·瓦格纳（Berny Wagner）的一次谈话。那时他是美国田径联盟的行政主管，当他成为美国田径联合会（TAC，美国田径协会的前身）的国家队教练和联络人后，我们又继续讨论了这一计划的必要性。1981年在里诺召开的美国田径联合会年度会议上，班尼（Berny）带着这项计划联络我和盖瑞·温克勒（Gary Winckler）、乔·维吉尔（Joe Vigil）、阿尔·巴耶塔（Al Baeta），我们一起进行了讨论，并成立了一个专门委员会。它从属于男子和女子田径委员会，专门负责研究开展教练员培养计划的可行性，身为委员会主席的约翰·伦道夫（John Randolph）和哈蒙·布朗（Harmon Brown）分别负责男

女项目，他们不辞辛苦地支持这一项目的开展。在第二年，我们研究了其他国家的培养计划和美国独特的教练员培养需求，在此基础上建立了培养计划的框架，它由三个级别的教学体系构成。

在1982年费城举办的美国田径联合会年度会议上，我们提交了这一计划，并获得通过。我被指派为教练员培训委员会主任，这一委员会成员还包括乔·维吉尔（Joe Vigil）和盖瑞·温克勒（Gary Winckler）。1983年，我们选择并组建了教练员团队，同时制定了课程大纲。当年12月，我们在长滩的加利福尼亚州立大学召集了所有教练员并组织了培训，同时对课程进行了复审、校订并最终定稿。初级教练员培训课程的每一部分内容都经历了现场介绍、评判和校订的过程，不知不觉我们就完成了这一不朽的工作。1984年1月，首个初级教练员培训学校正式成立。1986年12月，首个中级教练员培训学校在科罗拉多斯普林斯的奥林匹克训练中心正式成立。在过去的30年间，已有超过30000人获得了初级教练员培训证书。

没有人享有报酬，整个项目的3000美元启动资金来自男子和女子项目发展委员会。这3000美元的资金，促成了美国田径协会最成功的计划项目。这说明内心的驱动、决心、奉献精神和对梦想的坚持能够共同促进一项事业的成功。

这本书是这个项目的另一个里程碑，它代表初级教练员培训课程最重要的修订和升

级后的成果，这个项目的未来是令人振奋的。这本书将培训教练员在教学和统一专业术语上发挥主要作用。

提高教学水平的征程开始于这本书的第1部分，这部分讨论了关于这个令人兴奋的基础性体育项目的教学基本原则。教练员如何影响运动员，并把他们带入这个项目上来？教练员如何保持诚实并鼓励运动员以正确的方式取得胜利？在这本书第1部分中，瑞克·麦克奎尔（Rick McGuire）和威尔·弗里曼（Will Freeman）针对这些问题给出了答案。

第2部分介绍了与田径训练相关的基础学科，包括机体在运动中和最佳的训练实践中相关的心理学、生物力学和生理学知识。弗里曼（Freeman）、罗伯特·查普曼（Robert Chapman）和我一起对这一主题进行了探讨，并以简单易懂的方式提供了非常专业的信息。

第3部分介绍了径赛和接力项目，包括短跑、接力、耐力、竞走和跨栏项目。乔·罗杰斯（Joe Rogers）、乔·维吉尔（Joe Vigil）和安德鲁·奥尔登（Andrew Allden）3位教练员对径赛项目进行了全面的介绍。

第4部分是关于跳跃项目的介绍，包括撑竿跳高、跳远、三级跳远和跳高等项目。杰里米·费希尔（Jeremy Fischer）在这个领域的专业水准是帮助教练员使他们的运动员跳得更高更远的关键。

最后，在第5部分，劳伦斯·贾奇（Lawrence Judge）对包括铅球、铁饼、链球和标枪在内的所有投掷项目进行了讲解。他阐述了训练不同项目运动员的主要不同点和相似之处，以及如何制定个性化的训练计划来优化、提升运动员的表现。

注意：很多田径项目是以米为测量单位的，米这个距离单位与码相差不多，本书中有些涉及用米做单位的描述（例如在一项技术练习中在30米处放置锥筒），你也可以换成码。

初级教练员培训计划在全美范围内对训练的质量和深度产生了一定的影响。在特里·克劳福德（Terry Crawford）的帮助下，威尔·弗里曼（Will Freeman）将此项工作开展得如此出色，势必将在推动项目的发展上取得非凡的成就。

致 谢

本书是由一个杰出的教练员团队集体协作完成的成果。乔·维吉尔（Joe Vigil）、弗恩·甘贝塔（Vern Gambetta）、乔·罗杰斯（Joe Rogers）、拉里·贾奇（Larry Judge）、杰里米·费希尔（Jeremy Fischer）、罗伯特·查普曼（Robert Chapman）、瑞克·麦克奎尔（Rick McGuire）和安德鲁·奥尔登（Andrew Allden）等教练员对美国田径协会之前的初级教练员培训课程进行了改进和增补。这个优秀团队中的所有高级讲师和教练员多年来一直投身于训练前线。同样，还要重点感谢伊恩·沃特利（Ian Whatley）、莱恩·亨特（Iain Hunter）和达夫·米尔斯（Dave Mills），他们为耐力和竞走项目章节做出了重要贡献。

特别要感谢美国田径协会的教练员主管特里·克劳福德（Terry Crawford），以及人体运动出版社的全体成员，他们为本书的出版提供了很大的帮助。

弗恩·甘贝塔（Vern Gambetta）、乔·维吉尔（Joe Vigil）、阿尔·贝耶塔（Al Baeta）、丹·普法夫（Dan Pfaff）、鲍勃·迈尔斯（Bob Myers）、盖瑞·温克勒（Gary Winckler）、瑞克·麦克奎尔（Rick McGuire）、拉尔夫·韦尔纳基亚（Ralph Vernacchia）、乔治·邓恩（George Dunn）、盖瑞·威尔逊（Gary Wilson）、菲尔·伦丁（Phil Lundin）以及凯文·麦吉尔（Kevin McGill）等高级讲师和教练员同样参与了美国田径协会教练员培养计划的开发和设计，他们的深刻见解已经激励和鼓舞了无数人走向专业的教练员岗位。

威尔·弗里曼（W. F.）

第1部分

田径教学的基本原则

第1章

积极的教学

瑞克·麦克奎尔（Rick McGuire）博士

首先要仔细考虑田径教练员所扮演的角色。大部分教练员把教学资源集中于指导田径训练的角色上，而很少关注对人的教育方面。然而，教练员并不是训练短跑项目、跳高项目或是其他田径项目，而是要指导短跑运动员、跳高运动员以及其他田径运动员。因此，"教练员"这个定义中的一个挑战在于如何构建一个完整的人，这是一项艺术与科学相结合的挑战。因此，教练员所做的每一件事都应该集中于帮助每一名运动员成为更好的、更自豪的、更幸福的、更高效的、更满足的人。

基于美国国家奥委会高水平运动员分部和美国田径协会的指引，本章的内容反映了以科学为基础、以运动员为中心、以教练员为驱动的主题，它从运动心理学、积极心理学和传统训练理论等角度给出了一些非常好的理念。

作为一名教练员意味着你所要做的事情要远远多于指导项目的训练。教学的过程就

教学过程包含的不仅仅是技战术训练

3

是与另一个人（或另一些人）建立关系的过程。在这个过程中通过传授、分享、指导来帮助运动员做得更好。教学涵盖讲授、引导、鼓励、塑造、信任、关心、分享、付出、原谅、期望、尊重、示范、服务以及激励等各个方面。

哲　学

哲学是指一个人在做出决定时所采用的独特的信念框架。一个教练员的训练哲学是由他的背景、经验和所受的教育共同塑造的，同时也是他个人价值观的具体反映。

训练运动员的目标

教练员是运动员的老师、训练员和指导员，他们教会并完善运动员的技术，以期望运动员能够完全开发他们的潜力。教练员还帮助运动员的成长、开发他们的心理和社会能力。训练过程中教练员和运动员之间保持相互合作、相互尊重的关系，随着运动员在这种关系中的成长，当他们准备好时，他们将在训练中逐渐承担更重要的角色。

教练员应该采用以运动员为中心的哲学，运动员的进步和良好表现是教练员应该考虑的首要问题。"运动员第一，比赛第二"的口号正是反映了这种哲学。做任何决定时应该考虑是否会给运动员带来积极的影响，使他们在比赛中获胜或带来其他方面的成功。教练员必须抵制短期利益的诱惑，以免损害运动员的人身安全、运动生涯和个人的长期发展。训练方式反映了一个教练的个人价值观。对于教练员来说，一个有效的方法是经常问自己，我为什么训练？是什么驱使我训练？

灌输积极的价值观

参加一项好的体育运动能够获得很多益处，且不谈外在的好处，正确的价值观在运动中也能得到传授和增强。家长、教练和其他利益相关方应当传递积极的、支持性的信息，由于这些经验的价值，教练应当找到让大家参与运动的途径，包括那些弱势群体。以下是参与运动所带来好处的清单。

- **塑造健康的体魄**。运动会给身体的健康带来非常大的好处。教练员在管理本项目以及与运动员交流时，应培育一种终身锻炼的积极态度，这样运动员一旦正式结束运动生涯，他们仍能保持积极的健身活动。

- **促进心理健康发育**。通过参与体育运动可以在心理发育领域得到很多收获。体育运动为年轻人学习竞争并接受竞争结果提供了环境。养成正确面对成败的态度为培育更好的性格提供了机会。获胜应被看作一次积极参与运动的副产品，失败应被看作是一次改变、学习和成长的机会。通过一次失败的尝试而明白了问题的解决方法，这是一个有益的性格培养过程。教练员应该帮助运动员把他们在运动中的收获应用到生活的其他领域。

- **培养积极的社交能力**。教练员应该通过运动环境，培养运动员的社交能力。体育运动为教育运动员诚实、尊重他人、优雅地面对输赢、对自己的行为负责提供了机会。

- **平衡生活**。体育运动为工作和学习提供了平衡，同时为挑战自我、提高自我提供了健康的机制。

- **享受乐趣**。除了以上好处，体育运动为所有不同年龄参与者提供了积极的消遣和健康的娱乐方式。如果运动员喜欢田径运动，并喜欢参与这个项目的训练和比赛，随着年龄增大，他们将更有可能继续参与这项运动。

运动心理学和
积极心理学的融合

运动员通过教练员接触运动项目，教练员像一名环境工程师一样给运动员设计并传递运动经验。教练员通过他们能说的和不能说的、能做的和不能做的、允许的和不许的行为来传递运动经验，教练员的意图、教导、行为以及个人魅力深深地影响着运动员的想法。积极的教学是指有意开发运动员所必需的心理和情感技能以及身体和技战术能力。对于那些想让运动员获得最佳竞技表现的教练员，积极的教学原则告诉他们"怎么教"和"教什么"同样重要。

无论是训练场内还是训练场外，积极的教学原则通过指导和塑造通向成功的过程来培养有竞争力的运动员和团队。积极的教学原则强调塑造人，永远不要拆毁人。

积极的教练员要做到以下几个方面。

- 发现并纠正错误。
- 给出建设性的指导意见。
- 具有热情。
- 严格要求。
- 期望运动员集中注意力并付出最大的努力。

积极的教练员永远不会打击运动员的情绪，培养运动员的竞争力和自信心是首要目标，这要求教练员每天要用各种手段来确保运动员的良好精神状态。

为了获取成功，教练员必须明白两个关键的心理学概念：内在动机和自我价值。积极的教学原则必须持续不断、始终如一地在两方面加强培养，增强内在动机和自我价值是教练员的首要执教意图。

交流是训练的一个主要组成部分，好的教练员同时也是好的沟通者。积极的教练员对运动员必须严格要求，但不能贬损人格，当运动员有需求时，教练员应给予积极的沟通。

积极的教学涉及以下几个方面。

- 追求卓越。
- 获取最佳竞技表现能力。
- 培养和塑造通往成功的过程。
- 领导成员成为一个高效的团队。
- 培育内在动力。
- 与有交流需求的运动员及时沟通。
- 尊重和保护每一个运动员的自我价值。
- 严格要求但不能贬损人格。
- 激发运动员的欲望，但不能打击他们的情绪。
- 认识到赢得比赛真的非常重要，因为每一个运动员都想成为人生的赢家。

积极的教练员从不找借口，他们只注重行动，他们把自己的每一名运动员都训练得更好。以下是关于积极教学的六步关键原则。

第一步：找到内心的召唤

教练员要找到自己内心的召唤，挑战自我来探索自己的本质，思考自身最基本的价值和原则，认真考虑和充分辨识为什么要执教，进而写出自己的执教哲学。由此将训练的目的形成文字。花时间来考虑这些重要的事情十分必要。一个人生存的价值和原则严重影响他的执教风格，进而给他所执教的运动员带来影响。

教练员最好利用一些安静的时间制作一

个最重要的个人价值追求的清单，思考并将它们排序。一名教练员的训练哲学就是他们的价值追求驱动自身行为的反映。

就像总是期望运动员被激励着做到最好一样，教练员也应以一个学习者的热情塑造谦逊的性格，优秀的教练员总是那些不断学习的人。

教练员应该认真考虑他们的执教风格如何反映他们所秉持的价值观念。尽管赢得比赛重要，但首先赢得运动员的信任更重要。教练员是运动员的直接模范，所以自己本身应该不断地培养和塑造积极的性格。

第二步：构建基础

使运动员感觉有竞争力、获得感和归属感是非常重要的，所有这些都应该在教练员的指引和监督之下逐步建立。教练员的角色对每一名运动员都是非常重要的，彼此间关系对于双方都是意义重大的。

面对比赛时，一个健康的心态是发挥最佳水平的基础，在运动员如何看待比赛上，教练员扮演了重要的角色。比赛一词来自两个古希腊单词，合在一起的意思是"与某人抗争"或"与某人共同努力"，通过比赛，参与者共同努力达到自己的最佳水平。不幸的是，很多比赛都被描绘成是一种零和过程，被界定为非赢即输。在这种情况下，对失败的恐惧变成主要驱动动机，这样会产生怀疑、焦虑、担忧和真正的恐惧。错误的想法会导致缺乏信心、注意力分散、缺乏专注、紧张以及失去信任。

研究表明享受乐趣是人们参与运动的主要动机，当运动员表现得非常好时，他们也在享受乐趣，分享他们最大的成就，与家人和朋友一起庆祝，让大家为自己的表现感到自豪，这种时刻是很难被拒绝的，而且乐趣会把他们带回来并做得更好！教练员的角色是发掘运动员享受乐趣的愿望。一个专注于卓越和进步的环境对于享受乐趣和进一步做得更好是有传导力的。

第三步：培育积极和 关爱的关系

积极的训练塑造一个完整的人，而不仅仅是训练运动员，教练员并不是训练跑步运动员、跳跃运动员和投掷运动员，而是训练那些练习跑步、跳跃和投掷的人。

合作是指与他人一起付出和分享，然而太多的人，包括运动员，仅关注于索取而不关注付出。我们无法控制自己能得到什么，然而，那些懂得付出和分享的人们却总是能控制他们能给予什么。他们能够控制向谁付出、付出什么、付出多少、付出的频率。最重要的是，他们能够控制为什么要付出。当人们不计回报无条件付出时，他们对自己的感觉会非常好。

尊重是训练哲学中非常重要的一部分，并且可以通过很多方式表现：尊重运动，尊重机会，尊重权威，尊重规则，尊重教练，尊重团队，尊重队友，尊重健康并保持机体充足的营养、足够的休息和保持高峰状态，尊重职责，尊重自己。尊重是对所有人的期望和要求，包括教练员！没有任何情况允许教练员不尊重他人，特别是对运动员。无礼的表现会破坏并扼杀敬意、依赖、信任、责任和内在动机，这些都是良好表现和获取成功的关键因素。尊重运动员能够培养敬意、依赖、信任、责任和内在动机。

授课时积极的、建设性的指导，会培育一个建设性的而不是破坏性的环境。以下是一些关于积极的、建设性的授课方式的建议，教练员在训练时可以采纳。

- 总是使用正面的指令。
- 总是强调如何正确地做事。
- 关注于正确的而不是错误的事情。
- 强调持续不断的、重复的、始终如一的练习的重要性。
- 指出仅仅训练不能达到完美。有计划、有目的、科学的训练才能提供达到完美的机会。
- 向运动员交流并解释，使他们有信心将来能够得到想要的知识、技术和能力。
- 经常性的肯定和鼓励。
- 庆祝进步。识别出运动员在走向成功的道路上的每一个小小进步，并为他们鼓掌。

应答和反应虽然相关，但却是两个不同的概念。反应是指即刻的不假思索的反射。应答是在做出回答前，已经对听到的、看到的和感觉到的事情进行了认真的思考。积极的教练员可以通过以下方式建立应答而不是反应机制。

- 仔细地、专心地倾听。
- 仔细地、专心地观察。
- 当看到运动员做正确的事情时给予赞美。
- 平衡积极的和消极的反馈。
- 保持镇静、控制情绪。

第四步：采用成长型思维

成长型思维是指在训练中或生活中，抱有的一种每个人每一天都能变得更好的认识和理解。成长型思维是建立在这样一种信条上的，每一名运动员今天的付出努力必定会带来明天更好的自己。

一个不可否认的事实是，运动员必须经过训练之后才能提高成绩。运动员能够控制准备和训练过程，注意力集中于训练表现（过程），而不是赢得比赛（结果），将给他们创造获得积极结果的最好机会。成功和获胜是紧密相关的，但它们不是一回事！成功来自在一个机能塑造过程中的积极努力。

回想我们在运动经历中曾获得的东西：美好的记忆、学到的课程、自豪感、满足感、终身的技能，这些东西只能通过持续地、不断地献身于一个高质量的训练过程才能得到。

研究表明，最强烈和最持久的动机是内在的。具有内在动机的运动员专注于成功（与避免失败和受罚相反），并总是保持积极的心态，从不消极懈怠。那些自信和自觉的运动员在关键时刻能够做出正确的决定，在需要时总能够有上佳的表现。想让运动员获得这些能力，必须在之前给他们做出重要决定的机会。教练员必须引导、鼓励并允许运动员自己做出关于自己、为了自己的决定。当运动员获得足够信心、自控能力和勇气去做出关于自己、为了自己的重要的、艰难的和良好的决定时，他们的自治能力就培养起来了。

教练员喜欢控制，但是控制通常会剥夺运动员自己做决定的机会，削弱他们的自治能力。训练运动员和培养孩子一样，当他们逐渐长大，他们在做决定的过程中应获得更多的话语权。这样一个从依赖到独立的模型就是培养运动员对自己负责和提高自治能力的过程。

第五步：激发充满激情的内心

教练员的角色是以帮助运动员进步和成长的方式来为他们的运动经历做出贡献。在这方面，教练员的最重要的角色就是激发和鼓舞。取得卓越成绩的并不仅限于那些最好的、最优秀的人，任何人都有这种可能，每一名运动员都能提高成绩，都能获得自己个人的卓越表现，但是运动员必须努力付出来追求卓越。教练员的角色就是激发运动员追求卓越的欲望。

当注意力都集中于纠正错误时，每个人的关注点都从正确的事情上被拉走了，如果时间和注意力都不断从做得好的事情上转移走，在这些领域的训练成果可能就会被瓦解。教练员应该识别和培养每一名运动员的优点，在纠正错误和突出优势间找到平衡。

教练员是定义者、塑造者和运动经历的传递者，由此断定，教练员应该示范、表达、鼓励和促进积极的情绪。运动员所有好的或坏的经历，对未来的运动生涯和人生的成功来说，都是成长的机会。积极的教学是建立在塑造、促进和培育积极的情感之上的，同时也是从消极的经历中进行学习的过程。

乐观主义讲述的是信任、依靠、信心和希望，教练员和运动员都可以选择他们思考的内容。乐观是有意识的选择。积极的教练员选择乐观的态度。

褒扬和庆祝不用等到一次非常大的成功，每一次收获尽管很小，也应值得赞美和庆祝。积极的教练员不仅促进、识别、庆祝比赛的获胜，对好的表现、极大的努力、水平的提高、好的决定以及个人的成长给予同样赞美和奖励。识别并赞美较小的进步为今后获得较大的成功埋下了种子。

第六步：努力获取 最佳的竞技表现

一旦教练员听到了召唤、构建了基础、培育了积极的相互关爱的关系、让他人具有了成长型思维、激发了训练热情，就到了把它们结合在一起来获得一个最佳竞技表现的时刻了。在训练中正确的思考方式是个简单的概念，但对于很多人来说是个琢磨不透的问题。所有的教练员和运动员都认识到错误的想法会伤害运动表现，消极的和分心的念头会妨碍最佳竞技状态的形成。教练员教会运动员各项技术，但首先正确的思考是最重要的技术！它可以通过恰当的引导、正确的示范、直接的个人经验和持续不断的重复来学习掌握。以下是运动员思考过程的3种实际情况。

1. 你可以选择你思考的内容。
2. 在同一时刻，你只能思考一件事。
3. 你可以将一个消极的想法转变为一个积极的想法。

思想是身体的守门人，思想控制动作和行为。错误的思想会阻碍最好的表现，反之，正确的思想促进最好的表现。

专注是正确思考方式的最好例子，所有的教练员都希望运动员能够集中注意力，并且有意愿去获得最佳的表现。在比赛的时候，运动员会展示出他们每天训练时的专注。专注是一种思考方式，而我们可以选择思考方式。因为专注是选择的结果，因此我们完全可以做到专注。

以下是关于专注的5个要素。

1. 时间定位。你在哪儿？此时此地。
2. 积极的自我谈话。培养强烈的、积极的自我肯定的习惯。
3. 镇静。情绪不要太高，也不要太低，刚刚好。
4. 专心。找到什么是重要的，集中注意力去关注它。
5. 自信。自信不只是一种思想，它是一种选择。

教练员属于优秀教师中的一类，他们通

常在以下方面是非常杰出的：传递激情、建设性地指导、设计重复的技术练习、组织训练课程以达到有效率和有效果的学习体验。教练员所做的大多事情是教导运动员跑、跳、投的技术动作，然而，专注可能是最终的运动技术，可以通过建设性的指导、示范，不断重复有意义的体验加上时间和精力的投入，以及大量的重复练习来获得专注。

以下是获得成功的7个原则。

自信。运动员的自我相信。

专心。运动员对注意力的控制。

镇静。运动员对生理上和情感上唤醒水平的控制。

勇气。愿望和自信会战胜恐惧。勇气是后天获得的。

承诺。在遇到挑战之前，运动员已经下定了最终的决心。

控制。运动员能够把控。

选择。运动员自己决定。

7个原则中的每一条对于成功都是至关重要的，而且每一条都开始于一种思考方式，运动员选择了正确的想法，进而控制自信、专心、镇静、勇气和承诺。

培养坚强的意志是塑造一名成功运动员的重要组成部分，每名运动员都能拥有坚强的意志。当运动员面对重大的挑战、困难和逆境时，仍能表现出最佳的水平，这就体现了坚强的意志。坚强的意志无疑也是一种正确的选择，但是存在一种误解，认为它是一种特别的、稀罕的特性，或是少数幸运者所天生具有的特质。其实，没有比这更错的了。通过做充分的准备，尽最大的努力，并坚定地一次次坚持下去，这些便可以造就坚强的意志。坚强的意志是关于自我控制和正确的选择，或者通过必要的选择来控制和保证一个尽可能的最佳表现。意志力是持续的、不断的、重复的、始终如一的坚持，它既是学到的也是争取到的。

积极训练的基本原则

找到内心的召唤

- 反映个人的价值和基本的信念。
- 识别执教体育生涯的目标和目的。
- 开发和形成训练哲学。
- 扮演一个学习者的角色。
- 不断地培育和塑造积极的性格。

构建基础

- 激发和培育运动员自尊和自重的感觉。
- 促进和保护运动员幸福和快乐的优先权。
- 建立和培育有意义和有目的的观念。
- 培养对待比赛的健康态度。
- 培养享受运动乐趣的欲望。

培育积极和关爱的关系

- 培养团结合作的精神。
- 与你所带领的运动员平等交流，就像你希望从你的领导那里得到的交流一样。
- 采用积极的、建设性的介绍来阐释。
- 采用主动的、建设性的应答来阐释。
- 建立和塑造定期分享感恩的模式。

采用成长型思维

- 开发和建立走向成功的积极路径，强调努力的过程。
- 强调没质量的练习就不能够得到真正有价值的收获。
- 帮助运动员发展内在动机、内部动机、过程动机和积极动机。
- 通过让运动员为自己做决定，培养他们自治、自信、自决能力。

激发充满激情的内心

- 培育运动员全身心地追求卓越的欲望。
- 识别和增强每名运动员的优点。
- 塑造、促进和培育运动员积极的情感。
- 定义运动文化时，培育乐观主义的观点。
- 庆祝和表扬运动中或运动外的良好表现。

努力获取最佳的竞技表现

- 建立和形成运动中正确的思考方式。
- 培育和塑造专注和自我控制。
- 建立和培育7个成功原则。
- 培育和塑造坚强的意志。
- 开发和培育一个支持心流体验的环境。

结 语

积极的教学涉及创建一种关系和环境，在这里运动员能够找到自己的心流体验经历。心流体验指的是一个区域，在这个区域里运动员能够给出一个理想的状态，积极的教学能够帮助运动员获取心流体验。

积极的教学讲述可以帮助运动员表现得更好、收获得更多，使他们能够更自豪、更幸福、更健康和更满足。结果如何？他们会做得更好。积极的教学同样能够帮助运动员获得有益于今后生活的自信和技能，这是我们训练他们的最基本的原因。我们不仅是培养一个优秀的运动员，更是培养一个完善的人。

教练员可能会希望了解和学习后面的章节，但是首先，他们应致力于写出（或重写）他们自己的训练哲学，这是成为一个积极的教练员的第一步，也可能是最重要的一步。

第2章

道德和风险管理

威尔·弗里曼（Will Freeman）

教练员有责任在提高运动能力和促进人的健康发展之间提供一个平衡。教练员与运动员相处的首要目标是保持一个相互信任的健康关系。提供一个安全环境来减少隐患，对于提高成绩和享受运动乐趣非常必要，同时还能帮助建立教练员和运动员之间的信任关系。

道德行为

教练员很自然地会成为运动员的行为榜样，他们是整个体育行业的形象代表。教练员的着装、行为及与他人的关系必须体现出专业性。因为其具有权威与责任地位，教练员的个人生活要求也必须保持高标准。

教练员与运动员的关系

教练员与运动员之间必须存在一条专业的界线，并且划分那条界线是教练员的责任。如果在教学过程中身体接触是不可避免的，那么这件事情也必须被运动员和其他人解读为仅仅是训练上的身体接触。如果有必要与运动员单独会面，这些会面必须在一个能够被其他人看到的环境或开着门的办公室内进行。

如果不能与运动员建立一个良好的关系，再多的训练学知识也无法保证成功。竞技能力和自信心依赖于有效的双方关系。每名运动员都是独特的，需要从他们的教练员那里获取不同的东西。有效的训练涉及满足每名运动员不同的需要。

教练员与运动员的关系必须是专业上的关系。教练员应该明白，尽管需要履行特定的责任，但这种关系的性质是有限制的。这种有限制的关系的界定是教练员的职责。尽管需要相互尊重，但不能认为教练员和运动员是同等地位的。

教练员和运动员应该保持紧密的工作关系，但同时应保持一定的距离，特别是在有可能存在不恰当的性关系或疑似存在这种可能的情况下。训练的性质要求教练员对运动员予以关注，但这种关注应该限制在运动员感觉舒适的基础上。此外，教练员与运动员工作关系的开始与结束应作为一项协议事项。

教练员与运动员关系的本质在于向运动员提出要求，这些要求应以相互尊重的交流方式提出。当有必要进行责备和批评时，它们应被限制于运动领域内，并且以专业的、私下的、直接的和巧妙的方式进行，决不能使用侮辱性个人的语气。

教练员与其他人的关系

教练员在与裁判员、其他教练员、竞争对手以及运动领域的其他人交往时，应该体现尊重对方，体现出良好的道德品行。教练员在面对不同意见或激动情绪时，应表现出良好的自我控制能力，公开地批评其他教练员、裁判员和运动员是不妥当的行为。

教练员对规则的尊重

教练员自己应该尊重规则，同样应该帮助运动员学会尊重规则。任何运动项目都需要很多规则来管控，不仅比赛过程要符合规则规定，参赛资格、跑鞋、促进运动表现的药物以及其他领域同样受到规则的管控。必须尊重和遵守这些规则，当存在争议时，教练员应该通过恰当的渠道寻求改判或提出抗议。团队规则应简单明确、易于执行、同等适用，并在运动员参与下不断完善。

专业胜任能力

教练员应努力工作来保持和提高其职责领域的竞争力，以满足运动员的期望和要求。本节讨论胜任能力。

保持安全的训练环境

确保运动员在合理范围内尽可能安全地开展运动项目是教练员的职责。确保训练和比赛环境安全是教练员的第一责任。训练设施必须保证安全、合理摆放、合法维护。训练器材应被很好地保存。当面对过热、过冷、闪电、过湿和雨雪天气等危险的气候因素时，教练员应及时对训练计划做出调整。

预防和管理伤病

伤病的预防和最初的处理是教练员的责任。教练员应该能够进行紧急救护，并且应该在训练和比赛场地准备急救物品和设备。在损伤管理和康复领域，教练员应该与有资格的康复师、理疗师和医生等专业人士紧密合作。

恰当合理的训练和教学

教练员应该熟悉田径项目的技术和要求，精通于制定田径项目的训练计划、设计各种技术的良好教学步骤。对基础运动科学的理解会起到有益的帮助。训练计划应被看作是设计好的走向成功的路径，每一个运动员都处在这条路径上的一个独特位置，各自表现出一个不同的进步速率。测试和比赛为教练员提供反馈，用以评估运动员的训练效果和竞技水平。任何时候训练都不能用作惩罚的目的。

专业能力的发展和进步

教练员有责任进行自我提升，可以通过各种可获得的渠道进行继续教育，不断努力提高专业能力。教练员可以考虑加入美国田径协会这样的专业组织，并在这些项目管理实体组织的活动中承担一定角色。教练员有责任发展和推广田径项目，就像帮助他们的运动员和团队一样。

献身精神

获得训练上的成功需要很强的献身精神。一个人如果缺少花费大量时间和精力来满足运动员需求的意愿，那么他就不要选择教练员职业。同时，即使是具有很强奉献精神的教练员，其时间和资源也是有限的，因此，教练员在训练和咨询上的承诺要符合实情。

风险管理

尽管在体育运动中不能完全避免风险，但是可以通过尽量减少它对运动员的威胁来进行管理。理解这些风险及它们的危害，并且让运动员了解这些风险是教练员的部分责任。

教练员的法定职责

每位教练员根据不同的头衔和职位都承担特定的法定职责，以下列出了一些最重要的法定职责。

- **恰当的训练计划。** 教练在安排训练活动时，必须控制特定的标准，教学过程必须是合理的、可靠的并且是管理良好的，练习内容相对于运动员的能力水平必须是合理的、有效的、安全的和恰当的。

- **恰当的监管训练活动。** 教练员需要知道什么时候监管是必不可少的及如何去实施它们，每个训练过程都要安排足够数量的、处于恰当位置、具有胜任能力的监管者。

- **提供恰当的指导。** 教练员必须能够提供与教学法上一致的、合理的讲解。

- **保持当下的胜任能力。** 教练员有责任寻求专业能力上的进步和提高，并且必须注意把训练方法上的改进和创新付诸实践。

- **提供安全的环境。** 在教学活动的选择和教学过程的设计中，必须考虑到安全因素。教学过程必须保证安全并且符合教学方法。尽管递增负荷是训练中的一个重要原则，但训练负荷的增加必须是逐步的、渐进的，并且是合理计划的。教练员安排给运动员的训练活动和比赛机会，必须适合于他们的能力水平和当前机能状态。

- **警示危险的存在。** 对存在的危险，教练员有责任提醒运动员和其他人，特别是初学者，他们可能没认识到危险的存在。

- **提供紧急医疗程序。** 教练员应该能处理紧急医疗事故，并且具有运动损伤和紧急护理的相关知识。有必要参加急救和心肺复苏术的培训，能够拿到资格证书就更好了。应事先制定预防

计划，以准备在事故发生时进行应急处理，联系家长和紧急救援人员。在训练和比赛场所应确保急救箱存放妥当，急救箱里应包括处理血源性病原体的物品。需要注意的是，尽管急救能力很重要，当超过教练员在这方面的能力时，必须寻求专业人士的帮助。

- **管理损伤的康复。** 教练员应该能够胜任一般运动损伤的康复。他们应该对康复的过程进行管理、记录，并且与运动员及其父母和其他相关人士交流康复的目标和过程。教练员应该保护运动员以防进一步加重伤势，在有必要时，寻求更加专业的人士帮助。

- **保存记录。** 教练员需要保存很多方面的准确记录。这些记录包括个人的和父母的信息、身体检查的记录、紧急事故通告信息、出席记录和训练记录。

责任

当教练员执行或错误地执行一项行动导致运动员受到身体上或心理上的损伤时，他就没有很好地履行法律义务和工作职责，这时可能会承担相应的责任。当一名教练员被指控对运动员的损伤或本身的失职有责任时，下面是一些可能有效的防御措施。

- **承担风险。** 这项防御措施是指，根据常识以及应该了解的与某项运动相联系的可接受的偶然风险，但运动员仍选择参与到这项体育运动时，运动员应该对他们的损伤承担一定程度的风险和责任。

- **相对过失。** 这项防御措施是指当运动员受伤时，教练员并非完全过错，只是承担部分责任，教练员承担一定百分比的责任。剩下的责任是运动员自己的

作为或不作为引起的，由运动员承担。

- **自愿条款**。在美国，一些州为教练员提供了政府豁免权，只要他们满足特定的要求，并证明拥有特定的资质即可。

- **弃权、豁免、免责合同以及和解协议**。教练员也可以利用与运动员或家长签订的弃权、免责合同来获取一定程度的豁免。

- **政府豁免权**。在美国，这项防御措施用于公共机构或政府部门，这些部门可能没有被设定法律责任。一些教练员因在这些部门就职而可以运用这项防御措施。

疏忽

疏忽被定义为，当法律强加或暗示一个特定标准的谨慎原则，因没有执行这一原则而导致他人的人身和财产安全受到损害。以下四种情况同时满足就构成了疏忽。

1. 职责。教练员一定对受伤的人负有法律责任。

2. 失职。教练员一定没有完全履行他的职责。

3. 损坏或损伤。所指的疏忽事件必须对运动员产生可测量的伤害，该运动员确实是教练员的责任对象。

4. **失职是导致损害的直接原因**。损害或损伤必须是由教练员的失职引起的。

结　语

信任和互相尊重是教练员和运动员之间的一种健康安全的关系。教练员的道德行为为他们服务的运动员提供了一个积极的模范作用。训练的目标是通过一个健康的过程让运动员获得独立能力，而不是依赖于教练员。

教练员必须能够辨识和管理运动员面对的风险，通过结合功能性的教学过程，提供一个安全的训练环境，最大限度地减小风险。

第2部分

田径教学的相关学科

第3章

运动心理学

威尔·弗里曼（Will Freeman）

运动心理学是研究运动员和教练在训练和比赛时行为表现的一门学科。掌握运动心理学对较好地开展训练是非常重要的，因为它能帮助教练员与运动员理性地交流，理解运动员的动机以及知道他们对自身和其他人的想法。

身心结合及教练员 为何如此重要

运动表现是在精神与身体之间、运动员与教练员之间复杂的相互作用过程。有效的训练使运动员产生健康的适应，适当地安排负荷和休息、逐渐地增加负荷，会导致积极的适应并促进成绩提高。然而，身体上的准备只是漫长过程的一部分。是什么激发运动员的积极性？运动员如何着手准备比赛？运动员的心理状态如何影响他在训练和比赛中的发挥？这些都是影响运动员成绩的重要因素。运动员通过教练员来认识运动项目，因此，教练员应该熟练掌握运动心理学。

当训练是一个功能性的和渐进的过程时，运动员很可能提高成绩。当运动成绩提高，运动员的自信心（相信自己有把技术和练习很好完成的能力）很可能增加。因此，功能性的和渐进性的训练对运动员积极的心理状态是至关重要的。教练员能够影响运动员的行为，但运动员如何感知他人的行为和做出反应，教练员就管不了了。好的教练员激励和指导运动员，而不是控制他们。教练员对运动员的尊重有利于他们之间相互形成信任。教练员必须展现出对运动知识的掌握，同时恪守承诺，让运动员获得良好表现，并健康发展。

从不独立到独立

就像通过训练运动员会在身体上和技术上得到提高一样，他们同样需要在心理上得到发展。教练员和运动员之间的关系对这个过程是非常重要的。作为老师、教练员和指导者，教练员通过训练过程提供引导。随着运动员的成长和发展，最好让他们更多地参与这一过程。一个从不独立到独立的模式对培养运动员自我负责和自我约束是非常重要的，最重要的是，这样一个模式让运动员学会自己掌控自己的人生。

自我意象

自我意象是运动员在对自身的优缺点了解的基础上，如何看待或感知他们自身的方式。自我意象通过生活经历获得，并且被他人的反应所影响。运动员在形成自我意象时，他们的父母、队友以及教练员对其影响最大，给运动员以积极的支持应该是教练员最优先考虑的事情。

一个运动员的自我意象是容易改变的，而且受到来自训练和他人的积极的或消极的影响。教练员必须明白，一个积极的自我意象和自我价值感觉通常是动力的源泉。

无论是否在运动领域，自我意象都是极其重要的，它通过以下方式影响运动员。

- 动机。运动员追求和完成目标的欲望和动力能够影响自我意象或被他的自我意象影响。缺乏自信是运动员克服训练困难的主要障碍，积极的强化和渐进性的功能训练计划对增强自信能够起到很大作用，有助于改变运动员消极的自我意象。
- 学习。获取知识和技能能够影响自我意象或被自我意象影响，一个功能性的合理的训练设计能够带来成绩的持续提高，进而增强自信和自我效能（相信自己有很好地完成动作技术的能力）。
- 运动表现。在训练和比赛中的表现水平能够影响自我意象或被自我意象影响。
- 人际关系。自我意象在一定程度上决定了运动员喜欢什么人，和谁在一起感觉舒适，同时也在一定程度上决定了运动员被什么样的人喜欢和接受。
- 生活上和个人的满足。认识个人的目标和获取幸福的能力也受到自我意象的影响。

交流的技术

有效的交流是成功教学的基石。了解交流的过程是获取有效交流技能的第一步，如果交流是无效的，那么最好的训练计划也可能失败，本书介绍与教练员职业相关的几个交流方面的内容。

任何形式的交流都可以按照以下四个维度划分。

1. **发送和接收**。教练员和运动员都是信息的发送者和接收者，教练员不仅应发出有效的信息，同时还要通过倾听和理解来接收有用的信息。
2. **语言的和非语言的**。语言的交流通过说话进行，虽然它只是众多交流方式中的一种，但它却是最常用和经常被误用的方式。非语言交流通过言词以外的形式进行，示范、信号、姿势、肢体语言，甚至一个人的仪表都是非常重要的非语言交流形式，"怎么说"和"说什么"同样重要。
3. **内容和感情**。有效的交流者会在信息和发送者对信息的感觉之间做出区分，教练员常常不可避免地需要传达消极信息，但他们必须努力对接收者保持相对积极的感觉，再次强调，"怎么说"和"说什么"同样重要。
4. **直接的和间接的**。信息可以直接发送给运动员，也可以发送给与他们有接触或能影响他们的人。

交流的质量和数量

交流的质量和数量是有效沟通过程的关键管控因素。交流必须保持高质量。所有的交流必须清晰准确，并且对教练员和运动员都有意义。为了产生学习效果，交流必须控制数量。每个人在给定的时间内获取有用信息的能力是有限的，因此，交流的内容必须是有选择的和简洁的。交流出现障碍，如果责任在教练员一边，原因是信息传达不到位、信息没有被运动员接收到或者被错误解读。

教练员向运动员发起的交流

为了判断与运动员的交流质量，教练员可以问以下问题：运动员对我和训练计划有信心吗？运动员对开诚布公的谈话感到舒适吗？教练员的首要目标是帮助运动员建立自信，这种自信只能在他们相互信任的基础上建立。一个帮助提高成绩的训练过程能够提高教练员的声望，同时能帮助运动员建立自信和自我信任，开诚布公的交流对这一过程是很重要的。

给运动员灌输思想和概念的能力是一项很重要的训练技能，好的沟通可以采用很多形式，以下是教练员应该掌握的最常用的沟通方式。

- **语言讲解**。语言讲解是指通过使用词语向运动员传递概念。最常用在讲解动作概念和在正确时机做出正确动作这类的背景信息中，语言讲解必须清晰准确，同时对运动员有意义，并且应该使用运动员熟悉的术语和概念。语言讲解在使用数量上同样需要限制，因为人们在同一时间只能处理有限的信息。

- **提示和提示系统**。无论时间（时序）上的还是空间（位置）上的提示，都是教练员给出的语言指示，用以引导运动员做出动作反应。一组用以调整运动员动作模式的常用术语集合构成提示系统，就像语言讲解一样，提示必须清晰准确，并且仅使用相关信息。

- **演示**。演示是一种动作技术的示范，通过观看人的示范或录像来学习想要的动作技术。好的训练计划包括频繁的、精准的动作演示。因为大部分运动员是视觉型学习者，观看演示是非常有效

的教学内容。

- **反馈**。动作反馈被视为一种典型的交流形式，一次动作尝试后，教练员向运动员传递关于动作表现的信息来帮助运动员完善技术。反馈通常采用语言形式，而且通常与提示或提示系统有关，它也可以采用演示（如录像）形式，或者两者的结合。反馈根据不同情况可多可少。运动员也可以提出自身的反馈，这通常发生在教练员提出问题的推动下，例如，"你感觉怎么样"。

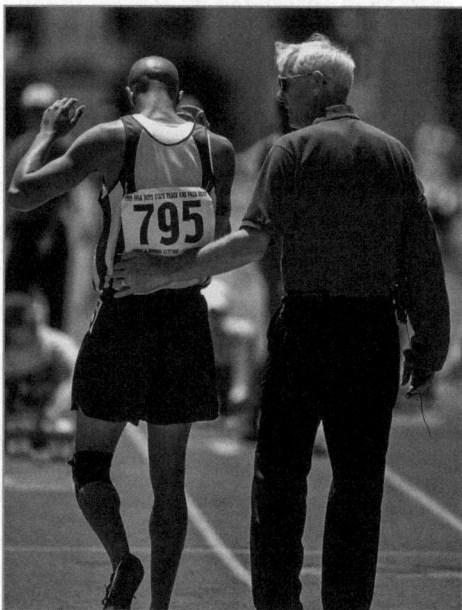

教练员与运动员之间有效的交流至关重要

运动员向教练员发起的交流

运动员向教练员发起的交流是交流过程的重要组成部分，而且对于双方的合作是必不可少的。一个善于交流的运动员可以学得更快，并且可以避免因错误的理解而浪费大量时间。然而并不是每一名运动员都是很好的交流者，这就需要教练员在训练过程中培

养运动员向教练员传递信息的能力。教练员可以通过以下方式培养运动员主动向教练员交流信息的能力：

- 倾听。教练员应向运动员表现出感情上的敞开和共鸣，这会创造一个让运动员感觉舒适的学习环境，在这里运动员可以向教练员发送信息，并确信这些信息得到了重视、尊重和考虑。情感共鸣是认识和理解其他人感受的一种能力，花越多的时间跟运动员在一起，就越能产生情感共鸣。

- **要求运动员提供真实的反馈。** 在训练中运动员经历的感觉对于问题解决导向的教学是重要的线索。教练员应创造一个征求意见和重视这些意见的学习环境，这样做是有道理的。

- **向运动员提问题。** 教练员应善于向运动员提出直接、清楚的问题，这能帮助运动员成为更好的交流者。

与运动员交流的指导方针

1. 直接。你的信息直截了当地说明事情。
2. 承认是你的意见。使用"我"或"我的"这样的文字，而不要用"我们"或"我们的"这样的词。
3. 完整、详细。给出倾听者需要的所有信息，并让他完全理解。
4. 清楚、一致。不要使用让人迷惑的双重信息，例如："我认为你是一个好运动员，但是你需要点耐心"，这是一个同时表示接受和拒绝的例子。
5. 清楚地表达你的需求和感觉。
6. 区分事实和虚构。指出你看到的、听到的和知道的，然后在你所掌握的事实的基础上鉴别任何意见和结论。
7. 每次重点处理一件事。在开口之前组织好你的想法。
8. 即时传递信息。即刻的反应能带来有效的反馈。
9. 确保你的信息中不包含隐含的意思。你的信息表达的目的是否与真实的目的一致？
10. 提供支持性的意见。你的信息中是否包含威胁、挖苦、消极的对比或评判？
11. 与你的非语言性信息保持一致。你的非语言性信息是否反映了语言性信息？
12. 通过重复来加深印象。重复关键点。考虑用录像和照片来增强信息观点。
13. 通过调整信息来适应接收者的经验和年龄。确保你的信息对接收者的思想体系是恰当的。
14. 寻求反馈来确定你的信息被接收并被正确理解。如果没有收到反馈，可以问"你能明白我的意思吗"这样的问题。

源自：R. Martens, 1987, *Coaches guide to sport psychology* (Champaign, IL: Human Kinetics), 50-53.

自我对话

运动员不断从外部环境接收关于他们的信息。教练员和一些重要的人提供的反馈信息可以帮助他们形成自己的看法。运动员会依据对信息提供者的尊重程度决定信息的重要性。

运动员也会自我反馈,人们通常表现出一个显著的否定自我的趋势,在对自尊的研究中显示了这种现象。运动员收到的最重要的信息并非来自外部环境,而是来自自我谈话。这些来自自身的信息会对自尊产生极大的作用,很多运动员因为消极的自我对话妨碍了自身的表现,特别是在训练和比赛表现不佳时。表3.1提供了跳高运动员消极的和积极的自我对话信息及其导致的行为结果的例子。

表3.1 跳高运动员的自我对话举例

自我对话内容	导致的行为结果
"难以置信,这跳没过去,今天我肯定是输了"	愤怒、注意力不集中、无助、紧张感增加
"我很好,调整脚步,下一跳肯定能过去"	提高专注度、积极的感觉、冷静

运动员可以自己选择表达消极信息还是积极信息,教练员应帮助他们构建积极的信息并学习将消极转化为积极。就像身体训练一样,向自己传达积极的自我对话信息也是可以训练的。习惯是可以培养的,改变根深蒂固的消极自我对话的习惯是可能的,但是需要重复练习和时间的积累。可以在训练环境下进行以下步骤的思想中断练习,这是个改变消极自我对话习惯的有用工具。

1. 当出现消极的想法或自我对话信息时,识别它们。
2. 运用"停"一词或拍打手掌作为触发点来停止这种思想,并清空你的人脑屏幕。
3. 用积极的信息来取代消极的想法或自我对话信息。

动 机

人类行为最基本的原则之一是人们被激发去满足自身的需求。教练员应该了解运动员的动机,并对他们的需求多加留意。这并不意味着要满足运动员的所有需求,而是利用他们的需求刺激他们,帮助他们成功。因为运动员的需求不同,所以教练员需要优化训练环境来尽量满足其需求。

内部和外部的动机都能够影响运动表现。内部动机由自身的价值观所驱动,外部动机来自外部的人和事,例如社会比较、向其他人证明自己的欲望、奖励、避免惩罚等。长期来说,内部动机比外部动机更有效,在两者之间找到平衡对于建立一个积极的、健康的体育生涯来说是非常重要的。

所有人都会被积极的自我评价和自我价值感所激励。这需要相信自己有竞争力或有一些成功经历。作为运动员,提高自我价值感与发展自信水平和提高能力是直接相关的,训练环境对运动员自信和能力水平的培养有着重大影响。

目标设置

设置目标是刺激动机、提供方向的一个强有力的方式,成功可以通过达到设定的目标、提高技术水平或者超过其他人的表现来界定。教练员和运动员通过设定两个点来开始一个训练过程:最开始的身体能力和技术水平(A)和最终的训练水平和成绩目标(B)。如果教练员拥有足够的知识和训练技巧、运动员拥有足够的动机和相关支持,那么这个训练计划将能够沿着特定的路径把运动员从A带到B。目标可以设定在这条路径上的不同点。期望达到的目标必须具有挑战性，但是还要充分反映运动员的潜力。

把目标融入训练计划可以起到激励作用。目标可以指出方向、增强动机、优化组织、明确期望、集中能量、创造标准。教练员和运动员应该一起基于运动员的技术水平，设定专门的、恰当的成绩和表现目标。训练中的表现会为教练员调整目标提供必要的信息，以确保运动员处在一个最优的训练过程中。

目标的种类

运动员应该能够区别以下目标。

- **结果目标**：结果目标与结果相关，例如达到一定的表现成绩水平或在比赛中获胜。尽管这种目标提供方向和动机，但在比赛前和比赛中精力过于集中于这些结果目标会导致焦虑增加。
- **过程目标**：过程目标涉及实现结果目标所用的策略和技术。这种成绩目标相对于结果目标是短期的、量化的，并与训练过程相关。过程目标侧重于运动员技术水平的提高，并且能受运动员的控制。
- **态度目标**：态度目标非常抽象，与运动员的努力、热情、方向、专注相关。运动员的态度与实现过程目标和结果目标直接相关。

教练员在设置目标过程中的作用

教练员应该鼓励运动员以成绩的进步和付出的努力作为评价自我价值的基础，而不是以输或赢。他们应该与运动员一起来确定想要现实的成绩目标。不现实的成绩目标只能带给运动员失败和挫败感。竞争的压力、

其他人的意见、对正常进步速度或训练模式的错误理解都可能导致设置不现实的或过高的目标。事实上，并不存在制定合理目标的公式和指南，只能依赖一般的理解和良好的判断来确定。当目标过多、不具有可行性、没有根据情况进行调整、过于宽泛或仅集中于结果时，很多问题就产生了。

设定目标的指导方针

- **目标应该现实，同时具有挑战性**。运动员喜欢并且需要挑战。获得高水平的表现必须让运动员走出舒适区。与运动员交流和对项目的一般理解能够帮助教练员设置一个既有挑战性又有可行性的目标。
- **目标应该具体**。告诉运动员"做到最好"不够具体。
- **目标应该可以测量**。设计并制定一个可量化的目标，无论是作为动力还是用作评估训练过程都是十分重要的。
- **目标应该考虑运动员个性、动机和技术水平**。每一名运动员都是独特的，在训练过程中拥有不同的进步速率。
- **目标应该被记录下来**。与队友分享目标能够刺激运动员在训练过程中努力去实现这一目标。
- **目标应该与计划的时间范围相联系**。目标可能是即刻的、短期的、长期的或与职业生涯相关的。

学习环境

教练员构建的用于开展训练的学习环境决定了教与学的质量。人们都喜欢和希望得到具有良好道德规范和积极向上的训练环境，在这里人们可以得到快速提高。教练与

运动员之间以及不同运动员之间良好的社会关系，会使运动员感觉舒适并加快学习进程。积极的反馈和鼓励、良好的交流、强调自我提高、享受运动乐趣的机会都是这个训练环境中的要素。

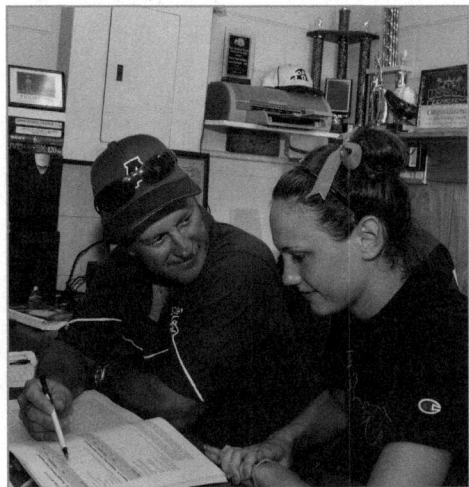

教练员和运动员定期会面讨论目标的设定问题可以作为一个非常有效的激励工具

为了获得成功，教练员必须建立和保持训练过程的诚实性。诚实性可以定义为因为正确的原因而去做正确的事情。在最高水平的运动项目中，每名运动员都是有天赋的，那么是什么把他们区分开的呢？成功的运动员能把每件小事做得很好。那些具有诚实性的运动员比那些抄近道的运动员具有更高水平的自我激励、更强的责任心和更多的自信。

教练员的表扬（积极的口头反馈）是对训练中表现诚实的运动员的有力鼓励。运动员训练的一个主要目标是培养在比赛环境中的自我信任。运动员的自我信任多出现在教练与运动员之间建立信任之后。虽然教练员必须通过训练过程传达对运动员的期望，但训练是不是诚实，还是要运动员说了算，而不是教练员说了算。

表现环境

比赛应该关注于提高成绩和享受乐趣，比赛环境对运动员的表现水平有很大影响。在比赛环境下，教练员应该树立运动员的信心并充分信任他们，鼓励他们在比赛时做出最大的努力、勇于承担责任，同时做出正确的决定。教练员应采用一个渐进的、符合逻辑的热身过程以使运动员做好比赛的身体准备，同时还要帮助他们集中精力于眼前的任务。

唤醒和表现

唤醒是对一个刺激做出的生理反应。紧张是指在需求和响应能力之间的一种失衡状态，特别是当需求没能得到满足而后果又对于当事人很重要时。由于人们看待紧张性刺激的方式不同，他们的反应也不同。当运动员认为自己不具备赢得挑战的某些条件时，紧张反应就随之产生了。焦虑是一种重大的紧张反应，它可能来自特定事件的刺激（状态焦虑），也可能是来自具有容易焦虑倾向的功能表现（特质焦虑）。

社会比较、比赛、重要人物（教练员和家人）的期望、较低的置信水平、较低的训练质量、与教练员缺乏交流和信任都会增加紧张和焦虑水平。还包括安全因素、害怕被拒绝以及担心不适等其他原因。成功的运动员倾向于将身体的不适看作一项挑战去战胜它，而不是作为一件痛苦的事。卓越的成绩来自在逆境中经常性地、持之以恒地做正确的事情。

在图3.1中展示的广泛认可的倒U形假说阐释了最佳唤醒水平与获取最佳表现之间的关系。较低的唤醒水平，导致运动员没有准备好去做出最佳的发挥；过高的唤醒水平，会损害运动表现；关键是要找出每个运动员最佳表现的唤醒天窗。可以通过赛前的常规训练去寻找这个唤醒水平，教练员需要谨记，不同的项目、不同的运动员需要不同的唤醒水平。

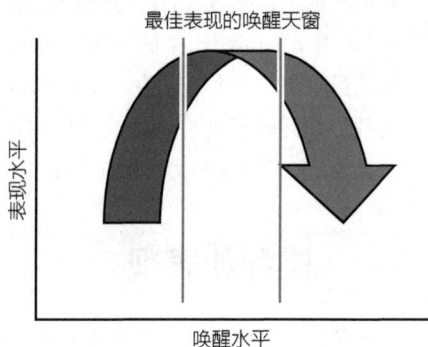

图 3.1 表现－唤醒曲线

管理唤醒和紧张水平

唤醒和紧张的生理表现为心率增加、忐忑不安、冒汗、一般性神经质，在心理上表现为害怕失败、缺乏信心、自我怀疑，从而导致肌肉发紧、节奏打乱、产生消极想法等而影响发挥。逐渐放松肌肉、听一些舒缓的音乐，以及积极地想象和自我对话能够帮助减少唤醒和紧张带来的影响。

害怕失败和害怕成功

从孩童时代我们就被要求必须获得成功。很多人长大后将任何没有获胜的结果都看作是失败。这种对运动过程带有功能失衡的看法给运动员带来了压力和焦虑。他们不仅要去获胜，还要避免失败、不使对他们重要的人失望。这种对失败的恐惧是竞技性特质焦虑的主要原因，很多人选择逃避挑战，而不是面对失败。成功的运动员倾向于把失败归咎于内在原因（而不是强调客观原因），他们

把失败看成是一次学习和成长的机会。

运动员对某一事件的看法会导致紧张的产生，而不是该事件本身导致了紧张的产生，问这样的问题"最糟糕的结果是什么？"，通常会令运动员明白他们对该事件的认知可能有缺陷或不现实。对事情进行合理的评估可以帮助获得一个合理的评判，进而降低紧张水平。

害怕成功同样是一个问题，熟悉感培育了一定程度的舒适感觉，任何把运动员带出了舒适区的事情都会令他们感到紧张。获得成功，特别是意想不到的成功，会让一些运动员感觉不适，而另一些则会感到紧张。走出一个人的舒适区通常具有引起紧张反应的可能。教练员应该教导运动员，如果想获得提高就必须走出他们的舒适区，成功和失败一样与一定程度的不适感觉相联系。帮助运动员接受甚至帮助他们走出舒适区将会有助于提高运动员的成绩。

运动员耗竭、过量训练和过度训练

运动员的训练应激情况最终会决定其得到的是一个积极的训练过程，还是导致运动员疲惫不堪、过度训练或是身心耗竭。运动员身心耗竭会毁掉一个赛季，甚至会导致运动员离开这个运动项目。耗竭的原因包括失去兴趣、厌烦训练、过度训练、难以进步、人际关系问题（与队友或教练员）、无法在运动和生活间找到平衡等。只有认识这些问题并进行合理干预，教练员或许才能够给运动员提供一个健康的训练过程。

如果运动员处于一个渐进的训练模式中，他始终处于一种疲劳和部分恢复的状态。尽管恰当地平衡训练负荷和恢复能够产生积极

的训练效果，但是运动员过量训练的情况并不少见。过量训练可能是由训练负荷过大导致，也可能是因为没有完全恢复，或者两者兼有。对项目的理解、与运动员进行交流、认识到不同的供能系统需要不同的恢复时间，可以帮助教练员设计恰当的负荷–恢复循环。对一名运动员来说是过度训练，对另一名运动员却有可能是最佳的选择，这就是需要个性化训练的原因。

机体对训练做出的生理反应发生在恢复阶段，而不是发生在承受负荷阶段，这意味着教练员必须理解恢复的意义。当没有达到足够的恢复程度而没能产生适应时，给予新的训练刺激，过量训练的风险就会增大。过量训练经常会发展成过度训练，然而过量训练可以通过相对快速的办法加以缓解，比如足够的休息、按摩、冷热浴等恢复性的物理治疗手段。过度训练则会更严重一些，如果一个运动员过度训练，他的恢复时间可能会打乱他的训练计划，通常会被迫中断训练相当长的一段时间。

过量训练和过度训练对精神上的影响也会非常严重。运动员一旦过量训练就表明存在一个持续的较高水平的疲劳。训练量过大，特别是技术训练和高速度训练会导致精神状态消沉。一旦出现指示警告，教练员必须马上通过减少训练负荷、增加休息来调整训练。这对于持有越多越好训练心态的运动员来说是一项挑战。

运动员耗竭的精神上的症状包括静息心率增加、血压上升、持续的难以减轻的酸痛、失眠、体重降低以及食欲和性欲的减少。

在精神上，运动员耗竭表现为一般的精神疲劳、昏睡、意志消沉、易怒以及无法集中注意力。教练员可以通过问以下问题来留意运动员外在的和内在的变化：运动员是否享受现在的经历？运动员用在训练和生活中其他领域上的时间是否均衡？外在的压力是否给训练过程带来了消极的影响？对所有教练员的箴言就是：了解他们的运动员。

运动员为训练投入了大量的时间和精力，他们把训练看作是一个付出–收获的过程。如果回报大于付出，他们会保持较高的动力和投入。然而，过度训练会导致大量的付出没有回报。当教练员怀疑出现过度训练时，他们应该马上对训练进行评估，特别是考虑训练负荷与恢复之间的关系。运动员的反馈对鉴别和避免训练失衡会起到关键作用。

教练员和运动员都应该把训练看作是一个24小时的过程，不只是每天训练课上的2至3小时，训练课外的时间教练员很难加以控制，教育运动员业余时间多注意营养、休息、恢复以及选择健康的生活方式能带来额外的好处。

教练员耗竭

教练员需要满足很多职业要求，因此，教练员是最容易发生身心耗竭的人。

教练员扮演很多角色，例如以下提到的这些。

- 教师。
- 训练师。
- 导师。
- 管理者。
- 顾问。
- 营销人员。
- 比赛经纪人。
- 问题解决者。

教练员履行这些角色需要投入大量的时间，这些时间本应用在自己的家庭上，很多原因会导致教练员身心耗竭，例如以下提到的这些。

- 对待工作过于认真。
- 求胜的压力（通常是自己施加的）。
- 与问题运动员及其父母打交道。
- 失去动力（如激情消退）。
- 感觉缺少支持（来自家庭、朋友和管理机构）。

在家庭和工作间取得平衡是享受工作的关键，吸收和接受来自家长和助理教练员的帮助，能够让教练员分派一些工作，进而把工作分散。

教练员耗竭通常会让教练员思考为什么要来做教练。指导训练也是一个付出-收获的过程，当付出大于收获时，教练员需要问自己以下问题。

- 我为什么会感到身心耗竭？
- 我能操控这些原因，从而让我能有更多的收益、更少的损失吗？
- 在我负责的工作中能寻求些帮助吗？（教练员组长、家长、助理教练、管理机构、家庭）
- 我是一个控制狂吗？我什么都亲力亲为吗？我该如何分派工作？
- 我对成功的定义是什么？这对我和我的运动员是一个健康的定义吗？
- 我是过程导向还是结果导向？各自的含义是什么？
- 在这个计划中看到进步了吗？如果没有，是什么原因导致的？
- 我是否该休息一下来恢复和反省自己？

识别出问题的原因只是找出答案的一部分，对这些原因的反思能够帮助教练员建立一个健康的工作环境。

结　语

教练员的目标应该是创造一个环境来培育运动员的竞争力和自信，不能低估训练模式与运动员心理之间相互关系的重要性。当训练是一个渐进的功能性过程时，运动员就能获得提高。那些成绩进步并展现良好自信的运动员不易出现心理问题。

教练员应该提供工具和指导来培养运动员并发展他。他们还应该采用一个从依赖到独立的模式来逐渐转变运动员在训练过程中的角色。

创造一个健康的训练环境是教练员的主要工作之一，设定目标、指引方向这只是教练员和运动员漫长合作过程的开始，教练必须常常问自己以下问题。

- 我是否能够满足运动员的需求？
- 运动员参加这项运动是否持有正确的目的？是什么在激励他们？
- 运动员是否有动力且足够成熟以开发一个从不独立到独立的训练模式？
- 与运动员的交流是否是有效的、双向的？
- 我的运动员对待体育训练的观点是健康的吗？是否与生活中的其他要素取得平衡？
- 训练计划的设计（还有训练实践）是否能够增强运动员的竞争力和自信？

教练员能明显影响运动员的心理状态，而教练员的投入，运动员也是能觉察到的。

第4章

运动生物力学

罗伯特·查普曼（Robert Chapman）博士

生物力学是一门研究人体解剖和生理机能如何通过发生物理上的相互作用而影响人体表现的学科。因此，要想在田径训练领域上获得成功，掌握生物力学原理是非常重要的。在很多运动项目中，通常最高水平的运动员都不是那些最强壮的或者四肢动作最快的人。就像扔一个纸飞机一样，可能你非常用力，但它却仅仅落在你的面前，然而，当你只是用手腕轻抖，同时采用合理的手法技巧和力学原理，它却可能滑翔得很远，这个原理同样适用于田径运动。此外，恰当的技术对于预防伤病同样重要，因为大部分田径项目都需要对地面或器械施加强大的作用力。

大部分生物力学致力于物理和力学法则的研究。本章开始于对这些领域的审视，然后逐步进入到这些领域之间以及与其他生物科学之间的相互影响中。

生物力学基本的术语和概念

运动员、教练员、医务人员和临床医生为了交流需要通用的术语。本节介绍一些基本的专业术语和概念，它们对于理解生物力学的科学本质以及在人体运动中应用这些原则是至关重要的。

力

力导致身体运动状态的改变。它们可以使身体从静止转为运动（如短跑的起跑），减慢或停止正在运动的身体（如投掷项目中的制动），或者是对一个已经在运动的身体进行加速。力的度量单位在国际单位制中为牛顿，在英制单位中为磅。

质量

一个机体的质量是指它所拥有的所有的物质的总和。质量和重量不同，重量是指因地心引力作用于身体产生的力。理清这个概念的简单的方法是：假设一个在太空中的宇航员，离开了地心引力的影响，宇航员的重量改变了，但是质量保持不变。质量的度量单位在国际单位制中为克，在英制单位中为斯勒格。

质心

当与人体有关时，质心是指在审视身体的行为时，假定身体的所有质量都集中在一起的那个点。可以认为质心是身体的平衡点或平均位置。下面是质心的关键特性。

- 固体有一个固定的质心。
- 人体的质心在臀部附近。

- 由于人体的姿势可以改变，当人体接触地面时质心可以移动。例如，一个站立的人可以通过抬起双臂来提高质心。
- 身体的质心可以位于身体本身的外部。人们可以做一个屈体动作或背桥动作将质心移出体外，这些动作策略通常见于跳高（图4.1）或撑竿跳高的过竿动作中。

图4.1　在有些情况下，运动员身体的质心可以落在身体外面，例如跳高运动员在过竿时

线性运动和角向运动

线性运动是身体在一条直线的轨迹上的运动，角向运动是旋转的运动，就是身体的运动路径是圆弧形的——身体或某个系统绕着一个轴旋转。在体育运动中，我们很少见到单纯的线性运动或角向运动，这是因为大部分动作都是两者的结合（图4.2）。例如，一个直道跨栏运动员在跑道方向上的运动是线性运动，但是每一次过栏会出现躯干相对于腿部的角向运动。为了简单起见，我们分开学习线性运动和角向运动，但是关于线性运动的每一个概念，都有一个角向运动的概念与之相对应。通过联系线性运动和角向运动之间的对应关系，可以大大简化生物力学这门学科的学习。

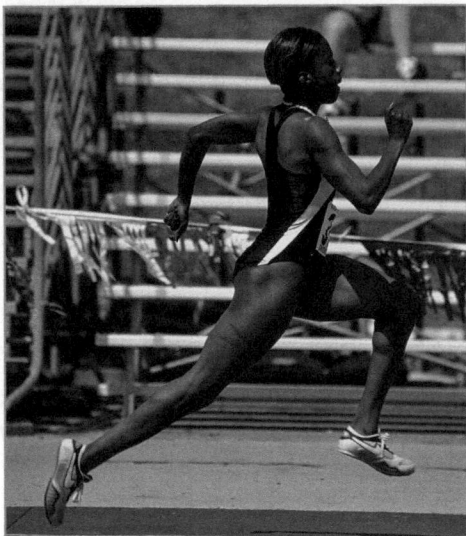

图4.2　一个高速跑动的短跑运动员同时演示了线性运动和角向运动

运动学参数

运动学参数描述了动作的表现形式，例如，在一个动作中任何给定时间下的身体的位置。最重要的3个运动学参数是位移、速度和加速度，首先对线性运动的这3个参数进行描述，然后再介绍角向运动。

线性运动运动学参数

位移被定义为相对于特定的起始点和方向的身体位置的变化。位移用长度单位来衡量，例如英里和米。

速度被定义为相对于特定的方向，单位时间内发生的位移，它来描述身体位置变化的快慢。速度用同时表达距离和时间的单位来测量，例如英里/时和米/秒。

加速度被定义为相对于特定的方向，单

位时间内速度的变化，它描述身体速度变化的快慢。速度增加构成正的加速，速度减慢构成负的加速。加速度用单位时间内的速度（距离/时间）来衡量，它通常用"距离/时间^2"这样一个数学公式来表达。例如加速度可以表示为"米/秒^2"或"英里/时^2"。速度和加速度是不同的概念，一个短跑运动员的最高速度可以达到10米/秒，但是因为这时他的速度是不变的，所以他的加速度是零。

角向运动运动学参数

角位移被定义为相对于某一转动方向而言，转动的身体位置的变化。在角度上，这种变化用身体转动过的角度的大小或者转动过的圈数度量。角位移以圆弧的度量单位"度"度量，或用圈数作为度量单位。

角速度被定义为相对于转动方向，单位时间内发生的角位移，它描述身体转动的快慢。角速度以一定时间内的角位移为单位来表达，例如，度/秒或圈数/分。

角加速度被定义为相对于转动方向，单位时间内角速度的变化量。它描述的是身体转动速度的变化。这种变化可能是正的，也可能是负的，角加速度以角位移/时间^{2}来表达，例如：度/秒^{2}或圈数/秒^2。

牛顿定律

伊萨克·牛顿爵士在17世纪提出了三大运动定律，它们组成了研究所有运动的基础。和前一节类似，本节先介绍这些定律在线性运动中的应用，然后再介绍在角向运动中的应用。

牛顿定律在线性运动中的应用

牛顿第一定律指出，物体会保持它的运动状态不变，直到有个外力作用于它，换句话说，静止的物体会一直保持静止，运动的物体会一直保持运动。静止的物体会一直保持静止的倾向叫作惯性，运动的物体会一直保持运动的倾向叫作动量。质量可用来衡量静止物体的惯性，同时与运动物体的动量大小有很大关系。

牛顿第二定律揭示的是力、加速度和质量之间的关系。根据这条定律，当力作用于一个物体时，会在力的方向上对物体产生加速度，加速的程度与力的大小成正比，与物体的质量成反比。在数学上，牛顿第二定律的公式可以表示为$F = M \times a$，F代表作用力，M代表物体的质量，a代表加速度。

牛顿第三定律通常被称作作用力与反作用力定律。更准确地说，对于任何一个作用力，都有一个与它大小相等方向相反的作用力。换句话说，所有力都是成对发生的。向下的作用力产生向上的反作用力，向后的作用力产生向前的反作用力。牛顿第三定律的一个特殊例子就是地面的反作用力，当力被作用于地面时，地面会产生反作用力，当这个力足够大时，身体就会发生位移。

牛顿定律在角向运动中的应用

就角向运动而言，牛顿第一定律表明：一个旋转运动的系统会保持它的运动状态，直到一个外力作用于它。物体保持静止抵抗旋转的倾向称作角惯性。一个旋转的物体保持旋转下去的倾向称作角动量。决定角惯性和角动量的要素将在下文介绍。

就角向运动而言，牛顿第二定律阐释了在一个旋转运动的系统中，力、加速度和质量之间的关系。这一定律指出，产生旋转的力（扭矩）作用于一个物体，会在扭矩的方向上加速旋转。角加速度的大小与扭矩成正比，与角惯性成反比。在数学上，牛顿第二定律可以表示为 $T=I\times\alpha$，T 代表扭矩，I 代表角惯性，α 代表角加速度。

就角向运动而言，牛顿第三定律表明：对于任何一个存在的扭矩，都有一个与它大小相等方向相反的扭矩，所有旋转的力都是成对发生的，并保持均衡。顺时针旋转的力对抗于逆时针旋转的反作用力，反之亦然。

动力学参数

动力学参数描述的是动作中涉及的力。例如，想象一个短跑运动员蹲在起跑器上，动力学参数用来描述运动员双脚施加在踏板上的力和双手支撑在地面上的力。运动学参数描述的是手和脚相对于彼此的关节角度和位置。恰当地掌握运动学和动力学参数对于良好的运动表现是很重要的。两个关键的动力学参数是动量和冲量，本节先后从线性运动和角向运动的角度对它们予以介绍。

线性运动动力学参数

动量是描述身体运动的物理量，用数学的方式可以表达为质量和速度相乘的结果。动量与速度相关，但它们的本质却是不同的。恰当地发展动量与发展速度一样重要，通常还是发展速度的前提。增加动量是所有项目中掌握好的技术的重要基础，没有恰当地发展动量，会导致出现大量的技术错误。

冲量是由身体动量的变化产生的，可以用数学公式表达为力量和时间的乘积。因此，决定冲量大小的两个因素是作用力的大小和作用的时间长短。为了增加动量，需要更大的作用力和更长的作用时间（图4.3）。

在田径运动各项目的初始动作阶段，速度是很低的，因此，身体有机会使用更大的力、作用更长的时间以产生冲量并增加动量，这对接下来的动作非常有益。接着，当达到最大速度时，可利用的作用力时间即受到限制。因此冲量的产生和动量的增加是在加速阶段需要考虑的事情，而不是在最高速度阶段。

图4.3 短跑运动员在加速时展示了冲量和动量的变化

角向运动动力学参数

角动量，是旋转身体运动的数量，用数学的方式可以表达为角惯性和角速度乘积的结果。角动量和角速度是相关的，但它们是不同的事情。恰当地发展角动量与发展角速度一样重要，通常是还发展角速度的前提。发展角动量是所有旋转运动中建立好的技术的重要基础，没有恰当地发展角动量会导致出现大量的技术错误。

角冲量是指由旋转身体产生的动量的变化，可以用数学公式表达为扭矩和时间乘积的结果。因此，决定冲量大小的两个因素是扭矩的大小和扭矩作用的时间长短。为了增加角动量，需要更大的扭矩和更长的作用时间。

在旋转运动项目的初始旋转阶段，速度

是很低的（图4.4a），因此，身体有机会使用更大的力、作用更长的时间以产生角冲量并增加角动量，这对接下来的动作非常有益。接着，当达到最大速度时（图4.4b），可利用的作用力时间即受到限制。因此，角冲量的产生和角动量的增加是在加速阶段需要考虑的事情，而不是在最高速度阶段。

图4.4 铁饼的摆饼动作：a. 开始的旋转动作；b. 最后的旋转动作

动量的转移和铰链力矩

当一个系统的动量转移到系统的一个部分时，即发生了动量的传递，这要求系统中的一部分停止运动。例如，一辆汽车突然停止行驶会导致座椅上的物品被抛出。尽管汽车停下来了，但动量被保存到抛出的物品中了。同样，在投掷项目中，水平方向的运动停止时，动量被传递到投掷器械上去。在有些情况下，系统中组成部分的动量也会转移到整个系统，例如，很多田赛项目使用一个叫作制动的手臂动作，发生于摆动手臂的突然停止，这样肢体的动量就传递到整个系统上了。跳高项目中的手臂制动就是一个例子，上摆的一只或两只手臂快速停止，促进运动员在起跳时身体的上升（图4.5）。

当处于线性运动中的身体的一端停止运动时，另一端会继续运动，这样就形成以停止的一端为轴的旋转动作，这被称作铰链力矩。当铰链动作发生时，身体的上端加速向前旋转，而身体的下端却在减速。

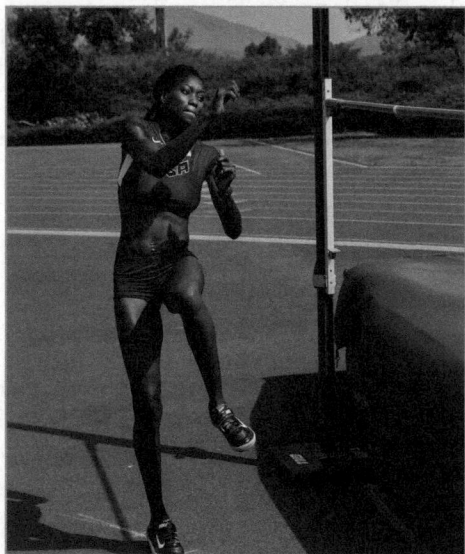

图4.5 跳高运动员起跳时动量的传递

当运动员的足部进行跳跃或参与投掷运动时，身体也在进行着铰链运动。又如投掷运动员采用的制动动作，在出手前非投掷臂会拉向身体制动，这样非投掷侧的制动会加速投掷侧的旋转。铰链运动可以促进投掷器械的加速，也可能会在一些项目中因引入过多向前的旋转而妨碍运动员的表现。

腾空中的身体

腾空（飞行）是田径运动的一个重要组成部分，如投掷项目中投掷器械的飞行、跳跃项目中身体的腾空、径赛项目中在步幅之间的身体的腾空阶段等。本节讨论腾空中的身体和飞行的器械受到的特殊环境。

重力

当身体处于腾空状态时，重力提供一个指向地面的加速力量。重力作用于任何物体，都与物体的质量成比例，所以，所有的物体以同样的加速度下落（特殊的空气动力学环境除外）。重力加速度以g表示，大小约为9.81米/秒^2，重力加速度在全世界任何地方都几乎相同，仅因为海拔高度的不同而略有差异。

空气动力学

由于特定物体的形状和在空中的旋转，一些物体可以比相同重量的其他物体在空中滞留更长的时间。因为根据流体力学原理，它们可以漂浮在流动在它们周围的空气之上。标枪和铁饼就是这样的器械，关于全面的空气动力学讨论超出了本章的范围，但是，对于这两个项目来说，合理利用空气动力学原理来选择恰当的旋转和出手角度，对于提高成绩是非常重要的。

预定的飞行轨迹和旋转

被投射到空中飞行的任何物体的质心的运动轨迹都呈一个抛物线形状（再次强调，特殊的空气动力学情况除外），这个飞行轨迹是预先确定和无法改变的。所以，举例来说，一个跳远运动员一旦离开地面，他已经不能改变他的腾空轨迹了。腾空中身体的任何旋转（想要的和不想要的）同样也是预先确定的。飞行轨迹和旋转是由飞行前的作用力决定的。因此，所有器械的飞行特性都是在投掷过程中建立的；跳跃项目中，身体腾空中的特性是在助跑和起跳时确定的。因此，运动员大部分的训练时间应该集中在地面上的练习。

腾空和质心

由于物体在飞行时其质心的轨迹是预定的，因此在飞行中的任何时刻物体质心的位置是固定的。然而，改变身体的姿态可以改变身体质心与其他部位的相对位置，这允许运动员通过调整不同的身体姿势来改变腾空中质心相对于其他身体部位的位置（图4.6）。例如，跳跃运动员可以运用他们的能力操控质心周围的身体部位来获取更好的落地或过杆姿势。但是，他们仍无法改变飞行轨迹。

旋转系统的特殊考虑事项

旋转动作是田径运动重要的组成部分，本节讨论与旋转中的物体或系统相关的特殊情况。

旋转轴

旋转围绕一条虚拟的线发生，这条线称作旋转轴（图4.7）。为了保证稳定持续的旋转，旋转轴必须通过身体的质心。当身体同

图4.6 跳远腾空时，运动员通过拉长身体来减慢身体向前的旋转

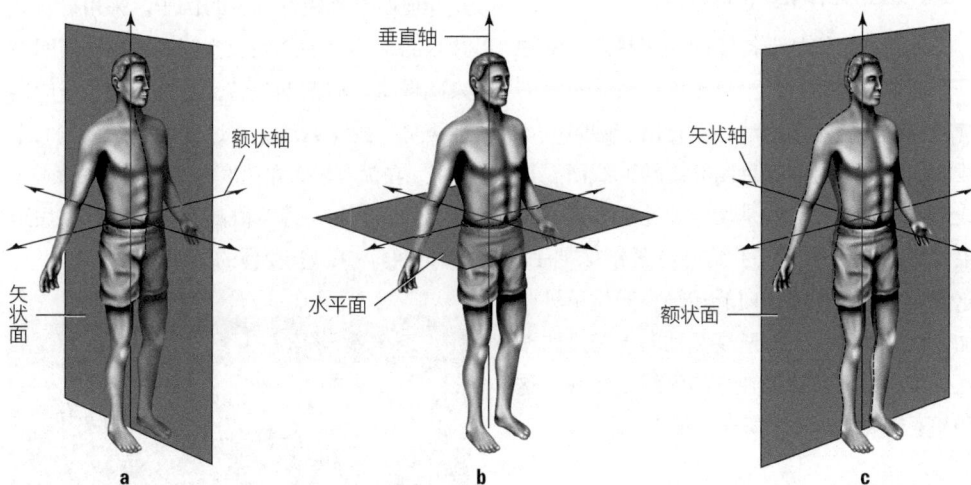

图4.7 三个主要旋转轴：a. 额状轴；b. 垂直轴；c. 矢状轴

时进行飞行和旋转时，旋转轴通常通过身体的质心，这适用于旋转发生时的每个平面。

角速度和线速度

一个固定旋转的身体，其所有部位拥有相同的角速度，这是因为在给定的时间内，各部位转过相同的角度，然而，一个旋转身体上的所有点不会呈现相同的线速度。

速度以单位时间内通过的距离大小来测量，离旋转轴较远的点相对于较近的点在单位时间通过更长的距离，由于这个原因，铁饼和链球运动员应该让器械尽可能远离他们的身体，这样他们可以让器械在不增加角速度的情况下获得更快的线速度（图4.8）。

图 4.8 铁饼运动员通过伸长手臂在保持角速度不变的情况下加快铁饼的线速度

切向加速度和轴向加速度

旋转的系统处于持续的加速状态，例如一个链球的运动员，一旦出手，链球不会继续在圆形的轨迹上运动，而是沿着圆弧的切线方向飞出，链球这种离开旋转弧线而以直线形式飞出的倾向就是切线加速度作用的结果。同时，运动员双手始终拉紧链球把手，这种持续的作用力指向旋转轴，产生了轴向加速度，这种切向加速度和轴向加速度的相互影响确保链球持续在它的弧线上运动，这种相互影响也存在于弯道跑技术中。

角动量守恒

决定一个旋转系统所拥有的动量大小的两个因素是系统的旋转半径和角速度，角动量守恒定律是指，在没有外力作用的情况下，旋转系统角动量大小始终保持不变。系统内部的任何改变会同时带来一个代偿性的变化，旋转半径的减小会导致角速度的增加，或者旋转半径的增大会导致角速度的减小，但动量的大小始终保持不变。相似地，系统角速

度的改变也会导致旋转半径的改变。

一个右手持标枪的标枪运动员，当他的左臂拉向身体制动时，旋转半径减小，而右臂的旋转速度增大。另外，铁饼运动员在投掷圈后部开始旋转时，伸展手臂来减慢角速度，在开始旋转动作获得角动量时，减慢角速度能够帮助运动员保持平衡。

显然，运动员可以通过改变身体姿势来控制身体的旋转半径进而减慢或加快旋转速度。有很多通过弯曲关节来减小半径进而增加角速度的例子，例如，在跑动中每一步的恢复还原阶段，屈膝动作（叠腿动作）能有效地减小腿部的转动半径，加快向前的运动速度。跨栏运动员通过弯曲起跨腿来快速过栏并进入下一步的恰当位置。同样存在很多通过伸展四肢来减慢旋转的例子。采用挺身式技术的跳远运动员在腾空时，通过伸展四肢来减慢身体向前的旋转，进而获得更好的落地姿势。投掷运动员通过伸展非投掷侧的上下肢，在没有较大角速度的情况下，维持一个较高的角动量。撑竿跳高运动员在起跳后通过伸展身体来减慢身体的摆动（图4.9）。

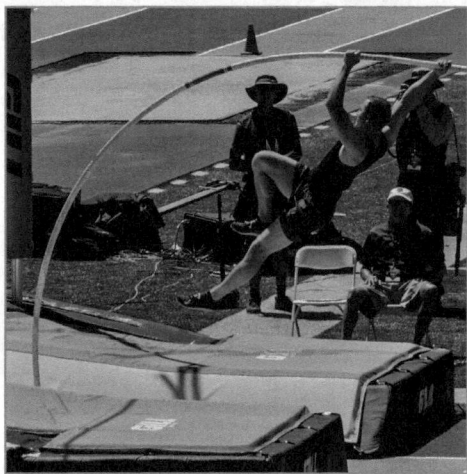

图 4.9 撑竿跳运动员在身体上摆初期通过伸展身体来减慢旋转速度

角动量的传递

运动员的身体在整体旋转时，可以通过身体组成部分在相同方向上的旋转来使身体整体的旋转减慢、停止甚至反向。第二个旋转轴给身体一个工具来吸收整个身体的旋转，跳远运动员采用的走步式技术（图4.10）就是一个例子，他们通过顺时针方向旋转四肢来抵消整个身体顺时针方向上的旋转，当然这些动作是短暂的，当身体接近落地时，运动员停止第二个旋转来准备落地，这时身体的旋转恢复。

图4.10 跳远运动员采用的走步式技术

力的结合

本节研究在运动表现中力的作用产生的各种不同结果，以及如何提高力的作用效果。

近端关节和远端关节

近端是一个术语，意思是"靠近身体的中心"。远端的意思是"远离身体的中心"。身体的每一个关节都具有独特的结构。因为骨骼、肌肉和连接的组织被赋予不同的功能，它们在产生力的大小和速度上也是不同的。一般说来，近端关节被大块的肌肉包裹，能够产生较大的力，然而发挥作用的速度较慢。远端关节被较小的肌肉包裹，不能产生较大的力，然而速度较快。

发力顺序

为了产生较大的力，必须在恰当的时间以正确的顺序动用关节。这种动用关节的特别序列叫作发力顺序。关节的特点决定了它为整个动作贡献作用的最佳时机，大块的肌肉最早发力来克服惯性，惯性被克服后，那些小块的、快速的肌肉开始接着发挥作用。一般说来，运动员应该采用从近端到远端的发力顺序来最优化运动表现。在投掷项目中，运动员动用躯干周围的大块肌肉来克服惯性，接着肩、肘、腕关节依次发力。在跑跳项目中，运动员最先动用髋关节，然后是膝，最后是踝关节。当然，在这些安排中，并不是每个关节的动作完成时才开始下一个关节的动作，其动作在一定程度上会发生重叠。

动用所有可用的关节

大多数田径项目，都试图在有效时间内让身体产生尽可能大的力量。由于每个关节都能产生一定的力量，因此让所有可产生力的关节在一个方向上集中发力是符合逻辑的。错误的技术会让有些关节处在错误的位置上，使其作用被限制或无效。

稳定性和姿势

本节考察运动中与稳定性和姿势相关的力学原理，以及它们之间的关系。

稳定性和动态稳定性

物体的稳定性是指它抵抗倾倒的能力。两个因素影响物体的稳定性。第一个是物体质心的高度，物体的质心越高，稳定性越差，越容易倾倒。第二个影响稳定性的因素是质心与支撑基础边缘的水平距离，质心越接近支撑基础的边缘，物体越容易倾倒，当质心落到支撑基础的外部时，身体则不能保持稳定。

在人体中，双脚提供了支撑基础。在双脚支撑的情况下，两只脚都与地面接触，所以支撑基础足够宽以减少不稳定。也有时候，人体处于单脚支撑状态，只有一只脚接触地面，不稳定性增加。人体的运动形式就是失去和重获稳定性的不断重复，这种状态称作动态稳定性。尽管在运动中我们必须经历一些不稳定状态，但是过多的不稳定会导致技术瓦解和错误动作出现。

姿势

姿势是指身体核心区的功能性状态。在运动表现中它是最重要的要素之一，同时也是最容易忽视的要素。在所有田径项目中，恰当的姿势（图4.11）是高效率、优异表现、稳定性和产生弹性势能的先决条件。姿势可以从稳定性和身体的对齐两方面考虑，就像下面介绍的。

图4.11 正确的跑动姿势会使动作更加有效，节省能量，并帮助实现最佳的竞技表现

- **姿势的稳定性**。运动员在运动中持续地发力以获得反作用力来产生位移。如果运动员的核心区是不稳定的、发生扭曲或倾斜，这些力量将被吸收或浪费。必须从一个稳定的基础上发力以产生有效的位移。

- **姿势呈直线对齐**。身体核心区，尤其是头部和骨盆呈直线对齐与姿势的稳定性同样重要。头部不能很好对齐将削弱肩膀和手臂的功能，妨碍平衡，并且影响身体的放松。骨盆没有对齐会减少双腿的工作效率，在旋转项目中会难以做出理想的旋转动作，并且减少弹性势能的产生。

结　语

掌握生物力学原理对田径项目教学的成功是至关重要的。对力的恰当运用是很多项目中良好表现的基础，技术训练较好的教练员通常是那些对生物力学原理有很透彻理解的教练员。正确的力学原理不仅能帮助获得最佳表现，还能够减少伤病的发生。在很多情况下，好的运动员天生就具有难以置信的运动天赋，但是，伟大的运动员通常是被打造成功的，需要通过精心的教学和技术练习来不断提升他们的生物力学技能。

第5章

运动生理学

罗伯特·查普曼（Robert Chapman）博士

生理学是一门研究人体的各个系统如何发挥作用的学科。掌握生理学对于获得训练上的成功十分重要，因为生理学为训练计划的制定提供了理论依据。本章简要介绍对运动表现能力非常重要的各个身体系统的功能，它们包括神经肌肉系统、供能系统和心血管系统；本章还将讨论人体的生长和发育及其对训练的影响。在本章的结尾部分，讨论各种生活方式（如营养、水合状态和睡眠）对运动员身体健康和表现能力的影响。

神经肌肉系统

神经肌肉系统包括负责控制骨骼肌活动的神经系统，以及运动过程中产生力量时所涉及的肌肉组织。因为神经肌肉系统的有效性可能是速度和爆发力项目中最重要的因素，所以提高该系统的功能可能是这些运动项目的最重要目标。

神经系统

神经系统主要负责控制运动。神经元（神经细胞）的主要功能是向肌肉组织或另一神经元传导神经脉冲。神经细胞由胞体（细胞体）、轴突和树突组成。轴突使神经脉冲远离细胞体，而树突则向细胞体传导脉冲。运动神经元是支配肌肉组织的各种神经元，它们能够激活肌肉纤维，从而影响运动活动。

神经脉冲本身基本上由电脉冲组成。如果神经元接收到这些脉冲，而且脉冲幅度足够强，则会刺激神经元来传导脉冲。这里没有传导程度的概念，因为它们遵守的是全有或全无原则。

神经系统由中枢神经系统（CNS）和周围神经系统组成。CNS包括脑和脊髓。周围神经系统（PNS）由分支神经和神经肌肉接点组成。

收缩机制

收缩机制是肌肉组织中负责产生运动的结构。本节以收缩机制的解剖和功能为主题进行探讨。

肌节（图5.1）是肌肉收缩组织的最小单位。众多肌节组合形成了肌纤维和整个肌肉组织。肌节由不可收缩蛋白（不参与收缩过程的蛋白）和可收缩蛋白（参与收缩过程的蛋白）构成，不可收缩蛋白为肌肉组织提供框架机构。

收缩蛋白的两种类型分别是粗肌丝和细肌丝。细肌丝（thin filament）主要由肌动蛋白组成，它们连接到肌节的末端并向肌节的

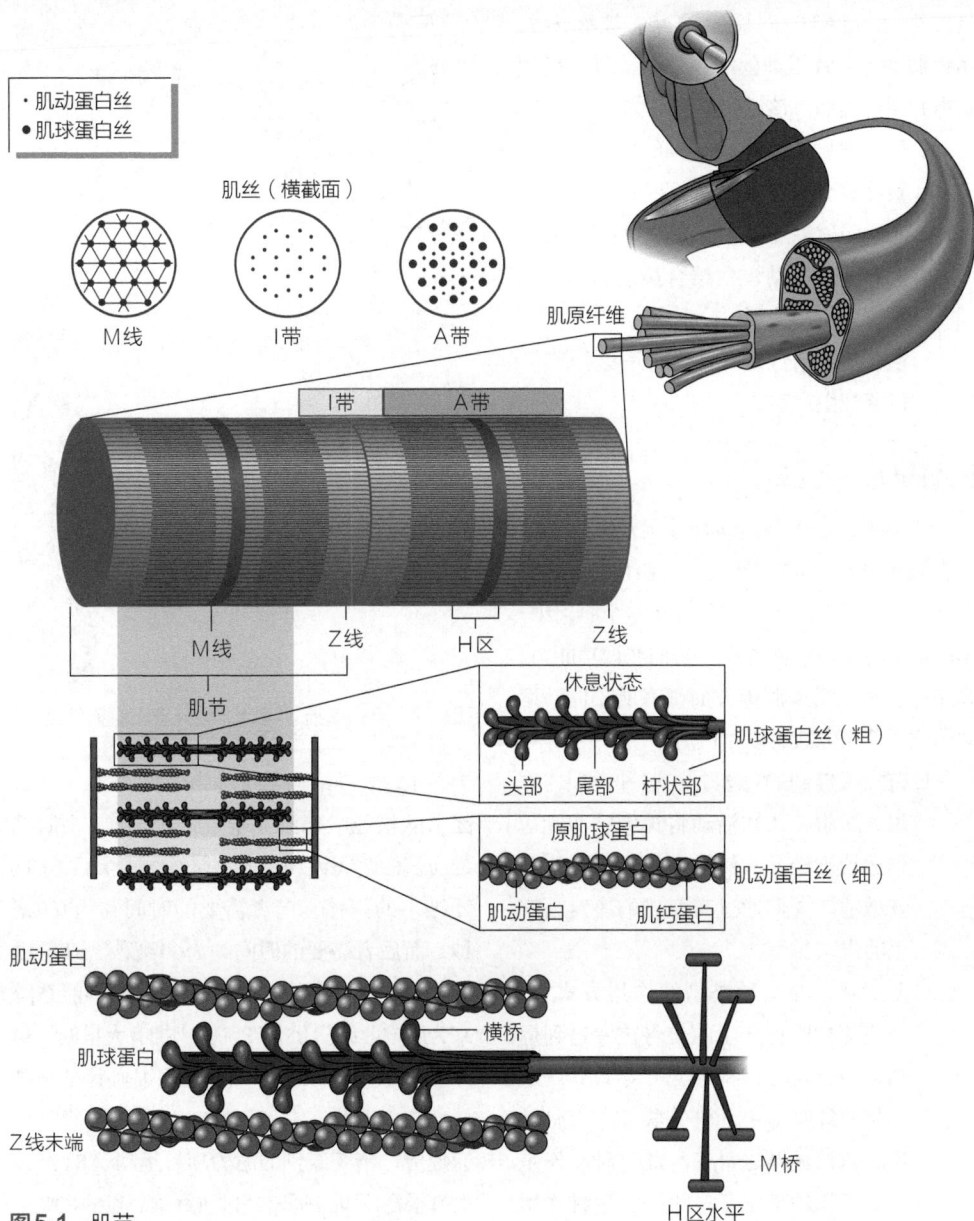

- 肌动蛋白丝
- 肌球蛋白丝

肌丝（横截面）

M线　　　　I带　　　　A带

肌原纤维

I带　　A带

M线　　　Z线　　H区　　　Z线

肌节

休息状态

肌球蛋白丝（粗）

头部　尾部　杆状部

原肌球蛋白

肌动蛋白丝（细）

肌动蛋白　　肌钙蛋白

肌动蛋白

肌球蛋白

横桥

Z线末端

M桥

H区水平

图5.1 肌节

中间延伸。粗肌丝（thick filament）由肌球蛋白组成，它们位于肌节中间位置，处于细丝之间。

每个粗肌丝都有许多向细肌丝延伸的横桥。每个横桥末端的头部含有一种酶，它们可水解（即分解）三磷酸腺苷（ATP）以产生肌肉收缩所需的能量。

肌动蛋白和肌球蛋白彼此之间有一种化学亲和力，但是当ATP被分解时，它们的结合位点被阻断，导致其不再结合在一起。当通过神经脉冲向神经肌肉接点发出收缩信号时，粗肌球蛋白丝上的横桥会附着到细肌动蛋白丝上，当ATP在肌球蛋白头中被水解时，横桥摆动（导致粗细丝滑过彼此）导致缩短肌肉并引起运动。该过程的步骤如下。

1. 神经递质乙酰胆碱在神经肌肉接点处被释放。
2. 乙酰胆碱触发钙离子释放到肌节中。
3. 钙离子使肌动蛋白结合位点暴露于肌球蛋白横桥头部。
4. 横桥头部结合到细肌丝上并发生旋转，以便产生运动。

运动单元

运动单元由一个运动神经元及其支配的所有肌肉纤维组成（图5.2）。这组特定的肌纤维被称为纤维池，通常分散在整个肌肉中。运动单位的类型各种各样，它们在做功能力、收缩速度和能量来源等方面都有所不同。运动单位的作用方式有以下两种。

1. **有意识控制的功能。** 在这种类型的作用方式中，认知活动将神经脉冲发送到运动神经元，然后神经元会激活其纤维池。人们通过有意识的决定去产生动作。
2. **反射弧。** 在这种类型的作用方式中，一些感觉器官产生的信号被发送到运动神经元，激活神经元并导致其发送信号使纤维池中的纤维收缩。大脑被排除在该循环之外，因此这种动作是在无意识的情况下产生的。这种作用方式被用于所有反射动作。

肌肉纤维类型

骨骼肌在作用机制和总体物理结构方面都有所不同。一般来说，有3种骨骼肌纤维类型：Ⅰ型、Ⅱa型和Ⅱb型。

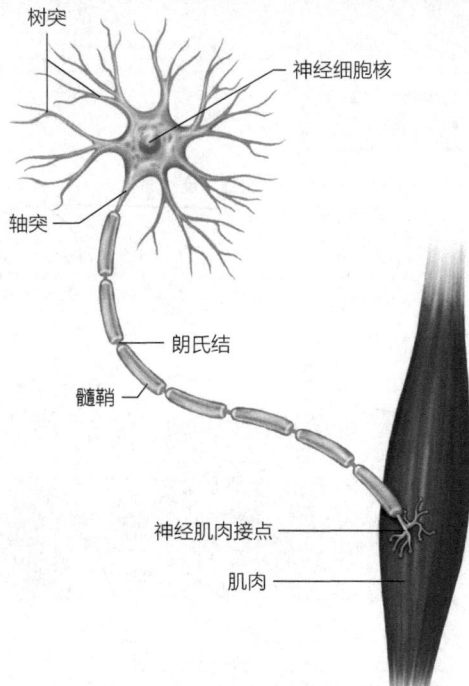

图5.2 运动单元。运动神经元支配肌肉纤维

Ⅰ型肌纤维通常被称为慢肌（ST）纤维，因为从松弛状态到完全紧张状态，Ⅰ型肌纤维所需的时间大约是Ⅱ型肌纤维［快肌（FT）纤维］的两倍，前者需要的时间约为100毫秒，而后者需要的时间约为60毫秒。ST纤维主要使用氧化（即有氧代谢）分解供能系统来为肌肉收缩提供ATP。它们拥有大量的线粒体以产生能量，还有大量的毛细血管带来富氧血液。因此，它们不像FT纤维那样容易快速疲劳。精英级别的耐力项目运动员ST纤维占有很高比例，通常超过肌纤维总量的80%。

快肌纤维（FT）有多种形式，但主要是Ⅱa型（FTa）和Ⅱb型（FTb）。Ⅱb型肌纤维的线粒体和毛细血管含量较低，因此它们比慢肌纤维容易疲劳。但是，因为快肌纤维达到峰值张力的时间比慢肌纤维的时间短，所以它们可以产生更大的力量。Ⅱa型肌纤维是非常独特的,因为它们具有慢肌纤维和快肌纤维的许多特性。例如,Ⅱa型肌纤维的峰值张力时间与Ⅱb型肌纤维相同,但它们有更多的线粒体和毛细血管,因此比Ⅱb型肌纤维更抗疲劳。因此,Ⅱa型肌纤维通常被称为中间型肌纤维。力量型、爆发力型和速度型运动员一般具有较高百分比的快肌纤维,这些肌纤维通常占肌纤维总量的70%或更多。通常,典型的普通人慢肌纤维和快肌纤维各占50%。

许多教练员想知道训练是否能改变骨骼肌纤维类型。例如,加大有氧耐力训练量会让快肌纤维变成慢肌纤维吗?或者相反,大量的冲刺跑或力量训练会让慢肌纤维变成快肌纤维吗?一般来说,答案是否定的。在大多数情况下,慢肌纤维和快肌纤维的百分比是由遗传决定的。在训练过程中,两者之间发生任何变化的可能性非常小(约1%至2%的量级)。不过,经过长时间的训练(或停训),快肌纤维可以在a和b亚型之间变化。训练可以提高速度或耐力,不是通过改变纤维类型,而是通过改善纤维的功能。

供能系统

供能系统负责提供三磷酸腺苷(ATP),这是一种富含能量的化合物,能促进细胞的工作和恢复,而且是肌肉收缩的基本燃料。所有供能系统的目的都是从各种底物产生ATP。ATP通过化学键的断裂,分解成二磷酸腺苷(ADP)和无机磷酸盐(Pi),同时释放能量。

不管采用何种供能系统,都是通过一些燃料源的化学分解产生能量。这些燃料源被称为底物,最重要的底物是葡萄糖、糖原和脂肪酸。运动的强度通常决定了所使用的底物。

- 葡萄糖是一种碳水化合物。通常在血液中有一定程度的存在。葡萄糖在机体的化学作用中起关键作用。
- 糖原是储存在肌肉组织和肝脏中的糖。它们可以转化为葡萄糖并进入血液中,然后被用作燃料。
- 脂肪酸是在血液循环中游离的脂肪。它们实质上是脂肪分子的构造单元。脂肪酸通常是休息时使用的主要燃料源;不过,某些强度的运动也会导致身体动用储存的脂肪。

人体存在的三大供能系统分别是ATP-PC(或非乳酸性)系统、糖酵解系统和氧化(或有氧代谢)系统。ATP-PC系统和糖酵解系统在无氧条件下发挥作用,这意味着没有氧气的参与。氧化系统是在有氧条件下作用的,这意味着有氧气的参与。糖酵解和氧化系统都需要一些不同类型的底物参与。

无氧代谢供能系统

ATP-PC供能系统通常被称为非乳酸性供能系统,因为乳酸不像在糖酵解供能系统中那样是副产物。该供能系统使用肌肉中存储和可用的少量ATP提供即时能量,并通过ADP和磷酸肌酸(PC)提供的高能磷酸盐结合生成额外的ATP。PC的唯一作用就是储存高能磷酸盐,然后提供给ADP,以便在运动刚开始时产生ATP。这个过程为其他供能系统生成ATP争取了时间,使它们能在需要能量时,比如在冲刺时,开始生产ATP。该系统不需要底物,但在较大运动强度下,只能提供大约3至15秒的能量,具体时间取决于运动员水平及其训练状态。这个系统供能的时间是有限的,因为身体只能在肌肉中存储有限的ATP和PC。

糖酵解供量系统为肌肉收缩和其他目的提供ATP，该供能系统使用葡萄糖和糖原作为底物。这种无氧代谢系统可以为强度非常大的工作提供能量，不过，副作用是产生乳酸，而且与乳酸相关的氢离子会引起疲劳，从而降低表现水平。人们认为与乳酸相关的氢离子是通过两种机制引起疲劳的。第一种机制是较高的酸性水平削弱了糖酵解供能系统的一种关键酶的功能，从而降低了产生ATP的速率。第二种机制是高酸环境部分地阻碍了骨骼肌的实际收缩机制，这导致肌肉有被束缚住的感觉。

一般认为糖酵解供能系统能够为极限强度运动或次极限强度运动持续提供大约45秒的ATP，由于训练和其他因素，时间多少可能会有一些变化。ATP–PC供能系统的供能时间限制取决于肌肉中储存的能量（ATP和PC）多少，而糖酵解供能系统则不同，身体在45秒内并没有耗尽葡萄糖或糖原。该系统的供能时间限制取决于乳酸形成的速率、身体从肌肉中消除乳酸的能力，以及身体忍受高水平乳酸的能力，所有这些能力都会受到训练的影响。

有氧供能系统

有氧代谢（或氧化）供能系统使用脂肪或葡萄糖和糖原作为底物，分解产生ATP用于肌肉收缩和其他目的。有氧供能系统，顾名思义，分解产生ATP的过程有氧气的参与。利用有氧代谢供能系统提供ATP的优点是，身体可以轻松地处理这种供能系统的副产物（二氧化碳和水），而且该供能系统产生ATP的能力很强。有氧代谢供能系统产生ATP的不利因素是，与其他两种供能系统相比，有氧代谢供能系统产生ATP的速率非常慢。有氧代谢供能系统在产生能量方面非常高效，但当身体在高强度下运动时，产生的ATP跟不上身体对ATP的需求。如果运动强度的增加超过阈值，则会导致激活无氧代谢系统参与供能。

重要的是要记住，所有这3种供能系统都在始终且持续地提供ATP。不是其中某个供能系统开始提供ATP并一直运行到其耗尽为止，然后下一个供能系统才开始产生ATP。3个系统中的每个系统对提供ATP的贡献大小取决于一些因素，例如训练的强度、运动员的训练状态和环境条件（如热度、海拔）。

每个系统在不同距离的项目中所贡献的能量多少都可以在表5.1中找到。该图首次出现在20世纪70年代，因为后来出现了用于测量能量消耗的新技术，因而已经过多次修订。这个最新的表格显示，许多项目比20世纪70年代的理论中所需的氧气量要多。

表5.1　中长距离项目的能量来源对比

能量来源占比/%	400米	800米	1500米	5000米	10000米	马拉松
有氧供能系统	43	66	84	88	90	97.5
无氧供能系统	57	34	16	12	10	2.5

源自：P.B. Gastin, 2001, "Energy system interaction and relative contribution during maximal exercise," *Sports Medicine* 31(10): 725-741.

心血管系统

心血管系统负责将氧气和其他养料运输到身体的各个组织。虽然这个系统包含许多身体器官，但是这里主要集中于心脏、肺部、血液和血管等几个主要器官的讨论。

扩散是我们讨论心血管功能时会用到的一个关键术语，它是指分子穿过组织膜的随机运动。当气体（如氧气）高度集中在组织膜的一侧，而在组织膜的另一侧较为稀少时，就会导致扩散过程的发生。气体的分子倾向于从较高浓度的一侧穿过组织膜移动到较低浓度的一侧。扩散涉及氧气从肺部穿过肺壁进入血液的过程，顺着压力梯度扩散。类似地，氧气会从肌肉中的毛细血管通过扩散进入线粒体。二氧化碳从相反方向进行扩散，它从肌肉扩散到血液，再从血液扩散到肺部。

心脏

心脏就像是一个泵，它是产生压力的源头，将血液传送到身体的各个器官，并为氧气和各种组织所需的其他养料提供有效的运输系统。心脏实际上是作为两个泵来运行的。右侧将血液泵入肺部进行氧合作用（图5.3）。氧合后，血液返回到心脏，心脏左侧的泵负责将富含氧气的血液输送到全身。

心率是指心脏跳动的频率，或者泵动的循环。身体组织对氧的需求增加时，心脏跳动加快，因此心率是一个良好的身体做功强度的指示器。每搏输出量是指心脏每次跳动泵出的血量。心输出量是指心脏单位时间内的输出血量，在数学上，可以看作心率和每搏输出量的乘积。

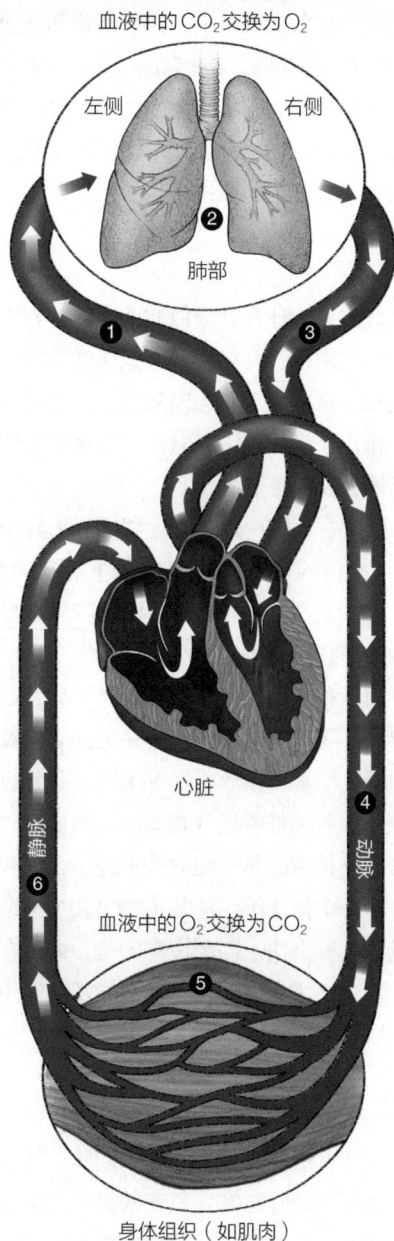

图5.3 血液循环通过心脏、肺部和肌肉

肺

通气的过程会将空气从肺部移入和移出，

以使氧气扩散到血流中，以便运输和分布到整个体内，并促进二氧化碳的排出。扩散过程发生在肺中，因为氧气从被称为肺泡的肺组织中进入毛细血管和血液中，以便完成氧气的运输，而二氧化碳则沿相反方向进行扩散。

血液

血液是一种含有蛋白质的液体，它在整个身体内循环，将氧气和其他所需养料输送给细胞，将二氧化碳运输到肺部，通过通气作用排出二氧化碳，同时还在身体各组织之间运输各种所需物质。

氧气在血液中运输，主要通过血红蛋白（红细胞内的一种含铁蛋白质）进行运输。极少量的氧气（1%至2%）可以溶解在血浆（血液中的透明液体）中进行运输。

动脉和静脉中氧气含量存在差异，或者说存在A–$\dot{V}O_2$差异，该差异是心血管系统研究中的一个重要概念。A–$\dot{V}O_2$差异是指血液离开肺部后携带的氧气量与组织摄取氧气后静脉中仍携带的氧气量之间的差异。A–$\dot{V}O_2$差异是一个衡量组织从每单位血量中摄取氧气量的良好办法。需要注意的是，即使在最大运动量训练期间，组织也不能从血液中完全提取所有的氧气。

血管

人体有三种类型的血管：动脉、静脉和毛细血管。动脉将富含氧气的血液运输到整个身体的各个组织。静脉将贫氧血液返回到心脏。毛细血管是动脉和静脉之间的微小血管。毛细血管能够使各个组织提取氧气，当氧气从毛细管穿过组织膜进入细胞时，即发生扩散作用。

生长和发育

为了促进年轻运动员身体的发育，教练员必须了解青少年生长和发育的自然过程。年轻运动员训练计划的设计必须与自然成熟过程相一致。本节讨论随着身体成熟而发生变化的一些要素、影响身体成熟过程的因素，以及设计训练计划时应考虑的各种因素。

年龄

在考虑训练活动的适宜性时，年龄可能是最重要的一个变量。儿童后期阶段（6至10岁）的运动员应该只教授一些非常基本的技术，进行兴趣发掘活动，并允许运动员进行玩耍和娱乐。

青少年早期（11至14岁）的运动员应接触各种各样的活动，教授他们各种技术，并准备在未来几年增加训练。此时可以引入供能系统的能力训练，特别是有氧训练和有限制的间歇训练。由于处于这些年龄的孩子的社会性质，团队导向的活动非常重要，这是提高体能的最佳方式。

青少年晚期（15至19岁）的运动员可以准备进行更专项、要求更高的训练，并采用更大的训练量。男孩和女孩都会在这个年龄段里迅速成长，他们能够进行更复杂的训练活动。在这个年龄段中，可以进行更高水平的无氧训练。

生长和成熟

在儿童后期阶段（6至10岁），男孩和女孩的成长速度是大致相同的。通常每年会长高5至7.6厘米，每年增加3至6磅（约1.4至2.7千克）体重。

在青少年早期（11至14岁），青春期会带来激素分泌的变化，引起身体快速的生长和体脂的增加。这些是正常现象，因为这样能够满足身体对热量的需求，促进生长。男孩和女孩都经历了快速生长的爆发期。女孩通常会比男孩更早地体验到这种增长，但具体的反应完全因人而异。

在青春期后期（15至19岁），生长仍在继续，而且通常很迅速。男孩的生长过程通常比女孩更长，主要是因为睾酮的影响。

年轻运动员的成熟速度是各不相同的，所以教练员的明智做法是，根据每个运动员的身体准备程度，针对性地进行各种类型的练习活动，这是非常重要的，这样做有助于防止年轻运动员在高水平训练中受伤、精神疲劳或身心耗竭。在青少年时期，一种常见的情况是，非常成功的运动员往往是早熟者，即在相对较小年龄就到达青春期的运动员，因此他们发育出更多的肌肉供其选择各种运动。因此，这些早熟的运动员可以比晚熟运动员在更小的年龄接受更集中的指导，并能更早地开始训练更多的技术技能。然而，对于成年的精英级别的运动员来说，研究表明，他们在生理上大都是晚熟的。这种现象是由于生理学、社会学还是心理因素造成的不得而知，但可以确信的是，所有的年轻运动员，相对于年龄无论其身体成熟程度如何，当进行田径运动时，他们都应该接受高质量的指导和训练。

性别

年轻的男性和女性运动员适合开始训练的年龄之间没有什么区别。不过，随着青春期的临近，在性别之间存在着巨大的社会差异，影响了运动员的参与动机。教练应该为两种性别的运动员提供平等的参与机会，并且应该对这些差异保持一定的敏感性。

遗传

遗传会对儿童和青少年的身体特征产生各种各样的影响。与生俱来的天赋可以让他们有选择性地参加运动项目，并对训练做出更好的反应和取得更快的进步。

健康状况

任何教练员都要保持运动员身体健康和免受伤害。教练员应谨慎行事，对于患病或受伤的运动员，应该相应调整训练计划。对于年轻的运动员，教练员应该特别小心，避免和防止因为过度训练而使他们受伤。促进从训练中康复与规定训练刺激同样重要。

缺铁问题

铁是血红蛋白和肌球蛋白中的关键元素，它是一种向工作的肌肉运输氧气有关的物质。缺铁的运动员往往容易感到疲劳，训练后的恢复较慢，表现能力不佳。积极参与田径训练的运动员通常会缺铁，在所有运动员中，径赛运动员和女性运动员发生缺铁症状的概率会略大一些。

缺铁状况需要由临床医生通过测量血清铁蛋白来确定。铁蛋白是参与铁的运输和储存的蛋白质，铁蛋白的水平能够很好地反映骨髓的含铁量。尽管简单测量血红蛋白浓度和红细胞压积要比测试血清铁蛋白更容易且成本更低，但它们不是指示运动员缺铁症状的良好指标，因为这些浓度和压积可以随着水合状态或适应热环境训练的情况而产生很大变化。尽管一般人的正常血清铁蛋白水平可以低至15纳克/毫升，但对于运动员来说，一般的正常值下限对于女性为20纳克/毫升，男性为30纳克/毫升。

运动员不应该在不知道自己的血清铁蛋白水平的情况下服用铁补充剂，因为有很小一部分人患有血色素沉着病，该疾病的特点是有极高的（大于500纳克/毫升）铁蛋白水平。对于这些人而言，补铁可能会对一些器官（如肝脏）造成损害，铁含量超标一般会对身体有害。所以在补充铁时，最好遵循医师的建议。

生活方式

本节探讨生活方式问题对训练安排的影响，并提供改善这些方面的建议和指南。

睡眠

良好的睡眠习惯对成功的训练安排至关重要。充足的睡眠（每天8至10小时）是细胞再生的关键。此外，充足的睡眠，特别是在午夜之前的几小时，是让身体从训练中恢复的必要条件。

营养

适当的营养补充对于获得好的运动成绩至关重要。运动员应该吃多种多样的营养食物，避免选择不健康的食物。教练员应该对必需营养素有基本的了解。

蛋白质是构建和修复身体组织的一种化合物，它还参与身体的许多化学反应过程。蛋白质由氨基酸这种较小的单位构成，其中一些种类的氨基酸无法由人体自身产生来维持健康，这些氨基酸被称为必需氨基酸，因此必须通过食物获得。来自蛋类、乳制品和肉制品等的动物性蛋白质被认为是必不可少的，因为它们含有人类所需的所有氨基酸。植物性蛋白质来自坚果、谷物和豆类，它们缺乏一种或多种人类必需氨基酸。

碳水化合物是能够提供能量的有机化合物，它们被身体分解以产生葡萄糖，葡萄糖可以立即用作燃料，或者进入肝脏和肌肉（存储为糖原），或转化为脂肪细胞（存储为脂肪）。淀粉和糖是碳水化合物的主要形式，谷物、豆类、蔬菜和水果中含有的淀粉和天然糖类被称为复合碳水化合物，因为它们的分子比较复杂，需要人体将它们分解成更简单的形式以获得葡萄糖。相比之下，单糖（利用天然存在的糖制成并被添加到食物中）经过简单的消化，就能很快被身体吸收。

脂肪是由甘油连接的脂肪酸组成的。脂肪是最集中的用来供能的营养素，它在人体的化学过程中也发挥着重要作用。膳食脂肪根据其脂肪酸的结构被分为饱和脂肪、单不饱和脂肪或多不饱和脂肪。动物性脂肪中饱和脂肪的含量很高。植物性脂肪富含单不饱和脂肪以及多不饱和脂肪。过多地摄入饱和脂肪被认为是不健康的。

人体矿物质是微量的元素，对于牙齿和骨骼的健康生长至关重要。它们还能促进身体的化学过程。矿物质营养素被划分为常量元素（钙、氯、镁、磷、钾、钠和硫）和微量元素（铬、铜、氟、碘、铁、硒和锌）。

维生素是人体正常代谢所需的有机物质，人体自身无法合成足够的维生素。维生素被划分为脂溶性维生素和水溶性维生素。脂溶性维生素（维生素A、维生素D、维生素E和维生素K）可以被人体吸收并储存在体内，因此不需要每天摄取它们来满足身体的需要。人体无法储存足够量的水溶性维生素（维生素C、维生素B_1、维生素B_2、维生素B_3、维生素B_6、维生素B_{12}和叶酸），因此需要每天通过食物摄取来满足身体的需求。

除了这些营养素之外，纤维和水也是必

不可少的。虽然纤维没有提供能量或构成物质结构，但它对良好的健康至关重要，需要它来保持良好的消化功能。稍后我们会详细介绍水和水合作用。

良好的营养状况在训练中起到支持作用，能帮助运动员应对训练负荷。减肥或增重都需小心谨慎，应进行多次检测并有计划进行，而且需要极大的耐心并遵循专家的指导。

从4种传统的食物组合（水果和蔬菜、乳制品、肉类以及谷物）中进行选择并进行权衡，是满足一般营养需求的简单有效方法。通常，最健康的饮食是均衡的饮食。应避免食用过度加工的、精制的食品，比如糖、油和面粉。一般来说，训练中的运动员的正确饮食配比应该是：70%的卡路里（即热量）来自碳水化合物，15%来自蛋白质，15%来自脂肪。

在训练前和训练后提供适当的营养可以显著提高训练质量。目前的建议是，在完成训练后30分钟内摄入约50克碳水化合物，以最大化地重新合成肌糖原。一些数据表明，训练后的饮料或膳食中的碳水化合物与蛋白质的比例应该是4∶1，以使重新合成糖原最大化。

简单烹饪的膳食和生食在营养上优于经过复杂烹制的食物。理想情况下，每天吃几顿小餐是运动员最好的选择。早餐非常重要，应该包含一些富含蛋白质的食物。饮食多样化可以改善营养，增强免疫系统功能。

水合作用

摄入充足的水量对所有身体机能的正常运转至关重要，当然对于身体适应训练环境同样重要。水合状态对表现水平具有显著影响。体重因脱水每减少1%，就会导致表现能力下降6%，具体的下降程度取决于训练的运动项目。

监测运动员水合状态的最佳方法是测试尿液。尿液的颜色能够简单指示水合状态。但请注意，一些药物和B族维生素可能会使尿液颜色变暗。

在训练之前就应该开始关注身体的水分，并在训练期间一直关注它。在炎热或干燥的天气里，特别是在有风的时候，可能需要增加水的摄入量。教练员在练习期间不应该将禁止饮水作为惩罚手段。空中旅行往往会使身体快速脱水，因此建议在此类旅行之前和旅行途中增加水的摄入量。

运动员可能会喝太多的水。这种罕见的情况被称为低钠血症，是一种非常危险的状况，摄入过多的水会稀释身内的钠含量，导致肌肉和心脏出现问题。这是一种非常罕见的现象，通常，运动员为了完成训练或比赛任务都会出现低水合反应。不过，教练们应该意识到，一些过分重视补水的运动员可能会因为过度摄入水分而出现危险状况。

教练员还应该注意那些喜欢饮用富含咖啡因能量饮料的年轻运动员，这些饮料会影响心率、神经系统功能、呼吸频率和体温调节能力。

结 语

正确的生理学概念和知识可以帮助教练员将他们的运动员调动到最佳状态。虽然本章的大部分信息都是一些常识，但许多错误的信息、花招都被附加到体育科学的许多原理中，所以当一天训练结束时，教练员应该帮助运动员确定哪些信息是有用的，如何应用它们，以及如何充分利用它们。科学的训练是提高运动能力的基石；然而，运动员想要从第二迈向第一，就需要捅破正确运用运动生理学原理这层窗户纸。

第6章

训练设计

弗恩·甘贝塔（Vern Gambetta）

周期训练大体上是指有计划的训练。计划为训练提供了方向和目标，除了比赛的成败和能否创造个人最好成绩之外，训练计划也为评估运动员竞技水平提供了一个环境。周期训练试图通过系统性的安排来获得身体的适应性改变，以为比赛做好准备。周期训练理论主要基于科学推论，而不是实在的科学证据。此外，20世纪初的大量训练实践突出强调的下面这些关键训练要素，最终被人们统称为周期训练理论。

- 系统的训练方法。
- 根据比赛目标策略性地分配的训练负荷。
- 明确训练进度结构。
- 有序的板块构建训练方法。
- 为执行训练计划设定时间框架。
- 强调训练的所有组成部分。
- 追求具体的比赛目标。
- 反应训练适应过程的波动性。
- 系统地安排训练负荷量、负荷强度和训练密度等各种变量。
- 监控训练和评估比赛结果的方法。

有效的长、短期训练计划是运动能力发展的基石。作为一个概念，周期训练过程是一种基于对先前比赛结果、训练情况以及身体对负荷的适应性反应的科学知识等方面的评估，科学地预期未来运动水平的尝试。周期训练通过合理安排训练刺激的时间、顺序和相互影响，来使身体获得最大化的适应性反应以满足特定的比赛目标，它以周期循环框架来计划和组织训练，通过系统、有序、渐进的方式来提高全面运动能力，以使运动员得到最优化的发展。

无论是准备什么水平的比赛，训练计划对于运动员的表现都是至关重要的。长期训练计划应基于以前年度的比赛结果、训练和测试的数据，侧重于总体目标和训练优先顺序。训练计划的概念就像一本书的目录，读者可以根据它进入每一章，进而获得更多的细节。

训练过程指的是通过对施加的训练负荷和身体随后的适应性反应进行操控，以达到的一种动态平衡。由于身体总是在寻求保持一种稳态，所以它会去持续地适应不同的训练刺激。身体的适应性反应是可预见的，这种通过训练获得的适应性反应称为超量恢复（图6.1）。

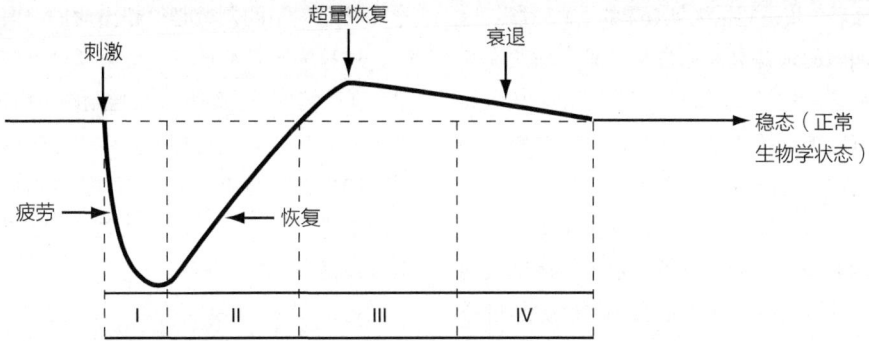

图6.1 超量恢复模型

源自：T. O. Bompa, 1983, *Theory and methodology of training: The key to athletic performance*, 3rd ed. (Dubuque: Kendall Hunt). N. Yakovlev, 1967, *Sports biochemistry* (Leipzig: Deutsche Hochschule für Körperkultur).

超量恢复模型包括4个阶段。第一阶段是训练刺激的施加，以及身体对这种训练刺激的反应，也就是疲劳，由于存在这种训练刺激，机体表现能力会出现可预见的下降。第二阶段是恢复阶段，在该阶段，能量储备和表现能力会返回到施加训练刺激之前的基线水平（稳态）。第三阶段是超量恢复阶段，这是一种超过基线水平的适应性反弹反应。不同的身体素质会以不同的速率来对刺激做出反应和适应，所以认为存在一个普遍适用的超量恢复曲线是一种误导，理解这一点非常重要。

实质上，每种身体素质都有自己的超量恢复曲线，设计这些适应曲线以使它们在适当的时机出现是一门艺术。"超量恢复模型中这些时间上的差异是由于在恢复阶段进行的不同生物再生过程所持续时间的不同造成的。虽然补充磷酸肌酸后，仅需几秒到几分钟的时间就能恢复到正常水平，但是肌糖原的恢复所需的时间可能长达24小时，在某些情况下所需时间甚至更长。酶或蛋白质的生成可能也需要数小时的时间，有时甚至需要数天才能完成"（Olbrecht 2000, 6）。适应是一个持续的波动过程（图6.2），如果能够正确操控变量，并且恰当安排训练和恢复的比率，那么结果将是一个连续上升的正弦曲线，最终获得一个更高水平的表现能力。

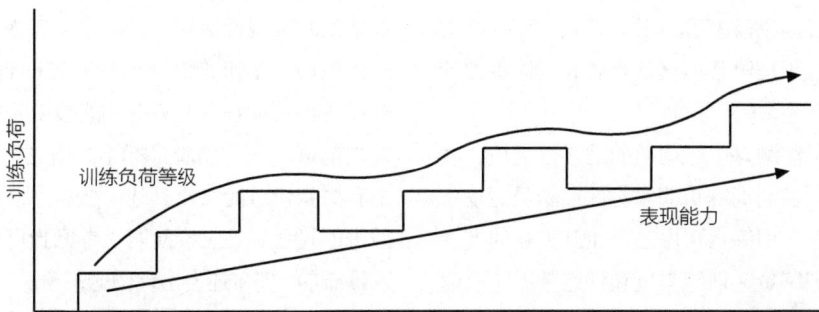

图6.2 波动曲线图

源自：T.O. Bompa, 1999, *Periodization: Theory and methodology of training*, 4th ed. (Champaign, IL: Human Kinetics), 48.

最后一步是超量恢复效果的下降阶段。这是施加新的训练刺激的自然结果。新的训练刺激应该发生在超量恢复出现峰值的时候。如果没有施加训练刺激，超量恢复效果也会下降，这就是所谓的停训现象。

训练量、训练强度和训练频率都必须适合于运动员，如果训练负荷过大，运动员会很难恢复到基线水平，而且不会发生超量恢复。如果训练太过容易，则很少出现适应性反应，如果这个过程持续几个训练周期，那么可逆性定律就会发生。简而言之，可逆性定律就是"使用它或者失去它"。如果训练负荷合理，而且施加训练刺激的时机正确，就会产生超量恢复的效果。

关于训练刺激的适应性过程的另一个理论是二因素理论，或称适应-疲劳理论，它是超量恢复模型的逻辑扩展。该理论的基本假定是训练的适应效果发生缓慢，但持续时间较长，而训练的疲劳效应持续的时间比较短，但量级更大。适应和疲劳这两个因素，是每次练习的即时效果，任何训练的最直接效果就是疲劳，而长期效果是经过一段时间后目标能力的适应性变化。"根据训练的二因素理论，应该在连续的训练之间安排休息间歇，让前面练习产生的所有负面效果都消失，但仍保存积极的适应效果"（Zatsiorsky 1995, 15）。与超量恢复模型一样，应用双因素模型的关键在于理解各项运动素质和不同生理特性的适应速率有所不同。

为了估测每个运动员的适应性反应，教练员必须控制训练负荷以确保运动员能发生超量恢复。训练负荷由三个相互依赖的变量组成：训练量、训练强度和训练频率（有时称为密度）。训练量就是训练的总量，训练强度就是训练的质量，而训练频率是训练刺激施加的频率。为了让运动员出现适应现象，施加给运动员的刺激必须超出他们习惯的水平，这称为超负荷训练。可以通过改变训练量、训练强度或训练频率来控制超负荷训练。不要同时让所有变量都超负荷，这样可以确保获得积极的适应性反应。训练量和训练强度的安排之间存在一种相互关系：如果一个上升，另一个就应下降。

运动训练的基本原则

一个良好的训练计划应该基于一些基本原则。以下原则不是孤立存在的，它们彼此相互依赖，而且不允许走捷径或偏离方向。教练员必须认真遵循这些基本原则来设计和实施一个有质量的训练计划。

渐进性原则

渐进性原则遵循从简单到复杂、从容易到困难、从一般到专项的模式，这些简单的步骤实际是一种复杂的交互作用。各个训练变量的进展速度是不同的，每个人的进展速度也各不相同。

渐进性原则需要清楚地定义每个步骤，并阐明每个步骤的目标和任务。训练的进展不是线性的，运动员应该从一个明确目标开始，在头脑中有个清晰的影像，即在训练计划结束时实现什么样的目标或看起来是怎样的。然而，在朝着最终目标前进的过程中，存在各种可能性，现实中可能会以阶梯式的方式前进。应该朝着目标不断前进，但前进中有些步伐可能会比其他一些稍小一点。在前进的过程中，应该预期和考虑到可能会进入停滞期，偶尔还会出现倒退现象。

在运动员的职业生涯或年度训练中，最广义上的渐进应该按照以下步骤进行。

1. **基本体能训练。** 这一阶段强调通过系统的方式发展全面身体素质。
2. **建立基本技术模型。** 这一阶段是关于传授和掌握本专项基本的动作技术。
3. **提高专项身体能力。** 这一阶段包括更高级的训练方法，以满足运动员的个体需求。
4. **完善技术模型。** 在这个阶段改进基本的技术模型，基于基本的技术模型，提高运动员各种专项技术能力。

累积性原则

对训练刺激的适应是一个不断累积的过程。除非是相对较小的技术调整，否则运动员无法从一堂训练课中获得即时的积极训练反应。随着时间的推移训练效果逐渐累积，训练的稳定性增强，并能避免运动损伤的发生。累积性原则与情境原则密切相关。如果各项训练安排都有序开展，那么训练效果就能以预计的速度进行积累和提高。请记住，不同的训练内容要求的适应速度各不相同，训练最终的适应性改变是各种训练反应的协同累积效果。一堂训练课不能成就一名运动员，但可以毁掉一名运动员。因此，运动员必须保持耐心，让训练随时间的推移逐渐产生效果。在每堂课中纠缠于不断寻求积极的训练以增强效果，最终会拖垮自己。

多样性原则

训练量、训练强度、训练频率和练习内容的选择必须以系统的方式不断变化，以确保身体不断产生新的适应效果。应该有计划地调整训练，以测量变化带来的影响。如果训练始终一成不变，身体很快就会适应，训练效果很快就会停滞不前。缺乏变化会导致训练僵化的风险增加，还有可能会发生过度训练。

多样性原则（或变化性原则）有一个生物学适应的时间过程依据，身体对训练刺激的反应是可预测的。在新的训练安排的前7至14天，身体能够很快适应，经常很快就能获得训练上或技术上的突破。在这个时期之后，运动员的身体反应开始放缓，奥勃拉赫特（Olbrecht, 2000）将这个阶段称为快速适应阶段。第二阶段称为稳定阶段，通常有大约三周的时间。在这个阶段结束时，身体对同一训练刺激的反应会小得多，因此需要调整训练来确保持续的适应。这就是小周期训练设定时间长度所依据的基本原理。

对以下方法进行符合逻辑的、合理的组合，可以确保持续的适应性反应。

- **增加训练量。** 在各种方法中，训练量是最简单、最容易操控的变量。
- **提高训练强度。** 这涉及改变训练的质量，在速度和爆发力训练中更加可行。
- **改变训练频率。** 增加或减少训练课的次数，也可以考虑在一个训练日中增加训练课来强调不同的训练内容。
- **调整训练课的内容结构。** 有时可能是训练间歇的简单调整；有时，可能是练习顺序的变化。单调的练习可能使适应性反应发生钝化。
- **增加训练难度。** 这可以通过改变环境（如从海平面转移到高海拔地区，或者从温带地区转移到热带地区）或者连续执行两堂高要求的训练课来实现。

情境原则

情境前后联系原则确定了训练系统内各个内容相互关系的性质。今天的练习内容应该与昨天的练习相适应，并且要过渡到明天的练习中，每堂训练课的内容也应该如此。在将新的训练内容纳入之前，这些内容必须适合已经完成的训练和将要开展的练习。也许对于情境原则而言，最大的损害就是开展一个训练内容（例如速度或力量训练），并且只训练该内容，其他的都不管，这种训练是非常不健全的。一个训练内容可能是某个阶段的训练重点，但它应该与其他训练内容保持一定的比例，然后再纳入整个训练计划的情境中。如果不遵守情境原则，各个训练内容将不成比例，也不会达到预期的适应性效果。

超负荷原则

为了取得进步，运动员承受的负荷必须超过他们已适应的负荷。超负荷是通过控制训练量（工作量）、训练强度（工作质量）和训练频率（开展训练课的频率）来实现的。因为训练和训练强度之间存在你增我减的关系，所以运动员在同时增加这二者时必须小心谨慎。

适当恢复原则

无论是在短期还是长期上，从训练负荷中恢复，对从训练刺激中产生积极适应是至关重要的。如果运动员无法从训练刺激中恢复，那么训练负荷就是不合适的。没有任何两个运动员的能力是相同的，他们的恢复能力也是如此。

SAID 原则

SAID 是"强制性要求的专门适应"的缩写。练什么成就什么，这不仅仅只是训练那么简单，还必须有明确的方向和目标，这些方向和目标还要与项目和特定的运动员相关。训练的适应性取决于对运动员施加的超负荷练习的类型。"简而言之，特定的练习会引起特定的适应，产生特定的训练效果"（McArdle & Katch, 2001, 460）。

最高程度的专项训练就是项目本身。教练员必须利用其生物力学知识来设计技术练习，在投入有限的时间内得到最大的回报。这样做可以充分利用训练时间，实现更直接的转化。

为了制定有效的计划，教练员必须做到以下几点。

- 清晰地界定训练目标。目标必须是可测量和可观察的。

- 根据运动员当前的竞技水平和机能状态，确定关键训练领域（KTA）。确定运动员训练内容的优先顺序。面面俱到是不可能的。

- 清楚地分出哪些是运动员需要做的训练，哪些是运动员愿意做和做得好的训练。要聚焦重点！

- 如果有比赛需要或者是恰当的安排，应为运动员有计划地做出准备，让他们在赛季明确的时间内提高最好成绩，或者说是出现竞技能力的峰值表现。

- 加强长期的职业生涯准备，使短期目标不会影响长期发展。

- 通过制定计划来帮助评估实现目标的进展情况。一个好的计划就像一个路线图，相对于最终目的地，它能够显示运动员在任何时候的位置。

基本上，一个良好的训练计划类似于各种运动能力的拼接，它包括速度、力量、耐力、柔韧、技术和恢复能力等。虽然所有运动素质之间存在协同关系，但在训练计划中还是各有侧重的，这种侧重因人、因项目而各有不同。在一个训练年度的所有阶段各项运动素质都必须进行练习，但各项素质的训练比例会因训练年限和特定训练阶段不同训练内容的优先顺序而产生明显变化。

身体产生适应性变化的时间会根据训练的素质和承受负荷的系统不同而改变。为了获得最佳的适应性反应，有些训练内容在重复进行下一次的训练（高神经要求练习，比如最大力量、最大速度和速度力量练习）之前，需要让身体完全恢复。相反，一些训练内容（高代谢要求练习，比如一般耐力、速度耐力和力量耐力练习）不用等到身体完全恢复就可以继续训练。

每个训练内容都有自己的适应时间。灵活性以每天为单位地提高和适应；力量素质按周提高和适应；速度素质按月提高和适应；而能力则是以年为单位提高和适应。显然，这些身体素质会以提高和适应相同的速率下降。

追求于即时的训练效果，即单次练习后的反应，是一种自然倾向。然而，关注点应该放在训练的累积效果上，累积效果反映了一系列训练带来的适应性变化和技术能力水平的提高（Issurin, 2008, 79）。因此，必须按天认真计划不同训练课的顺序，以及一堂训练课中不同内容的安排，还需要考虑每堂课对后续几天训练的潜在影响。某个训练内容在小循环计划中，适合安排在什么地方？教练员需要牢记，一项练习只是整个训练拼图的一个很小的组成部分而已。

仔细考虑各个训练单元的互补作用，这对于练习时和练习之间获得积极的训练适应效果是必要的。互补的训练单元是指将它们安排在一起时能彼此增强的组合。以下训练单元是互补的：速度和力量；力量和弹性力量；耐力和力量耐力；以及技术、速度和弹性力量。基本上，各个训练单元之间有多种互补关系，它们应该彼此促进，并最终融合在一起获得一个协同效果。必须指出的是，某些训练单元之间是对立的。简单地说，高神经要求的练习与高代谢要求的练习就是相互对抗的。

教练员必须对运动员的长期训练安排拥有良好的把控，以确保运动员在其职业生涯中获得最优的发展历程。长期计划分为以下3个阶段，它们之间有一定程度的叠加。

1. **基础阶段**。通常，这一阶段持续4年时间，但在某些情况下，可以延长至6年。该阶段的训练目标是提高一般身体素质，为技术训练打基础，建立好的训练规律和训练习惯。这一阶段的训练频率从第一年的每周3次增加至这一阶段结束时的每周5次。

2. **提高阶段**。这一阶段通常持续3年；包括让训练逐渐变得更加专项化；训练强度更大；训练负荷变得集中。从这个阶段开始更加关注比赛；虽然比赛的目的是得到一个关于训练进展情况的客观反馈。在为期7天的小循环训练中，训练次数可能高达12次。每堂训练课的时间长度开始增加；在这一阶段的后期，每天可能进行多堂训练课。

3. **高水平阶段**。该阶段的持续时间没有限制。这个阶段的训练是通过满足运动员专项的需求来实现比赛目标。该阶段的重点是比赛，因此训练有很高的强度，而且训练更加专项化。

制定训练计划是教练员必须做的准备工作，通过训练计划建立起与训练主题、训练目标和运动员的能力水平相一致的系统的训练框架。以下是教练员在制定计划时应该考虑的一些基本因素。

- 项目的本质要求应该引领所有的训练内容。
- 必须认真考虑运动员的每项素质，以确保训练计划是适当的。
- 应该考虑与项目相关的损伤模式，制定计划时加入预防和治疗损伤的训练内容。

- 24小时的运动员概念，要求教练员应该考虑运动员在训练之外面对的需求和压力。

- 运动员的性别对制定计划很重要。女性运动员与男性运动员有不同的需求，这会影响训练计划的制定。对于女性运动员，力量训练在年度训练的所有阶段都具有更加重大的意义。

- 可用于执行计划的时间期限也很重要。是为学校里的运动员制定4年的计划，还是为某项比赛或测试做短期准备等情况都应考虑在内。

- 必须考虑计划的具体目标。目标应该尽可能详细、具体和可测量。教练员需要记住，这些具体的目标限定了最终的目标。

- 运动员的竞技水平将会决定计划的方向和内容。教练员必须仔细考虑运动员当前的机能状态和技术水平。

- 赛程安排是驱动计划的最终因素。一切都为提高比赛成绩服务。

- 教练员必须仔细考虑运动员训练后的恢复能力。

教练员在制定计划时应考虑以下问题：成绩目标是什么？何时达到成绩目标？为了实现目标需要训练哪些主要内容？有什么训练手段可以帮助实现目标？可能的障碍有哪些——身体上、心理上、财务上、精神上和人际关系上？是否需要改进技术？如果需要改进技术，需要多长时间才能获得明显效果？全年中可能会出现哪些动机上的障碍？需要参加多少比赛来为年度锦标赛做准备？在运动员的喜好和适应能力方面，训练计划是否合适？

训练年度或赛季的分解

长期计划（或大循环计划）为训练提供整体上的指导，它被划分为各个不同的周期或阶段来组织开展。一个大循环可以长达12个月，即一个年度为一个大循环，它也可以短至4个月，即一个年度可以划分为两个大循环。每个大循环都被划分为多个周期——通常包括准备期、比赛期以及过渡期或恢复期。每个周期又被划分为多个小周期。每个小周期都应该有一个大体上的主题，以及一个主要和次要的训练重点列表。

顾名思义，准备期就是做准备的时期，在此期间是没有比赛的。该阶段的重点是提高基本能力的一般身体训练，或者做一些更加专项的训练来完善不足之处。准备期通常被划分为一般准备期和专项准备期，在专项准备期，运动员开始一些专门的训练来满足专项的需求。

比赛期的关注点是比赛的结果。有两种类型的比赛期：比赛期Ⅰ和比赛期Ⅱ。比赛期Ⅰ是发展比赛能力的阶段，这段时期的目标是在准备期训练的基础上逐渐适应比赛的要求。比赛期Ⅰ为提高比赛技术提供了良好的机会。比赛期Ⅱ包括了整个大循环的重大和关键比赛。这段时期的重点是基于比赛Ⅰ所做的工作来进行一些高度专项化的训练。

过渡期是指比赛期和准备期之间的衔接阶段。这是一个防止出现停训现象的积极恢复阶段。这段时期的目标是机体的再生、康复和治疗。而治疗恢复工作将会处理身体所有的基本缺损。

上述的每个训练时期都可以被划分为一些小周期，小周期的时间长度从2至6周不等，最常见的时长为4周。小周期通常由时间长度在7至14天的小循环训练组成。

日常训练的开展应基于一个主题，每一天都应该有一个特定的训练主题，这个主题决定了当天的训练方向和内容。认真挑选训练的主题以指引训练开展，最终确保训练和比赛目标得到实现。为了确保训练方法的一致性，每天的训练主题在不同阶段之间应该没有明显差异。

训练课是不同训练单元组成的集合，它是训练计划的基本单位。长期计划由一系列相连续的训练课构成，以实现特定的目标。每堂课都应高度重视训练计划并有效地贯彻执行。必须仔细评估每堂训练课的完成情况，以便相应地调整后续课程。特别重要的是，应该为个别训练课准备应急备用计划。

每堂训练课都应该有一个整体上的主题，这个主题由训练课中的各个训练目的来支撑，各项训练内容应该是非常具体和可测量的。教练员应该确保计划的课程与当天的可用时间相符，同时还应该考虑到训练技术的难度（如果是技术课的话），是否有相应的设施器材并按照训练的次序摆放，训练区域是否安全。教练员应始终确保训练课保持在与长期计划相一致的情境中开展。

在制定某堂具体训练课的计划时，教练员应通过梳理以下问题清单来确保计划得到良好的设计。

- 运动员在这堂课应该练什么？他们需要哪些器材？
- 练习中，应该在何时出现最高强度神经要求的活动？
- 目前处在训练年度的什么时间？总训练量是多少？
- 身体或技术练习的数量是多少？训练和休息的比率是多少？

- 练习中和练习之间安排的恢复间歇是多少？

每堂训练课都应该有教学重点、训练重点或稳定重点。在有教学重点的课程中，教练员必须确保第一次就执行正确的指导，而且要保有耐心，花费些时间关注细节和个人需求。教学课的最终目的是让学员掌握技能。

训练重点中强调的练习是一个精炼的过程，即重复练习的过程。该过程可能不需要过多的时间，但需要持续注意细节。一旦重要赛季开始或一个循环的训练重点发生变化，就要采用稳定重点练习。稳定重点练习的一般主题是维持住之前所掌握的内容。

教学重点和训练重点课程所占用的时间比稳定重点的课程要多得多。在设计课程时，教练员应仔细考虑以下几点。

- 训练的进展和顺序。
- 可用的训练时间和时间分配。
- 与技术练习相结合。
- 与参与训练的运动员人数相关的场地设施的规模。
- 需要的和可用的器材。
- 可利用的训练相关人员。
- 参加训练课的运动员人数。

每堂课都应该有一个治疗性的损伤预防环节，可以把它加入热身活动来简单地解决。该环节的设计是为了满足运动员的个体需求，花费的时间不应超过20分钟。教练员在设计训练课时考虑训练中的恢复是非常重要的，这种恢复可以通过自我按摩、抖动练习和拉伸的方式得到实现。在训练中以水合形式服用营养补剂是最基本和最实用的恢复方式。

随着运动员训练年限的增加，一天中可能引入多堂课进行练习，这使训练更加集中。每天进行多堂课练习对于精英级别运动员是一种必然之举。最好将这种训练课保持在60

分钟或更短的时间内。每堂训练课都应该引入或通向下一堂训练课，不同训练课之间应该被构成相互兼容的模式。

计划的最终目的是让运动员准备好在一年中最重要的比赛里表现出最佳竞技状态。在这里需要了解逐渐减小训练负荷和峰值表现这两个概念。穆吉卡和帕迪利亚（Mujika & Padilla, 2003）将逐渐减小训练负荷定义为"在一段可变时间内，非线性地逐渐减少训练负荷，以便减少日常训练的生理和心理压力，以最优化竞技表现能力"。系统性地逐渐减小训练负荷会提高爆发力和神经肌肉功能，改善各种血液指标的测量结果，促进积极的心理状态。所有这些都会促进竞技表现能力的提高。这个过程必须是系统的，而且是整个计划的关键部分。

训练的所有收获都是通过开始逐渐减小训练负荷来体现出来的。这段时期不应用于提高身体机能，而是做好稳定、锐化和技术的微调工作。逐渐减小训练负荷的过程既是一门艺术，也是一门科学，而且它体现出高度的个性化。在形成峰值表现的过程中，存在与生理因素一样多的心理因素。峰值表现是训练积累的顶点，教练员必须在整个年度的训练中不断强调所有的训练都指向最终的峰值表现，这会加强运动员的在准备时的信心。峰值表现是训练期和比赛期的累积效应产生的逻辑延伸。

适当的峰值表现可以使竞技能力提高2%至6%。当然，这在一定程度上取决于运动员的训练水平。在这里要重点考虑的是运动员能保持峰值表现能力多长时间，需要参加几场比赛才能出现峰值表现，以及运动员在一个训练年度中能够出现几次峰值表现。

不应通过减少训练强度来维持所获得的生理上和表现能力上的适应效果。这对处于提高阶段的运动员和高水平运动员同样适用。训练量应该明显地减少，研究表明，训练量减少60%至90%可能对维持适应效果是有效的，训练量减少的具体程度取决于项目和运动员的水平。训练频率必须保持不变，特别是在针对技术性项目中（Mujika & Padilla, 2003, 1184）。

逐渐减小训练负荷的时间可以短至4天，也可以长达28天。然而，创造峰值表现的过程中需要考虑一些基本因素。必须有一个周详的减小负荷的计划，并在每天的训练后进行评估。研究表明，"逐渐地、非线性地减小训练负荷似乎比分段递减策略对表现能力有更显著的积极影响"（Mujika & Padilla, 2003, 1186）。运动员应该采用那些能使其复原和精力充沛的恢复方法，而不要采用那些使其感到筋疲力尽的恢复技术。他们还应该避免过度按摩和过激的恢复手段，因为这些恢复方法可能会让他们感到非常疲劳。心理辅导安排也是必需的，因为在减少训练期间，精神上的练习是增加的。运动员应该在头脑中不断想象峰值表现的情景，不断演练比赛环境所涉及的各个方面，使他们在真正比赛时感觉像是以前发生过一样。因为形成思维图像是高度个性化的，教练员应确保能从运动员那里获得关于他们的各种信息。在这个时期，运动员可以选择自己最喜欢的练习。比赛资格的获取办法和锦标赛的组织模式在确定何时开始减小训练负荷、创造峰值表现上扮演了一个重要的角色。

一个微型的减负过程有利于判断运动员对逐渐减小训练负荷有多大反应。这个尝试性的减负过程至少要早于正式过程12周的时间，以确保运动员能够再次获得训练的累积效果，这对训练年限较短的运动员特别适用。女性运动员逐渐减负的训练过程必须考虑到生理周期的影响，对于一些女性来说，这可能是一段非常痛苦的时期。此外，女性运动员必须保持力量训练直到比赛，否则将面临爆发力显著丢失的风险。

必须考虑比赛对逐渐减负训练和峰值表现的影响。如果比赛能够使运动员的表现有所提高，那么比赛就是有益的。比赛对运动员的作用也是高度个性化的，主要取决于运动员的水平。在逐渐减小训练负荷期间，必须小心控制饮食，因为训练量的减少可能导致体重增加。运动员还应该在逐渐减小训练负荷期间保持神经得到足够刺激，他们需要变得更加活跃，而不是麻木钝化。

功能性热身程序

田径运动员的功能性热身程序是为了达到以下目的。

- 让运动员在生理上为高要求的训练课或比赛做好准备。
- 尽量降低受伤风险。
- 提高髋部动作幅度，从而激发有较高速度要求的短跑和跳跃动作所需的牵张反射机制。
- 训练和提高短跑、跳跃和投掷项目所需的神经肌肉模式。
- 提高身体运动能力并发展速度、力量、协调性、灵活性和耐力等运动素质。

表6.1为教练员提供了用于设计热身程序的各种动作和练习。每天的训练主题将会决定热身内容的选择和热身时间的长短。在选择练习内容以确定热身程序时，应遵循从简单到复杂，从容易到困难的逻辑。

放松活动能使运动员身体回到内环境稳定状态。因此，放松活动应该遵循相反的过程：从困难到容易，从复杂到简单。

表6.1 热身活动和放松练习

场地练习						
序号	练习内容	要求	速度	复杂性	热身	放松
1	小幅度的垫步跳行进	低	慢	简单	×	×
2	本体感觉行走	低	慢	中等	×	
3	斜抱腿（摇篮抱腿）	低	慢	中等	×	
4	伴随肩绕环的小幅度垫步跳行进	低	中	中等	×	×
5	反向腘绳肌拉升（燕式平衡）	低	慢	中等	×	×
6	"A"技术垫步跳行进	中	中	中等	×	
7	"B"技术垫步跳行进	中	中	中到复杂	×	×
8	下蹲侧向移动	高	慢	中等	×	
9	高抬腿慢跑	低	中	中等	×	×
10	活塞动作跑	中	快	中等	×	
11	侧向前后交替的交叉步（克力欧卡舞步）	中	中	中等	×	
12	慢步、慢步、快步跑（快抬快下压）	中	中	中等	×	
13	直腿跑	中	中	中等	×	
14	踏步跑（踝）	低	慢	中等	×	×

续表

	练习内容	要求	速度	复杂性	热身	放松
15	行进中体前屈双手交替抵触左右脚脚趾	低	慢	中等	×	
16	伴随肩绕环的行走	低	慢	中等	×	×
17	快步跑	高	快	中等	×	×
18	单腿快步跑	中	快	中等	×	×
19	逐渐增速的快步跑（1至5步）	高	快	中等	×	×
20	胸前抱膝＋肘抵脚背	低	中	复杂	×	
21	胸前抱膝＋转腰	中	慢	复杂	×	×
22	伴随双臂前后交叉摆动的侧向跑动	中	中	复杂	×	×
23	静态走（抬腿、保持静止、落地）	中	慢	复杂	×	×
24	伴随肩绕环的垫步跳行进	中	中	复杂		×
25	后退跑	高	中	复杂	×	
26	"A-C"技术的垫步跳行进	高	快	复杂	×	
	对墙练习					
	练习内容	要求	速度	复杂性	热身	放松
27	面对墙面双手扶墙左右摆腿	中	中	中等	×	
28	侧对墙面单手扶墙前后摆腿	中	中	中等	×	
29	双手扶墙摆动腿绕栏练习	中	中	中等	×	
30	面对墙面弓步踏向墙面练习	低	中	中等	×	
	起跑练习					
	练习内容	要求	速度	复杂性	热身	放松
31	站立式起跑	中	快	中等	×	
32	前倾式起跑	中	快	中等	×	
33	触碰信号起跑	高	快	复杂	×	
34	蹲踞式起跑	高	快	复杂	×	
	加速练习					
	练习内容	要求	速度	复杂性	热身	放松
35	走入式40米加速跑	中	快	中等	×	×
36	站立式40米加速跑	中	快	中等	×	
37	触碰信号式40米加速跑	高	快	复杂	×	
38	蹲踞式40米加速跑	高	快	复杂	×	

结 语

教练员必须理解和运用训练的基本原则来指引训练的方向和目的。显然，在每一天的训练课程中都会应用这些原则。每一天的课程都是整个训练计划中的一个组成部分才有意义。训练计划指明了训练的方向，为评估训练效果提供了一个情境。话虽如此，计划还是必须基于运动员对训练的反应做出灵活和适当的调整。

第7章

速度和爆发力项目的运动能力训练

弗恩·甘贝塔（Vern Gambetta）

虽然速度和爆发力项目有许多相同之处，但针对它们的训练计划还是稍有差异。本章介绍在速度和爆发力项目中获得成功所需要的各种素质，并简要介绍一些提高这些素质的练习方法，为制定一个有效的训练计划提供组织指导方针。

以下是训练中必须练习的主要运动素质。

- 速度。
- 力量。
- 耐力。
- 柔韧性。
- 协调性。

此外，这些运动素质有一些衍生素质。例如，爆发力是速度和力量的结合，灵敏性是速度和协调性的结合，而灵活性是柔韧性和协调性的结合。

在训练季中均衡地发展所有素质的训练被称为多样化训练。各项素质的平衡发展对运动员的长期发展和避免伤病非常关键。这些素质相互依赖，必须通过一致的训练来达到预期的效果。专项化训练可能要求提高这些素质中的一项或多项素质，并相应地减少其他素质的训练，以平衡训练负荷。基本上，在整个年度训练中的所有训练课程都有不同的侧重点，具体的侧重点取决于年度训练的阶段和运动员的水平。

与力量素质相关的运动能力

在所有的项目中，需要的运动能力几乎全都包括力量素质，田径各个小项无一例外地需要力量素质的展现，因此所有项目都能从适合该项目的力量训练中受益。力量素质是一项与其他所有运动素质高度相互依存并对这些素质构成影响的运动素质。适当地发展力量素质会带来以下好处。

- 提高能力，以增加或减少力的作用。
- 提高爆发力的表现水平。
- 增强关节的稳定性。
- 预防损伤和促进康复。

力量是没有时间限制地进行发力的能力，它是个用力程度的概念。相比之下，爆发力是在最短时间内发挥出力量的能力。爆发力可以分为以速度为主的爆发力和以力量为主的爆发力。以力量为主的爆发力指的是克服外部阻力下发出很大的作用力，这种爆发力在铅球、铁饼和链球项目中得到了很好的体现。以速度为主的爆发力是在有限的阻力和很高的速度下发出的很大的作用力，这种爆发力在短跑和跳跃项目中得到体现。

力量的产生受神经肌肉、肌肉、生化反应过程、组织结构和生物力学因素的控制，这些因素相互间深度作用。神经系统对特定的任务要求做出反应，并控制肌肉募集的指令和顺序。大脑不能识别个别肌肉，但它能够识别动作模式。因此，我们必须训练这些动作模式，而不是训练某块肌肉。最早对力量训练产生适应性作用的是神经系统，表现在发力速率的提高、运动单位募集程度的增加和协调同步作用的改善。基本上，在增加或减少力的作用的过程中，机体只是学会了充当行动者和稳定器的角色。

肌肉纤维可分为两大类，即慢肌纤维（I型肌纤维）和快肌纤维（II型肌纤维，它有两个亚型，IIa和IIb）。I型肌纤维能够抗疲劳，但产生较大力的潜力较低。II型肌纤维能够产生很大的力，但会迅速疲劳，II型肌纤维潜在的峰值爆发力是I型肌纤维的4倍，而且两种肌纤维对训练所做出的反应各不相同。运动单位的募集根据它们自身大小有所不同，随着肌肉张力的逐渐增加，首先募集的是更大、速度更慢的I型肌纤维，然后募集的是更小、更具爆发力的II型肌纤维。这被称为运动单位募集的规模理论。

存在4种类型的肌肉收缩方式。在等长（静态）收缩中，肌肉没有动作或肌肉的长度没有发生改变，但肌肉高度紧张。向心（缩短）收缩发生在肌肉缩短来克服阻力的时候。离心（拉长）收缩是指在抵抗阻力的同时肌肉被拉长。等动收缩或反应收缩（拉长–缩短周期）是指肌肉先被拉长，紧接着一个加强的向心收缩。

力量训练被定义为对抗适当阻力的协调训练，包括处理自身重量，投掷器械，对抗地心引力，优化地面的反作用力。要适当地应用这一定义，我们需要仔细研究各个要素与田径各小项的相互关系。

- **对抗自身重量。**这里强调的是与不同百分比的自身重量阻力发生作用的相对力量。

- **投掷器械。**在投掷项目中，器械的重量决定了相应的阻力，需要发展力量以克服阻力使器械达到想要的出手速度。

- **对抗地心引力。**一些需要对抗重力的项目更侧重于通过肌肉的离心收缩和等长收缩训练来获取所需的力量。

- **优化地面的反作用力。**需要较高的地面反作用力的项目要求具备实实在在的反应力量。

力量训练分为以下3种类型。

1. **一般力量。**发展一般力量的练习主要专注于力量的大小。它们的特点是练习动作速度较慢、力量较大。这些传统的力量训练和其他抗阻练习方法并不试图去模仿专项动作，速度很少被关注，或者根本没被关注，所有训练都围绕着力量，而不是速度。

2. **专门力量。**这类力量练习的目的是将一般力量转化为专项力量。它们是一些与专项动作类似但不相同的动作，而且它们将动作与阻力以及各种技术动态地融合在一起。奥林匹克力量举、药球练习、阻力绳练习和快速伸缩复合训练就适合设计成这种类别的力量训练。专门力量训练非常注重发展力量，但速度更加突出，它比一般力量练习更接近专项。

3. **专项力量。**专项力量练习的特点是这些抗阻练习动作被设计成模仿各种专项技术的动作。专项力量训练在力学原理、技术，尤其是速度方面有高度的专项化。显然，这种训练会最高程度地把力量转移到专项上。

专门力量和专项力量都是一种功能性的力量。专项力量训练专门针对所从事项目的技术动作。

与速度素质相关的运动能力

速度是指在最短时间内最大范围地移动身体或身体的某些部位的能力。力量素质决定着速度的水平，速度是一种可以通过在训练中应用良好的动作学习原则来提高的运动技能。想要训练速度，教练员必须了解速度的构成。

启动速度需要克服惯性，使身体从静止状态移动到适合加速的姿势。加速度是速度相对于时间的变化率，通常用米除以秒的二次方（m/s^2）来表示，大多数运动员会在4至6秒内加速到最大速度。绝对速度，也称为最大速度，是以最高速度移动身体的能力。速度耐力是在机体疲劳状态下保持速度的能力。

与耐力素质相关的运动能力

耐力包括有氧（有氧气参与）耐力和无氧（没有氧气参与）耐力。各个田径项目根据运动持续时间的不同对耐力素质有着不同的要求。在速度和爆发力项目中，一般用"能力"作为一个涵盖性术语来定义所需的耐力素质相关的类型和方向。这里的"能力"是指忍受训练负荷和从训练中恢复的能力。能力训练的目标是建立一般身体素质的坚实基础，并将其转化为专项的要求，同时考虑个体的需求。以下是3种不同表现形式的"能力"素质。

1. 忍受高训练负荷的能力。这里的关键词是忍受。许多运动员可以偶尔完成一堂高负荷的训练课，但却不能在一个有规律的基础上长期这样做。

2. 在下一堂训练课或比赛之前恢复的能力。这与忍受训练负荷的第一个能力概念密切相关。无法恢复的运动员存在过劳性损伤或过度训练的风险，他们将无法适应训练刺激。

3. 抵抗任何来源的疲劳的能力。运动员不仅要抵抗代谢意义上的疲劳，还必须能够抵抗神经疲劳和精神疲劳。

供能系统可以分为有氧供能系统和无氧供能系统。无氧供能系统能够非常迅速地产生能量，提供较大但短暂的输出功率，可为短暂高强度的活动供能，但是它供能的总量是有限的。无氧系统会引起乳酸堆积，磷酸肌酸（PC）储备的快速消耗导致爆发力和速度的明显下降。有氧系统正好相反，它能产生大量的能量，不幸的是，这种能量不能快速生成，而是受到一定的限制，比如身体在氧气的帮助下分解碳水化合物和脂肪的能力、向肌肉运输氧气的能力。

与柔韧性相关的运动能力

柔韧性是度量围绕某个关节可控的活动范围的一个指标。不同的活动对柔韧性有不同程度的需求。柔韧性与力量素质和姿势密切相关。功能性的柔韧素质被定义为身体各个部位动态的、三维的运动范围。柔韧性是高度个性化的，而且在一定程度上与专项有关。

静态柔韧性是指在不动的情况下，关节获得较大运动范围的能力。静态柔韧性的训练主要指伸展到一个位置以挑战身体柔韧极限，最好是将静态柔韧性练习作为训练后整理活动的一部分。

动态柔韧性是指在运动的情况下，关节获得较大运动范围的能力。动态柔韧性训练通常指那些较大活动范围的简单动作。根据托马斯·库尔兹（Thomas Kurz）所说，"柔韧性训练是与动作速度有关的，因为有两种拉伸受体，一种受体可以检测到拉伸的幅度和速度，另一种受体仅检测到拉伸幅度。静态拉伸可以提高静态柔韧性，动态拉伸可以提高动态柔韧性，这就是使用静态拉伸作为动态动作的热身活动没有任何意义的原因"（Kurz，2001，236）。渐进式动态柔韧性练习应该纳入到所有速度–爆发力项目的训练日程中。

与协调性相关的运动能力

协调性涉及身体各部分和各动作有效连接、链接和同步的能力，以便在适当时机和适当的平面内以正确的时间长度（以毫秒为单位）增加、减小或稳定力的作用。根据达碧（Drabik, 1996）的说法，各种协调能力如下所示。

- 平衡。将质心维持在支撑基础上方，平衡既包括静态平衡又包括动态平衡。
- 运动感觉的识别。运动感觉的识别是指通过感觉运动中肌肉的张力来做出期望动作的能力。
- 空间定位。这是指控制身体空间感觉的能力。
- 对信号的反应。这是一种对听觉上、视觉上和运动知觉信号进行反应的能力。
- 节奏感。这是指将动作与时机相匹配的能力。
- 动作适时同步性。这是指与肢体运动无关的动作的同步性。

- 动作适当性。这是指针对任务要求选择恰当动作的能力。

各种协调能力从来都不是单独工作的，它们密切相关，是技术能力得到发挥的基础和前提。技术的完成高度依赖于协调能力，如果没有掌握这些协调能力，各个项目都很难达到一定的技术熟练程度。一般协调能力的发展应该先于专项能力的发展，年轻运动员的早期多样化训练有助于以后在专项上的发展。

组织训练和对训练要求
进行分类

有氧能力可以用身体在一分钟内可以消耗的最大氧气量表示，有氧功率可以表示为有氧能力动用的百分比，这个百分比越高，有氧功率就越大。无氧能力可以用一个人产生乳酸的最大量表示。乳酸是无氧代谢的副产物，同时也作为练习的燃料，无氧功率可以表示为无氧能力动用的百分比。

耐力训练需要对供能系统的训练有个充分的了解。从概念上讲，动用哪个供能系统取决于训练强度，而不是训练时间。每个系统的动用随着训练强度和效果的持续时间的变化而变化。

三磷酸腺苷（ATP）是运动所必需的，它根据训练强度的不同分别通过有氧代谢或无氧代谢的方式产生。此外，供能系统必须与身体的其他系统相互作用，以确保实现高效、顺畅和协调的运动。针对各专项的不同需求，应该始终考虑与训练活动要求有关的主要供能系统。虽然这对指导教练员训练很重要，但它不是训练的唯一目的。

提高身体素质的训练方法

本节提供一些针对速度和爆发力项目的练习方法，这些练习在任何训练计划中都有可能应用。

柔韧性练习方法

在田径项目中，运动范围是产生快速收缩力量的关键因素。坚持练习是提高柔韧性的关键。每天坚持练习柔韧性和拓展运动范围会带来一个长期的回报。下面是发展和提高柔韧性的一些练习选项。

静态拉伸是指传统的拉伸练习。这些练习会让关节处于对运动范围有挑战的位置上，通常可以利用重力或其他肌肉群来提高肌肉张力水平。静态拉伸最好安排在放松整理运动中。

促进拉伸的常规练习方法更为复杂，包括本体感觉神经肌肉促进（PNF）法、弹性带拉伸和一些瑜伽动作练习方法。这些练习可以每天使用，但通常是热身活动的一部分。

动态柔韧性练习是一些大范围活动关节的简单动作（图7.1）。腿的摆动、躯干扭转和肩绕环都是这类练习的例子。这些练习是经过良好设计且符合逻辑的热身程序的核心部分。在选择练习内容时，应该遵循从较低要求到较高要求、从简单到复杂的原则。

栏架灵活性练习能够强迫关节以大范围的动作活动，这些练习可以提高灵活性、柔韧性和协调性。以下是这些练习的示例。

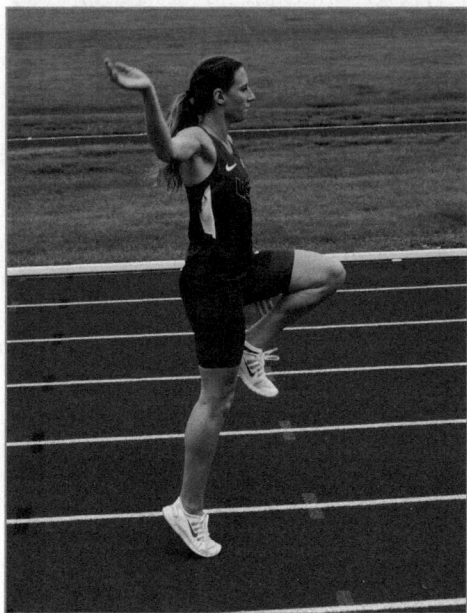

图7.1 伴随肩绕环的垫步跳是动态柔韧性练习的一个例子

走栏架练习

- 走栏（两腿交替迈进；图7.2）。
- 走栏（每次先迈同一条腿；图7.3）。
- 横向走栏（直腿）。
- 横向走栏（弯腿）。
- 前进和后退走栏。
- 摆腿绕栏角走栏。
- 垫步跳走栏。
- 对向往返走栏。

图7.2 走栏（两腿交替迈进）：a. 用左腿跨过栏架；b. 用右腿跨越下一个栏架；c. 接着用左腿跨越下一个栏架

图7.3 走栏（每次先迈同一条腿过栏）：a. 用右腿跨过跨栏，随后左腿跟着跨过跨栏；b. 用右腿跨越下一个栏架；c. 随后左腿跨过该栏架

走栏架结合钻栏架练习

- 走栏/钻栏练习（右腿跨过栏架，左腿在前从下一栏架下钻过；参见图7.4）。
- 走栏/钻栏练习（左腿跨过栏架，右腿在前从下一栏架下钻过）。
- 横向钻栏架练习（右腿在前；参见图7.5）。
- 横向钻栏架练习（左腿在前）。

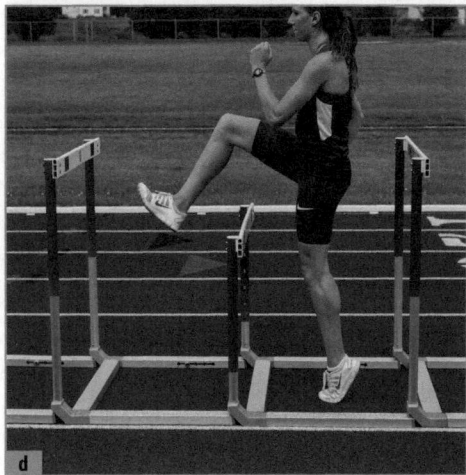

图7.4 走栏钻栏结合练习（右腿走栏，左腿在前钻栏）：a. 用右腿跨过低的栏架；b. 随后左腿跟着跨过该栏架；c. 用左腿作为前导腿，从高的栏架下钻过；d. 用右腿跨过下一个低的栏架

图7.5 走栏和侧向钻栏练习（右腿在前钻栏）：a. 身体右侧在前，从高的栏架下钻过；b. 身体保持垂直于栏架，右侧先过，从高的栏架下钻出；c. 面对低的栏架，准备用右腿跨过

力量训练方法

最大力量训练有很多练习方法，其目的是提高爆发力。传统的力量练习包括克服自重练习，借助壶铃、哑铃和杠铃的自由重量训练，以及联合器械练习。奥林匹克力量举练习采用了传统的奥林匹克比赛中的抓举、挺举、高翻以及由它们衍生的各种动作。

力量举练习使用深蹲、硬拉、卧推和各种衍生动作。力量举练习的目的是提升力量，而不关心运动速度。

弹性伸缩等效练习将爆发性的力量练习与类似快速伸缩复合训练的动作相结合，这是一种能够增加爆发力的高神经要求的训练。以下是一些例子：在每个配对训练中，运动员应该重复进行4至6次的力量举练习和8至12次弹性伸缩等效练习。

深蹲（1RM的75%至80%，重复6次）和深蹲跳（重复10次）。

卧推（1RM的75%至80%，重复6次）和药球胸前上推（重复10次）。

高翻（1RM的75%至80%，重复6次）和跳台阶（重复10次）。

最大爆发力练习应该贯穿整个动作范围内，以产生最大的力。为了获得最大的爆发力，杠铃或相应器材必须在整个动作过程中持续加速。抛球练习非常适合最大爆发力训练，这种练习使用铅球或较重的药球从各个姿势进行高强度的抛掷。抛球练习包括后抛、前抛和旋转抛投等。这些练习能够提高爆发力和协调性。以下是一个示例程序。

抛球练习

- 后抛（图7.6），重复6次。
- 前抛（图7.7），重复6次。
- 下蹲胸前上推（图7.8），重复6次。
- 扭转过肩向后抛投，（图7.9）左右各重复6次。
- 连续两个蛙跳+抛球（后抛或前抛）（图7.10），重复6次。

循环力量训练实质上就是一种间歇训练。运动员完成一个确定重复次数或固定时间的力量练习后，接着进行预先规定好的休息间歇，然后再进行下一个练习。循环训练的目的是增强肌肉耐力，同时还可以获得提高肌肉工作能力的额外好处。

图7.6　后抛：a. 下蹲并将药球移至两腿之间；b. 从下蹲姿势蹬起，双臂向后上方摆动，在头顶将球向后抛出

图7.7　前抛：a. 下蹲并将药球移至两腿之间；b. 从下蹲姿势蹬起，双臂向前上方摆动并将球向前抛出

图7.8　下蹲胸前上推：a. 从下蹲姿势蹬起，药球靠近胸部的高度；b. 将球从超过头顶高度向上推出

图7.9 扭转过肩向后抛投，右侧：a. 双手握住药球，在大概胸部高度的位置向右肩方向摆动；b. 摆动到超过右肩高度时将球抛出

图7.10 连续两个蛙跳＋抛球（后抛或前抛）：a. 双手握住药球，双脚并拢；b. 向前跳出；c. 落地顺势下蹲并将药球置于双腿之间；d. 向上摆臂并抛出药球

循环训练可以通过多种方式开展。最常见的或许是基于重复次数的循环训练，在这类训练中，运动员完成一组预定重复次数的练习后，再进行下一项练习。另一种是基于练习时间的循环训练，在这类训练中，会采用每组固定的练习时间和休息间歇。应该谨慎选择训练负荷或练习内容，以保证运动员可以完成整个预先规定好的训练安排。这种训练的进展情况是通过运动员所完成的重复次数来判断的。该训练方法能够显著提高肌肉工作能力并给机体带来显著变化。下面是一个循环训练的示例。

基础力量循环训练

与训练伙伴一起按照一人练习、另一人休息的节奏进行训练。即一名运动员先做以下循环训练，完成后该运动员休息，换另一名运动员完成循环训练。如此循环往复。

- 引体向上，重复5次。
- 俯卧撑，重复5次。
- 深蹲，重复15次。
- 仰卧两头起，重复5次。

弹性和反应性力量训练方法

快速伸缩复合训练因其拉长–收缩周期机制（SSC）使后出现的向心收缩更加有力。这种训练的目标是增强爆发力，提高肌肉对更大拉伸负荷的耐受性，加强肌肉强直性能，并抵消部分地面的反作用力。快速伸缩复合训练是基于质心的移动进行分类的。

原地练习的特点是重心在垂直方向移动。以下是原地练习的几个示例。

原地双脚跳

- 前后跳。
- 左右跳。
- 旋转跳（90度）。

原地单足跳

- 前后跳。
- 左右跳。
- 旋转跳（90度）。

原地交换跳

- 前后跳。
- 左右跳。
- 旋转跳（一只脚跳起，另一只脚落下）。

短距离练习的特点是质心水平移动，脚与地面接触10次或更少。团身跳、立定跳远和立定三级跳是短距离练习的例子。

长距离练习的特点是质心水平移动（带一定速度），脚与地面接触超过10次。交换跳行进、单足跳行进和垫步跳行进是长距离练习的例子。

在设计快速伸缩复合训练时，开发了一个训练要求矩阵（表7.1）可以用来控制训练的进展情况（Radcliffe & Farentinos，1999）。在这个矩阵中，可以通过向下或向右移动来操控训练负荷。每个框中都显示了一组建议的训练组数、重复次数和距离。

姿势（核心）力量训练方法

药球核心力量练习方法是使用药球作为负荷的一种练习方法。教练员在选择练习方法时，应使核心区在各个平面内都得到锻炼：躯干的屈和伸（矢状面）、躯干侧屈（冠状面）、躯干旋转（横切面）、各种组合动作（3个平面）和接球（所有3个平面中的动态稳定）。药球练习的示例包括各种接球和抛球组合、使用药球的腹背肌练习，以及使用药球作为轻负荷的体操动作练习。此外，药球练习可以用来增强稳定姿势的力量、通过让运动员接住抛过来的球来提高身体承受冲击的能力。

表7.1　快速伸缩复合训练要求矩阵

项目	较小冲击	中等冲击	较高冲击	极大冲击
原地练习	3或4组 重复10至20次	3组 重复10至12次	2或3组 重复8至10次	2组 重复10次
短距离练习	3组 重复10至12次 10至20米	3组 重复10次 10至20米	2或3组 重复8至10次 10至20米	2组 重复10次
长距离练习	3组 重复10至20次 20至40米	2或3组 重复10至15次 20至40米	2或3组 重复10至12次 20至40米	不适用

基础核心练习

- 双手持球前平举旋转，每侧10次。
- 双手持球在额状面内最大幅度绕环，每个方向10次。
- 双手持球侧上举，每侧10次。
- 双手持球前平举旋转跨步，每侧10次。
- 双手持球下砍跨步，每侧10次。

药球旋转和转腰练习

- 站姿全转腰练习，每个方向10次。
- 站姿半转腰练习，每个方向10次。
- 伙伴助推的双手持球前平举旋转，每侧10次。
- 双手持球的下砍+前推练习，每侧10次。
- 仰卧两头起抛球，重复20次。
- 坐姿侧抛球，每侧10次。

对墙或与同伴一起的抛球练习

- 双手过顶抛球，重复20次。
- 双手持球由头顶位置向地面猛砸练习，重复20次。
- 胸前传球，重复20次。
- 侧对墙面或同伴站立，将球抛向墙面或同伴（球在身前经过），每侧10次。
- 将球从身体侧下方向墙抛出（面对墙面站立），每侧10次。
- 随着腰部转动将球抛向墙面（背对墙面站立），每侧10次。

发展速度的训练方法

第8章会提供一些间歇训练的示例。本节只简单描述一些发展速度的练习。应用这些训练方法发展速度的关键是要记住，训练强度和质量（而不是训练量）是发展速度的刺激要素。教练员需要了解他们的运动员，并根据运动员的发展水平和不同的年度训练时间来仔细挑选适合的训练方法。

发展加速能力

可以应用本节中提供的这些练习方法来发展加速能力。在所有这些练习中，训练强度都应该很高，恢复时间应该足够长，以确保高质量的训练，恢复时间通常为一到两分钟。

- 前倾式起跑。站成前倾式起跑姿势，身体向前倾斜，直到胫骨达到所需的倾斜角度。两脚蹬地，摆动腿向前摆动，直到腿部从髋部到脚趾完全伸展。下一步另一只脚从臀部下后方的位置开始向前摆动，并重复蹬伸动作。双臂用力大幅度地前后摆动、每一步都用力地蹬离地面。加速5至8步，然后再用10米的距离加速到正常跑姿。
- 发展加速能力的短距离跑练习。一般用最长40米距离的加速跑来限定加速阶段和其力学机制。这些短距离加速跑通常采用站立式起跑或在起跑器上出发，而且在这过程中的每一步加速都是有意识控制的。

- 软梯加速练习。以站立式起跑的姿势，将位于身体前面的脚踩在软梯的第一个梯级的前面。向前倾斜身体，直到胫骨达到所需的倾斜角度，然后加速跑过软梯，将每一步都落在每个梯级的前面。
- 抗阻跑练习。抗阻跑是借助某种类型的阻力进行加速跑的练习，例如，皮筋抗阻跑、斜坡跑和拉雪橇跑。因为各种形式阻力的存在使身体能够保持一个加速动作的姿势，同时迫使运动员去采用加速动作的力学机制，所以通常使用抗阻跑来提高加速能力。抗阻跑的长度通常为20至50米。
- 弹力带抗阻跑练习。这种类型的练习通常采用前倾式起跑，借助弹力带来完成。将弹力带系在运动员的腰上，一个同伴在运动员身后拉住弹力带为运动员的加速提供阻力。这个练习可以帮助运动员体会用力蹬地的感觉。运动员在弹力带的阻力下加速5至8步，然后同伴松开弹力带，运动员继续加速完成另外10米的距离。

发展最大速度

发展最大速度的练习应该使运动员保持最大速度状态的时间不超过3秒。通常，这种练习可分为4类：加速至最大速度跑的练习、变速跑练习、助力跑练习和马赫速度练习。

加速至最大速度跑的练习是指40至60米距离内跑的练习，在这个练习中，运动员在短时间内达到最大速度（在跑的距离接近结束时）。变速跑是一种复杂的跑的组合，在跑步过程中会交替进行放松跑和最大速度跑。

变速跑的种类包括往返跑和"全速跑—减速跑—全速跑"两种。变速跑应该保证有两或3次短距离的最大速度状态，通常采用60至100米的距离。

助力跑练习是运动员使用辅助装置使其能够跑得比正常最大速度更快的练习，比如牵引跑、下坡跑和顺风跑。

马赫速度练习是指使用一些类似于最大速度跑的姿势和动作的练习，针对性地增强一些肌肉来提高相应的技术。马赫技术训练可分为姿态训练、专项力量训练和功能柔韧性练习。马赫训练可以提高跑的过程中的力量、姿势、发力顺序以及短跑专项技术。下面是一些例子。

- 抬腿练习，包括A技术1（军步走），A技术2（垫步跳）和A技术3（跑）。
- 小腿动作，包括B技术1（军步走），B技术2（垫步跳）和B技术3（跑）。
- 腿后侧肌群发力和伸展练习。

在所有这些练习中，强度都应该很高，恢复时间应该足够长，以确保能够进行高质量的训练。

发展速度耐力

发展速度耐力的练习可以同时提高速度耐力和无氧能力。这种练习通常由80至300米的高强度跑构成，恢复时间应该足够长，以确保能够进行高质量的训练。一般训练课跑的次数应该是3至6次。根据所处的年度训练的时间和运动员的水平情况，可以采用各种不同的组数和次数组合。这种类型的训练要求非常高，必须小心地开展，只有经验丰富的、高水平的运动员才能进行这类训练。

乳酸耐受性训练可以提高无氧能力以及身体在氧债、酸中毒和乳酸堆积等不利情况下进行跑步的能力。这种训练一般是在高强度状态下跑300至600米的距离，接着进行长时间的恢复。典型的乳酸耐受性训练课跑的次数为一或两次。这种类型的训练要求非常高，应该谨慎地安排，且仅由经验丰富的、高水平的运动员参加，以准备那些考验无氧能力的项目的比赛。

间歇跑是在次最大速度和强度下进行的跑的练习。对于从事速度和爆发力项目训练的运动员而言，间歇跑通常是指在70%至90%的强度下重复进行100至300米跑的练习，恢复时间从1分钟到4分钟不等。间歇跑能够以初级的、安全的方式提高有氧和无氧能力。以下是间歇跑的4个示例。

- 重复跑100秒或120秒（1分钟间歇）。
- 300米，6至8次（2分钟间歇）。
- 200米，6至8次（2分钟间歇）。
- 150米，8次（90秒间歇）。

技术和协调性训练方法

技术训练是指针对某个项目的专门的动作和技术的教学，主要包括专项技术练习、技术教学进程和模仿练习。技术训练应该遵循从一般到专项、从简单到复杂的发展过程。

比赛

比赛是强度最大的活动，因此，它们对总训练负荷有着显著的影响。教练员应该考虑将比赛作为训练计划的一个组成部分，而不应将它排除在外，在计算运动员的总训练量时应该将比赛部分计算在内。

速度和爆发力项目训练设计的考虑因素

第6章中已经讨论了许多训练设计问题。本节提供速度和爆发力项目发展各种运动素质的其他考虑因素并提供训练指导。

应该谨慎地安排超负荷训练。教练员必须十分小心，不能随意地安排运动员的训练负荷。在速度和爆发力项目中，适应性反应的主要刺激不是训练量，而是训练强度。虽然超负荷训练对于进步是必要的，但对休息和恢复时间进行恰当的安排也同样重要；超负荷训练与休息和恢复之间的平衡是一个关键要素。

针对不同的训练，身体的适应性反应是不同的，所以教练员需要确保在训练过程中满足专项的要求。例如，为了训练速度，运动员必须在训练中快跑；为了训练爆发力，运动员必须进行爆发性的训练。每个小周期训练，都应该进行训练侧重点的阶段性转换，这可以增强身体的适应性反应，加快训练进展并防止训练僵化。

速度和爆发力项目的发展取决于神经肌肉系统的有效训练。发展速度和爆发力的最好练习是采用高强度、低训练量和较长恢复时间的训练方法。为了变得更快和更具爆发力，运动员必须在训练过程中经历高强度训练。跑的练习必须快，跳跃练习必须具有爆发性。同时，较低的训练量和较长的恢复时间可以确保训练强度一直保持较高水平。最好让运动员在各组训练之间有更长的休息时间，而不是进行较低质量的训练。

发展个体运动素质的训练指南

为了尽可能培养最全面的运动员，教练员必须在训练计划中协调好各种运动素质的训练安排。各种身体素质都不能也不应该孤立地发展，如何使它们较好地融合是训练设计能否成功的关键。

组织速度训练

在发展速度的计划中，运动员应该首先发

展加速能力和绝对速度。速度耐力和乳酸耐受训练会对发展速度的练习形成干扰。虽然这些类型的训练是必需的，但应该安排在年度训练的后期，在运动员已经提高了其加速能力和绝对速度之后。第8章中提供了3种类型的速度训练的练习示例。发展速度的主题应遵循从加速到最大速度，再到速度耐力的过程。

组织力量训练

一般力量和力量耐力应该是年轻运动员最初训练的重点。在他们的一般力量和力量耐力达到足够高的水平后，再开始进行弹性力量、爆发力和绝对力量这种追补性的训练。高级的绝对力量、爆发力和弹性力量训练只能由经验丰富的高水平运动员进行尝试。发展力量练习的主题应该遵循从一般力量到爆发力，再到保持力量的过程。

组织耐力训练

过分强调耐力训练是速度和爆发力项目训练中的常见错误。虽然耐力训练在某种程度具有一定作用，但过度强调它会对合理利用训练时间产生不利影响，并且还有可能阻碍力量、速度和协调性的发展。教练员必须了解速度和爆发力训练的基本前提以及这种训练的意义。耐力训练的增加导致训练量的增多，这意味着训练的总体负荷的增加。

组织柔韧性训练

各种类型的柔韧性练习在整个大循环中通常都会采用一致的方式进行。有些柔韧性练习应该安排在每天的训练课中。

组织协调性训练

应该始终关注所有运动员协调性的发展。较好的协调性是提高技术和速度的关键。发

展协调性应该遵循从一般到特殊、从简单到复杂的主位推进模式。

各种训练要素的组合

应该对训练课中的各种训练要素进行认真的组合搭配。每堂训练课都应该有一个共同主题，以便提高身体的适应性反应。例如，一堂训练课可以由速度和爆发力相关的活动组成，而另一堂训练课可以由提高供能系统相关能力的内容构成。一项练习可以是短时间爆发性的活动，另一项练习则可以包括更广泛的活动，然而，训练课的所有单元都应该反映当天的训练主题。

对比安排训练

连续的训练课之间的对比安排非常重要，后续训练课的主题应该不同于之前的安排，以增强不同的适应性反应，避免训练僵化，防止伤病发生。一般规则是，在高要求训练课那天的前一天和后一天应该安排较低要求的训练。

专项训练

虽然本章提供的训练指南和练习方法在短跑、跨栏、跳跃和投掷项目的训练计划中都会被用到，但从某种程度上讲，每个项目领域的计划都应该是个性化的。例如，虽然跑的练习是许多成功的投掷训练计划的一部分，但投掷训练计划中的跑量和距离应该明显小于短跑运动员，同时投掷项目会开展更加广泛的力量训练。还有跳跃项目并不需要完成400米跑运动员需要完成的乳酸耐受训练。一个训练计划或训练理念可能对所有速度和爆发力项目都适用，需要做的只是针对各个不同项目和参与这些项目的不同运动员

进行合理的调整。

在训练中保持记录

训练记录是训练过程的重要组成部分，应该尽可能地准确记录各种类型训练的负荷量和负荷强度。这使教练员能够准确地监测训练负荷，并且可以随着训练在一个个周期或年度内进行调整。虽然训练强度的评估带有一定的主观性，但有些训练内容的强度可以做到准确地记录。

测试和评估

测试（定期的、有计划的运动素质测试）是训练计划的一个重要组成部分。因此，应该将它视为训练计划的一部分，而不应排除在外，还应将它计入总训练量中。为了准确和客观，测试必须在可控的环境中进行。

测试可以起到以下作用。

- 鉴别运动员的天赋。功能性的预测测试程序可以帮助教练员判断运动员是否有潜力，是否适合某个项目。
- 分析训练计划。随着训练的开展，多次、重复的测试，可以帮助教练员确定训练计划是否有效。
- 评估运动员的优缺点。所有运动员都有其优点和弱点。弥补短板可以最大限度地提高水平并减少伤病。
- 预估运动员的表现水平。测试结果可以显示出运动员在一个训练周期中任何给定时间所达到的能力水平。

测试的开展和管理应该保证一致性。在每个小周期和小循环训练中，应选择在同一天以相同的方式开展相同内容的测试。随意选择的测试时间和测试内容所获得的信息不能作为可靠信息使用。测试结果应该真实有效，并能真正反映教练员想要测量的各种运动素质。例如，可以使用600米跑来测试从事较长距离短跑项目的运动员，而对于无法从速度耐力训练中获益的投掷运动员而言，使用这样的测试是不合适的。

测试应该尽量在一个可控的环境中进行，包括相同的场地、标准化的测量方法、相同的测试次数、相同的器材和热身程序。测试的周期应该保持一致，并被安排在一个恢复日的下一天。

为了安全起见，应该避免对年轻和处在早期训练阶段的运动员进行非常复杂或高强度的测试。请注意，运动员的技术水平会影响测试结果，例如，指导运动员做立定三级跳测试，起初可能由于运动员没有建立正确的技术模式而获得较差的结果。随着时间的推移，假设运动员在训练中经常练习该动作，测试结果可能有明显提高，这个测试结果才能准确地反映出真实水平。

运动素质测试

以下运动素质测试能够很好地应用于速度和爆发力项目运动员的测试。评分结果如表7.2所示。

测试内容

30米：从站立式起跑姿势起跑并完成30米跑。从后面的脚离开地面时开始计时。选择两次测试中的较好成绩。

SLJ：立定跳远，从下蹲姿势跳入沙坑。选择两次测试中的较好成绩。

UHF：前抛铅球，借助抵趾板（男子用7.3千克铅球，女子用4千克铅球）。选择两次测试中的较好成绩。

STJ：立定三级跳，从跑道开始第一跳，最后跳入沙坑。从双脚站立开始起跳，选择两次测试中的较好成绩。

OHB：后抛铅球，借助抵趾板（男子为7.3千克，女子为4千克）。选择两次测试中的较好成绩。

150米：在跑道上全力跑150米。

600米：在跑道上尽最大努力完成600米跑。

表7.2 身体素质测试评分表

评分	30米	SLJ	OHB	STJ	UHF	150米	600米
1000	3.60	3.60	22.80	10.50	17.00	16.00	01:20.0
990	3.61	3.58	22.57		16.88	16.10	01:20.7
980	3.62	3.56	22.34	10.35	16.76	16.20	01:21.4
970	3.63	3.54	22.11		16.64	16.30	01:22.1
960	3.64	3.52	21.88	10.20	16.52	16.40	01:22.8
950	3.65	3.50	21.65		16.40	16.50	01:23.5
940	3.66	3.48	21.42	10.05	16.28	16.60	01:24.2
930	3.67	3.46	21.19		16.16	16.70	01:24.9
920	3.68	3.44	20.96	9.90	16.04	16.80	01:25.6
910	3.69	3.42	20.73		15.92	16.90	01:26.3
900	3.70	3.40	20.50	9.75	15.80	17.00	01:27.0
890	3.71	3.38	20.27		15.68	17.10	01:27.7
880	3.72	3.36	20.04	9.60	15.56	17.20	01:28.4
870	3.73	3.34	19.81		15.44	17.30	01:29.1
860	3.74	3.32	19.58	9.45	15.32	17.40	01:29.8
850	3.75	3.30	19.35		15.20	17.50	01:30.5
840	3.76	3.28	19.12	9.30	15.08	17.60	01:31.2
830	3.77	3.26	18.89		14.96	17.70	01:31.9
820	3.78	3.24	18.66	9.15	14.84	17.80	01:32.6
810	3.79	3.22	18.43		14.72	17.90	01:33.3
800	3.80	3.20	18.20	9.00	14.60	18.00	01:34.0
790	3.81	3.18	17.97		14.48	18.10	01:34.7
780	3.82	3.16	17.74	8.85	14.36	18.20	01:35.4
770	3.83	3.14	17.51		14.24	18.30	01:36.1
760	3.84	3.12	17.28	8.70	14.12	18.40	01:36.8
750	3.85	3.10	17.05		14.00	18.50	01:37.5
740	3.86	3.08	16.82	8.55	13.88	18.60	01:38.2
730	3.87	3.06	16.59		13.76	18.70	01:38.9
720	3.88	3.04	16.36	8.40	13.64	18.80	01:39.6
710	3.89	3.02	16.13		13.52	18.90	01:40.3
700	3.90	3.00	15.90	8.25	13.40	19.00	01:41.0
690	3.91	2.98	15.67		13.28	19.10	01:41.7
680	3.92	2.96	15.44	8.10	13.16	19.20	01:42.4
670	3.93	2.94	15.21		13.04	19.30	01:43.1
660	3.94	2.92	14.98	7.95	12.92	19.40	01:43.8
650	3.95	2.90	14.75		12.80	19.50	01:44.5

续表

评分	30米	SLJ	OHB	STJ	UHF	150米	600米
640	3.96	2.88	14.52	7.80	12.68	19.60	01:45.2
630	3.97	2.86	14.29		12.56	19.70	01:45.9
620	3.98	2.84	14.06	7.65	12.44	19.80	01:46.6
610	3.99	2.82	13.83		12.32	19.90	01:47.3
600	4.00	2.80	13.60	7.50	12.20	20.00	01:48.0
590	4.01	2.78	13.37		12.08	20.10	01:48.7
580	4.02	2.76	13.14	7.35	11.96	20.20	01:49.4
570	4.03	2.74	12.91		11.84	20.30	01:50.1
560	4.04	2.72	12.68	7.20	11.72	20.40	01:50.8
550	4.05	2.70	12.45		11.60	20.50	01:51.5
540	4.06	2.68	12.22	7.05	11.48	20.60	01:52.2
530	4.07	2.66	11.99		11.36	20.70	01:52.9
520	4.08	2.64	11.76	6.90	11.24	20.80	01:53.6
510	4.09	2.62	11.53		11.12	20.90	01:54.3
500	4.10	2.60	11.30	6.75	11.00	21.00	01:55.0
490	4.11	2.58	11.07		10.88	21.10	01:55.7
480	4.12	2.56	10.84	6.60	10.76	21.20	01:56.4
470	4.13	2.54	10.61		10.64	21.30	01:57.1
460	4.14	2.52	10.38	6.45	10.52	21.40	01:57.8
450	4.15	2.50	10.15		10.40	21.50	01:58.5
440	4.16	2.48	9.92	6.30	10.28	21.60	01:59.2
430	4.17	2.46	9.69		10.16	21.70	01:59.9
420	4.18	2.44	9.46	6.15	10.04	21.80	02:00.6
410	4.19	2.42	9.23		9.92	21.90	02:01.3
400	4.20	2.40	9.00	6.00	9.80	22.00	02:02.0
390	4.21	2.38	8.77		9.68	22.10	02:02.7
380	4.22	2.36	8.54	5.85	9.56	22.20	02:03.4
370	4.23	2.34	8.31		9.44	22.30	02:04.1
360	4.24	2.32	8.08	5.70	9.32	22.40	02:04.8
350	4.25	2.30	7.85		9.20	22.50	02:05.5
340	4.26	2.28	7.62	5.55	9.08	22.60	02:06.2
330	4.27	2.26	7.39		8.96	22.70	02:06.9
320	4.28	2.24	7.16	5.40	8.84	22.80	02:07.6
310	4.29	2.22	6.93		8.72	22.90	02:08.3
300	4.30	2.20	6.70	5.25	8.60	23.00	02:09.0
290	4.31	2.18	6.47		8.48	23.10	02:09.7
280	4.32	2.16	6.24	5.10	8.36	23.20	02:10.4

续表

评分	30米	SLJ	OHB	STJ	UHF	150米	600米
270	4.33	2.14	6.01		8.24	23.30	02:11.1
260	4.34	2.12	5.78	4.95	8.12	23.40	02:11.8
250	4.35	2.10	5.55		8.00	23.50	02:12.5
240	4.36	2.08	5.32	4.80	7.88	23.60	02:13.2
230	4.37	2.06	5.09		7.76	23.70	02:13.9
220	4.38	2.04	4.86	4.65	7.64	23.80	02:14.6
210	4.39	2.02	4.63		7.52	23.90	02:15.3
200	4.40	2.00	4.40	4.50	7.40	24.00	02:16.0
190	4.41	1.98	4.17		7.28	24.10	02:16.7
180	4.42	1.96	3.94	4.35	7.16	24.20	02:17.4
170	4.43	1.94	3.71		7.04	24.30	02:18.1
160	4.44	1.92	3.48	4.20	6.92	24.40	02:18.8
150	4.45	1.90	3.25		6.80	24.50	02:19.5
140	4.46	1.88	3.02	4.05	6.68	24.60	02:20.2
130	4.47	1.86	2.79		6.56	24.70	02:20.9
120	4.48	1.84	2.56	3.90	6.44	24.80	02:21.6
110	4.49	1.82	2.33		6.32	24.90	02:22.3
100	4.50	1.80	2.10	3.75	6.20	25.00	02:23.0
90	4.51	1.78	1.87		6.08	25.10	02:23.7
80	4.52	1.76	1.64	3.60	5.96	25.20	02:24.4
70	4.53	1.74	1.41		5.84	25.30	02:25.1
60	4.54	1.72	1.18	3.45	5.72	25.40	02:25.8
50	4.55	1.70	0.95		5.60	25.50	02:26.5
40	4.56	1.68	0.72	3.30	5.48	25.60	02:27.2
30	4.57	1.66	0.49		5.36	25.70	02:27.9
20	4.58	1.64	0.26	3.15	5.24	25.80	02:28.6
10	4.59	1.62	0.03		5.12	25.90	02:29.3

一般力量测试

该测试主要测试一般力量、协调性和身体控制能力。这种测试是指运动员在一固定时间内尽可能地完成更多的重复次数。30秒仰卧起坐测试就是这种测试的一个例子。

最大力量测试

该测试主要针对绝对力量和爆发力，现存的各种测试方法都可以使用，但首先应该考虑安全因素。建议教练员不要采用尝试举起1次最大重量（1RM）的测试，而是使用表格（表7.3）的形式来确定运动员的1RM。

表7.3 基于重复次数推断能完成的最大重量

表格中的重量单位为磅，可以通过除以2.2转换为千克。

1RM 的百分比 / %	100	95	90	85	80	75
重复次数	1	2	4	6	8	10
完成的重量	500.00	475.00	450.00	425.00	400.00	375.00
	495.00	470.25	445.50	420.75	396.00	371.25
	490.00	465.50	441.00	416.50	392.00	367.50
	485.00	460.75	436.50	412.25	388.00	363.75
	480.00	456.00	432.00	408.00	384.00	360.00
	475.00	451.25	427.50	403.75	380.00	356.25
	470.00	446.50	423.00	399.50	376.00	352.50
	465.00	441.75	418.50	395.25	372.00	348.75
	460.00	437.00	414.00	391.00	368.00	345.00
	455.00	432.25	409.50	386.75	364.00	341.25
	450.00	427.50	405.00	382.50	360.00	337.50
	445.00	422.75	400.50	378.25	356.00	333.75
	440.00	418.00	396.00	374.00	352.00	330.00
	435.00	413.25	391.50	369.75	348.00	326.25
	430.00	408.50	387.00	365.50	344.00	322.50
	425.00	403.75	382.50	361.25	340.00	318.75
	420.00	399.00	378.00	357.00	336.00	315.00
	415.00	394.25	373.50	352.75	332.00	311.25
	410.00	389.50	369.00	348.50	328.00	307.50
	405.00	384.75	364.50	344.25	324.00	303.75
	400.00	380.00	360.00	340.00	320.00	300.00
	395.00	375.25	355.50	335.75	316.00	296.25
	390.00	370.50	351.00	331.50	312.00	292.50
	385.00	365.75	346.50	327.25	308.00	288.75
	380.00	361.00	342.00	323.00	304.00	285.00
	375.00	356.25	337.50	318.75	300.00	281.25
	370.00	351.50	333.00	314.50	296.00	277.50
	365.00	346.75	328.50	310.25	292.00	273.75
	360.00	342.00	324.00	306.00	288.00	270.00
	355.00	337.25	319.50	301.75	284.00	266.25
	350.00	332.50	315.00	297.50	280.00	262.50
	345.00	327.75	310.50	293.25	276.00	258.75
	340.00	323.00	306.00	289.00	272.00	255.00
	335.00	318.25	301.50	284.75	268.00	251.25

续表

1RM 的百分比 / %	100	95	90	85	80	75
重复次数	1	2	4	6	8	10
完成的重量	330.00	313.50	297.00	280.50	264.00	247.50
	325.00	308.75	292.50	276.25	260.00	243.75
	320.00	304.00	288.00	272.00	256.00	240.00
	315.00	299.25	283.50	267.75	252.00	236.25
	310.00	294.50	279.00	263.50	248.00	232.50
	305.00	289.75	274.50	259.25	244.00	228.75
	300.00	285.00	270.00	255.00	240.00	225.00
	295.00	280.25	265.50	250.75	236.00	221.25
	290.00	275.50	261.00	246.50	232.00	217.50
	285.00	270.75	256.50	242.25	228.00	213.75
	280.00	266.00	252.00	238.00	224.00	210.00
	275.00	261.25	247.50	233.75	220.00	206.25
	270.00	256.50	243.00	229.50	216.00	202.50
	265.00	251.75	238.50	225.25	212.00	198.75
	260.00	247.00	234.00	221.00	208.00	195.00
	255.00	242.25	229.50	216.75	204.00	191.25
	250.00	237.50	225.00	212.50	200.00	187.50
	245.00	232.75	220.50	208.25	196.00	183.75
	240.00	228.00	216.00	204.00	192.00	180.00
	235.00	223.25	211.50	199.75	188.00	176.25
	230.00	218.50	207.00	195.50	184.00	172.50
	225.00	213.75	202.50	191.25	180.00	168.75
	220.00	209.00	198.00	187.00	176.00	165.00
	215.00	204.25	193.50	182.75	172.00	161.25
	210.00	199.50	189.00	178.50	168.00	157.50
	205.00	194.75	184.50	174.25	164.00	153.75
	200.00	190.00	180.00	170.00	160.00	150.00
	195.00	185.25	175.50	165.75	156.00	146.25
	185.00	175.75	166.50	157.25	148.00	138.75
	180.00	171.00	162.00	153.00	144.00	135.00
	175.00	166.25	157.50	148.75	140.00	131.25
	170.00	161.50	153.00	144.50	136.00	127.50
	165.00	156.75	148.50	140.25	132.00	123.75
	160.00	152.00	144.00	136.00	128.00	120.00
	155.00	147.25	139.50	131.75	124.00	116.25
	150.00	142.50	135.00	127.50	120.00	112.50

续表

1RM 的百分比	100	95	90	85	80	75
重复次数	1	2	4	6	8	10
完成的重量	145.00	137.75	130.50	123.25	116.00	108.75
	140.00	133.00	126.00	119.00	112.00	105.00
	135.00	128.25	121.50	114.75	108.00	101.25
	130.00	123.50	117.00	110.50	104.00	97.50
	125.00	118.75	112.50	106.25	100.00	93.75
	120.00	114.00	108.00	102.00	96.00	90.00
	115.00	109.25	103.50	97.75	92.00	86.25
	110.00	104.50	99.00	93.50	88.00	82.50
	105.00	99.75	94.50	89.25	84.00	78.75

源自：T.O. Bompa, 1996, *Periodization of strength*, 4th ed. (Toronto: Veritas).

休息和恢复

身体的恢复是训练的重要组成部分，恢复不仅有助于预防伤病、消除疲劳，还可以提高训练的质量和效率，使运动员能够应对更大的训练负荷。恢复内容可以安排在任何时间，但通常安排在大强度训练课后。在高水平的训练中，教练员和运动员必须足够重视恢复，将它作为训练的一部分，而不是一个附加部分。恢复可以采用休息、积极休息、恢复措施或恢复性训练的形式，如下所述。

- 休息是指完全停止训练活动。
- 积极休息是指参与一些与正常训练不同的活动，比如参加另一项运动。
- 恢复措施是指采用一些有助于消除酸痛和加速恢复的手段和措施。包括旋涡池、冷水浴、桑拿浴和按摩等。
- 恢复性训练有助于身体从训练产生的负面影响中恢复。一般力量训练、药球练习和栏架灵活性练习，甚至包括健美运动都可以用来实现这一目的，恢复性训练经常安排在高要求训练日的前一日和后一日进行。

结　语

有效融合各种运动素质的训练，可以帮助运动员为获得比赛时的巅峰状态做好准备。必须认真考虑所有运动能力的适当训练组合，再辅以必要的休息和恢复，这样才能帮助运动员在全年最重要的比赛中发挥最好水平。

第3部分

径赛和接力项目

第8章

短跑项目

乔·罗杰斯（Joe Rogers）

本章探讨与短跑项目技术和训练相关的一些内容。本章讨论的短跑项目包括60米、100米、200米和400米。本章先简要概述短跑项目的技术规则、安全练习和选材要求，然后介绍短跑项目的一般概念以及技术要求，接下来针对每一个项目相关的技术要求单独进行讨论。在本章的最后，会介绍短跑项目的训练指南和一些专项技术练习手段。

短跑项目的技术规则

短跑项目的技术规则相对简单。除了室内400米比赛之外，其他所有比赛都采用分道跑。只要运动员使用起跑器起跑，就必须使用"各就位""预备"的口令和枪声信号。在大多数比赛中，只要有一次起跑犯规，运动员就会被取消比赛资格，所以我们的训练重点应放在起跑技术和对枪声的反应上。运动员在比赛中的起跑应该对枪声做出反应，而不是预判枪声。规则还规定，运动员在做好最后预备姿势后必须保持身体稳定不动，直到枪声响起才开始起跑。在许多赛事中，规则还对竞赛的轮次、运动员的分组和道次安排做出要求。针对青少年、高中、大学和美国国家田径协会等不同层面的比赛，技术规则可能略有不同。教练员应该获得相应的规则手册，并完全掌握其运动员所参加比赛相对应的技术规则。本章篇幅有限，无法对这些规则进行详细讨论。对技术规则的全面掌握可以为教练带来独特的竞争优势。

短跑训练的安全因素

在短跑训练中，必须采用适当的安全措施，器材要有序摆放、跑道保持干净整洁，运动员应穿着舒适的跑鞋。必须对训练区域的人员出入进行严格的监控，以防止发生意外事故。训练前或比赛前严格的热身活动非常重要，以避免运动员因爆发性的肌肉动作引起损伤。热身活动应该遵循从简单到复杂的渐进过程，动态柔韧性练习要优于静态练习，并以循序渐进的方式开展。不过，在训练或比赛结束时，静态拉伸会更为有效。

教练员应该时刻警惕运动员是否发生任何形式的神经或肌肉疲劳。在训练课之间安排足够的恢复，对于防止伤病和最大限度地学习和适应都十分重要。

短跑运动的选材要求

以很高的角速度摆动四肢的能力是判断短跑运动员天赋的一个指标。运动员必须能够做出高频率大幅度的动作，由于著名的短跑运动员的体型是各式各样的，所以教练员不应该因为不符合理想的身材条件，而过早地放弃某个运动员。所有运动员，无论从事的是何种运动项目，他们都可以从短跑训练中受益。发展力量的训练对短跑项目取得成功至关重要，因为速度是力量的产物，只有在力量和爆发力达到一定水平之后，速度能力才能表现出来。

短跑项目的一般性分析

为了评估短跑运动员的潜力，教练员必须要很好地理解基本的短跑技术原理，包括那些对于获得高水平发挥很重要的技术动作，以及那些妨碍良好表现的技术问题。了解加速跑和高速跑之间的区别非常重要。教练员要有一双敏锐的眼睛，以便识别出不同的动作模式，这些不同的动作模式代表了各个分解动作的力学形态和动作姿势。

一旦教练员知道有错误动作需要纠正，就必须马上进行技术教学和练习，以建立正确的技术模式。

力学上的考虑因素

短跑动作循环分为支撑阶段和腾空阶段。在支撑阶段，作用力施加于地面，而在腾空阶段，非支撑腿离地还原并准备下一次与地面的接触。短跑动作循环同样可以看作是身体前侧力学机制（发生在身体质心前面的所有动作）和后侧力学机制（发生在身体质心后面的所有动作）的展示。

支撑脚落地时，脚掌在身体质心稍微靠前的位置与地面接触，髋关节、膝关节和踝关节有限地分摊了一些重力。如果在身体质心前面过远的位置与地面接触，那么制动力会导致运动员减速。脚部的离地还原和为下一次

接触地面的准备动作应该是积极主动的，这种主动的动作通常被称为反向脚速度。当脚沿反方向向后移动时，身体会沿正方向向前移动。在高速跑阶段，身体前侧的动作应该是弹性和非自主控制的，这个阶段，运动员通常被教练员一再提醒不要用脚去抓地，而应该是以活塞式的动作撞击地面，这样做的目的是在短时间内产生强烈的冲量，这意味着一个显著的垂直方向的作用力施向地面。

支撑腿的积极蹬伸展示了在与地面接触期间力的作用方式。随着运动员速度的增加，与地面接触的时间逐渐减少。高速跑阶段尽量少的地面接触时间对于短跑项目的成功至关重要。当与地面接触时间过长时，会导致身体前后动作的力学机制不平衡，其结果是弹性力量的产生被破坏、身体正确姿势瓦解，这两者都是非常有害的。一个有效的教学提示是，不要在脚趾蹬离地面时完全伸展膝关节。这种膝关节的完全伸展经常是疲劳导致的结果，往往在较长距离短跑项目比赛的后期发生。速度耐力较差的短跑运动员也经常会出现这种状况。

短跑运动员的训练包括大量的技术教学和练习。教练员和运动员都应该明白，针对比赛的不同阶段，应该恰当地分配体能和速度；运动员必须不断培养和重复练习在各阶段之间的体能和速度分配，直到他们能将各个阶段的体能速度分配良好结合，形成一个流畅的全程跑过程。加速阶段是一个独特的调和过程，在这一过程中，运动员逐渐减少与地面接触时间、改变身体角度以及逐渐地增加步长。加速阶段技术的执行情况直接决定了运动员在高速跑阶段的表现。

高速跑阶段良好的技术要求有一个良好的身体姿势和大幅度的髋部动作，以产生需要的牵张反射，并在短时间内能够将较大的

力作用于地面（爆发力）。保持高速跑的能力是适应训练负荷的一种功能性结果。功能性主题的短跑训练模式应该遵循以下循序渐进的过程：从加速跑的技术到高速跑的技术，再到较长时间保持高速跑的技术。

短跑的阶段划分

短跑运动员最初必须掌握的是驱动阶段，或者说是加速阶段。这个阶段要求运动员施加非常大的力量将身体质心向前推动。教练员应该评估运动员水平方向用力的力量素质，力量训练会对掌握这个阶段的技术带来极大的好处。发展力量与平衡的身体训练和技术练习对于培养良好的加速技术至关重要。加速阶段之后是发展运动员从加速跑过渡到最大速度跑的转化能力。

在短跑项目中，掌握较好的摆臂动作是另一个重要的考虑因素。虽然手臂本身没有在水平或垂直方向产生任何力，但它们在跑动过程中在保持身体的平衡、姿势和节奏上起着非常重要的作用。

在短跑比赛的最后阶段需要考虑的因素是避免因为疲劳而导致减速。教练员必须计划安排一个恰当的训练顺序，让运动员获得最有效的速度耐力。

加速阶段

加速阶段（图8.1）或驱动阶段，反映了运动员的速度从零到最大或接近最大的变化过程。加速度是指速度随着时间的变化而逐渐增加，最大的加速度应该出现在蹬离起跑器迈出第一步时，当运动员在随后的每一步逐渐加快时，加速度在逐渐减小，但速度却在增加。在比赛的这个阶段，运动员与地面接触的时间很长，因为需要很大的水平作用力来向前推动身体。当运动员的速度接近最大速度时，此时的主要目标是实现从积极的、有

意识控制的加速动作循环机制平稳过渡到弹性的、无意识的动作循环机制。过渡得越顺畅越有效，运动员就越容易保持住最大速度。

图8.1　加速阶段演示了地面接触时间、身体倾斜角度和手臂摆动幅度的变化

最大速度阶段

最大速度跑从逻辑上讲是从无法再获得更多的加速时开始的。通常，对于高水平、状态良好的运动员而言，一般在50和60米之间达到最大速度。运动员通常会在最初的前20米达到最大速度的80%，这也说明了最初几步的爆发性特性。在加速到最大速度的过程中，身体与地面接触的时间逐渐减少，躯干的前倾角度（在最初阶段前倾角度相当大）逐渐减小。在到达最大速度时，运动员的身体是直立的，头部与脊柱呈一条直线。步频在加速过程中不断增加，在达到最大速度时开始保持稳定。年轻运动员经常犯的一个错误是，他们总是过快地提高步频，从而抑制了功能性的加速节奏，减少了弹性机制作用。

加速技术对高速跑阶段有着直接的影响，

怎么强调都不为过。一旦运动员达到最大速度，重复的动作循环就会在非常高的速率下进行，而且与地面的接触时间也非常的短。在这种情况下，任何改善动作循环的尝试都几乎是不可能实现的，因此运动员需要在达到最大速度之前采用一个功能性的加速过程。一旦达到最大的、可控的速度，运动员必须用一个有效的技术来保持最大速度机制和弹性力量的作用。高速跑情况下发生的技术变形通常归咎于疲劳因素，而实际上不正确的加速过程才是真正的罪魁祸首。

正确的姿势对于短跑技术至关重要。运动员的躯干和肩膀应该保持垂直对齐，头部和颈部应该与脊柱呈一条直线（图8.2）。骨盆的对齐是短跑技术的主要决定因素。如果骨盆向前倾斜，则会导致髋关节动作范围缩小，以及身体前侧动作机制被破坏（伴随着牵张反射作用的瓦解），而且有可能导致腘绳肌损伤和其他损伤。

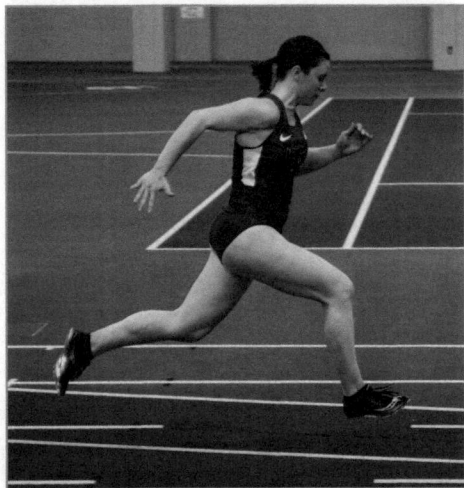

图8.2　在达到最大速度时，与地面接触时间非常短，身体姿势保持直立

双臂在与腿部动作相反的方向上用力地摆动。在加速阶段，脚部与地面接触时间相对较长，通过伸长双臂并大幅度地用力摆动来保持与腿部动作相一致。当运动员速度逐渐增大，与地面接触时间逐渐减少，双臂必须围绕肩关节更快地摆动，因此需要在手肘处弯曲手臂，以加速手臂的摆动，使之与增大的双腿摆动速度相匹配。

手臂向前摆动时，应该摆动至接近下颌的高度。向后摆动时，手应该摆动并伸展至髋部后面的位置。至关重要的是，应该教导运动员从肩关节处转动手臂，而不只在肘关节处摆动。当手臂向后摆动时，肘关节轻微伸展以增加杠杆作用，从而产生更大的转动惯量。手臂向前摆动时肘关节弯曲，以加速手臂的前摆。当身体后侧动作结束、脚蹬离地面时，膝关节应该轻微弯曲（不完全伸展）。

在脚趾蹬离地面后，足部背屈、膝关节弯曲折叠，脚跟直接朝向臀部移动。腿部快速折叠还原的能力是所有杰出短跑运动员的主要标志。膝关节和髋关节的屈曲可以缩短转动杠杆，从而获得更快的折叠前摆动作。在腿的折叠还原动作中，脚部和足跟的高度取决于施加在地面的作用力的大小。不正确的折叠还原动作通常是由于施加到地面的力不正确或较弱造成的。

足跟动作的速度和高度对腿部折叠还原动作的速度至关重要。腿部向前摆动时，脚踝应该在支撑腿的膝盖或膝盖以上高度摆过，大腿继续向上摆动直到平行于地面。这时臀部肌肉会发生牵张反射，将大腿向下拉回。一旦脚掌接触地面，就要瞬间快速用力。在这个瞬间的动作中，运动员不应该试图做水平方向的用力（抓地）动作，而是用一个活塞式的动作冲击地面。如果发力的水平分量过多，会导致腿部的折叠还原动作被延迟，进而导致身体前倾，从而影响运动员的身体平衡、姿态和弹性力量的作用。

对于距离较长的短跑项目，最大速度是指最大的期望速度。200米和400米跑项目需要在更长的时间内对体力进行合理分配。最大的期望速度要比绝对最大速度稍慢。例如，同一个运动员在跑400米比赛的前200米时，他的用时一般比200米比赛用时大约慢1.5秒。

表8.1总结了短跑运动员常犯的一些错误，并提供了纠正的方法。

表8.1 短跑项目常见技术错误及纠正方法

错误	原因	纠正方法
跑动时骨盆前倾，可以由腿部后撩幅度过大和抬腿高度不够判断出来	• 较弱的腹肌核心肌肉力量 • 错误的姿势	• 通过力量和稳定性训练来提高核心肌肉力量 • 跑动时有意识地去调整骨盆的倾斜角度
在跑动的动作循环机制中，足跟还原前摆的高度较低（在支撑腿膝盖高度以下摆过）	• 在脚掌落地时做抓地动作，而没有采用活塞式的动作冲击地面 • 髋关节动作幅度较小 • 一般性疲劳，或能力不足难以保持良好技术	• 落地时撞击地面，不要抓地 • 进行专项技术练习，提高短跑技术 • 在保持较好的弹性动作机制的前提下，进行不同跑动距离的能力训练
在接近完成比赛时，身体发紧	• 不理想的加速过程或者不合理的速度分配模式 • 能力没有达到比赛的要求	• 培养正确的加速技术 • 使用加速梯或海绵块，练习在加速过程中逐渐提高步长 • 练习并达到满足比赛要求的力量和速度耐力水平
预备姿势不稳定	• 肩、腕和手指力量薄弱，在预备姿势时，手桥的力量难以支撑身体重量 • 在预备姿势时，身体在手部上方向前倾斜过多 • 对枪声信号进行预判	• 利用指尖俯卧撑、借助哑铃和杠铃的肩部推举、双杠臂屈伸和倒立来加强肩膀、手臂、手腕和手指的力量 • 在预备姿势，保持双肩在双手的上方。直到拥有足够的力量，才能允许身体有更多前倾 • 练习在预备姿势上保持不同的时间进行起跑。这同时还能发展对枪声信号的反应能力
从起跑器蹬出的第一步就绊倒	• 在预备姿势时，肩部在手部上方向前倾斜过多 • 腿部力量太弱，无法适当地从起跑器上蹬出 • 后面脚对踏板施加的压力不足	• 在预备姿势，保持双肩在双手的上方 • 双脚用力地蹬起跑器 • 加强腿部力量，特别是在一般准备期
起跑后身体站起	• 力量不足，表现为无法以合适的角度蹬离起跑器（运动员必须站起身来避免跌倒） • 两脚没能完全用力蹬离踏板	• 通过力量训练、斜坡跑、弹力带抗阻跑、台阶跑和快速伸缩复合训练来提高腿部力量 • 学习正确的起跑技术，以及如何正确地发力蹬离起跑器。技术改进往往是解决力量不足的必要条件

减速阶段

身体在疲劳时会出现速度下降，减速阶段是指身体开始不能继续维持最大速度跑的阶段。疲劳可能表现为与地面接触时间的增多以及后撩幅度的增大。虽然我们不希望减速，但在短跑项目中这是无法避免的现实问题，必须通过训练加以改善。为了尽可能地减少减速，运动员必须在比赛后程专注于保持功能性的短跑技术和姿势。保持弹性的反射（特别是髋部的摆动）对推迟疲劳的影响至关重要。在训练中，速度耐力和乳酸耐受性训练可以提高身体的能力来推迟和减少减速。

短跑项目的技术

起跑是短跑项目的一个非常重要的部分。但是，由于起跑与加速过程相连，因此起跑和加速必须结合在一起练习。

最佳的起跑姿势为加速阶段奠定基础，因此，如果在准备起跑时犹豫不决或失去平衡，则会导致糟糕的起跑和加速模式。运动员在起跑器上处于预备姿势时，身体必须处于平衡状态，但是必须准备随时向前蹬出。运动员必须有足够的腿部蹬伸力量，以便产生一个爆发性的起跑动作，模拟起跑动作和提高腿部力量的身体和技术练习能起到非常好的作用。

起跑技术

在为起跑安置起跑器时，运动员应该测试哪条腿的爆发力更大。一种测试方法是，每条腿都进行单腿垂直跳跃测试。大多数运动员会将更有力的腿放在前面。前面的踏板应该放置在距离起跑线大约两脚远的位置上。适当调整踏板，使运动员跪下后前面腿的膝盖恰好能位于起跑线的后面。后面的踏板应放在前面踏板后方约30厘米的位置。运动员可以根据需要调整起跑器角度，以确保能够形成一个最佳的向起跑器发力的姿势。关键一点是运动员在抬高身体做出预备姿势时，必须感受到双脚对踏板的压力。

运动员在听到"各就位"的口令时应该走向起跑器。这有助于确保起跑器被牢固安置，防止在起跑时滑动。双手与肩同宽，拇指和其他手指分开形成一个手桥，按在紧挨着起跑线后面的地面上。肩膀位于手的正上方，身体的大部分重量应该放在双脚和后面腿的膝盖上。当运动员等待"预备"的口令时，头部应该放松，并与脊柱呈一条直线。

在听到"预备"的口令时，运动员应立即将臀部抬高到略高于双肩的位置。前膝应该呈90至100度，后膝呈120至130度。在预备姿势时，年轻的短跑运动员通常会在手和脚之间分摊其体重，而更强壮、更高水平的运动员会将70%至80%的体重置于手上。如果运动员蹬离起跑器后、摔倒或站起来，那么教练员应该考虑运动员身体是否太过前倾。在预备姿势时，可以根据需要调整身体重量的分配或起跑器的安置位置。在预备姿势时，两条小腿形成的角度应该近似于平行，而且应该与地面形成非常小的角度。运动员应当感觉到双脚对起跑器的压力。后面的脚蹬向踏板的力量较强，但持续时间非常短，前面的脚蹬向踏板的力量没有那么强，但力的作用时间会更长一些。蹬离起跑器后伸长的、有力的摆臂动作有助于实现大幅度的初始步幅，从而快速地启动所需要的牵张反射作用。

当处于预备姿势（图8.3）时，运动员应该集中注意力等待枪声信号，而不能去预判枪响。听到枪声后的第一个动作应该是双脚用力蹬起跑器踏板，推动肩膀向前上方移动。当身体的质心向前移动时，后面的脚从踏板上离开，而前面的腿继续发力，直至完全伸展。当后面的膝盖向前移动时，对侧的手臂应该积极地向前摆动，类似于一个上勾拳动作，另一侧的手臂同样用力地向后摆动。

图8.3　短跑起跑动作顺序

在起跑器上，前面的腿用力蹬伸，髋和膝完全伸展，足、膝、髋和肩向前上方形呈一条直线，在脚趾离开地面时，该直线大约与地面呈45度角。头部保持与脊柱对齐呈一条直线，并位于双肩的中间位置。在加速阶段的早期，自由腿向前摆动，在腿部做折叠还原动作时，足跟距离地面很近，以便能够快速地落地以支撑住前倾的身体。随着每一步的加速，运动员的身体逐渐直立，在腿部做折叠还原动作时，足跟距地面的高度变得越来越大。

弯道跑技术

对于短跑弯道项目的比赛，建议将起跑器安置在跑道中间靠外侧的位置，起跑器的指向应该与跑道内侧分道线（切点）以外20厘米的点呈一条直线，这样运动员起跑后的两到三步能够沿直线加速，并能有效地施加更大的力。随着在弯道上的加速，运动员必须向内倾斜身体（图8.4）。向内倾斜的程度取决于弯道半径和跑的速度。随着加速过程的展开，垂直方向的作用力逐渐增加，并且还有一部分力量指向外侧以维持身体向内倾斜。弯道跑技术的摆臂动作与直线跑稍有不同，外侧手臂的摆动必须在一定程度上向内横过身体。必须培养和练习弯道跑技术，在选择4×100米接力的一、三棒运动员时，弯道跑技术是一个重要考虑因素。

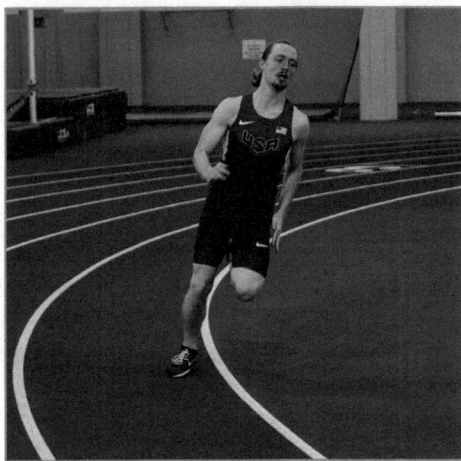

图8.4 在弯道跑时，运动员必须向内倾斜身体，并向外侧蹬地来抵抗离心力

终点撞线技术

当运动员身体躯干的任何部分接触到终点线后沿的垂直面时，运动员即到达终点。因为短跑比赛的距离较短，在冲刺撞线的时候，各个运动员之间的距离通常非常接近，因此运动员冲刺撞线的技术通常会改变比赛的结果。在终点线前向前倾斜身体非常有用，但仅在时机恰当的时候有用，身体倾斜太早

会抑制动作循环节奏和弹性的反射作用。向前摆臂的肩膀积极的前倾撞线是一种比较好的撞线技术（图8.5）。最常用的技术是将头部和两侧肩部同时前倾撞向终点线，同时向后摆动双臂。运动员在训练期间应当适当练习冲刺撞线技术。

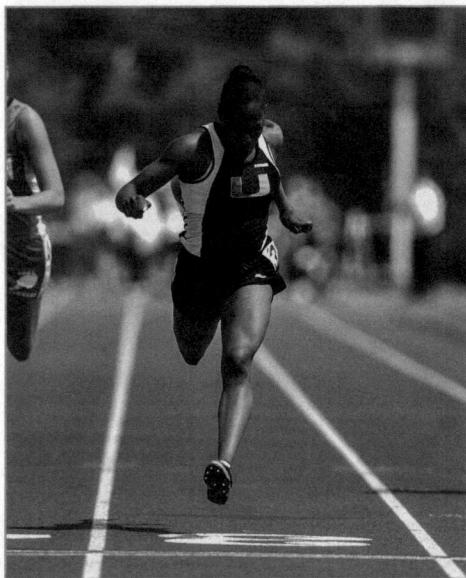

图8.5 转动一侧肩膀撞向终点线

专项技术的考虑因素

虽然50至400米都属于短跑，但它们分别有着不同的能量需求。所有这些项目的训练都要求尽可能地发展最大速度，同时它们还具有类似的加速模式，只是较长距离的短跑比赛需要通过延长加速距离来实现更有效率的能量分配，从而维持更长的肌肉做功时间。短距离和长距离短跑比赛的最大区别是，长距离短跑比赛需要更大的努力来避免减速。所有的短跑项目都会采用各种速度的训练来让运动员学会跑动过程中的放松技术和各个阶段之间的过渡技术。

60米和100米

在100米项目的训练中，速度耐力训练的比例是很低的，因为供能系统的作用不像对较长距离的短跑项目那么重要。在100米的比赛中，疲劳更多的是指神经疲劳，而不是代谢疲劳。协调性的降低主要归因于效率较差的加速过程。在100米比赛中，最初的20米内会达到最大速度的80%，到30米时，运动员的速度已超过最大速度的90%。采用正确加速模式的运动员会持续加速50至60米。在这个阶段中，不稳定地发力是导致神经疲劳的主要原因。在训练中应该安排大量的加速技术和最大速度技术练习。完成了足够的加速技术和最大速度技术练习之后，可以开始引入速度耐力训练。过早地进行速度耐力训练是教练员常犯的一个错误。

200米

因为200米比赛的持续时间不足30秒，所以乳酸耐受能力对200米项目不是特别重要。然而，与100米相比，速度耐力在200米比赛中会更重要一些。200米项目运动员经常因为协调性问题而破坏良好的短跑技术。正确的姿势和技术是完成200米比赛的关键。渐进式的间歇训练安排可以帮助运动员控制和推迟在比赛后段出现的疲劳的影响。在所有的短跑项目中，运动员都应该进行各种速度的训练，同时注意保持良好的姿势和动作循环技术。200米跑的距离长度要求运动员尽全力维持牵张反射和较大的步幅，各种不同配速的训练还有助于防止产生神经印记（配速障碍），因为这会妨碍运动员得到最优的发展。较高速度的弯道跑技术是200米项目的独特要求，需要在训练中重点关注。

200米比赛的前100米和后100米之间的时间差可以帮助教练员分析比赛中速度分配的质量。由于第二个100米是行进间起跑，并完全在直线上跑，因此，运动员第二个100米的用时应该更少一些。

400米

400米的比赛也是独一无二的，因为运动员必须保存体力以维持超过40秒的全程高速跑。因此，乳酸耐受训练是成年运动员准备过程中的一个必要部分。在考虑乳酸耐受能力训练时，教练员必须认识到，过度的乳酸耐受能力训练会对神经系统造成不利影响，还会导致运动员明显的疲劳。运动员必须达到必要的力量水平，并掌握了加速和速度技术后，才能进行高要求的乳酸耐受能力训练。在为非常年轻的运动员制定训练计划时，教练员应该重点考虑加速能力、速度素质、力量素质和协调性训练，而不是乳酸耐受训练。这可以帮助运动员避免过度疲劳，并且保持住其参加较长距离短跑项目比赛的热情。

因为400米比赛在弯道上起跑，所以运动员采用的起跑技术与200米项目几乎相同。比赛的前4至5秒不会产生乳酸，因此运动员不必在前几秒保存体能，大约能维持到25米左右。与更短距离的项目相比，400米比赛的运动员会采用更加缓和的方式逐渐加速。在400米比赛中，运动员跑第一个200米所用的时间应该比他们200米的最好成绩多1.5至2秒（最大速度的93%至95%）。随着疲劳的产生，第二个200米用时会比200米最好成绩多2至3秒。比赛后半程的用时，如果超过200米最好成绩3秒以上，则表明存在能力不足的问题，或者比赛的前半程跑得太快。

400米比赛将要结束时，身体的疲劳会破坏技术、姿势和骨盆的对齐。短跑运动员必须了解在疲劳袭来时他们应该做什么。400

米训练的主要目标是保持住比赛后程的弹性技术。虽然速度耐力训练对400米运动员至关重要，但在训练期间，教练员还必须强调加速能力和最大速度能力的培养，因为它们是所有短跑项目取得成功的基础。

附加指南和教学原则

功能性的短跑训练计划注重于各项身体素质的平衡。除了必须进行的与速度相关的技术训练之外，各种类型的力量、爆发力、柔韧、灵活性以及能力的训练，对长距离的短跑比赛中的表现也是至关重要的。教练员应该参考第6章和第7章中提供的关于速度和爆发力项目运动员发展各项运动能力的训练设计。

速度的发展应该遵循符合逻辑的训练进程。短跑技术中的大部分内容都是神经性和弹性的。要想在比赛中跑得快，运动员在训练中也要跑得快。每个发展速度的计划在早期都应该关注加速技术的建立，除非运动员已经掌握了如何正确地构建速度（加速），否则教练员不应期望运动员具有良好的高速跑技术（速度）。年度训练计划中的大部分时间都涉及加速和高速跑技术的训练，这些训练应该在发展速度耐力的训练之前进行。如果在发展最大速度能力之前进行太多的速度耐力训练，则易适得其反。

短跑是一种技术性的、弹性的项目，因此在可用的训练时间内必须强调正确的姿势、髋部的大幅摆动和正确的短跑技术。不断重复专项技术、动作练习会建立起正确的发力顺序和神经肌肉模式。

运动员应该逐步掌握以下4种起跑技术，它们是包括起跑的良好加速过程的一个组成部分。

1. 前倾式起跑。
2. 三点蹲踞式起跑。
3. 四点蹲踞式起跑，不用起跑器。
4. 四点蹲踞式起跑，用起跑器。

虽然短跑的起跑存在一个正确的技术模型，但运动员的力量和技术水平各不相同，当达到一个适当的力量水平时，运动员可能需要对起跑技术进行适当的调整。

短跑项目的技术练习手段

当指导和纠正运动员的技术错误时，教练员应该既采用完整的动作模式，也采用分解技术的方法，因为短跑技术是一个循环的动作，所以不能低估发展和练习整个动作节奏的价值。

起跑技术练习

在利用起跑器进行起跑练习之前，教练员可以通过以下练习来帮助运动员发展他们的起跑和加速能力。

前倾式起跑

1. 两脚前后交叉站立。
2. 腰部向前弯曲大约90度。
3. 以前脚为支点，身体前倾，直到快失去平衡。
4. 后腿向前摆动，收脚使其保持与地面较近的距离进行还原前摆动作。
5. 在后腿的膝关节向前移动的过程中，身体前面的脚继续用力蹬地。

6. 与腿的方向相反，用力摆动手臂。

7. 每一步都持续地用力蹬地，以保持身体平衡。

三点蹲踞式起跑

1. 两脚前后交叉站立在起跑线前。

2. 后脚同侧的手臂伸向地面，并用它支撑住躯干。

3. 前脚同侧的手臂向后上方伸直，并保持在身体上方较高位置。

4. 双肩保持在触地手的上方。

5. 两脚同时用力蹬地，推动肩膀向前上方移动。

6. 与腿的方向相反，用力摆动手臂。

7. 后脚在做向前的还原前摆动作时，前脚继续用力蹬地。

8. 随着每一步的迈出，身体逐渐直立（躯干角度）。

四点蹲踞式起跑，不用起跑器

1. 以三点蹲踞式起跑姿势站立。

2. 双手拇指与其他手指分开形成手桥并按在地面上。

3. 肩膀保持在双手的上方。

4. 与三点蹲踞式相同的方式进行起跑。

四点蹲踞式起跑，用起跑器

1. 按照前文介绍的方法来安置起跑器。

2. 在起跑器上做好预备姿势，抬高臀部使其高于肩膀，保持头部与脊柱呈一条直线。

3. 感受两只脚施加给踏板的压力。

4. 在四个接触点之间保持平衡。

5. 听到枪响后，双脚用力蹬出，促使双肩向前上方移动。

6. 后脚快速蹬离踏板，同时前面的脚继续用力蹬踏板。

7. 在前脚蹬离起跑器时，各关节完全伸展。

8. 用力大幅度地挥摆手臂，与加速阶段相对较长地面接触时间相匹配。

9. 在前几步中，采用较低的脚跟还原前摆动作。

加速跑技术练习

以下练习能够加强运动员在起跑阶段的加速能力。这些练习通过增加肌肉组织的负荷，使它们能在水平方向产生更大的力，并提高运动员运用这种力的能力。大力量训练可以促进这些方法的练习。

扶墙练习

1. 在距离墙壁1米处面墙站立。
2. 双手扶在墙上，双臂完全伸直。
3. 身体躯干与墙壁形成的角度大约为45度。
4. 在听到"跑"的口令时，双腿就像蹬离起跑器一样交替用力向前蹬，同时双手用力推向墙面。
5. 动作尽可能快速有力，完成10至20秒的练习。

胶布标志练习

1. 将长条的胶布（或者码尺）依次贴在起跑线后方的跑道上。
2. 将第一条胶布贴在起跑线后0.5米的地方。
3. 之后的每两条胶布之间的距离增加15至20厘米（例如，0.5米、0.7米、0.9米、1.1米、1.3米、1.5米、1.7米、1.9米或0.5米、0.65米、0.8米、0.95米、1.1米、1.25米、1.4米、1.55米）。递增的距离应该根据运动员的训练年限和力量水平来确定。
4. 从起跑线前起跑，驱动每只脚下压回落，使每一步脚跟都落在胶布上，这个练习可以让运动员体会步幅逐渐增加的感觉。

加速跑练习

1. 加速跑练习可以借助胶布也可以不用胶布来完成。如果使用胶布，可以按照胶布标志练习中的同样方式粘贴。
2. 可以采用20至60米的加速跑，较短距离的加速练习可以帮助初学者体会起跑后的发力动作。
3. 正确的加速模式建立后，距离可以延长10米、20米或30米。
4. 这个练习可以采用前倾式起跑、蹲踞式起跑或在起跑器上起跑。

抗阻跑练习

1. 运动员拉雪橇，或者另一名运动员在身后拉住系在腰部的弹力带以提供阻力，进行20至30米的加速跑。
2. 根据运动员的力量和能力水平决定选择多大的阻力。阻力的大小不应对运动员的技术产生不利影响。
3. 这种练习手段非常适于一般的准备期训练。

斜坡跑练习

1. 采用不同角度的斜坡进行上坡跑练习。

2. 身体面向斜坡倾斜,并集中注意力于发力动作。

3. 可以穿上负重背心来增加阻力。

体育场台阶跑练习

1. 开始练习时,跑动中每一步迈上一个台阶。

2. 跑的速度要快,发力蹬台阶。

3. 当无法再维持高速跑时,停止练习。

4. 随着水平提高,可以一步迈两个或更多台阶,注意发力蹬台阶动作。

发展最大速度跑的技术练习

以下的技术练习可以帮助运动员掌握最大速度跑时保持正确的身体姿势和动作技术。

动作学习的一个重要原则是将技术练习与平时的技术运用相结合。运动员应该在技术练习之后进行跑的训练,以将它们较好地结合在一起。

学习"A"姿势

1. 一条腿站立在地面上。

2. 另一条腿尽量抬高,使脚跟尽可能靠近该侧的臀部(图8.6)

3. 抬高的这条腿的脚踝做背屈动作(脚趾向上勾起)。

4. 这个动作会使膝盖抬高到适当的高度。

5. 抬高腿对侧的手臂摆动至对应的位置。

6. 头部与脊柱保持在一条直线上。

7. 保持肩膀位于臀部的在上方。

8. 保持骨盆位于中立位。

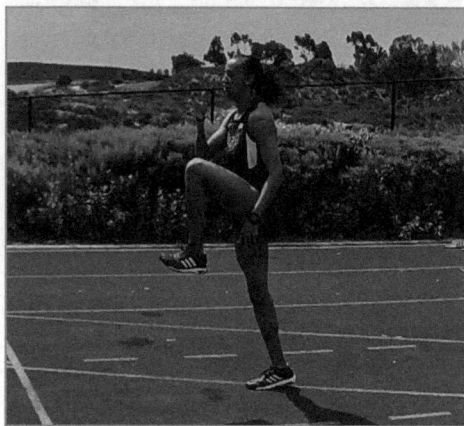

图8.6 学习"A"姿势

"A" 技术练习

1. 在这个练习中，可以采用向前军步走、慢跑或跑这三种方式。

2. 向前抬腿，使身体一侧形成 "A" 姿势（图8.7）。

3. 在向前军步走、慢跑或跑的过程中，双腿交替形成 "A" 姿势。

4. 在形成 "A" 姿势时，脚趾向上（脚踝背屈动作），脚跟向上（脚跟抬至臀部高度），膝盖向上（因脚跟上抬而自动形成）。

5. 抬起的腿要高于支撑腿膝盖高度，脚踝在支撑腿的膝盖或高于膝盖的位置交叉迈过。

6. 每一步脚离开地面后，脚跟要立即向臀部靠拢，不要让脚向后踢。

图8.7　"A" 技术练习

"B" 技术练习

1. 可以通过军步走、慢跑或跑来进行这个练习。

2. 开始动作与 "A" 技术练习相同。

3. 在摆动腿前抬到高点后，膝盖伸展，脚向前伸出（图8.8）。

4. 在即将落地时，将脚拉回到身体质心下方。

5. 与 "A" 技术练习相同，脚跟离开地面后必须直接向臀部靠拢，而不能向后伸出。可以想象为，"迈过另一条腿的膝盖"。

6. 落地时脚掌接触地面。

　　这个练习可以激活髋关节的伸展，从而发展脚部向下的加速动作，它非常适合于臀大肌和腘绳肌的专项强化。但是，如果腿后侧肌群酸痛，则要谨慎开展此项练习。

图8.8　"B" 技术练习

原地动作循环练习

1. 原地单腿站立，站立腿同侧的手扶住固定结构保持身体稳定。
2. 从静态的"A"姿势开始动作练习。
3. 摆动腿的脚向前下方踏向地面，与"B"技术练习相同。
4. 脚掌落地后在水平方向摩擦地面，能听到"啪"的一声，脚掌只需蹭过身体下方地面即可。
5. 由于这个动作产生的动量会使脚离开地面后自动向臀部靠拢，膝盖上抬回到初始姿势。
6. 重复进行该动作练习。
7. 每次重复都以"A"姿势开始，并以"A"姿势结束。
8. 当脚离开地面时，应该直接向臀部靠拢，而不是向后踢出。
9. 始终保持脚趾向上勾起的姿势。

摆髋走练习

这个练习可以强化髂腰肌力量，它是短跑屈髋动作涉及的主要肌肉。
1. 直立站在地面上。
2. 髋关节前摆，就像踢球一样向前踢脚。摆髋动作要简短而快速，该摆髋动作会让你向前移动约30厘米的距离。
3. 另一只腿继续进行摆髋走的动作。
4. 两条腿交替重复这个动作，身体向前行进。
5. 通常，该练习要前进大约10米的距离。

加速跑练习

重复进行不同距离（最长50米）的加速跑练习，体会正确的加速技术动作。
1. 起跑时伸长手臂大幅度地摆动。
2. 身体的前倾角度随着每一步而减小。
3. 跑动中保持脚趾向上，脚跟向上，膝盖向上。
4. 髋关节大幅度地摆动。
5. 抬起的脚在支撑腿的膝盖高度上迈过。
6. 确保脚掌落地的位置处于身体下方。
7. 脚掌落地。
8. 手臂的摆动与对侧腿的动作要保持平衡。
9. 加速完成后，身体保持竖直姿势，避免身体向前或向后倾斜。
10. 保持骨盆位于居中位置（骨盆没有前倾）。

发展最大速度跑的练习

以下练习可以提高跑的最大速度，这些练习中的大部分内容都包含一个不超过四五秒的最大速度跑，这是因为人类以最大速度跑时所能持续的时间无法超过这个限度。为了将较高的速度维持尽可能长的时间，需要进行速度耐力训练而不是最大速度训练。请记住，运动员必须先发展绝对速度，然后才能进行速度耐力训练。

变速跑练习

此项练习由不同速度节奏的连续跑动构成，其中部分段落是最大速度跑。变速跑练习会帮助运动员掌握高速跑动时的放松技术以及改变速度的能力。在开始练习前确保运动员了解不同段落的速度节奏安排。

段落设计

- 加速段。
- 高速放松段。
- 最大速度段。
- 高速放松段。
- 最大速度段。
- 减速段。

段落的划分可以因为训练课程的目标不同而有所不同，每个分段的距离可以根据需要进行调整。以下是一些示例。

- 示例1：30–20–30–20–30米。
- 示例2：30–30–30–30–30米。
- 示例3：30–20–30–40–30米。

行进间加速的最大速度跑练习

1. 使用锥筒或其他标记，标出最大速度跑区间的起点和终点。在最大速跑区间前面的加速区应该足够长，以便能够逐渐加速，并在起点处达到最大速度。
2. 加速20至30米，然后以最大速度跑3至4秒。
3. 在每次练习之间安排足够的间歇时间，因为这是一个高质量要求的练习。

助力跑练习

在下面的练习中，运动员会超过自身的速度极限，因此进行这些练习时必须小心谨慎。这是一项高要求的训练，每次练习之间必须安排足够的恢复时间。
以下是助力跑练习的示例。

- 顺风跑。
- 弹力带牵引跑。
- 使用牵引装置牵引运动员向前跑，速度设置要比运动员自己的速度极限稍快一些。
- 在坡度为1%至2%的坡道上进行下坡跑。

短跑训练菜单

如前所述，发展速度的训练是一个循序渐进的过程，随着时间的推移，训练的重心应该从发展加速能力过渡到最大速度能力。只有这两项能力达到一定水平后，运动员才能进行速度耐力训练。在练习最大速度跑之前，运动员应该先掌握如何加速，这样做才是合乎逻辑的。同样，教练员只有确信运动员已经获得了最大速度跑能力之后，才能专注于速度耐力的训练。本节提供了用于训练加速、最大速度和速度耐力的渐进式训练菜单。

加速跑技术练习

这些练习重点强调起跑阶段的发力动作。从起跑器上起跑，逐渐采用更长的加速距离，培养逐渐加速的感觉，体会加速跑和最大速度跑之间的转换。

加速梯练习

设置软梯使每格长度逐渐增加，运动员从起跑器上出发跑上软梯，并逐渐增加步长，每步增加15厘米。这个练习的重点在于逐渐增加速度和步幅长度、改变身体角度和手臂的摆动动作。这个练习是学习增加步幅长度的绝佳工具。间歇十分重要，重复练习10到15次，在两次重复之间休息3分钟。

起跑器出发的20米加速跑练习

从起跑器上起跑，进行20米加速跑练习，一组5次，2至5组。次间间歇3分钟，组间间歇6分钟。总量：200至500米。

起跑器出发或前倾式起跑的30米加速跑练习

从起跑器上起跑，或者采用三点前倾式起跑，进行30米加速跑练习，一组5次，2至4组。次间间歇3分钟，组间间歇7分钟。总量：300至600米。

起跑器出发或前倾式起跑的40米加速跑练习

从起跑器上起跑，或者采用三点前倾式起跑，进行40米加速跑练习，每组4次，一共3组。次间间歇3分钟，组间间歇9分钟。总量：480米。

起跑器出发的50米加速跑练习

从起跑器上起跑进行50米加速跑练习，一组3次，2至3组。次间间歇4分钟，组间间歇7分钟。总量：300至450米。这是一个强度非常高的训练

最大速度跑的练习

以下发展速度的练习示例都是通过加速阶段建立起速度后的短时间最大速度跑练习。

每个练习都包括3至5秒的全力跑，在两次练习之间，至少需要3分钟的间歇，组间间歇的时间则更长。

15米加速+20米最大速度跑练习

使用15米的距离进行加速，速度建立起来后以最大速度跑20米。每组5次，3至4组，只计20米最大速度跑时间。次间间歇3分钟，组间间歇6分钟。总量：300至400米。

40–60米跑练习

进行40–60米全力跑练习。每组5次，2至5组，次间间歇4分钟，组间间歇8分钟。总量：400至1500米。

变速跑练习 I

进行不同速度变换的跑的练习：15米的加速跑，10米的最大速度跑，15米的高速放松跑，10米的最大速度跑和20米的高速放松跑。每组3次，2至4组，次间间歇4分钟，组间间歇8分钟。总量：420至840米。

变速跑练习 II

进行不同速度变换的跑的练习：20米的加速跑，10米的最大速度跑，15米的高速放松跑，10米的最大速度跑，15米的高速放松跑，10米的最大速度跑。每组3次，2至3组，次间间歇5分钟，组间间歇10分钟。总量：480至720米。

变速跑练习 III

进行不同速度变换的跑的练习：40米的加速跑，20米的放松快速跑，30米的最大速度跑。每组3次，一共3组，次间间歇3至5分钟，组间间歇5至8分钟。总量：810米。

短距离速度耐力跑练习

以下跑的练习主要用于发展速度耐力，每次练习之间采用没有完全恢复的间歇，这会有助于运动员短距离速度耐力的提升。

75米跑练习

进行75米跑练习，采用90%至95%的强度，每组4次，1至2组，次间间歇3分钟，组间间歇6分钟。总量：300至600米。

60米跑练习

这个练习在很大程度上属于短距离的速度耐力练习。采用95%的强度进行60米跑，每组4次，一共3组，次间间歇2分钟，组间间歇4分钟。总量：720米。

150米跑练习

采用90%的强度进行3至6次的150米跑，次间间歇5分钟。总量：450至900米。

发展短距离速度耐力的变速跑练习

进行不同速度变换的跑的练习：50米的加速跑，50米的高速放松跑，50米的提速跑。每组3次，一共2组，次间间歇5分钟，组间间歇10分钟。总量：900米。

100米跑练习

用95%或更高的强度进行100米跑练习。每组3次，2至3组，次间间歇5分钟，组间间歇10分钟。总量：600至900米。

长距离速度耐力跑的练习

长距离速度耐力跑主要在一般准备期练习来增强运动员体能。这种类型的训练应该以循序渐进的方式引入，练习的目的是提高运动员的身体工作能力，以便之后增加更大强度的训练。

200 米跑练习

采用95%的强度进行3至6次的200米跑，间歇10至12分钟。总量：对于100米和200米运动员，总量为600至800米；对于400米运动员，总量为1200米。

300 米、200 米混合跑练习

进行一次300米跑，然后重复进行3次200米跑。90%的强度。在跑完300米后休息8分钟，在200米跑之间休息6分钟。总量：900米。

300 米跑练习

采用90%的强度进行2至3次的300米跑，间歇12至15分钟。总量：对于100米和200米运动员，总量为600米；对于400米运动员，总量为900米。

400-200-400 米跑练习

进行一次400米跑，然后再进行一次200米跑，最后进行一次400米跑。95%或以上强度。采用完全恢复间歇。总量：1000米。这个练习模拟了一个400米运动员在一场比赛中跑了3个项目的典型场景。

300+100 米跑练习

以95%的强度跑300米，然后逐渐减速停下来并走回300米标记点处，接着全力跑100米，结束整个400米跑。计400米总用时。执行2组练习，组间间歇15分钟，总量：800米。

短跑的小循环训练计划

本节提供了以周计划为单位的小循环训练安排，并以高中年龄段运动员训练的建议指南为示例。这一年龄段运动员与大学阶段及大学毕业后的运动员在训练安排上的差异在于训练量和训练强度的不同。对于年轻的、水平较低的初中生运动员来说，训练的重点在于发展技术，要安排较少的高强度的和供能系统的训练。

第一阶段是一般准备期（图8.9）。这一阶段主要强调通过逐渐提高全面运动素质，让运动员为接下来的训练做好准备。这一时期的训练强度较低，目标是让骨骼、关节、韧带和肌肉做好准备，以应对将要增加的训练负荷。在这个阶段的计划中，应该逐渐增加训练量，适度增加训练强度。

小循环 # 　　　　　　　　日期：		项目组：短跑
阶段：一般准备期 　　　评语：重点发展体能和加速、最大速度能力		
星期日	**星期一**	**星期二**
积极休息	动态热身 栏架灵活性练习 技术性跑练习 变速耐力跑练习 核心力量练习 整理活动	动态热身 技术性跑的练习 加速跑练习 一般力量循环练习 药球抛球练习 整理活动
星期三	**星期四**	**星期五**
伸展性的动态热身 栏架灵活性练习 前倾式起跑练习 间歇训练 弹力带抗阻跑练习 核心和腹背肌力量练习 整理活动	伸展性的恢复日热身运动 技术性跑练习 发展最大速度跑的练习 快速伸缩复合训练 – 各种跳跃练习 伸展性的整理活动	伸展性的动态热身 栏架灵活性练习 起跑技术练习 斜坡跑练习 一般力量循环练习 整理活动
星期六	**每天的负荷强度**	**训练后的评论**
伸展性的热身运动 技术性跑练习 前倾式起跑加速练习 重复跑练习 药球抛球练习 整理活动	（见下方强度表）	

	日	一	二	三	四	五	六
高			×		×		
中		×				×	×
低				×			
休息	×						

图8.9　短跑项目的7天小循环训练计划示例：一般准备期

第二阶段是专项准备期（图8.10）。随着运动员从一般准备期进入本阶段，训练的重点转为发展与短跑项目高度相关的运动素质。力量、动力和爆发力是几个关键素质。

在神经学上，这一阶段强调加速和最大速度技术模型的建立。训练的强度水平逐渐提高，与短跑项目高度相关的素质训练要求较高。随着强度的增加，运动员需要足够的恢复时间，使他们的身体能够产生适应性反应并变得更加强壮。

小循环 #	日期：		项目组：短跑
阶段：专项准备期	评语：继续发展最大速度；引入速度耐力训练		
星期日	**星期一**		**星期二**
积极休息	动态热身 三点式起跑加速练习 短跑专项训练，技术性练习 变速耐力跑练习 核心力量训练 整理活动		动态热身 栏架灵活性练习 发展最大速度跑的练习 快速伸缩复合训练 药球核心练习 力量训练，发展力量素质 整理活动
星期三	**星期四**		**星期五**
伸展性的动态热身 前倾式起跑加速练习 短跑专项训练 一般力量练习 整理活动	伸展性的恢复日热身运动 短跑专项训练 弹力带抗阻跑或斜坡跑练习 快速伸缩复合训练或发展最大速度训练 力量训练，发展爆发力的训练 伸展性的整理活动		伸展性的动态热身 栏架灵活性练习 技术演练 整理活动
星期六	**每天的负荷强度**		**训练后的评论**
比赛	<table><tr><td></td><td>日</td><td>一</td><td>二</td><td>三</td><td>四</td><td>五</td><td>六</td></tr><tr><td>高</td><td></td><td></td><td>×</td><td></td><td>×</td><td></td><td>×</td></tr><tr><td>中</td><td></td><td>×</td><td></td><td></td><td></td><td>×</td><td></td></tr><tr><td>低</td><td></td><td></td><td></td><td>×</td><td></td><td></td><td></td></tr><tr><td>休息</td><td>×</td><td></td><td></td><td></td><td></td><td></td><td></td></tr></table>		

* 如果星期二有比赛，可以考虑在星期三安排较少的训练量，并在星期一/星期三或星期一/星期四进行力量训练。

图8.10 短跑项目的7天小循环训练计划示例：专项准备期

第三阶段是比赛期（图8.11）。这一阶段通常处于赛季的末期，有人称之为锦标赛赛期。全年最重要的比赛发生在这个阶段。这个时期要保证运动员有足够的休息，训练量开始逐渐减少，但训练强度依然很高，经常要安排一些额外的恢复时间。

小循环 # 阶段：比赛期	日期： 主题：专注于提高比赛能力、比赛的模拟和技术的微调	项目组：短跑
星期日	**星期一**	**星期二**
积极休息	动态热身 栏架灵活性训练 长距离的速度耐力训练 力量训练，爆发力训练 整理活动	动态热身 短跑专项练习 加速跑练习 起跑和40至60米跑练习 中等水平的快速伸缩复合训练 整理活动
星期三	**星期四**	**星期五**
伸展性的动态热身 加速跑练习 3/4比赛距离的重复跑练习 400米运动员以比赛速度节奏跑400米的部分段落 力量训练，爆发力训练（2或3组，每组1至3次） 整理活动	伸展性的恢复日热身运动 栏架灵活性练习 起跑加速转换的练习 短跑专项练习 伸展性的整理活动	模拟比赛日热身 短跑柔韧性练习 起跑技术练习 加速跑练习 整理活动
星期六	**每天的负荷强度**	**训练后的评论**
比赛日热身运动 主要比赛 比赛日整理活动		

	日	一	二	三	四	五	六
高			×				×
中		×			×		
低				×		×	
休息	×						

图8.11 短跑项目的7天小循环训练计划示例：比赛期

结 语

本章讨论了完成一次高质量的短跑所需的加速和最大速度的技术模式。在运动员为专项做准备时,教练员必须使运动员的各项运动素质得到全面的发展和训练。包括力量、速度、速度耐力、柔韧性和爆发力在内的各项素质的训练都必须贯穿整个年度。当然,应该优先考虑与专项表现能力高度相关的一些素质,但有些教练员往往会忽视一些非专项素质的训练。在训练安排中,需要平衡各种素质的训练。在整个年度的训练计划安排中,应始终强调正确技术模式的教学和练习。

400米运动员与100米运动员在训练上的主要区别是对乳酸耐受训练的要求。400米运动员必须能长时间地维持较高速度。虽然这种更高的耐力素质要求,使运动员必须具备更高的乳酸耐受能力,但在进行这种类型的训练时,教练员必须特别小心谨慎。在完成乳酸耐受训练后,大多数运动员需要休息48小时以后才能再进行下一次同样的训练。

每个运动员对不同训练内容的反应是不同的,对某些人非常适合的强度对其他人来说可能非常高。教练员应当注意运动员对训练负荷的反应,并随时准备在运动员感到疲劳时调整训练计划。虽然每个人的生理结构都是相同的,但每个运动员都有自己独特的优势和可能导致身体受伤的弱点。训练水平在身体的适应和恢复中也扮演了一个重要的角色。

第9章

接力项目

乔·罗杰斯（Joe Rogers）

接力是最令人兴奋的田径比赛项目之一，也是最能体现团队精神的项目。接力队的所有成员必须相互配合，尽可能在快速跑动中完成交接棒。当然，运动员的个人绝对速度很大程度上会决定接力比赛的成绩，但接力比赛最大的挑战还在于能否以最大的效率来完成交接棒，为了达到这个目的，教练员必须在训练中安排交接棒练习，以使递棒运动员的速度和接棒运动员的加速能够保持协调一致。运动员对彼此的能力越熟悉，对顺利完成交接棒的信心就会越大。

接力比赛的相关规则

单项比赛的起跑规则同样适用于接力比赛。4名运动员依次手持接力棒在跑道上完成比赛，必须在20米的接力区内完成交接棒（译者注：国际田联竞赛规则对比做了修改，新规则规定10米预跑区内允许进行交接棒）。在交接棒瞬间，运动员可以在接力区外，但接力棒必须在接力区内。本章重点介绍4×100米和4×400米接力项目。接力比赛的一些规则还对比赛的服装和接力棒规格做出了规定。

对于200米或200米以下的接力赛，接棒的运动员可以在接力区前面10米的预跑区中做好准备。虽然接棒的运动员可以在预跑区中进行加速，但只能在20米的接力区内进行交接棒。

教练员应该有适用的规则手册，并完全掌握相关的规则，这可以带来独特的竞争优势。

接力比赛的安全因素

接力项目的安全考虑因素与短跑项目基本相同，只有一个需要注意的地方。接力项目的交接棒训练是一项高要求的训练内容，这种训练给身体带来的影响不能轻易忽视。交接棒的训练内容可能会使本来相对轻松的一堂课变得十分困难，所以教练员在安排这类训练的计划和负荷时必须小心谨慎。无论是一个小循环还是一堂课，教练员在考虑发展速度的训练量时，必须把交接棒的练习考虑在内。

接力项目的选材要求

高水平的短跑运动员通常都是好的接力运动员，跨栏和跳跃项目的运动员也是接力项目较好的候选人。通常，一些运动员在个人项目上并不突出，但在起跑、弯道跑或交接棒上面表现优秀，能使他们在接力比赛中发挥重要的作用。

加速技术对所有接力运动员都很重要，但

对第1棒的运动员有两项特殊要求：起跑加速和弯道跑技术。如果某个运动员的速度很好，但接棒技术较差，那么第1棒可能是他的最佳选择。如果速度最快的运动员同时速度耐力也很好，那么他可能是4×100米接力第2棒的最佳人选，理由是第2棒运动员接棒较早，交棒较迟，跑的距离最长。对于最后一棒，喜欢从后面追赶别人或单项水平非常强的运动员可能是一个很好的人选。

训练中的重复练习是接力项目取得成功的关键，运动员在一起训练的时间越长，他们获得成功的概率就越大。

接力项目的一般性分析

4×100米接力是所有接力比赛中最令人兴奋的比赛之一，由于运动员的速度很快，交接棒出现错误的概率很大，要想较好地完成交接棒需要非常精准地掌握运动员通过接力区的时间。在决定各个棒次的人选时，教练员应该考虑每个运动员的个人特点，谁的起跑最好？谁的弯道跑表现不错？谁拥有最少的或最多的交接棒经验？最弱一棒的位置应该安排在哪里？

如果交接棒的时机掌握得不是很有效率，在4×400米接力项目上还稍微可以原谅，因为比赛的时间长得多，所以有更多的时间来弥补交接棒的错误。然而，交接棒的效率和接力区内的跑进速率仍然对比赛的结果有很大的影响。

4×100米接力

在4×100米接力或所有200米或200米以下的接力赛中，接棒的运动员可以利用20米接力区前面的10米预跑区来进行加速，这个区域使接棒运动员在接棒之前能够有更长的加速距离。接棒运动员可以利用该区域进行加速，但交接棒只能在20米接力区内进行。

整个4×100米比赛都是在自己的分道内完成的。在高速跑动中完成交接棒是这个项目的最大挑战。接力棒在接力区以最快的速度通过的关键在于接棒运动员的起跑加速时机以及交接棒时两名运动员的速度匹配情况。确定起跑时机的方法将在本章的后面部分进行讨论。

表9.1总结了接力运动员常犯的一些错误，以及纠正错误的最佳方法。

表9.1 接力比赛中常见的错误以及纠正方法

错误	原因	纠正方法
接棒运动员在接力区内减速	• 等待时过于紧张或缺乏完成交接棒的信心 • 在传棒运动员到达起跑标记之前就开始起跑 • 对另一个队伍的信号做出反应	• 进行速度和速度耐力训练来提高耐力水平 • 进行不断的重复训练，以提高彼此间的信任水平
传棒运动员没能追上接棒的运动员	• 接棒的运动员太早起跑 • 传棒运动员身体疲劳 • 接棒运动员对另一队的信号做出反应	• 大量重复交接棒的训练，让接棒运动员能够在正确的时间起跑，并能够根据传棒运动员的速度做出判断和调整

续表

错误	原因	纠正方法
传棒运动员在接力区内减速	• 传棒运动员能力不足，在通过接力区时没能适当保持住速度 • 递棒动作破坏了跑动的动作循环，导致运动员减速 • 传棒运动员没有处在跑道的正确一侧	• 通过速度耐力训练提高能力 • 在到达接力区后仍继续用力奔跑，直到完成交接棒 • 请记住，安全地完成交接棒主要依赖于传棒运动员 • 练习在跑道上各自正确一侧跑动交接（包括传棒和接棒运动员）
接棒运动员没能保持接棒手的稳定	• 伸长手臂跑动导致手臂发生晃动 • 接棒运动员试图去抓接力棒	• 通过静止和跑动中的技术练习，确保能够精确控制一个较高的手部位置 • 在练习过程中，练习在跑动时能持续保持较高的手部接棒位置 • 练习在传棒时，接棒运动员稳定的手部位置

4×400米接力

4×400米接力或400米以上的任何接力项目都没有预跑区，每个运动员都必须在接力区内排队等候。4×400米接力比赛中运动员在跑过第三个弯道时可以插向内道，因此，运动员在下第三个弯道前必须在自己的分道内跑进。第一次交接棒是在自己分道内进行的，而第二次和第三次交接棒时运动员的站位取决于传棒运动员在跑动中的位置。

第1棒运动员在指定的分道内完成整个400米跑，并在自己的分道内将接力棒传递给错开站位的第2棒运动员。第2棒运动员在指定的分道内跑完第一个弯道后，可以向内插向一道，但不可以阻挡到其他运动员的跑进。

交接棒时4×400米接力的传棒运动员会非常疲劳，所以回头看的接棒技术是个更好的选择，接棒运动员应该用左手接住接力棒，这样他可以面向跑道内侧站立。

接力项目的相关技术

有些技术会直接影响到接力比赛的结果。虽然在选择接力队成员时个人成绩是首要的考虑因素，但是积极进取的态度对于团队的所有成员都极为重要。在快要交棒时想着"冲啊！"能鼓舞自己。手持接力棒的同时保持良好的跑动技术以及持棒起跑技术，都需要通过反复练习、不断纠正才能正确掌握。

手持接力棒起跑技术

接力比赛中运动员的起跑是采用正常的从起跑器上起跑的方式（图9.1）。规则允许接力棒超出起跑线。应该用中指和无名指握住接力棒，身体的重量放在拇指、食指和小手指形成的拱桥上。弯道起跑时，起跑器应正对弯道切点，第8章中已讨论了这项技术。

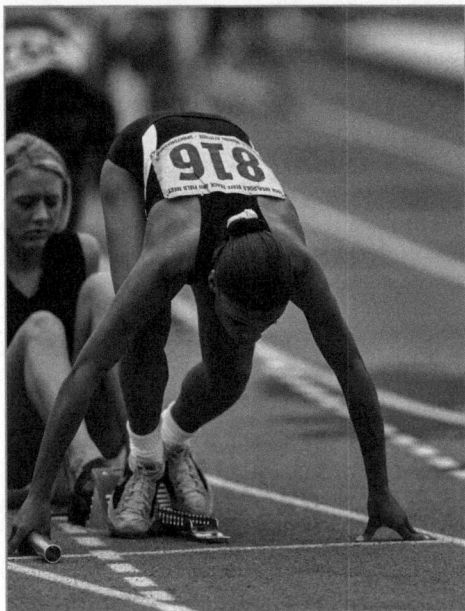

图9.1 手持接力棒起跑

交接棒

在通过接力区时保持速度非常重要。传棒运动员甚至在递出接力棒后也必须继续高速奔跑。速度耐力训练为保持速度通过接力区发挥着重要作用。传棒运动员必须对队友起跑太迟或太早的可能做好调整的准备。在交接棒过程中处于正确的跑道位置（内侧或外侧）也很重要，运动员在完成交接棒后通常仍需保持在自己的赛道内，以避免对其他接力队形成干扰。在其他接力队全部通过之后，运动员才可以从赛道离开。

所有接棒运动员都必须发展一种有效的加速模式，以便在交接棒时达到很高的速度。交接棒的另一个原则是：在交接棒的时候，手的位置越高，就越容易维持良好的跑动技术。此外，较高的手部位置可以为两名运动员创造充足的自由空间。

4×100米接力

第2棒、第3棒和第4棒的运动员会采用一种经过调整的起跑方式。通常情况下，不回头看的接棒技术和回头看的接棒技术是不同的。对于4×100米接力，需要采用不回头看的接棒技术来保持比赛速度。不回头看的接棒技术最有效的起跑方式是经过调整的蹲踞式起跑或三点式起跑，接棒运动员在起跑位置站好，前面腿同侧的手臂向后抬起，并从手臂下回头看向传棒运动员。接力棒的交接应该发生在跑道的中间线上，这就决定了要用哪只手握住接力棒，第1棒和第3棒的运动员（弯道跑运动员）在跑道靠内侧跑，用右手握住接力棒，而第2棒和第4棒的运动员在跑道靠外侧跑，他们用左手握住接力棒。交接棒的顺序如下：右手传到左手，左手传到右手，右手传到左手。

4×400米接力

4×400米接力的起跑与400米的起跑相同，回头看的接棒方式是个首选方法。接棒运动员最好采用站立式起跑，运动员在接力区位置排好，身体面向跑道内侧，以方便察看传棒运动员。每次交接棒时，都是从右手传递给左手，接棒运动员通常在接到棒后立即再将接力棒换到右手，并马上加速离开接力区。在采用回头看接棒方式时，接棒运动员需要确定一个目标点，当传棒运动员到达目标点时，接棒运动员开始起跑。

每一棒的起跑都应该尽量减少速度损失，运动员必须以各种速度的练习来提高这种技巧。如果传棒运动员因为疲劳而降低速度，那么接棒运动员必须对速度进行相应调整，以避免因为过早跑出而没有接到接力棒。一个好的方法是，当传棒运动员到达标记的目标点时，接棒运动员加速跑两三步，然后侧身回头看向队友，左手手掌张开伸向后方准备抓住接力棒。两名运动员中的接棒运动员负责做出相应调整以完成交接棒。教练员应该向所有传棒运动员强调，应该以进攻的心态全力跑过接力区，直到接力棒安全传递出去，传棒运动员才能停止全力的跑动。

确定接力比赛的起跑标记点

下面介绍一种设置起跑标记（通常用白色胶布）的方法，当接棒运动员在看到传棒运动员跑到这个起跑标记时开始起跑。这个计算过程应该相当准确，而且可以进行微调来获得更高的准确性。这种方法为运动员提供了一个良好的起跑指示点。

1. 采用行进间起跑加速20或30米，具体距离取决于他们参加的是4×100米接力还是4×400米接力。对所有可能参加接力比赛的运动员计时，测量他们通过接力区（20米长）的时间。一旦运动员到达接力区前沿就开始计时，当躯干的任何部分触及接力区后沿停表。Ti=传棒运动员通过20米接力区所用的时间。

2. 20除以Ti=传棒运动员的速度（Si），以米/秒为单位。

3. 所有接棒运动员都在预跑区内的起跑位置进行排队起跑，听到"跑"的口令后，运动员开始起跑加速，同时开表计时，直至到达接力区内预计的交接棒位置停表。To=接棒运动员从起跑到接棒所用的时间，以秒为单位。

4. $To \times Si$=传棒运动员从起跑标记跑到交接棒位置所经过的距离。

5. 从交接棒瞬间传棒运动员所在位置向后量出步骤四所计算出的距离，这就是起跑标记应该放置的位置。

6. 随着运动员逐渐熟练来调整该起跑标记。

7. 让接棒运动员穿着比赛钉鞋，两脚紧贴跑道交替前行，从预跑区边缘走到起跑标记，记录走过多少个鞋长。这是一种基准测量的方法，在比赛时就不需使用卷尺来测量这个距离了。

不回头看的交接棒技术

不回头看的交接棒技术是指在交接棒期间运动员之间没有视觉上的交流，它通常用在4×100米接力比赛中。本节介绍一些分别适用于接棒和传棒运动员的技术。

在传棒运动员到达起跑标记的瞬间，接棒运动员开始起跑加速。需要强调的是，接棒运动员应该重点关注传棒运动员的脚何时到达起跑标记，不要分心。接棒运动员应该始终位于他所在半条跑道之内，处于哪半条跑道内取决于用哪只手接棒（用右手接棒时处在内侧的半条跑道，用左手接棒时处在外侧的半条跑道）。持棒手应该始终位于跑道中间摆动。在收到口头信号或到达某个预定的标记时，接棒运动员将手臂向后伸展，并张开手掌，尝试提供一个高位的、稳定的目标。接棒运动员应该相信传棒运动员会成功完成传递，而不是自己去摸索寻找接力棒。

由于接棒运动员看不到交接棒过程，所以传棒运动员应该对这一过程负责。传棒运动员应该在内侧或外侧的半条跑道内跑进，具体在哪一侧取决于哪只手持棒，持棒手一侧身体始终处于跑道中间位置。两名运动员彼此间的相对位置十分重要，这关乎能否在跑道中线处完成交接棒，运动员因为过于兴奋而导致错误的相对位置是一个常见的错误。直到顺利地完成交接棒，并且接棒运动员安全地跑出接力区后，传棒运动员才能开始减速。当准备传递接力棒时，传棒运动员可以发出口头指令，接棒运动员在收到指令后通过向后伸出手臂做出响应。

因为有8条跑道，所以可能有8个口令同时发出，这可能令运动员感到十分困惑，因此采用一种独特的、与其他队伍不同的口令会有一定的帮助。另一个选择是不使用口头指令，而是让接棒运动员到达接力区内预定位置时向后伸出手臂。如果接棒运动员的起跑时机与传棒运动员到达起跑标记的时刻能够准确地协调一致，那么每次进行交接棒的位置应该是固定一致的。传棒运动员手臂用力将接力棒摁到接棒运动员手中。

不回头看交接棒的两种主要技术是上挑式和下压式。在这两种方法中，传棒运动员运用手腕的有力动作，将接力棒稳稳地传给接棒运动员手中。一旦触及接力棒，接棒运动员应该尽快地牢牢握住接力棒。接棒运动员的最关键的技术是向后伸出手掌以提供一个稳定的接棒目标，使传棒运动员能够轻松地将棒传到目标手中。如果交接棒没有像预期那样快速完成，接棒运动员不能惊慌并自己伸手去抓取接力棒，此时保持稳定的手掌位置才是最重要的。

上挑式交接棒

因为上挑式交接棒方法简单，容易学习，所以它是供经验不足的运动员使用的一种交接棒方法。不过它有时也被国际级运动队采用。在这种技术中，接棒运动员向后伸直手臂，并用接棒的那只手的拇指和食指形成一个V字形，手指指向下方。手臂和手应该尽可能抬高，但抬升的高度应该低于下压式交接棒。

在传棒运动员接近目标时，向前上方抬起传棒的手臂，将接力棒的另一端放入接棒运动员手指形成的V字形中。传棒过程中运动员不能将接力棒握得太紧，以方便接棒运动员能轻松地从其手中抽走接力棒，但也不能握得太松，以免接力棒掉落。当接棒运动员握住接力棒并将手臂前摆进入短跑的摆臂动作时，手握在了接力棒的上半部分，为了让接力棒的上半部分露出，以传递给下一名接棒运动员，运动员需要向下移动手掌握棒的位置。

下压式交接棒

下压式交接棒有几个优点。将接力棒向下压向接棒运动员手中的动作与正常的短跑摆臂动作节奏更一致。接棒运动员向后伸展手臂，并保持肩膀处于较高位置，相比上挑式交接棒，保持肩膀较高的位置，手臂可以进行更宽幅度的横向摆动。接棒运动员以类似于上挑式交接棒的方式张开手指，但手腕弯曲，使传棒运动员能够清楚看到接棒运动员的手掌。传棒运动员不必将接力棒上提到接棒运动员的手指形成的V字形中，而是将接力棒压在手掌上（图9.2）。由于将接力棒压向接棒运动员手掌的动作是短跑动作中手臂摆动的延伸动作，因此对加速节奏的影响是微乎其微的。这种交接棒技术的另一个优势是，交接棒时的水平高度使运动员能够保持高质心的跑动姿势，这样在交接过程中仍能保持速度。

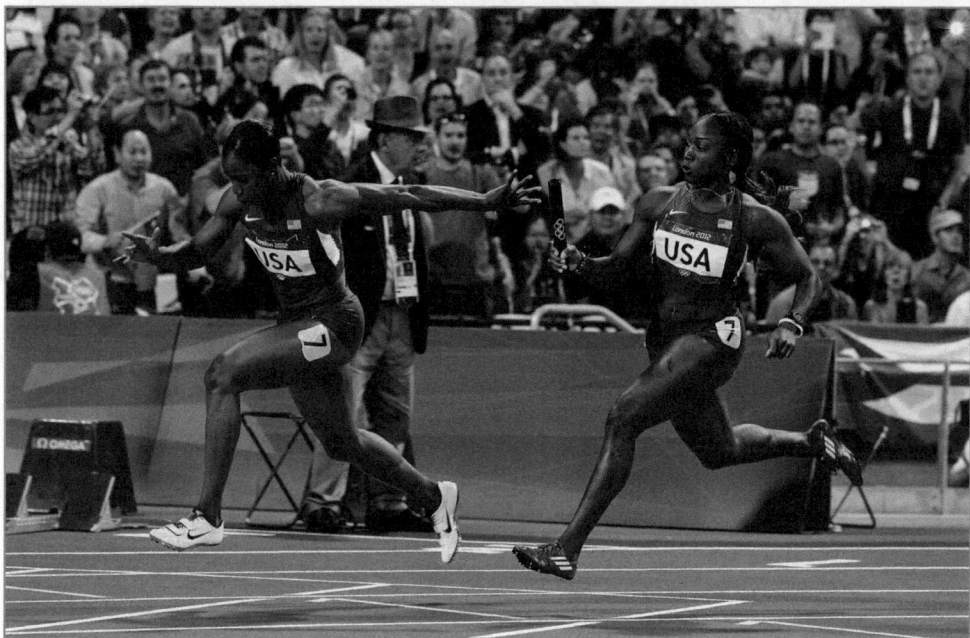

图9.2 下压式交接棒

回头看的交接棒技术

回头看的交接棒技术用于400米或400米以上的接力赛，完成交接棒的主要责任在接棒运动员身上，因为传棒运动员会发生疲劳，所以必须考虑到减速因素。如果每场比赛的疲劳程度不同，那么在某些比赛中接棒运动员可能会因过早启动而没接到棒。回头看的交接棒技术中接棒运动员可以看到同伴的位置而控制自己的速度，以确保交接顺利完成。

在练习交接棒时，接棒运动员应该确定一个启动标志点。当传棒运动员到达这个标志点时，接棒运动员就知道在这个最佳时机起跑，两名运动员的速度能够达到最好的匹配，交接棒就会顺利地完成。通常，该标志点在接力区前面的3至10米处。如果传棒运动员水平很高，这个距离可能更远。这个距离取决于传棒运动员的速度，速度越慢，接棒运动员等待的时间就越长，速度越快，接棒运动员的等待时间就越短。

推荐的技术是让接棒运动员在队友跑向标志点时仔细观察他的脚部（图9.3），一旦同伴的脚到达标志点，就应该转向接力区跑进方向并起跑加速，在完成三步加速后，接棒运动员应该向跑道内侧侧身回头看向传棒运动员，并将手臂向后伸，同时保持向前的跑动动作。接棒运动员拇指和其他手指分开去接住接力棒。接棒运动员必须将手保持在与肩同高的位置，以保持交接过程中的高质心跑动姿势。

传棒运动员应该尽全力将接力棒压入接棒运动员的手中，在完成交接棒并跑过接力区前不能主动减速，以避免接棒运动员不得不放慢速度或往回跑来接棒。在心理上预想在接力区的后半部分交接棒是很有帮助的。

图9.3 接棒运动员观察传棒运动员的脚步何时到达启动标志点

另一个考虑因素是在完成第一次交接棒后，下一位接棒运动员如何站位的问题。第3棒和第4棒的运动员应该在接力区后侧边界线前排成一排，排队顺序根据同队传棒运动员进入最后一个弯道时的先后顺序，由内道向外道排列站好，第一个到达的运动员站在最靠近一道的位置，以此类推。

接力项目的教学与训练指南

接力项目的训练既可以作为短跑训练的补充，也可以直接纳入短跑训练中。在常规的短跑训练课程中，添加额外的交接棒练习，对发展接力队员的技术、信心和配合默契至关重要。

对于新手，技术性的训练最好安排在训练课刚开始的部分，慢跑的同时进行交接棒练习可以作为热身活动的一项内容。

对接力成员进行不同棒次安排的练习是一种明智之举，这可以帮助教练确定哪种组合是最有效的，此外，如果某个成员受伤，也可以帮助确定合适的替补成员。大型的运动会通常会有多轮次的比赛，让一些有其他项目比赛任务的运动员在某个轮次进行休息，然后在决赛中再重新组合一支最强团队，是一种合理的做法。

通常在训练中，运动员的速度很难达到比赛时的水平，这为判断起跑标记点带来了困难。因此，最好在比赛中对起跑标记点进行适当调整。把交接棒过程拍摄下来对于教练员而言是极为有用的。

持棒起跑

从起跑器上进行的接力项目的起跑与其他所有短跑项目的起跑并无不同，但是，运动员应该练习并习惯手持接力棒的起跑方式。

运动员应该以正确的手（在 4×100 米接力赛中，第 1 棒的运动员右手持棒）握住接力棒的底端。中指和无名指包绕在接力棒上，食指和拇指在起跑线后形成拱形。小手指放在地上以保持身体平衡。接力棒可能会超出起跑线。起跑和初始加速阶段的其他所有特征与正常的起跑器上起跑相同。

第 2、3 和 4 棒的起跑可以采用经过调整的站立式起跑或三点蹲踞式起跑来完成，推荐使用三点蹲踞式起跑，因为这种起跑方式更容易获得一致性的加速过程。第 8 章已对这种起跑方式进行了详细描述。

不回头看的交接棒技术练习

原地不回头看的交接棒练习是一种最佳的练习手段。两名运动员前后站立，用来交接棒的两条手臂保持呈一条直线，两名运动员分别向前、向后伸长手臂，确保接力棒能够接触到接棒运动员的手掌，用这种方式确定运动员站位之间的距离。运动员以正常跑动的动作摆动双臂，传棒运动员发出"接"或任何口头指令后，接棒运动员向后伸长手臂，并张开手掌，传棒运动员向前伸出手臂，并用接力棒轻拍接棒运动员的手掌，如果使用上挑式交接棒方法，传棒运动员上挑接力棒并轻击接棒运动员拇指和食指形成的 V 形位置，此时不要完成交接。一旦接力棒碰到接棒运动员的手掌，两位运动员立即继续进行摆臂动作。跟随口令多次重复这个练习。

下一步添加一个接棒动作，然后接棒运动员再将接力棒传回去，循环往复练习。接棒运动员不能回头看，同时需要学会提供一个较高的、稳定的接棒目标。

在掌握原地交接棒技术后，运动员可以排成一个纵队边慢跑边进行这个技术的练习，最终，由 4 名接力队成员排成一个纵队来进行该练习。

和田径项目的其他技术一样，在发展交接棒速度之前，教练员应该先教导运动员掌握好技术节奏。刚开始应该以较慢的速度进行在接力区内的交接棒练习，随着速度的增加，起跑加速和起跑标记点位置都应该相应地进行调整。

结　语

接力比赛是田径项目中能给人带来最愉快体验的项目之一。和队友一起实现高水平的发挥令人感到振奋，当有其他队友依赖于自己的表现，而自己又不想让他们感到失望时，运动员往往会有高水平的发挥。正确练习接力棒交接技术，这对于提高技术熟练程度和增强队友之间的信任至关重要。

教练员应该将接力项目的技术练习纳入到日常的短跑训练中。对所有短跑运动员进行接力技术的训练是一个好想法，因为教练员无法预料何时会需要一个替补队员。大多数的锦标赛中都包含预赛，教练员可能会在前面的轮次中替换接力队员，让一些要参加多个项目比赛的运动员能够得到更好的恢复。

第10章

耐力项目和竞走项目

乔·维吉尔（Joe Vigil）博士和安德鲁·奥尔登（Andrew Allden）

耐力项目既简单又复杂。一方面，它只不过是要求某个运动员在一个特定的距离内比另一个运动员更快地完成比赛。但是，从生理学角度讲，这些项目涉及了最多的供能系统和最广泛的心率变化范围。从事这些项目的运动员在训练和比赛的前、中、后会受到营养和水合状况的极大影响。从心理学角度讲，教练员和运动员都会经历情绪状态的大幅度波动。从技术的生物力学角度讲，耐力项目涵盖了从竞走到障碍，再到中长跑等不同项目。

本章讨论的耐力项目包括800米、1500米、3000米障碍、5000米、10000米、马拉松和竞走。本章从耐力项目的规则、安全训练和选材要求等方面开始简要讨论，然后介绍耐力项目的一般性分析和获胜的必备技术，最后提供了耐力项目的一些训练指南和教学手段。

耐力项目的竞赛规则

耐力项目的竞赛规则相对简单，必须采用站立式起跑，使用"各就位"和枪声的两次信号。在采用国际统一发令方式的某些比赛中，运动员在听到"各就位"口令时走到起跑线前站好。这些竞赛规则还对运动员的组次、道次以及比赛轮次的安排做出了相应的规定。

耐力项目的比赛采用不分道跑的形式，所以竞赛规则最主要是在阻挡其他运动员方面做出规定，运动员在超越对手时，必须有足够的空间，并且不能对其他运动员的跑进形成阻碍。推拉挤撞、绕近道、阻挡其他运动员的跑进都会导致被取消比赛资格。应该尽量避免与其他运动员发生身体接触。在终点直道上，左右变向或从其他运动员中间强行挤撞通过同样会被取消资格。

在高中、大学、美国田协和国际田联等不同级别的比赛中，竞赛规则稍有不同。教练员应该获取适当的规则手册，熟练掌握相关规则，这会提供一个明显的竞争优势。

与耐力项目相关的安全问题

在开展耐力项目的训练时，应该提供一个良好的安全保障措施，由于耐力项目的训练量较大，所以容易出现一些特殊情况。良好的训练计划应该掌握好训练强度和训练量的平衡，并包含专项的灵活性、力量和技术训练。教练员应该考虑在既定条件下训练场地地面和运动员专项鞋的适宜情况。

因为大多数耐力项目的训练计划都包含大量的场地以外的训练，所以在公路和其他危险的地方训练时，安全是一个重要考虑因素。对于这些项目，过度训练以及与热环境相关的问题同样非常重要，避免出现这些情况是保障安全和预防损伤的重要组成部分。由于耐力项目的训练持续时间较长，水合状态、环境条件和营养水平对耐力项目的影响也就更为明显。

脱水

脱水会使血液变得黏稠，使血液的运输变得更困难（对比水和蜂蜜）。通常，因为出汗，男性每小时可能会流失2升（或2夸脱）的水，而女性每小时的失水量为1.1升。在高温天气下，运动员应该将身体水分的流失限制在体重的1%至2%。每损失1磅（约0.5千克）的水分，就需要补水16至24盎司（1盎司约为28.35克）。在练习中，运动员每减轻一磅的体重，应该补充16至24盎司含电解质的水分。这些数字只是估计值，可能会因为个体情况和环境条件的不同而产生很大的差异。此外，对于持续时间超过一小时的项目，为了发挥出最好的水平，运动员每小时应该补充120至400千卡（1千卡约为4.186千焦）的能量，可以通过液体补充，也可以采用其他形式。

热环境

耐力项目运动员的发挥会受到极端天气的影响。项目持续的时间越长，受热环境的影响也就越大。在马拉松比赛中，当温度在50华氏度以上，每升高5度时（或者温度在10摄氏度以上，每升高3度时），运动员的完赛时间通常会增加约0.5%。如果温度高于98.6华氏度（37℃），湿度大于70%，则应该避免在室外跑步。身体通过出汗来进行散热，当湿度非常高的时候，蒸发散热机制受到抑制，身体的散热能力也被削弱。

当运动员从较冷的环境来到较热环境中时，或者一天的温差特别大时，需要非常小心。身体需要花5至8天的时间才能明显地适应温暖环境，14天后才能完全地适应。

中暑是一种医疗紧急事件，应立即将运动员移至空调环境下或阴凉通风环境中进行治疗。在寻求医疗救助的同时，应立即用水和冰来降低运动员的体温。

铁

运动员缺铁会影响身体对训练的适应性反应。含铁量较低会限制高水平耐力训练的质量。运动员通过对训练刺激的适应来逐渐提高能力，而这种适应性反应需要在铁的参与下才能进行。

缺铁在女运动员中更为常见，它会导致过度训练综合征。铁储备量的降低会导致有氧能力下降，因为铁是血红蛋白的组成部分，而血红蛋白携带了98.5%的血液氧气，此外，一半以上的有氧代谢酶都含有铁。

过度的冲击应力会导致血管外压力增大和血管内酸中毒，从而引起溶血症状，这会进一步导致以下状况。

- 血液酸度增加。
- 红细胞运输速度增快。
- 红细胞的平均寿命从正常情况下的120天减少到大约80天。

铁损耗意味着血清铁蛋白水平的降低，这会导致血液中的红细胞数量减少、血红蛋白浓度降低。运动员的铁蛋白水平是反映其铁储备的最准确指标。对于每周跑约100千米或更长距离的运动员，每年至少应对其铁蛋白水平检测两次。如果血液指标显示运动员缺铁，那么应该减少训练量，并咨询体育科研人员或营养专家，以便通过良好的营养和铁补充剂来增加铁储备量。

耐力项目的选材要求

显然，较高的耐力素质是这类项目所必需的，但要认识到，良好的绝对速度同样是必不可少的，这对最高水平的运动员尤为重要。通常，耐力项目运动员的身材都很苗条，而且往往稍显矮小，尤其是从事长距离跑的运动员。不过，成功的耐力项目运动员的体型和身材是各种各样的。

耐力项目的相关技术

耐力项目通常不被认为是技术性项目，但如果想发挥出最佳水平，运动员必须掌握一些基本的技术。无论是有经验的运动员还是新手都经常在起跑或途中跑等技术上出错。运动员和教练员都必须认识到改变技术的风险和回报。如果没有打好身体基础就进行技术调整，无疑会给身体带来损害。此外，由于教练员肉眼识别和知识储备的限制，刻意地改变技术反而达不到预期的效果。因为运动员已经适应了这些所谓的技术缺陷，并且这些技术已经和其他技术相融合，修改它们可能并不会提高表现能力或降低损害的风险。

起跑

耐力项目采用站立式起跑（图10.1）。在做准备姿势时，躯干挺直，手臂靠近身体两侧。

耐力项目中常见的3种起跑安排是弧线站位起跑、分道站位起跑和分区站位起跑。

1. 弧线站位起跑。大多数长距离项目比赛中，所有运动员都站在一条弧线前以准备起跑，而一旦比赛开始，则允许运动员在不阻挡其他运动员的情况下插向内道。通常，运动员会向内切向里道以缩短跑进距离，但是插向内道的路线应该与弯道的内突沿相切。位于内道的运动员应用力奔跑，以避免被其他运动员包夹。

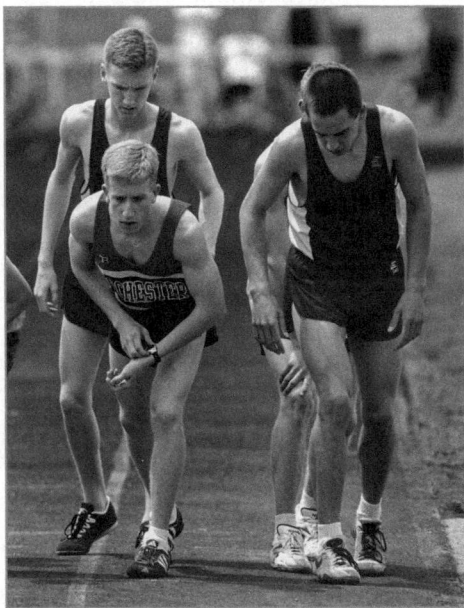

图10.1 站立式起跑

2. 分道站位起跑。有些距离的比赛采用分道站位起跑，每个运动员都被指定了一条跑道，而且必须在该跑道上跑完第一个弯道。在跑完第一个弯道并通过抢道线后，运动员可以根据需要在不阻挡他人的情况下切向内道。外道或中间跑道的运动员应该在进入下一个弯道之前，以与弯道内突沿相切的直线，逐渐插向1道或2道。在1500米比赛采用的弧线站位起跑时，站在中间和外部的运动员也可以采用这方式。

3. 分区站位起跑。有些距离的比赛采用分区站位的起跑方式。在这种类型的起跑方式中，运动员被分成两组并在内外两个（一般内侧四道一组，外侧四道一组）不同区域的弧线前站立排

好，起跑后，运动员可以立即插向各
自的内道。运动员跑过第一个弯道并
通过抢道线后，跑在外侧分区的运动
员可以插向内侧分区的跑道。

一般性的跑步技术

耐力项目运动员必须熟练掌握短跑的动
作技术。跑的技术极大地影响有氧效率、无
氧效率和跑的经济性。提高跑的经济性会
使训练和比赛的表现能力得到改善。确切地
讲，跑步技术的提高与训练中采用的跑步速
度有关。多元训练体制下进行的各种速度跑
的训练可以提高不同速度下的跑的经济性。

提高技术的最好办法就是正确地利用短
跑的专门技术训练和斜坡跑训练。另外，身
体基础、动作范围和专门肌肉力量也必须达
到一定的要求，以支持任何形式的技术调整。
除了少数例外，中长距离项目比赛中展示的
跑步技术类似于短跑的最大速度跑技术。此
外，虽然不是很明显，但在起跑和冲刺时也
会发现短跑的加速技术。

身体核心区的恰当对齐对于提高跑步效
率和预防损伤非常重要。头部应该保持在相
对于脊柱的恒定中间位置上（图10.2）。弓
背（或撅臀）的姿势说明骨盆发生前倾，这
会造成跑步固有的低效率。骨盆可以稍微移
动，但绝对不能偏离中间位置过多。髋部和
下背部的柔韧性和灵活性对正确姿势也是至
关重要的。

脚的落地点应该在身体质心的下方，通
过髋关节伸展使脚压向地面，在落地前，踝
关节应该保持稳定的背屈姿势，但在落地
时，脚底接触地面的面积应该比短跑更大一
些。应该通过增加抬腿高度、蹬地力量和步
频来避免脚的落地点位于身体质心前面，即
抻大步动作。

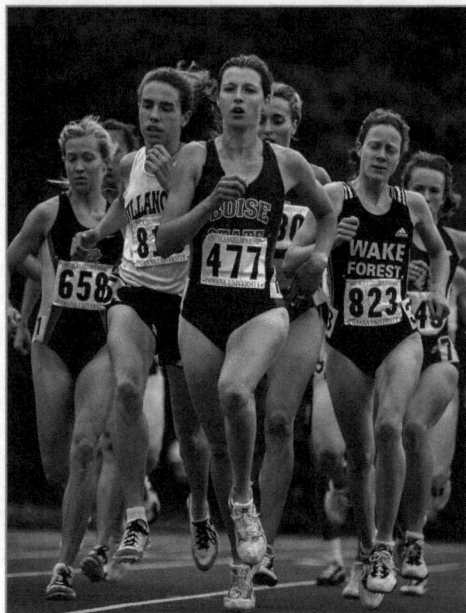

图10.2 正确的身体对齐姿势下，头部处于中
间位置，与脊柱对齐

上肢放松的摆动动作平衡并相反于下半
身的动作。上肢动作与短跑动作的不同之处
在于，手臂通常靠贴在身体两侧，以肩为轴
在矢状面内小幅度摆动。保持头部和胸部直
立，这有助于完成有效的手臂动作。

应该谨慎进行跑姿和足部触地动作的调
整，因为即使是最小幅度的调整，肉眼也不
能完全理解它会带来的意想不到的多米诺骨
牌效应。脚部触地方式与运动员在跑动时的
速度有关，不建议为了提高速度或减少受伤
可能，而去调整自然的脚部触地方式。

比赛配速的准备和分配

运动员应该对比赛配速有一个良好的认
识，并对按计划执行比赛配速有很好的理解。
基于比赛成绩目标和训练水平，通过一些不
同的点将比赛全程距离分割成不同的目标段
落，再针对这些目标段落的配速进行训练，

是一种常见的做法。这也是比赛准备的一个重要组成部分。800米是个例外，最佳的时间安排通常是平均分配或后半程加速（后半部分比前半部分略快）。由于800米比赛的这一独特要求，前400米会更快一些来获得最佳的比赛成绩。

比赛中的位置和战术

运动员必须拥有在比赛中的任何时刻都能保持良好位置的能力。尽管靠近跑道内突沿跑动缩短了比赛距离，但会使运动员面临遭到其他运动员包夹的风险。在大多数情况下，当跑道上比较拥挤时，运动员应该在前面领先者的外侧肩膀后方位置跟随跑动，以防被包夹。跟随跑（跟在另一个运动员后面跑，以减少空气阻力）可以使用较少的能量来实现同样的速度。有时跟在其他运动员身后或带头领跑都是很好的战术，但教练员应该让运动员做好准备，以对比赛中可能发生的各种情况做出正确反应。后程加速是提高速度获得竞争优势的一种做法，冲刺是指在比赛将要结束时提高速度，以获得比赛胜利或提高名次。两者展示的技术转换类似于短跑的加速技术。运动员还应为比赛终点的撞线动作做好准备。

耐力项目的训练依据

耐力项目的训练依据是身体内部结构对训练产生的适应性改变。耐力项目的训练必须发展神经肌肉系统，并引发血液化学上的变化，正如针对速度和爆发力项目的训练体系一样。此外，耐力项目的训练还必须使供能系统和血液运输系统产生根本性的变化和提高。

在所有的耐力项目训练计划中都非常注重供能系统的发展。每个项目都有专项的有氧和无氧能量需求，这些需求在一定程度上还取决于运动员个体情况。每个项目的训练都应该满足该项目的专项需求，有氧和无氧供能系统必须一起训练，并得到和谐的发展。

耐力项目的训练还必须发展血液运输系统，虽然供能系统的良好发展能够带动血液运输系统的发展，但有时发展心肺系统本身就是一个重要的目标。

由于马拉松比赛的持续时间较长（120分钟以上），与其他耐力项目相比，马拉松比赛有独特的供能系统需求。马拉松比赛的持续时间决定了运动员身体更多是依赖脂肪酸作为燃料供能。低强度、长时间的跑步和马拉松配速的训练可以训练身体动用脂肪酸代谢供能，以节省有限的糖原储备。身体中的糖原储备会提供大约90分钟的能量供应，这就是为什么马拉松运动员会在跑到大约两小时或跑到30至32千米时进入撞墙期。脂肪酸是高度浓缩的，即使是非常精瘦的运动员，也有足够的储备来维持数小时的运动。

运动员从碳水化合物的有氧和无氧代谢中获取能量。马拉松跑如果合理配速的话，运动员消耗的碳水化合物与脂肪酸的比例约为3∶1。随着比赛的进行和碳水化合物的消耗，该比例将向更加依赖于脂肪酸代谢供能的方向倾斜。如果比赛初期配速太快，机体会以无氧代谢供能，并过早消耗比赛后期所需的糖原。请记住，脂肪的燃烧需要有碳水化合物（糖原）的参与。无氧代谢的供能效率要远低于有氧代谢，此外，无氧代谢产生的氢离子会积聚，并抑制与糖代谢相关的酶的活性。由于脂肪酸代谢需要糖原参与，因此，如果运动员已经将所有可用的糖原代谢消耗掉，则没有了脂肪酸代谢所需的糖原。脂肪酸代谢供能需要大量的氧气参与，随着脂肪酸代谢供能的增加，马拉松运动员的心脏必须更加努力地泵血，将更多的富氧血液输送到肌肉组织。机体在脱水情况下增加脂肪酸代谢供能会更加困难。

供能系统

每个耐力项目都有各自不同的有氧和无氧代谢供能比例。耐力项目训练设计的一个重要概念是，适当的训练刺激在于正确的安排无氧和有氧训练比例，从而使运动员能够顺利地完成特定距离的比赛。同样重要的一点是，这些系统不是非黑即白的，它们还有更多的灰色地带，所有的供能系统都在同时发生作用。训练的强度和持续时间决定了每个系统参与供能的程度。

表 10.1 中列出了每个耐力项目大概的有氧和无氧供能比例，并标明了各个项目之间的差异。不过，你可能会发现有些资料的阐述与下表不同，对于不同水平的运动员而言，这些数字也存在一定差异。总之，运动员跑得越快，无氧代谢供能参与的就越多。

不管采用哪种供能系统，能量都是通过化学分解被称为底物的燃料而产生的。最重要的底物是脂肪酸和糖原。训练的强度通常决定了采用哪种底物。

有氧训练和乳酸阈训练

发展有氧能力训练不会产生细胞内酸中毒的负面影响。因此，应该认真地规划训练和比赛，并遵循专项的指导方针。在有氧训练中，糖原或脂肪酸都可以作为燃料。

训练强度大小（特别是指跑步速度）决定了所用的底物。随着训练强度和跑步速度的增加，心率也会增加，因此，可以使用心率作为训练强度的指标。本书所提及的大部分训练强度水平都可以通过心率的大小来界定。当使用心率来确定训练强度时，最好使用实际的而不是估计的最大心率（MHR）。如果不知道 MHR 是多少，可以使用以下公式计算估计的 MHR：

$$208 - (0.7 \times 年龄) = MHR$$

一旦确定了估计的或实际的 MHR 就可以使用卡翁南公式来计算不同训练强度的心率，比如恢复、乳酸阈强度和最大摄氧量强度：

卡翁南公式

最大心率－静息心率＝心率储备

（心率储备 × 所需强度百分比）+静息心率＝运动中应达到的心率

表 10.1　中长距离项目训练的供能来源比较

能量来源（%）	400 米	800 米	1500 米	5000 米	10000 米	马拉松
有氧	43	66	84	88	90	97.5
无氧	57	34	16	12	10	2.5

源自：P. B. Gastin, 2001, "Energy system interaction and relative contribution during maximal exercise," *Sports Medicine* 31(10): 725-741.

通过两个不同的训练强度界定了发展基础耐力的有氧训练体系：有氧阈和乳酸阈。跑步的速度或配速和心率指标也可以用于定义这些训练的强度。各个强度训练之间安排的休息间歇对所涉及的供能系统也存在极大的影响。

当运动员的训练强度高于目标强度，并将训练推进到比预期更高的强度区域时，运动员会面对更高强度区域的疲劳风险，但只能获得较低强度区域的训练效益，而且往往因为运动员可能无法完成训练内容而没能够获得预期的训练效果。想象一名运动员将乳酸阈强度训练推进到更高强度的训练区域（比如以5000米比赛的配速或最大摄氧量强度来代替本应该更慢的跑步速度），而她本应该保持或低于乳酸阈强度训练，使机体产生的乳酸能够进一步作为燃料供能。过高强度的训练实际上可能会降低训练的有效性，同时增加身体的损耗。

有氧阈指的是一种训练强度，在这种强度的训练中供能的主要原料是从脂肪酸转化的糖原。按照有氧阈强度进行的跑步训练，可以提高运动员有氧供能系统动用脂肪酸作为主要原料供能的能力，从而节省糖原以用于更快配速的训练。有氧阈强度大约是最大摄氧量配速强度的65%（加或减5%），或者大约是MHR的65%（在当前身体能力水平下）。

理解氧在底物代谢过程中的作用非常重要，氧的供应水平决定了底物的分解是完全的还是有限的。有氧代谢这个术语就意味着必须有氧气的参与。氧气的供应水平决定了是使用碳水化合物还是脂肪酸来为运动提供能量。如果氧气供应受到限制，虽然可以利用其他原料提供能量，但运动仍会受到限制。

有氧阈训练是发展有氧代谢能力并进一步提高耐力素质的最佳方式。运动员的目标必须是为有氧代谢持续增加氧气的供应。耐力被定义为在给定的速度下尽可能维持最长运动时间的能力。在持续时间超过60至120秒的运动中，大部分的能量供给是来自氧化代谢；因此，耐力项目的表现水平很大程度上取决于有氧阈训练。

心率和底物之间的关系如表10.2所示。

在超过有氧阈强度时，运动员必须更多地依靠无氧系统来辅助有氧系统供能。乳酸阈强度以下的训练可以更有效地利用糖原，这可以节省糖原并延迟无氧供能系统的参与。

乳酸阈（LT）强度训练可以促进身体利用训练产生的乳酸作为进一步供能的燃料，还能提高身体产生乳酸时对应的配速或强度水平。乳酸阈是耐力项目表现水平的重要决定因素，因为它代表了运动员在无氧供能系统没有明显参与的情况下能够有效维持的最大速度。乳酸阈强度水平大约是运动员最大摄氧量配速的85%至90%（在当前体能水平下），或者大约是运动员MHR的88%至90%。乳酸阈跑的训练旨在提高运动员的乳酸阈，这种训练的目标是能够在更长的时间内维持更快的速度。

表10.2 两种底物的有氧代谢所对应的心率水平

底物	心率范围	储存位置
脂肪酸	MHR的60%至75%	肌细胞
糖原	MHR的75%或更多	肌细胞、肝脏

理想情况下，运动员应该在乳酸阈强度下进行训练来提高有氧能力，而不是跑得更快。乳酸阈配速通常为每英里以5000米比赛的配速再加上25至30秒，或者运动员完成一小时跑的比赛可以达到的配速。乳酸阈间歇训练的配速可以比连续乳酸阈训练的配速稍微快一些（每英里快1至5秒），但重要的是要保持在乳酸阈强度下。乳酸阈间歇训练的配速一定不能超过万米比赛的配速，间歇恢复时间应该占到训练持续时间的20%。随着训练的开展，应当逐渐提高乳酸阈配速。通常，当比赛成绩表明身体能力有所提高时，应当相应提高配速。

乳酸阈是长距离跑表现能力的最佳预测指标。所有不同速度的跑步都包含无氧代谢的贡献，但是乳酸阈强度的跑步正好处于几乎完全由有氧代谢供能的跑步与包含显著无氧代谢供能的跑步的中间过渡位置。当运动员的速度低于乳酸阈配速时，无氧代谢的贡献几乎可以忽略不计。耐力项目训练的目标是必须增加运动员的最大摄氧量，同时尽可能地抑制乳酸的产生、酸中毒和氢离子的增加。随着训练水平的逐渐提高，乳酸曲线向右侧移动（图10.3），运动员能够以更快的配速维持更长的时间。基本上，这是所有不同距离项目运动员共同的目标。

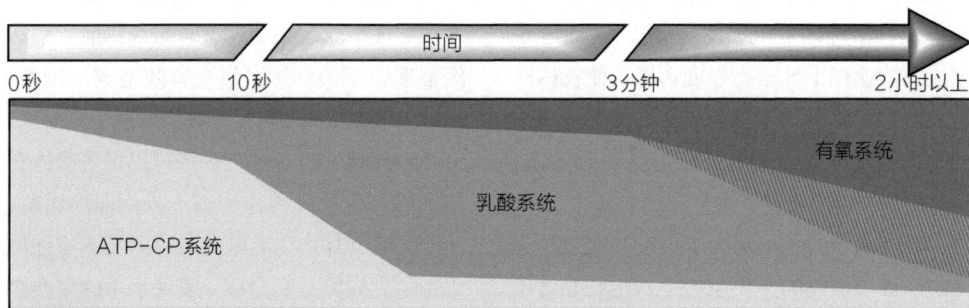

乳酸系统产生的乳酸可以作为有氧系统的燃料被进一步利用

图10.3　三大供能系统随时间变化的贡献比例
©P.J.L. Thompson, 1994, 2005, 2011.

无氧训练

两种无氧供能系统是磷酸原供能系统和无氧糖酵解供能系统（表10.3）。二者都是在没有氧气的参与下产生能量，它们的区别是产生为细胞供能所用三磷酸腺苷（ATP）的底物不同。

磷酸原供能系统使用机体内存储的磷酸肌酸（PC）来产生能量，人体细胞内存储的PC可以为高水平的运动供能6至10秒的时间，虽然时间很短，但供能的效率非常高。运动员速度素质的提高即是源于这个供能系统的训练。但是，无法通过训练延长这个系统的供能时间以超过这仅有的几秒钟。这个系统在运动员起跑加速和冲刺的时候发挥作用，尽管这个系统对耐力项目表现水平的供能比例不大（5%或更少），但是运动员如果想要获得他们的最好成绩，则绝不能忽视这个系统的训练。

表 10.3　合成代谢的代谢时间和副产品

无氧供能系统	底物	持续时间	副产品
磷酸原系统	磷酸肌酸	6 至 10 秒	无
糖酵解系统	糖原	10 至 90 秒	氢离子

糖酵解功能系统通过对碳水化合物进行的较慢的分解过程来产生能量（图 10.4）。在持续时间为 7 至 90 秒的次最大速度跑动的径赛项目中，它是主要供能系统。在这个系统中，最终限制表现能力的因素是严重的酸中毒现象。这一系统的训练主要是提高耐力项目运动员可获得的速度，同时提高运动员延迟酸中毒的能力。这种应对能力被称为乳酸耐受性。血液中不存在乳酸，一旦有乳酸产生，它就会被分解成乳酸盐和氢离子。乳酸盐不会导致疲劳，它的清除取决于身体利用它作为燃料的能力。随着运动强度的增加，身体产生的乳酸也在逐渐增加。利用乳酸盐作为燃料的能力因人而异，这取决于身体能力水平、营养状况和休息状态等因素，这也是为什么一个确定的乳酸浓度不能作为表现能力的可靠预测指标。

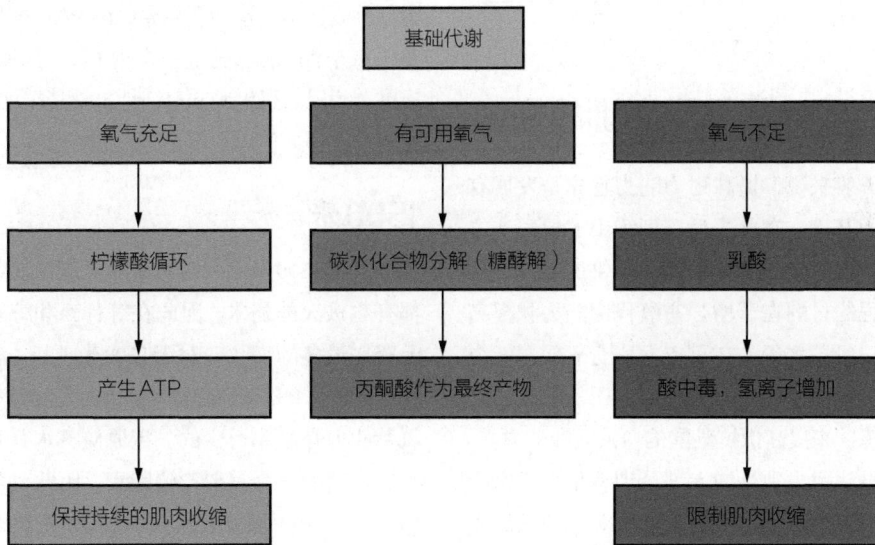

图 10.4　产生能量的正常途径

最大摄氧量（$\dot{V}O_2max$）训练

在讨论耐力项目时经常会用到最大摄氧量这个术语，它是指身体摄取和消耗氧气的最大速率，是有氧能力的最佳指标。由于在跑步过程中有氧供能系统和无氧供能系统都有所涉及，所以最大摄氧量训练能够让运动员得到最好的发展。最大摄氧量训练能够使机体工作达到 90% 至 100%MHR 的水平，这种水平的训练也可以表示为当前的体能状态下，95% 至 100% 的最大摄氧量水平。这种训练对机体产生的主要适应性结果是左心室体积变大、功能增强，这提高了心脏泵血并将血液和氧气输送到工作肌肉的能力。这种训练的机体工作水平与全力完成10至15分钟跑的强度相当。对于大多数女性和年轻男性运动员来说，它相当于全力完成3000米或3200米的强度水平，对于年龄较大、更有经验的男性运动员和一些精英级别女性运动员，最大摄氧量强度可以用5000米的最好成绩来反映。表10.4显示了最大摄氧量与各个耐力项目之间的关系。

表10.4 不同项目的最大摄氧量强度的百分比

项目	最大摄氧量强度%
800米	120%
1500至1600米	110%
3000至3200米	102%至100%
5000米	97%
10000米	92%

耐力项目的教学和训练指南

一般来说，提高耐力能力首先是发展有氧耐力基础，在此之后，训练中主要关注的目标转向了发展与专项相关的供能系统，这个过程的目的在于增强有氧代谢能力和提高最大摄氧量水平。在重点发展有氧代谢能力和最大摄氧量的一段时间后，引入间歇和重复训练，来提高抵抗乳酸的血液缓冲能力。

虽然耐力项目的大部分训练集中于供能系统的发展，但其他运动素质对运动员的表现也有很大的影响。加速度、速度、爆发力、灵活性、力量（相对于自身体重），以及其他一些能力对于在耐力项目中，特别是在中距离项目中获得较好表现至关重要，虽然它们不是训练的主要内容，但在训练计划中必须安排一个确定的部分来进行这些素质的练习。

800米

800米是一个非常棘手的耐力项目，因为它几乎没有时间去纠正比赛中所犯下的错误。在训练中，800米项目运动员必须打造坚实的有氧耐力基础和最大摄氧量水平。无氧供能系统也同样很重要，因为无氧代谢供能所占比例很大，同时伴随着较高的血液酸性水平，因此必须发展乳酸耐受能力。在大周期训练的初期应安排较短恢复时间的间歇训练，到了训练年度的后期开展重复训练，来提高乳酸耐受能力。

对于比赛的速度分配，运动员的400米能力是一个重要参考因素。为获取最佳的表现水平，运动员一般采用以下模式：采用比400米最好成绩慢3至4秒的时间跑完第一圈，第2圈比第1圈再慢2至4秒。对这种模式的另一种表达是，运动员在完成800米比赛过程中，每个200米都比上一个慢1秒。加速度、速度、力量、爆发力和灵活性等都是在800米比赛中获得最佳表现所必需的运动素质。

1500米

由于1500米项目对有氧和无氧供能系统都有着极大的需求，因此在练什么和练多少上存在最多的变化。对于1500米项目，有氧代谢能力比800米更为重要，因此发展最大摄氧量能力是必不可少的。糖原储备水平是该项目比赛的一个重要影响因素，因此乳酸阈训练也处于同样重要地位。和800米比赛一样，1500米项目的乳酸耐受能力起着决定性作用，应该在训练年度的早期通过间歇训练、在训练年度的后期通过重复训练使之强化。1500米项目的总跑量通常比800米多25%，根据运动员的不同需要可能还要多出更长距离。多出的这一段跑量通常是通过有氧阈训练来完成。

相对于800米比赛，1500米比赛的速度分配模式使运动员在犯错误后有更多的时间去纠正。从生理学角度讲，稳定的配速才是最经济有效的。通常，运动员在第一个400米和最后一个400米的速度会稍快一些，但除此之外，在其他部分应采用一个均衡的配速。同样，运动员不能忽视800米和所有其他中距离跑项目所必需的运动素质的发展。

3000米障碍

从代谢角度讲，3000米障碍的训练更接近于5000米的训练。对于有氧能力的训练，很多的训练主张类似于5000米的训练方法，而对于无氧能力部分，则更类似于1500米的训练。运动员必须有良好的过栏技术，但缺少有氧和无氧训练，仅靠过栏技术也无济于事。对于高水平的3000米障碍跑运动员，他的最好成绩应该比3000米平跑超出不多于35秒的时间。而对于初学者，50秒的时间差距是一个理想的目标。

由于需要跨越障碍和跑步节奏被打乱，障碍项目的训练容易过早地产生疲劳。因此，尽管技术练习可以开展得更频繁一些，但跨越障碍的间歇训练应该限制为每周一次。障碍赛要求运动员有良好的战术意识，因为运动员在跑动过程中需要不断评估他与障碍和其他运动员之间的相对位置。

均匀的配速能够帮助运动员在障碍赛中发挥出最佳的表现。因为在跨越障碍时要保持良好的水平速度，所以在比赛中能量分配尤为重要。如果出发时跑得太快，并在后半程明显减速的话，运动员必须挣扎着去加速跨过每一个障碍，或采用栏前减速上台阶过栏技术。

5000米

5000米比赛是一个典型的发展最大摄氧量强度项目，因为运动员以95%至97%最大摄氧量强度的配速完成比赛，所以最大摄氧量系统的发展是该项目的一个关键部分。这个项目需要进行很多长距离跑的训练，马拉松配速跑会起到很好的作用。乳酸阈训练和乳酸阈间歇训练在5000米项目的训练计划中占的比例很大，同时也是一个重要的组成部分。这个项目的无氧供能系统贡献比例决定了需要进行重复训练和间歇训练。间歇训练应与1500米训练计划的安排相类似，但训练频率要低一些。每个训练计划中都应包括无氧磷酸原系统的训练。

5000米比赛模式有两个关键的组成部分。一般来说，为了获得最好的表现，运动员应该以一个相对平均的配速完成比赛，同时以稍快的速度完成第一个和第五个1000米。

10000米

10000米项目的训练对负荷量和负荷强度都有很高的要求。制定这个项目的训练计划时，常见的一个错误是忽视无氧供能的贡献。一个小循环的总跑量要大于相对较短的耐力项目，最大量的一堂课的总跑量可能接近32千米或2小时的时间。马拉松配速跑的训练对10000米项目很有帮助，乳酸阈训练和乳酸阈间歇训练对该项目也很有益，而且10000米的乳酸阈训练和乳酸阈间歇训练的量要大于5000米项目。在制定每个小循环训练计划时至少要安排一次发展最大摄氧量的训练。对于重复训练的设计，训练量同样要大于其他距离项目。

10000米比赛的模式可以被认为是5000米比赛模式的扩展。10000米比赛的配速约为最大摄氧量配速的92%，所以在刚开始的几圈会相对轻松。运动员在这个时候应该保持耐心，不要跑得过快。运动员赛前让心理和身体得到休息对10000米比赛来说至关重要，与其他距离项目相比，尽量不要安排过于频繁的比赛。气候因素也是影响该项目比赛的一个重要因素，应该针对性地早做准备。一般来说，为获得最佳的比赛成绩，运动员应该以相对平均的速度来完成比赛，除了第一个和第十个1000米要跑得稍快一些。

马拉松

马拉松项目的训练内容取决于它独特的供能系统需求。大运动量训练非常重要，但同样重要的是采用较高目标强度的训练恰当地刺激相应的供能系统。马拉松项目高度依赖于脂肪酸的代谢供能，因此需要对该系统施加训练刺激，以获得适当的训练效果。

马拉松训练的目标是使身体最大化地利用体内的各种燃料，长时间的较低强度跑的练习非常重要，但对于要在马拉松项目上获得最好的成绩这是不够的。在训练中采用马拉松配速跑和包含部分马拉松配速段落的长距离跑很重要，因为这种训练强度针对性地发展专项的供能系统。由于乳酸阈强度训练对马拉松比赛的表现也很重要，所以乳酸阈强度跑和间歇训练也是一个关键训练方法。随着运动员利用原料供能的效率提高，乳酸阈值也会升高，从而为马拉松比赛的后程节省了宝贵的糖原储备。无氧系统同样参与马拉松项目的供能，尽管它不像在相对较短距离项目中那么重要。在典型的训练计划中，每个小循环至少安排一次发展最大摄氧量的训练内容，这种训练可以采用10000米项目使用的较长距离的间歇训练或重复训练方法。

与其他项目正常的训练进程相反，马拉松项目强调在训练的早期进行发展速度素质的练习，然后逐步将重点转移到更多以耐力为导向的练习活动，来满足项目对特定供能系统的需求。此外，与其他项目正常的训练

理论模型不同的是，随着长距离跑的距离逐渐增加，训练量上升，但在到达某个点后开始趋平。在这个点上，长距离跑练习的强度开始增加，以便提供身体需要的特定的训练刺激，以为比赛做好准备。长距离跑是训练的主要组成部分，运动员应该在每个小循环训练中完成一次这种练习，不论运动员的能力水平如何，长距离跑的持续时间不应超过两个半小时，尽管完成更长的距离对整个大循环训练来说可能是有益的。

由于项目的持续时间较长，在比赛期间必须大量补充液体（包括电解质）和碳水化合物。在比赛中补充这些物质是一种必须掌握的技能，需要在长距离跑的训练中不断练习和测试，因为胃肠不适问题是运动员无法完成马拉松比赛的最主要原因之一。

耐力项目的训练清单

表10.5为耐力项目的有氧训练清单，表10.6为耐力项目的无氧训练清单。

斜坡跑练习是发展耐力项目无氧能力的绝佳手段，它既可以用来增强无氧糖酵解系统的供能能力，也可以用来提高无氧磷酸原系统的供能能力。研究表明，斜坡跑必须采用正确的技术（错误的技术很难进行上坡跑，甚至不可能达到），因此这种训练可以提高跑的经济性。斜坡跑训练应在较软的平面上进行，跑步机是个不错的选择。在下坡恢复跑期间，应注意受伤的风险是最大的。训练课的安排可以采用表10.5和表10.6中提供的模式。提高无氧磷酸原供能能力的斜坡跑重复练习可以在坡度为5%至10%的平面上进行，距离控制在20至60米，采用完全恢复的间歇时间。发展无氧糖酵解供能能力的斜坡跑重复练习可以在坡度为3%至5%的平

面上进行，距离在60至600米的范围内，采用接近完全恢复的间歇时间。在发展最大摄氧量的训练中，可以采用更长距离的重复训练，或者采用不完全恢复间歇的重复训练。

600至1000米的重复训练，或者200至600米的重复训练，都是这类训练的较好的例子，运动员应该在坡度为3%至5%的平面上进行这种练习。

表10.5 有氧训练

训练种类	配速	心率（%MHR）	间歇	举例
恢复跑；放松跑	5000米比赛配速+1:30	60至75	无	30至90分钟
长跑；持续跑	5000米比赛配速+1:30	60至75	无	70至150分钟
马拉松配速跑；长距离变速跑	5000米比赛配速+0:45至1:00；马拉松配速跑	75至85	无	40至60分钟（单独），或作为70至150分钟持续跑的一部分
乳酸阈强度跑；变速跑；无氧阈跑	5000米比赛配速+0:25至0:30；1小时比赛的配速	88至90	跑动用时的20%	20至30分钟，或2（3）×10分钟，或4×5分钟
最大摄氧量间歇跑；间歇跑	3000至5000米比赛的配速	90至100	跑动用时的50%至100%	3000至8000米；重复持续时间在2至5分钟跑的训练

表10.6 无氧训练

训练种类	强度（%MHR）	距离	次数	组数	总量
磷酸原系统	95至100	30至60米	2至4次	2至4组	360至600米
速度耐力	90至100	60至150米	2至5次	2至3组	300至1200米
速度耐力1	90至100	150至300米	1至4次	1组	300至1000米
速度耐力2	90至100	300至600米	1至5次	1组	300至1800米
1500至1600米配速间歇	100+	200至500米	4至5次	2组	3000至4000米
800米配速间歇	100+	100至300米	3至5次	2组	1000至2000米

耐力项目的小循环训练

图10.5和图10.6分别提供了耐力项目赛前准备期和比赛期的一周小循环训练计划。

小循环 # 阶段：赛前准备期	日期： 评语：	项目组：耐力项目
星期日	**星期一**	**星期二**
热身活动和拉伸 长跑（最好是在平地上） 高中水平：60至90分钟跑 大学水平：90至120分钟跑 大学毕业后专业水平：90至150分钟，70%最大摄氧量强度 整理活动和拉伸	每次跑的练习前后进行热身和整理活动 60%最大摄氧量强度，45至60分钟的恢复跑 跑的技术性练习：10分钟 快速伸缩复合训练：3组，10次交换跳小栏架练习；3组，50米跨步跳练习，3%坡度，10分钟 强调躯干两侧力量的核心练习 整理活动和拉伸	热身活动和拉伸 快于比赛配速的间歇训练，跑量控制在比赛长度的1至1.5倍，每次跑的距离控制在60至1000米，取决于训练阶段的目标 整理活动和拉伸
星期三	**星期四**	**星期五**
每次跑的前后进行热身和整理活动 60%最大摄氧量强度，45至60分钟的恢复跑 跑的技术性练习：10分钟 快速伸缩复合训练：3组，10次交换跳小栏架练习；3组，50米跨步跳练习，3%坡度，10分钟 强调躯干两侧力量的核心练习 整理活动和拉伸	20分钟热身跑 比赛配速或快于比赛配速的长距离间歇训练，跑量控制在比赛长度的1至1.5倍 整理活动和拉伸	如果不比赛： 每次跑的前后进行热身和整理活动 60%最大摄氧量强度，45至60分钟的恢复跑 跑的技术性练习：10分钟 快速伸缩复合训练：3组，10次交换跳小栏架练习；3组，50米跨步跳练习，3%坡度，10分钟。 强调躯干两侧力量的核心练习 整理活动和拉伸 如果比赛： 热身活动 恢复跑 简短的跑的技术性练习 较小负荷的核心力量练习 整理活动
星期六	**每天的负荷强度**	**训练后的评论**
如果不比赛： 热身活动和拉伸 83%至88%最大摄氧量的乳酸阈强度跑 高中水平：25分钟 大学水平：35至40分钟 大学毕业的专业水平：60至70分钟 马拉松运动员：80至90分钟 整理活动和拉伸或比赛		

	日	一	二	三	四	五	六
高			×		×		×
中	×						
低		×		×		×	
休息							

图10.5 耐力项目的7天小循环训练计划示例：赛前准备期

小循环 # 阶段：比赛期	日期： 评语：	项目组：耐力项目
星期日	**星期一**	**星期二**
热身活动和拉伸 专项耐力训练1 长跑（最好在平地上）60 至150分钟 整理活动和拉伸	每次跑的前后进行热身、整理活动和拉伸 上午： 专项耐力训练2 30至40分钟跑 下午： 专项耐力训练2 30至40分钟跑 跑的专项技术练习 快速伸缩复合训练：3组，10次交换跳小栏架练习；3组，50米跨步跳练习，3%坡度 强调躯干两侧力量的核心练习	热身活动和拉伸 专项耐力训练1 长跑（最好在平地上）60至150分钟 整理活动和拉伸
星期三	**星期四**	**星期五**
热身活动和拉伸 45至60分钟的法特莱克跑 跑的技术性练习 快速伸缩复合训练：3组，10次交换跳小栏架练习；3组，50米跨步跳练习，3%坡度 整理活动和拉伸	20分钟热身跑 85%强度的乳酸阈跑1英里，每周增加1英里，高中水平增加到4英里，大学水平增加到6英里 整理活动和拉伸	每次跑的练习前后进行热身、整理活动和拉伸 上午： 专项耐力训练2 30至40分钟跑 下午： 专项耐力训练2 30至40分钟跑 跑的专项技术练习 快速伸缩复合训练：3组，10次交换跳小栏架练习；3组，50米跨步跳练习，3%坡度 强调躯干两侧力量的核心练习
星期六	**每天的负荷强度**	**训练后的评论**
热身活动和拉伸 在起伏不平的地面上跑60分钟；练习上坡和下坡技术 整理活动和拉伸	<table><tr><td></td><td>日</td><td>一</td><td>二</td><td>三</td><td>四</td><td>五</td><td>六</td></tr><tr><td>高</td><td></td><td>×</td><td></td><td></td><td>×</td><td></td><td>×</td></tr><tr><td>中</td><td></td><td></td><td></td><td>×</td><td></td><td>×</td><td></td></tr><tr><td>低</td><td>×</td><td></td><td>×</td><td></td><td></td><td></td><td></td></tr><tr><td>休息</td><td></td><td></td><td></td><td></td><td></td><td></td><td></td></tr></table>	

图10.6　耐力项目的7天小循环训练计划示例：比赛期

障碍项目

障碍跑在耐力项目中是非常独特的，因为栏架和水池障碍给运动员带来了高难度的技术挑战。标准障碍项目的距离为3000米，需要跨越28次栏架障碍和7次水池障碍，它们均匀地分布在七圈半的跑道上。一般青少年障碍赛的距离为2000米，并需跨越相应比例的栏架和水池障碍。由于水池位置可能在跑道内也可能在跑道外，比赛的起点线和终点线会有所变化。障碍赛栏架明显重于跨栏栏架，并不易弯曲，可以有效地阻止运动员向前的动作，如果撞到障碍栏架，很容易会导致运动员受伤。男子和女子障碍赛所用障碍栏架的高度分别为91厘米和76厘米。

障碍赛是一种长距离的跨栏比赛，跨栏项目中优秀的过栏技术并不是障碍赛中取得成功的必要条件，但是，提高跨越栏架的效率必须是障碍项目各个训练阶段的一个目标。通过跨栏项目的过栏技术和障碍项目的专项技术练习可以发展这个能力。障碍赛运动员应该学会使用任意一条腿作为攻栏腿，因为比赛环境可能要求运动员具备这种能力。由于在障碍赛中没有固定的步数模式，所以运动员行进中必须积极跑向栏架，并在视觉上预先定位栏架位置，以便调整步长以有效地预定起跨位置。

障碍赛中跨越水池栏架与跨栏项目一样都从起跨动作开始（图10.7），攻栏腿应该牢牢地踏在栏架上面，推动身体在栏架上方穿过，相比于跨栏项目，起跳的时候更靠近于障碍栏架。

理想情况下，脚应该踩在障碍栏架上面，在脚掌滚动后蹬时，脚趾应该能蹬在障碍栏架前面以向前推动身体。为了保持水平的速

图10.7 跨越障碍栏架

度和动量。在跨越障碍栏架时，应该尽可能保持较低的身体质心。运动员应以向前的作用力蹬离栏架，在失去接触之前，身体就已经向前远离了栏架，这个动作的目标是身体水平方向的移动，而不是垂直方向。因为落地后应该能够顺利地过渡到下一步的跑动，所以跳过最远的距离可能并不是最佳选择，因为它可能导致两脚落地。

如果没有适当的准备就参加障碍项目比赛是很危险的。一般的障碍项目训练计划包括柔韧性练习、技术练习和跨越障碍栏架的间歇训练。运动员（尤其是刚从事这个项目的运动员）应该采用跨栏项目的栏架来替代障碍栏架进行练习以尽量减少受伤的风险。应尽量减少跨越满水水池障碍栏架的练习，可以通过在沙坑前面或草地上放置一个障碍栏架进行模拟练习。由于跨越障碍栏架和水

池会给身体带来独特的强度刺激，因此，不宜太过频繁地进行跨越障碍栏架练习。运动员可以选择一个副项进行训练，通常可以是1500米或5000米项目。

障碍项目选材中的一个常见错误是选择速度相对较慢的运动员。由于过栏时对水平速度有一定的要求，所以在较慢的速度下，跨越障碍栏架会变得无效率或发生危险。速度较慢的运动员从事障碍项目时，最好采用快速跳上−跳下的跨越障碍栏架技术。理想的障碍跑运动员应具有1500米运动员的速度和5000米运动员的耐力。一般运动能力和较好的协调性会对障碍项目有所帮助。由于足球运动员脚下非常灵活，他们通常能成为优秀的障碍跑运动员。

表10.7总结了障碍项目的一些常见错误。

表10.7 障碍项目的常见错误和纠正方法

错误	原因	纠正方法
跨越障碍栏架时，身体腾空太高	• 起跨位置离障碍栏架太近，导致需要采用更大的起跳角度来避免撞上障碍栏架 • 跑向障碍栏架时的速度太慢，导致在栏上有过多的腾空时间 • 在蹬离障碍栏架时，运动员没有积极地向前推动身体	• 在跑向障碍栏架时提前关注起跳位置，并将起跳点向后移动 • 提高跑向障碍栏架的速度，即使该速度明显快于比赛配速。否则，会在过栏时损失速度，并需要耗费额外的能量
在跨越水池障碍栏架后，落入水位太深的位置	• 跑向障碍栏架时的速度太慢 • 起跳方向太过向上，导致水平速度受到损失，同时落地时的角度也很陡峭，在落地时出现明显的刹车效应	• 提高跑向栏前起跨点的速度 • 在离障碍栏架更远的地方开始起跳，保持动作的向前性，而不是向上的动作
跨越障碍栏架后，落地时抬起手臂	• 抬起手臂会使身体更靠近地面，并更有安全感，但会让速度变得更慢，并会阻止向前的动量	• 以快速、向前的动作蹬离障碍栏架，而不是为了获得更远的距离而向上蹬出。这样做会降低运动轨迹，因而不需要上抬手臂的动作来提供缓冲
在跨越水池障碍栏架后，双脚落入水中	• 由于害怕受伤而以缓慢的速度离开水池障碍栏架，并且为了获得更远的距离而跳得较高，这意味着会从更高的位置下落	• 提高跑向障碍栏架的速度，以便在离障碍栏架更远的地方落地 • 在沙坑前安置障碍栏架，从跑道上助跑单足跳上栏架，然后蹬离栏架并以单脚落地，接着跑出沙坑

竞走项目

竞走项目国际比赛的距离包括20千米竞走和50千米竞走。青少年运动员参加的竞走项目距离从1500米一直到10千米。竞走与跑的技术规则是不同的，一个常见的比喻是：跑就像自由泳，而竞走则像蝶泳，虽然两者都是尽可能用最短的时间完成一定距离的比赛，但是它们要么没有限制，要么有专门步伐和动作技术上的要求。

竞走项目的技术规则

竞走的技术规则基本上与耐力项目相同，但有另外两条关于行走技术的额外规定。竞走运动员在任何时候都必须保持有一只脚与地面接触，这一点通过肉眼判断即可，无须借助摄影或录像设备。如果每一步的腾空时间限制在30毫秒以内，对于训练有素的裁判员来说是可以接受的。此外，摆动腿从落地瞬间直到垂直于地面，膝盖必须保持伸直。

如果裁判员认为运动员不是明显违反了上述任何一条规定，那么裁判员可以出示带特定符号的黄牌对运动员发出警告，指出运动员出现腾空或是屈膝。出示黄牌的同时通常还伴随着口头警告。如果3名不同的裁判员均对同一名运动员明显的犯规出示红卡，运动员将被取消比赛资格，无论3张红卡分别针对哪种犯规类型。在比赛的跑道或公路的一侧会摆放一个犯规显示板，用来显示比赛运动员的参赛号码和收到的红卡数量。只有当竞走主裁判向运动员出示红牌，说明运动员已经收到了3张红卡时，运动员才被停止比赛离开赛道。

竞走项目的选材要求

竞走是一个典型的耐力项目。如果想从事竞走项目，运动员必须具备高水平的耐力素质、核心力量和柔韧性，同时还要具有快速掌握动作技术并能长时间保持较高速度节奏的能力。

竞走的技术要求

竞走项目对供能系统有很高的要求，同时，技术的实效性也同样至关重要。良好的训练计划都会强调发展符合规定的、有效的和经济的生物力学技术，来为运动员提供生理上的准备，促使他们增强基础耐力和最大摄氧量水平、提高乳酸阈速度，使比赛配速的效率最大化。同时让运动员在心理上做好准备，即使在比赛时受到判罚的压力下仍能获得最佳的表现，还能帮助运动员确定满足其个人需求的一些最佳做法，例如赛前和赛中的营养补充、睡眠、恢复策略和周期训练安排。

竞走的技术分析

在竞走项目中（图10.8），运动员摆动腿脚跟在躯干前方约36厘米处落地时，膝盖保持伸直，身体直立放松，肩膀下沉，手臂在摆动过程中保持屈曲80至90度。大多数竞走的技术问题都源自缺乏对正确技术机制的理解，或者缺乏较好的运动感知。

处在身体后面的脚在脚趾离地时，腿部接近垂直状态，双手轻轻握拳，前后摆动至最大幅度点。向后摆动时，手摆动到运动短裤的腰部位置的后方，向前摆动时，手要摆动至胸骨高度，并恰好在摆动腿脚跟的上方。

支撑腿的膝盖从脚跟落地开始直到身体从上方移过一直保持伸直。支撑腿的脚掌与地面的接触过程是从脚跟滚动至脚趾。请注意，落地时脚趾尚未接触到地面。保持髋部不要上下起伏，腿向前摆动时与地面保持较近的距离。手臂弯曲角度保持不变，以肩为

图10.8　竞走技术

轴的摆动过程中没有任何耸肩动作。手和前臂摆动时靠近髂嵴（髋骨顶部）位置，以便辅助髋关节的转动。

支撑腿垂直于地面时，膝盖仍保持伸直。髋部在平行于地面的平面上转动，没有任何向两侧的摇摆或上下起伏。头部在迈步过程中始终保持直立，目视前方。腰部没有向前或向后的倾斜，要避免出现弓背姿势（撅屁股）。

髋关节的转动使短裤的前端进入运动员的视线，后面的腿继续发力驱动，脚掌滚动到了脚趾位置。需要注意不要抬高位于身体前面的摆动腿的膝盖，这是跑步项目运动员在学习正确竞走技术时常犯的一个错误。

摆动腿快速地伸直摆动到脚跟落地位置，不要抬高脚底距离地面的高度。后面的脚在地面上继续滚动到脚趾位置，这时膝盖开始稍微弯曲。

后腿的膝盖弯曲，以帮助腿向前推进到摆动阶段，通过同侧手臂的快速后摆进一步加强腿部的向前摆动。髋部在水平面上从一侧旋转向另一侧，髋的转动使转至前端的髂嵴能被清楚地看到。

竞走是个循环性的动作，一旦掌握就可以自动重复。左腿和右腿的动作应该对称。双脚应该在前进方向上呈一条直线，既不会向外打开，也不会内扣。应该使鞋子的内侧缘沿着前进方向上假想的线路落地。

表10.8描述了一些竞走运动员可能会常犯的错误，并提供了一些解决问题的方案。

竞走的供能系统

竞走项目的能量代谢要求与用时相近的跑的项目基本相同，一个大概的估计是1千米的竞走相当于1.6千米的跑步。因此，20

千米竞走项目与32千米长跑所动用的供能系统相同。由于竞走技术规则的限制，在3千米以下和35千米以上的竞走项目中，这种等效性不再适用。在持续一小时的比赛项目中，精英级别的跑步运动员和竞走运动员所使用的最大摄氧量百分比和乳酸阈速度百分比是类似的。

表10.8 竞走项目的常见错误和纠正方法

错误	原因	纠正方法
摆动腿在身体前方伸得太远	• 对正确的技术缺乏足够的理解 • 缺乏良好的运动感知 • 试图加大步长	• 研究优秀运动员的比赛视频，掌握正确的动作技术 • 在跑步机周围设置摄像机，通过用视频监视器实时获取视觉反馈。按照比赛配速行走，每完成100米后，通过慢速视频回放来获得反馈 • 将脚跟着地位置限制在肚脐前不超过46厘米的地方
摆动腿的臀部随着摆动腿在身体下方向前摆动而下沉	• 对正确的技术缺乏足够的理解 • 缺乏良好的运动感知 • 核心力量不足	• 研究优秀运动员的比赛视频，掌握正确的动作技术 • 在跑步机周围设置摄像机，通过用视频监视器实时获取视觉反馈。按照比赛配速行走，每完成100米后，通过视频慢速回放来获得反馈 • 每星期至少进行3次动态和静态的核心力量练习
在比赛中多次受到屈膝的黄牌警告或红卡判罚	• 对正确的技术缺乏足够的理解 • 缺乏良好的运动感知 • 向身体前方迈进的步幅过大 • 在腿伸直前最后的动作中，股四头肌力量不足 • 髋屈肌或大腿后侧肌肉紧张	• 研究优秀运动员的比赛视频，掌握正确的动作技术 • 在跑步机周围设置摄像机，通过用视频监视器实时获取视觉反馈。按照比赛配速行走，每完成100米后，通过视频慢速回放来获得反馈 • 将脚跟着地位置限制在肚脐前不超过46厘米的地方 • 增加股四头肌的力量训练，在站直前10至15度的动作范围练习大腿前侧肌肉的力量 • 为感到紧张的区域增加静态和动态拉伸练习。使用泡沫轴放松腿部后侧肌肉

步幅节奏

高水平竞走运动员的步频每分钟需要达到至少210步。训练计划的一个重要目标就是使运动员能够达到和维持这个步频，甚至更高步频。

竞走技术的教学和训练

向初学者教授竞走技术的两种方法是模仿法和模板法。教练员应避免在运动员刚开始接触竞走训练时向他们解释技术规则，这是因为过多地关注于"什么是不能做的"会干扰技术的掌握。已经学习了正确技术的运动员同样必须时刻注意运动技术要符合规定。在参加第一场比赛之前，教练员应该向运动员讲解比赛规则以及判罚过程，比如注意黄牌警告的种类以及注意观察红卡显示板。

模仿法

模仿法即向运动员提供一个模型供其模仿。互联网上提供的大量视频使这种方法变得更加容易。一旦运动员做出了大体上类似的竞走动作，教练员即可以通过指导、演示或视频反馈来纠正其错误动作。教练员可以向运动员展示其练习的技术录像，并解释如何改进。反馈时间越早，纠正效果越好。运动员在跑步机上练习，并在周围架设摄像机，让运动员观看前方显示器上自己多角度的动作姿势，可以获得最佳的纠正效果。教练员在显示器上指出存在的错误，运动员努力去改正，并实时观察这些改进效果。

模板法

模板法是指采用一种熟悉的动作模式，并对它进行系统的调整，直到获得良好的竞走技术模式。在这个过程中，在开始时采用跑步的动作作为熟悉的动作模式，每次只调整一个动作细节，直到获得完美的竞走技术。教练员需要保持耐心，每次只调整一个技术特征。再次声明，在这个过程中，跑步机上的实时反馈系统是一个非常有用的工具。

竞走项目的训练指南

像耐力项目一样，教练员应该构建竞走运动员的发展框架，此外还要增加一个目标就是提高竞走技术。必须把提高生理机能和建立高效的行走技术结合在一起发展。

耐力项目的训练计划也适用于竞走运动员，只需要依照时间和强度（心率）来进行练习。例如，对于某个跑的项目可能需要完成5个1500米，间歇3分钟，要求达到95%至98%的MHR，而对于竞走项目同样的练习，仅是每次完成的距离有所不同，如果跑步项目运动员的预计完成时间是5分钟，那么竞走运动员采用的距离可能就是1千米。同样的道理，以轻松的配速进行90分钟的跑步时，会比同样强度下90分钟的竞走完成更长的距离，但它们会在生理上产生同样的训练效果。20分钟的变速跑和20分钟的变速走在提高表现能力方面扮演同样的角色，虽然跑的项目运动员在规定的时间内会完成更长的距离。

提高稳定性的核心力量练习（尤其是髋部）可以防止脚跟落地时髋部下沉，这对竞走运动员的训练非常重要。在竞走计划中加入跑步的练习对提高身体机能很有好处，但是教练员必须注意那些可能影响竞走技术的合规性或经济性的步态变化。

结　语

满足运动员训练和发展需求的个性化训练工作是耐力项目教学面临的重大挑战之一。由于大多数教练员会带领一个队组或一个团队进行训练，个性化训练面临的挑战变得更为复杂。本章提供了一个教学的基础以帮助教练员满足每个运动员的需求。在一个队组或一个团队中，可以通过调整训练量、恢复时间、强度或配速来实现个性化的练习，通过这种方式，教练可以同时满足团队和个人的需求。和所有项目一样，耐力项目的理论知识基础也在不断发展。本章可以帮助教练员去评估一些新的想法，并确定这些想法在制定他们的训练模式时是否值得考虑。

第11章

跨栏项目

乔·罗杰斯（Joe Rogers）

本章介绍的跨栏项目包括女子100米栏、男子110米栏和男女400米栏。在本章的开始部分简要讨论跨栏项目的比赛规则、安全因素和选材要求，接着介绍各个项目的总体概况，以及它们的技术要求，然后对每个项目的技术要求分别进行讨论，在本章的最后部分，介绍这些项目的训练指南和技术练习方法。

跨栏项目的竞赛规则

跨栏项目的竞赛规则相对比较简单。每个跨栏项目的比赛都采用分道跑，起跑的规则与短跑项目相同。运动员必须跨越每个栏架，故意撞倒栏架属于犯规行为。此外，跨栏运动员的整个身体必须越过栏架，400米栏项目中常见的犯规行为是起跨腿从栏架侧面低于栏顶水平面的高度绕过。在许多赛事中，规则还对比赛的轮次、运动员的分组和

道次安排做出了相应的要求。针对高中、大学、美国国家田径协会以及国际田联等不同层面的比赛，竞赛规则略有不同。教练员应该获取相应的规则手册，并熟练掌握相关规则，这可以提供一个明显的竞争优势。

表11.1概括了本章讨论的跨栏项目比赛中涉及的一些详细信息。

跨栏项目的安全措施

在进行跨栏训练时应做好安全保护措施，保持场地平整，器材摆放有序，运动员应穿着舒适的训练鞋，控制好训练区域附近的人员出入，以防止意外事故的发生。对于初学者，教练员应该对栏架进行调整，营造出比较有训练效果的氛围。加了保护垫和较矮的栏架会使训练变得更加安全，并且还能加速学习过程。教练员应该让运动员在掌握过栏技术的过程中避免经历跳过栏架的阶段，这

表11.1　不同项目的栏间距和栏高

比赛项目	起跑线到第一个栏之间的距离/米	栏间距/米	最后一个栏到终点线之间的距离/米	栏高/厘米
女子100米栏	13	8.5	10.5	84
男子110米栏	13.72	9.14	14.02	107
女子400米栏	45	35	40	76
男子400米栏	45	35	40	91

种观念会导致无效率的过栏，并给运动员和相邻跑道的其他运动员带来安全问题。初学者应该从较低的、没有威胁的栏架开始练习，以确保能够掌握正确的跑步节奏，获得安全的技术以及提高过栏的自信心。只有在技术和信心都得到保证时，运动员才能采用更高的栏架进行练习。

跨栏项目的选材要求

跨栏运动员应该从有一定水平的短跑运动员中挑选。跨栏项目所需要的能力与短跑项目非常相似，因此，在训练中应该相应地发展短跑项目的技术和能力。想成为一名跨栏运动员应该表现出如下素质天赋。

- 速度（必备条件）。
- 协调性（高效地过栏并快速地回到跑动状态，这一点至关重要）。
- 弹性跑动能力（跨栏运动员首先必须是短跑运动员）。
- 较好的爆发力（能够在短时间内施加较大的力）。
- 髋关节的柔韧性和灵活性（对有效和灵活的过栏动作至关重要）。
- 较长的腿长（优先考虑，但不是必要条件）。

跨栏项目的一般分析

跨栏比赛就是需要跨越10次栏架的短跑比赛，运动员必须调整其短跑技术来越过这些栏架。由于栏架之间的距离是固定一致的，所以运动员应该形成一个栏间和栏上的固定节奏的步数模式。

跨栏比赛可以划分成多个循环单位。对于100米栏和110米栏，每两个栏之间有3大步，加上栏上有过栏的一步，因此，每个循环单位由4步组成。这4步形成了整个比赛过程中的一种固定重复节奏，比赛获得成功的一个关键在于最快地完成每个循环节奏。

尽管短跑的三个阶段（加速、最大速度和减速）也适用于跨栏比赛，但跨栏项目的独特节奏改变了短跑技术的本质，运动员必须对其短跑技术进行调整，从而得到所需的步数模式，以完成高效的过栏。

对于300米栏和400米栏比赛，栏间步数取决于运动员的水平和性别。不过，所有跨栏比赛的目标都是形成固定的步数模式，使运动员能够保持较高的栏间和过栏速度。

跨栏比赛的阶段划分

加速阶段是跨栏比赛的第一个阶段。和短跑项目一样，运动员从零加速到最大速度（受控的速度）。运动员在到达第一个栏前必须最大限度地进行加速，并获得较高的身体质心。要想以最大的效率越过第一个栏，运动员需要以很高的速率跑向栏架，一般在第3或第4个栏时达到最大速度。为了顺利地越过每个栏架，运动员必须在每个栏前加速攻栏，由于100米栏或110米栏比赛的节奏特点，加速过程包含栏间节奏的加快，以便实现和保持最快的速度节奏。

当运动员达到最大、可控的速度时，就进入了最大速度阶段。因为栏间距是固定的，因此运动员不能通过增加步长，而只能通过提高步频来提高速度。对于400米栏项目，最大速度阶段是指达到了最大的期望速度（不是可获得的最大速度）的阶段。为了节省能量以获得400米栏的最佳表现，运动员需要在比赛的前后半程所用的时间上掌握平衡。

减速阶段是比赛的最后一个阶段，和所

有短跑比赛一样，代谢疲劳会降低比赛速度，进而导致100米栏或110米栏比赛后程出现协调性降低现象，同样，代谢疲劳也会降低400米栏比赛的后程速度。在100米栏和110米栏比赛中，运动员必须通过有栏或平跑的速度耐力训练来减少疲劳的影响。对于400米栏项目，运动员必须进行乳酸耐受能力和肌肉耐力的训练，以便在比赛的后程保持良好的姿势和有效的短跑技术。

在400米栏项目中，比赛阶段的分配稍有不同，这里是指三个阶段相对长度的分配。在400米栏比赛中，必须对这三个阶段的分配进行充分的考虑和规划。大多数顶级的400米栏运动员在比赛后半程的速度会下降5%，导致第二个200米用时比第一个200米用时慢了不到3秒的时间。新手通常会在300米的时候出现高度疲劳状态，这往往是前半程跑得太快的结果。由于跨越栏架需要消耗额外的能量，所以400米栏比赛中消耗的能量要远远高于400米平跑项目。

针对100米栏和110米栏项目改进短跑技术

跨栏运动员必须掌握良好的短跑技术，这个项目的特点是非常强的节奏性。在跨栏项目中，比赛全程在空间上被栏架平分为相等的距离。在100米栏和110米栏项目中，运动员在栏间需要跑3步，再加上一步过栏动作，因此在这两个项目中，每个循环单位被分为4步。运动员必须尝试以最快的节奏完成比赛，同时最大限度地增加髋部的动作幅度和牵张反射作用。越过栏架的一步必须脱离正常的短跑技术，抬高身体质心以顺利越过栏架。训练的目标是尽量完善短跑技术与过栏技术的衔接，加快下栏速度，以便更好发力并快速回到短跑技术循环。

最小化腾空时间

只有运动员与地面接触时，才能进行加速。以最快的速度过栏、落地、过渡到短跑技术，这是运动员的主要训练目标。栏上的技术练习应该强调高效的、平衡的、快速的动作，这些技术练习应该定期进行。在栏上腾空的时间也就是在跑道上发力跑进所损失的时间。

跨栏项目的技术和能力要求

跨栏比赛需要跨越障碍这一独特性增加了对运动员各种能力的要求。腿长的运动员有一定优势，因为他们在跨越栏架时可以相对较小幅度地抬高身体质心。较好的柔韧性，尤其是腿部后侧肌肉的柔韧性也很重要，身高较矮的运动员可以通过较大的腿部爆发力和良好的柔韧性来弥补身高上的不利影响。平跑速度对所有项目的运动员来说都是一个极度重要的身体素质，跨栏运动员也能从中受益匪浅。不过，许多成功的跨栏运动员并不具备最好的短跑能力，但他们将良好的速度与灵活性、反应敏捷度、爆发力和节奏感相结合，从而形成了出众的栏上技术。在从运动员中挑选潜在的跨栏运动员时，教练员应该寻找在速度、身材和技术领悟能力方面表现出色的运动员，而且他们还应该具有好斗的和无畏的比赛态度。

从起跑线到第一个栏

在很大程度上讲，从起跑线跑到第一个栏的过程相当于加速阶段，为了保持一致性，这个过程包含固定数量的步数。这个过程将单独在各个跨栏项目的各节中进行详细的讨论。在100米栏和110米栏项目中，大多数运动员从起跑线到第一个栏之间会采用8步上栏模式，如今，一些运动员已转为7步上栏模式，他们这样做的理论依据是，7步上栏能让髋部达到更大的摆动幅度，产生更好的牵张反射效果。7步上栏方法也需要更大的腿部力量。

在400米栏项目中，大多数男性运动员用20至22步完成从起跑线到第一个栏之间的距离，而大多数女性运动员使用24至26步。在400米栏比赛中，加速阶段的绝大部分在第一个栏之前完成。对于直道栏项目比赛，从起跑线到第一个栏之间的加速阶段，向地面发出的作用力应该有更多的垂直分量，因为运动员需要更加直立的身体姿势为越过第一个栏架做好准备。

表11.2总结了运动员在跨栏比赛中常犯的错误。

栏间技术

栏间的练习类似于最大速度技术练习，它们将单独在各个跨栏项目的各节中进行详细的讨论。如果能够快速而又有节奏感地完成过栏动作，那么运动员就能够以最小的能量损失快速地恢复到短跑技术。

表11.2 跨栏项目的常见错误和纠正方法

错误	原因	纠正方法
跑向第一个栏时，没有积极地加速攻栏	• 对跨栏感到害怕 • 不适应步数模式 • 缺乏足够的起跑加速爆发力	• 练习中使用训练栏架，或降低栏架高度来树立运动员的信心 • 发展必要的力量
起跨时距离第一个栏架太远	• 缺乏足够的力量和速度 • 加速效率较低 • 从起跑线到第一个栏所用的步数太少	• 如果腿部力量不足，则专注于发展腿部力量的训练，特别是在一般准备期 • 考虑更换双腿在起跑器上的前后位置，以便在第一个栏前增加一步 • 在加速时伸长手臂并加大手臂的摆动幅度
在栏间出现垫步跳现象	• 缺乏足够力量或速度 • 过栏和落地的效率低下，导致落地时速度下降	• 发展爆发力 • 训练时降低栏架高度，缩短栏间距离
过栏时腾空太高	• 起跨时离栏架太近 • 跳过栏架，而不是越过栏架 • 对上栏感到害怕	• 起跨步缩短步长 • 通过使用较矮的栏架和更短的栏间距来发展栏间跑节奏。同时还能树立运动员的自信 • 发展速度之前先发展节奏
落到栏架顶部	• 起跨时距栏架太远 • 攻栏时减速 • 疲劳	• 发展速度耐力和爆发力 • 发展积极的攻栏能力，建议采用栏间一步过栏练习
落地时失去平衡	• 攻栏腿没有以直线轨迹过栏 • 落地时身体质心没有转移到落地脚上方 • 缺乏足够的柔性性和灵活性	• 练习攻栏腿，使其过栏时向前呈直线越过栏架 • 确保起跨腿与对侧手臂的动作保持平衡 • 进行攻栏腿的对墙技术练习 • 定期进行柔韧性和灵活性训练

起跨技术

起跨动作需要对跑进中的最大速度技术进行调整。攻栏前起跨腿落地时着地点尽可能位于身体质心下方。运动员应该想象起跨腿落地这一步被切掉了一半（缩短的一步）。起跨腿落地时的角度几乎是垂直的，与起跨前的那几步中的垂直推力一致。髋关节强力拉伸，脚部用力向下向后蹬，加大身体后侧的腿部蹬伸动作，驱动身体加速攻栏。

在身体腾空之前，髋部相对于起跨腿着地点向前发生相当大的位移，这个与肢端相反的位移首先发生在身体核心区域（躯干和臀部）。攻栏腿的动作是由髋部向栏架的移动引发的，这有助于身体在腾空中保持正确的姿势，防止由于过栏动作导致身体向前旋转，提高过栏效率。过栏时可能需要身体向前倾斜，尤其对于个子较矮的运动员，但过栏时身体的前倾不能引发错误的姿势。

过栏和落地技术

过栏技术也是对最大速度技术的一种调整，以便在高效过栏的同时尽可能地保持速度（图11.1）。臀部向前的位移对过栏动作至关重要，攻栏腿的动作是在起跨时由髋部的前移引发的，它从近端伸至远端，先是膝盖向前攻栏，然后伸展腿部，伸展的顺序应该是从髋关节到膝盖再到脚部。

过栏技术练习的目标是在跨越栏架时最低程度地背离良好的短跑技术。为了尽量避免将身体质心抬升到不必要的高度，运动员可以在攻栏和栏上时前倾身体。在起跨腿提

图11.1 正确的跨栏技术会对短跑动作循环造成最小的影响

拉过栏时，运动员可以低头穿过眉毛看向下一个栏架，这个动作可以保持身体质心处于较低位置。双臂的动作作为一个平衡，以保持一个良好的向前的动量和紧张的身体动作，避免产生横向的晃动。攻栏腿对侧的手臂应向前伸出，肘部向上和向前抬起以平衡双肩，这会让肩关节处于一个最舒服的位置，从而实现更大的活动自由度。

　　起跨腿离地前摆的正确时机取决于起跨时髋部向前超出脚部着地位置的位移，放松并伸展的髋屈肌是把握起跨腿离地正确时机的关键。放松并伸展的髋屈肌会延迟起跨腿的动作，但是起跨腿一旦离地，髋屈肌快速地向身体收紧，以快速地完成前摆动作

　　虽然起跨腿的大部分前摆动作是反射性的和自然产生的动作，但在起跨腿提拉过栏

时，运动员必须使髋部外展，足部外翻，以使起跨腿顺利过栏。髋关节的外展会将腿部向侧面抬高，同时膝关节仍然处于弯曲状态。踝关节的外翻可以防止起跨腿向下垂落，以避免过栏时撞到栏顶横木。起跨腿在整个过栏过程中，膝盖一直处于稳固的弯曲状态，以便让动作更轻快地完成。

　　上半身的动作与下半身的动作反向对应，这能够提高运动员的过栏效率。在起跨时，双臂更大幅度的分离动作与双腿较大位移的伸展动作相匹配。起跨腿同侧手臂大幅度的挥摆动作，与起跨腿更宽的过栏轨迹相对应。虽然手臂的摆动半径越短，手臂的摆动速度会越快，但是为了平衡过栏时起跨腿的动作质量，则需要更大的手臂摆动半径。起跨腿绷得越紧，这些力发挥的平衡作用就越好。

当攻栏腿在栏上向前移动时，膝盖稍微弯曲和足背屈有助于加速落地动作。运动员应该积极练习，在过栏时降低脚部位置，使其尽可能靠近栏顶平面。在落地时，关键是小腿与地面的垂直角度和接触地面时积极的脚部动作，这样做可以防止出现刹车效应，并帮助运动员快速回到栏间跑技术。起跨的效率会直接影响落地和落地后下一步的完成质量。

训练中的提示

- 攻栏。
- 勇敢一点。
- 冲过栏架。
- 起跨步缩短步长。
- 起跨腿保持收紧。
- 在栏上时脚趾向上勾起（足背屈动作）。
- 用力摆动手臂。
- 手肘引领手臂的动作。
- 下栏时主动落地。
- 使攻栏腿在身体质心下方。
- 落地时不要降低身体。
- 下栏时腿部主动下压。

专项技术的考虑因素

直道栏比赛的要求与其他短跑比赛的要求相似，只是做了一些调整以实现特定的步数模式。根据第一个栏前所采用的不同步数模式，运动员可能需要更换双脚在起跑器上的前后位置，这可能需要适应一段时间来掌握新的起跑感觉。

跨栏比赛的起跑与其他短跑项目非常相似，但跨栏比赛的起跑加速模式要求更快地抬高身体质心，以便为过栏做好准备。初学者在练习第一个栏前的步数模式时，应该用较低的障碍物来代替正常栏架。使用比赛标准栏架可能会令运动员胆怯，不能全力去加速而阻碍发展正确的起跑加速感觉。当运动员找到良好的栏间和栏上节奏感时，就可以调整栏高和栏间距以更快地进行学习。教练员应该调整栏高和栏间距来适应运动员的能力，而不是强迫运动员去适应它们。

100米栏和110米栏

从起跑线至第一个栏间，尽管有些精英级别运动员已将8步上栏改为7步，但大多数处于上升阶段的运动员仍采用8步上栏技术。在采用8步上栏技术时，攻栏腿应踏在起跑器后面的踏板上，而在采用7步上栏技术，攻栏腿踏在起跑器前面踏板上。具体采用哪种上栏技术取决于哪种技术能够使运动员最快、最有效地越过第一个栏架。理论上讲，7步上栏技术更快一些，但它需要很大的力量和爆发力。

在跑向第一个栏架时，8步上栏技术可以更快地改变运动员身体的倾斜角度。从起跑线到第一个栏架的这段距离中，每一步中足跟的还原前摆动作距离地面很近，以便更好地适应8步上栏更短的步长。运动员需要更快地移动到更高的体位，以满足跨过第一个栏架的需要。

在7步上栏技术中，从起跑线到第一个栏架的跑进过程更能反映短跑的加速机制，但仍需对正常的短跑加速模式进行适当的技术调整，在决定是否采用7步上栏技术时，可以通过下列问题进行评估。

- 运动员到达适当的起跨点时，最后一步是否有抻大步现象？
- 攻栏前最后一步起跨腿落地时，小腿是否垂直于地面？
- 起跨点是否远离栏架？（如果是这样

的话，运动员可能在落地之前掉落在栏架上。)

- 采用哪种步数模式更快?(这可以由运动员分别采用两种模式全力通过第一个和第二个栏的时间判定)。

直道栏比赛的加速阶段一直会延伸到第3个栏。虽然必须对加速技术进行调整来越过每个栏架，但加速过程至少会持续到第3个栏架。

100米栏和110米栏比赛的栏间跑技术需要对短跑的最大速度技术进行调整。高水平的跨栏运动员通常会缩短栏间的步长，以便正好能用3步完成栏间距离。这要求还原前摆动作中脚跟距地面更近、有限的地面接触时间和支撑腿的不完全伸展。所有运动员都应该缩短攻栏前最后一步的步长，以适应有效的起跨姿势，处于上升阶段的运动员的步长往往没有达到那么长，需要缩短栏间步长。在比赛的后程阶段，随着疲劳的产生，有些运动员往往会拉长步幅，这会导致速度节奏的损失。

与短跑最大速度技术一样，栏间跑作用于跑道的力主要是垂直方向的。栏间跑技术同样要求更短的身体后侧动作(减少后撩)。但是，攻栏前的最后一步是不同的，需要腿部有向后更大的蹬伸来开启起跨动作。由于栏间的步数是固定的，所以运动员需要增加步频来提高速度，这通常会导致步长缩短，并需要脚部快速离地还原前摆到下一步的动作。

起跨时髋部的前移对于提供必需的距离来越过栏架至关重要。通常，运动员会因为太靠近栏架而无法获得过栏所需的足够距离，从而导致过快地完成起跨动作，而没有完成髋部的前移过程。因此，应该通过训练来不断检测合适的起跨点。男子运动员应从栏前约213厘米的位置起跨，女子运动员应从栏前约198厘米的位置起跨。

女子100米栏项目的栏间距比男子110米栏的栏间距小约60厘米，成年女子项目的栏高为84厘米。成年男子的栏高为107厘米，青年男子为99厘米。男子项目的栏高相对于其身体质心高度要比女子项目高得多，这就要求男性运动员在训练时采用更大的身体前倾角度和髋部向前移动更长的距离。与男性运动员相比，女性运动员对正常短跑技术的调整程度要小一些。

400米栏

和400米平跑运动员一样，400米栏运动员的起跑也有一个加速阶段。加速阶段至少会持续到起跑线与第一个栏的中间位置。男子和女子项目从起跑线到第一个栏的距离都是45米。第一个栏前步数的一致性对于建立流畅的过栏节奏至关重要。最好建立一个固定的步数模式，将此作为400米栏比赛计划的一部分。男子运动员在第一个栏前通常需要跑20至22步，而在栏间需要跑13至15步。女子运动员在第一个栏前通常需要跑24至26步，而在栏间需要跑15至17步。

在弯道时采用左腿作为攻栏腿比较有利，如果采用右腿作为攻栏腿，则需移动到跑道内靠近外侧分道线的部分进行过栏，以避免起跨腿在栏架侧面低于栏顶高度提拉过栏，导致被取消参赛资格。对400米栏运动员，在过栏时左右腿都可以攻栏会具有明显的优势。教练员在训练中需要确定奇数和偶数两种步数模式中的哪种对运动员更为有效。

400米跨栏的前半程应该是快速但有控制地进行奔跑。虽然教练员和运动员可以在各个栏之间制定一系列的分段目标，但400米栏比赛具有其独特的节奏，必须对此进行专门训练。在一场400米栏比赛中，正常的跑步节奏会被过栏打乱10次。通过各种不同距离的跑的练习，运动员会逐渐掌握合适的配速和步数模式。在400米栏比赛中，栏间步数的稳定性是成功的关键，固定的节奏和步数模式被打乱会导致栏前步点出现问题。

跨栏项目的教学与训练

各种能力素质的全面发展对于提高跨栏运动员的表现能力至关重要。除了一些明显比较重要的与速度相关的素质之外，各种力量、爆发力、柔韧性和灵活性对于表现能力也很重要。有关这些素质的更多信息，请参阅第7章。

100米栏和110米栏

因为速度是跨栏项目的一个重要决定因素，所以针对跨栏项目的训练计划应遵循与短跑项目类似的指导方针，发展加速能力和最大速度的练习要先于速度耐力的训练。

跨栏是一个节奏感很强的项目，它被栏架划分为多个循环单位。一名运动员想要理解跨栏项目，他必须对栏间脚步的动作节奏有个很好的感觉和认识。教练员可以通过聆听运动员的跑步声音来学习很多东西，脚与地面接触发出的声音最长的停顿是在过栏时形成的，而最短的停顿出现在栏间的第3步上。为了帮助运动员建立这种节奏感，教练员可以在一条跑道上放置不超过30厘米的小栏架，对于男性运动员，栏间距设置为8米，对于女性运动员，栏间距设置为7.5米。运动员使用较短的小碎步跨过6至8个小栏架，当接近每一个栏架时，运动员只需简单地拉长步幅越过跨栏，而不用去想跳栏。在练习中，运动员不用全力冲刺，只需试着建立一种快速跑动的步伐模式。这种节奏感的训练可以帮助年轻的运动员培养对跨栏项目步数模式的良好感觉。

可以通过各种技术练习手段来发展过栏技术。以下是在练习过程中强调的一些概念。

- 保持抬高的身体姿势。
- 用膝盖引领攻栏腿的动作，而不是脚。
- 请记住，过栏动作是一个快速动作。
- 保持力作用于水平方向。
- 确保攻栏腿的脚与膝盖呈直线越过栏架。
- 保持起跨腿在膝盖处牢牢地折叠，脚跟接近臀部，就像是被捆绑着一起被带过栏架。
- 保持起跨腿在身体质心下方提拉过栏并落地。
- 加大手臂摆动动作，但使其类似于短跑的摆臂动作。
- 积极冲下栏架。

在运动员不断学习的过程中，栏架应保持足够低的水平，以防止运动员受伤，这样做可以让运动员树立信心、消除对栏架的恐惧，并可以保证运动员全力去跑。如果栏架过高，运动员就不会全力跑向栏架，还会学到错误的技术。随着运动员发展出跨栏项目所需的动作技术，一旦运动员能够以正确的技术节奏完成过栏练习，这时应该对栏高和栏间距进行调整。相对于运动员当前的能力，训练中采用过高的栏架或过远的栏间距，可能会迫使运动员通过减速进行调整以越过栏架，这会导致运动员养成错误的动作模式，并推迟正确技术的建立。随着运动员的进步，可以逐渐提高栏架高度、增加栏间距离以逐渐接近比赛的要求。不管栏高或间距如何，运动员必须始终保持正确的跑动节奏。即使在达到了足够的熟练程度以后，用调整过的栏架进行练习也能帮助运动员以更快的速度节奏进行比赛。

组织100米栏和110米栏的训练可以与短跑训练的方式相同：训练的过程是从加速到最大速度再到速度耐力。大多数发展速度的练习都适用于跨栏项目。许多短跑的专项练习也可以在有栏的情况下进行，虽然只做无栏的短跑练习也是有用的。有栏和无栏的速度练习都是值得推荐的。

加速能力练习适用于跑过前3个栏架。最大速度训练最好在第4个栏到第6个栏之间完成，而速度耐力练习则应在后4个栏上进行。另一种速度耐力的练习方法是将栏间距缩短30厘米，在110米的距离内放置第11个栏架。

要训练最快的速度节奏，教练员就应该采用最快节奏的速度练习。这涉及制定分段目标时间（从一个栏下栏触地到下一个栏触地的时间）以获得运动员总的目标时间，然后在跑道上摆放4至6个栏，并调整栏间距，让运动员可以实现这个分段目标时间。通常，会将栏间距缩短30至60厘米就能达到很好的效果。然后，还可以将栏高降低7.6至15厘米来练习过栏。这样就可以让运动员以更快的速度跑动，并模仿比赛的速度和节奏。

运动技能学习领域有一种概念叫作情境干扰。当运动员调整他们的努力程度来适应环境的改变（例如，栏架离得更近），以便形成正确表现的神经感知时，就会出现这种情境干扰作用。这个过程有助于在整体上学习正确的技术。通过发展更快的节奏，运动员可以建立新的动作模式，这种动作模式会在神经上留下印记。

跨栏训练中的一个有用概念是：步长和步频是成反比的。其中一个增加就会导致另一个减少。当运动员由于步幅太长而过于接近栏架时，提高步频可以缩短步长进而解决这个问题。同样，可以通过降低频率来让运动员更靠近栏架。

400米栏

400米栏有着独特的技术要求。这个项目训练中的部分内容类似于100米栏和110米栏，而其他部分则类似于400米或800米的训练。虽然速度耐力对运动员准备400米栏的比赛非常重要，但也不能忽视加速能力、绝对速度和爆发力的练习。一名好的100米栏或110米栏运动员能够轻松掌握76至91厘米栏架的过栏技术。400米栏运动员不必像直道栏运动员那样在过栏时必须抬高身体质心，不过加速过栏和快速下栏的概念仍然是相同的。从技术上讲，攻栏腿和起跨腿的动作与直道栏的动作非常类似。

尽管在弯道跑时使用左腿作为攻栏腿具有一些优势，但400米栏运动员应该两条腿都能做攻栏动作。当栏间的步数模式变为偶数时，在每次跨越下一个栏时都会更换另一条腿作为攻栏腿。如果只会用一条腿攻栏，在这种情况下就会迫使运动员做出重大的节奏调整（通常通过小碎步）以让运动员从正确的起跨位置进行攻栏。这种节奏的打乱会严重破坏弹性循环节奏，并导致过早地疲劳。

如果栏间步数为奇数，过栏时使用相同的攻栏腿。大多数男性运动员栏间会采用13或15步，大多数女性运动员栏间会采用15或17步。采用各种不同栏间距的训练可以增强运动员的过栏信心。按照不同的间距摆放栏架是训练运动员在栏前控制节奏并保持速度的一种良好方法。

前3个栏大概150米跑的训练是练习加速的良好方法。前5个栏（共200米）的跑的练习帮助运动员掌握对比赛前半程配速的控制。300至350米的过栏练习可以帮助运动员提高乳酸耐受能力。距离为400米的训练，前200

米不摆放栏架，运动员以准确控制的配速跑完前200米，接着在有栏情况下完成后200米的练习，这种方法有助于提高运动员对抗疲劳的必要能力。

分段时间可以帮助教练员和运动员诊断比赛配速问题。这种信息在评估整个比赛的效率上也非常有价值。通过分段时间，教练员还能知道哪些能力素质需要提高，从训练和比赛中获得的这类信息是非常有帮助的。

跨栏项目的技术练习手段

在提高跨栏技术的过程中，重要的是要遵循一定的发展顺序，应该先进行短跑项目正确技术和姿势的练习，逐渐引入过栏和栏上技术练习。教练员应该强调冲过栏架而不要去跳栏的概念。可以使用走步和垫步跳，向栏架行进并用拉长的步幅跃过较低的小栏架来教导运动员跨栏的步骤。运动员必须保持直线向前的动作，并体会冲过栏架的感觉。除了这些动作之外，还要重复攻栏腿以直线攻向栏架的动作技术练习，而起跨腿动作练习的要点是保持正确姿势。随着运动员开始熟练掌握这些技术，就可以挑战更高的栏高和更大的栏间距，逐渐接近实际比赛的技术要求。

从起跑到第一个栏的技术

在学习的过程中，应该在完全掌握某一个步骤之后再转向下一个步骤的学习。在介绍起跑到过第一个栏的技术之前，教练员应该指导运动员先掌握短跑的基本技术。一旦运动员掌握了如何进行蹲踞式起跑，训练的重点就可以转向发展良好的加速技术。在建立了稳固的8步上栏模式之后，运动员可以开始练习起跑加速并跨过一个类似比萨盒障碍

的练习，例如可以在第8步落地点后大约183厘米处竖立一个比萨盒。

随着运动员技术水平的提高，可以逐渐将比萨盒移动到第一个栏架标记位置。在适当的时候，可以使用真正的栏架。此时是使用胶布标志练习方法来掌握第一个栏前恰当的步幅模式的较好时机。最后，可以引入起跑器上的起跑加速过栏练习。

栏间跑技术

跨栏比赛具有非常强的节奏性，在训练中模拟正确的节奏非常重要。在运动员掌握了从起跑线到第一个栏之间的技术后，教练员就可以引入栏间跑技术练习，首先在第8步落地点后约183厘米处竖立一个比萨盒，运动员从起跑器起跑加速直到越过这个比萨盒，落地后继续再跑3步，然后，教练员在第3步落地点前方约183厘米处竖立第2个比萨盒。运动员先以这两个盒子作为栏架练习过栏和栏间跑技术，随着运动员逐渐熟练，可以继续添加更多的盒子。运动员利用这种练习逐渐培养正确的栏间节奏，直到建立起良好的跨栏技术。

一旦运动员做好准备，就可以采用真正的栏架进行练习。栏间距可以比正常间距短约30至60厘米。即使是高水平运动员也能从更近的栏间距练习中受益，因为这可以使运动员以比赛的速度节奏进行练习，同样，将栏高调整到比正常栏高低7.6厘米对运动员也是很有帮助的，较低的栏架使运动员能够专注于速度，避免与栏架有过多的接触。

对于男性运动员的训练，可以将栏架放置在女子项目栏架标记点上，这会使栏间距比正常的间距缩短近约60厘米。对于女性运动员的训练，教练员（或运动员）可以将第2个栏架从标记点往回移动两英尺的距离（大约60

厘米），然后将第3个栏架从标记点往回移动4英尺的距离（大约120厘米），以此类推。

发展跨栏技术的其他练习

本节中的练习方法可以帮助运动员专注于发展技术。运动员通过重复进行正确的技术动作来强化正确动作的运动知觉。五步上栏练习可以让运动员用更快的跑步速度进行攻栏；每天都可以将对墙技术练习作为热身

活动的一项内容，或者作为寻找正确技术感觉的演练；栏侧过栏练习使运动员可以专注于单侧腿的过栏动作，它还可以作为完整跨栏练习前的热身内容；栏间一步过栏练习强调运动员需要主动冲下栏架，为后续过栏保存动量。总之，可以通过这些技术练习来发展正确的技术，或将它们作为热身活动的一部分，也可以与完整的跨栏练习交替进行，或者分离为单独的动作学习模式。

五步上栏练习

第一个栏架摆放在正常位置，从第一个栏开始测量并标记其他栏架位置，对于男子运动员，栏间距为11.5至12米，对于女子运动员，栏间距为11至11.5米。运动员在这个栏间距离内可以跑进5步，这个练习使运动员在跑到下一个栏之前更容易建立起速度，从而建立更快过栏的神经模式。

还可以交替使用3步上栏和5步上栏两种模式进行练习。以下是两个例子，其中包括起跑后的8步上栏。

- 8步，5步，3步，5步，3步，5步，3步，5步。
- 8步，3步，5步，3步，3步，5步，3步，3步。

另一个选择是在一条跑道上以3步上栏模式的栏间距摆放栏架（发展速度），在另一条跑道上以5步上栏模式的栏间距摆放栏架（发展节奏），首先进行5步上栏练习，然后到另一条跑道上进行3步上栏练习。

攻栏腿对墙练习

靠墙放置一个栏架，使栏顶横木与墙贴紧。在距离栏架122至152厘米远的地方站立，面对栏架。以脚踝为轴向前倾斜身体，将攻栏腿的膝盖向前抬起，就像攻栏动作一样。小腿在膝关节处伸展，使脚底移向横木上方，脚底踏向墙面。与攻栏腿相对的手臂在肘部的带动下向前摆动，以便平衡整个动作。头部和胸部继续向前移动，以获得一个与过栏时同样的良好姿势。胸部向大腿贴近。

身体退后，重复练习此动作以提高柔韧性和灵活性。注意平衡手臂和腿部的动作，用膝盖引领攻栏。多次重复这个动作练习，可以将它作为一项热身活动在每天有栏训练前进行。

起跨腿对墙练习

调整栏架到合适的高度，使运动员抬起起跨腿可以越过想象中的横木的延长

线。将栏架放置在离墙大约60厘米的地方，让横木平行于墙面。站在栏架的一端，攻栏腿踩在横木稍靠前的地面上。双手前伸扶在墙面上，抬起起跨腿，将其越过想象中的横木延长线。在这个过程中，脚部应该做外旋动作，起跨腿的膝盖朝着腋下的位置移动，尽量让脚跟和臀部紧贴。在越过横木后，脚部下压落到地面上。将腿后伸移到栏架的后部并重复此练习。这个动作模拟了过栏时起跨腿的实际动作，练习的目的是提高髋关节的外展能力，让髋关节尽可能地靠近身体画圈。

栏侧过栏练习

按照正常栏间距和正常栏高（或稍低的高度）摆放栏架。在跑进和过栏的过程中，身体质心与栏架的右侧边缘或左侧边缘呈直线对齐，运动员在栏架的左侧还是右侧练习，取决于是用攻栏腿过栏还是用起跨腿过栏。

栏侧攻栏腿过栏练习

这个练习可以保证运动员的攻栏腿以良好的技术过栏，而不必担心在过栏时要把身体抬升到足够的高度。这个动作是运动员渐进式热身程序中的一个常见练习。栏架的高度取决于运动员的准备情况。练习开始时，栏架应该低一些，然后逐渐升高栏架。栏架摆放的数量可能有所不同，栏间距应该设置为允许栏间跑动5步的距离。

使用习惯的攻栏腿动作过栏，过栏时越过横木左侧或右侧的末端，起跨腿从栏架的侧面跑过，而不是从横木上面越过。尽可能使起跨腿的动作跟正常过栏时一样。

栏侧起跨腿过栏练习

除了运动员需要移动到栏架另一端进行练习外，这个练习与栏侧攻栏腿过栏练习相类似。栏架的高度取决于运动员正确的起跨腿过栏技术的掌握情况。随着热身活动完成，可以提高栏架高度。

在这个练习中，是用起跨腿（而不是攻栏腿）过栏。攻栏腿必须像前面有栏架一样进行攻栏，以便保证起跨腿能够按照正确的姿势过栏。这个练习是一个训练起跨腿积极提拉离地的较好的方法。

垫步跳过栏练习

这个练习是通过采用一些较矮的小栏架来完成的。栏架摆放的间距为152至183厘米。可以进行完整的过栏，也可以进行栏侧过栏练习，迎着栏架行进。

站在栏架前面122至152厘米的地方，首先起跨腿垫步跳一步，接着攻栏腿的膝盖抬起，带动攻栏脚提到栏架的上方。在攻栏脚越过栏架后下压落地，同时起跨腿提拉过栏。攻栏脚先落地，紧接着起跨脚落地。一旦起跨脚落地，立刻再次用起跨腿进行垫步跳，接着用相同的动作越过下一个栏架。连续重复这个动作越过8至10个栏架。

过栏和跑的衔接练习

在一个较低的栏架上进行这个练习。面对栏架站立，弯曲攻栏腿并从栏架横木上方伸过。准备就绪后，向前倾斜身体并提拉起跨腿离开地面，同时攻栏腿在栏架前侧落地。在攻栏腿落地时，起跨腿快速前摆，过栏落地后立刻向前冲刺10米距离。成功完成这个动作的关键在于，让起跨腿保持弯曲，并尽可能快地进入下一步的冲刺跑。这是一个很好的练习，它可以提高起跨腿快速提拉过栏和主动落地的能力。

两腿交替攻栏练习

这个练习主要用于发展在400米栏比赛中双腿都可以攻栏的能力。将栏间距设置为比正常直道栏间距远30厘米，即第2个栏的位置将比正常位置远30厘米，第3个栏的位置将比正常位置远60厘米，以此类推。可以从6个栏架的练习开始，也可以根据需要增加栏架数量。确保栏高足够低，以使运动员起跨腿能够顺利地越过栏架。采用四分之三的最大速度进行练习，栏间跑为4步，这样在每次过下一栏时都要使用另一条腿进行攻栏。

另一种方法是将栏间距设置为6米，在栏间只跑两步，这样也是交替使用两腿进行攻栏。

栏间一步过栏练习

相隔4米的距离摆放6至8个栏架，最初采用较低的栏架进行练习，随着技术的熟练，逐渐增加栏架高度。这个练习很少在中等以上高度的栏架上进行。

从起跑线到第一个栏架的助跑采用正常的8步上栏模式，栏间只有一步的距离。首次尝试这个练习时，随着跨过更多的栏架，运动员会经历速度逐渐变慢的过程。

集中注意于快速的下栏动作，这个练习强调起跨腿的动作是如何捆绑于攻栏腿的动作的。起跨腿在动态中被拉离地面，为起跨腿快速前摆过栏和主动落地奠定了基础。该练习强化了冲过栏架的概念。

跨栏项目的小循环训练

本节列出的小循环（周训练计划）是一个从开始到结束的渐进式的训练示例。第一个小循环（图11.2）介绍了一般准备期（训练的早期阶段）的训练。这个小循环的训练重点是让身体为后续更艰苦的训练做好准备，训练的主要目的是强化骨骼、关节、肌腱、韧带和肌肉。在训练过程中，会从一些较低强度的练习开始逐渐增加训练负荷，这一时期更强调一般的全面运动素质训练。

小循环 #	日期：	项目组：跨栏
阶段：一般准备期	评语：重点发展体能，提高加速、最大速度能力以及加强技术练习	
星期日	**星期一**	**星期二**
积极休息	动态热身 加速跑技术练习 起跑到第一个栏的技术练习 核心练习 过栏专项力量练习 力量举练习（主要的）：高翻、后蹲、负重上台阶、抓举 整理活动	动态热身 过栏专项技术练习 过栏的节奏练习（调整栏间距） 快速伸缩复合训练 药球抛球练习 力量举练习：次要的力量练习 整理活动
星期三	**星期四**	**星期五**
伸展性的动态热身 短跑的技术练习 过栏专项力量练习 克服自重的一般力量循环训练 核心练习 整理活动	伸展性的恢复日热身运动 加速跑技术练习 跨栏专项技术练习 发展速度的间歇训练 抛球练习 力量举练习（主要的）：高翻、后蹲、负重上台阶、抓举 伸展性的整理活动	伸展性的动态热身 短跑的技术练习 过栏专项力量练习 力量举练习：次要的力量练习 核心练习 整理活动
星期六	**每日训练强度**	**训练后的评价**
伸展性的热身活动 变速跑或间歇变速跑 核心练习 整理活动		

	日	一	二	三	四	五	六
高			×		×		
中		×					×
低				×		×	
休息	×						

图11.2 跨栏项目的7天小循环训练计划示例：一般准备期

随着运动员进入到赛季的早期阶段，专项准备期的训练就开始了（图11.3）。在这个时期，主要进行满足各种专项需求的运动素质训练。一般身体素质训练仍需进行，但训练的重点是提高一些素质能力去满足短跑的相关需要。虽然在训练量上有少量的增加，但训练强度会大幅地提高。所有这些都是为了提高平跑速度，以及更长时间维持最大速度的能力。

最后一个阶段，也称为比赛期（图11.4），这个时期的目标是帮助运动员实现在赛季结束时最主要比赛中取得最佳的成绩。在这个时期，训练量会有所减少，恢复得到更多的重视。虽然该阶段的训练强度仍然很高，但训练量的减少可以促进运动员在训练课之间得到更好的恢复。

小循环 #　　　　　　　　日期：		项目组：跨栏
阶段：专项准备期	评语：训练负荷增加，集中于体能和技术的进一步发展	
星期日	**星期一**	**星期二**
积极休息	动态热身 加速跑技术练习 多栏技术练习（调整栏高和栏间距） 核心练习 过栏专项力量练习 力量举练习（主要的）：高翻、后蹲、负重上台阶、抓举 整理活动	动态热身 过栏专项技术练习 1/2比赛距离的有栏练习 快速伸缩复合训练 药球抛球练习 力量举练习：次要的力量练习 整理活动
星期三	**星期四**	**星期五**
伸展性的动态热身 短跑的技术练习 过栏专项力量练习 克服自重的一般力量循环训练 核心练习 整理活动	伸展的恢复日热身运动 加速跑技术练习 过栏专项技术练习（栏间一步上栏练习，起跑器起跑加速过2至3栏） 发展速度的间歇训练 抛球练习 力量举练习（主要的）：高翻、后蹲、负重上台阶、抓举 伸展性的整理活动	伸展性的动态热身 短跑的技术练习 过栏专项力量练习 力量举练习：次要的力量练习 核心练习 整理活动
星期六	**每日训练强度**	**训练后的评价**
伸展性的热身活动 放松跑 核心练习 整理活动	日 一 二 三 四 五 六 高 　 　 × 　 × 　 　 中 　 × 　 　 　 × 　 低 　 　 　 × 　 　 × 休息 ×	

图11.3 跨栏项目的7天小循环训练计划示例：专项准备期

小循环 #　　　　　　　　　日期：　　　　　　　　　　　　　　　　　　　　　　　项目组：跨栏		
阶段：比赛期　　　　　　　　评语：重点关注比赛，技术的完善，比赛模拟和技术的微调		
星期日	星期一	星期二
积极休息	动态热身 加速跑技术练习 多栏技术练习（调整栏高和栏间距） 核心练习 过栏专项力量练习 力量举练习（主要的）：高翻、后蹲、负重上台阶、抓举 整理活动	动态热身 过栏专项技术练习 速度耐力间歇训练 快速伸缩复合训练 药球抛球练习 力量举练习：次要的力量练习 整理活动
星期三	星期四	星期五
伸展性的动态热身 短跑的技术练习 过栏专项力量练习 克服自重的一般力量循环训练 核心练习 整理活动	伸展性的恢复日热身运动 加速跑技术练习 过栏专项技术练习（栏间一步上栏练习，起跑器起跑加速过2至3栏） 发展速度的间歇训练，或者起跑加速过3至5栏的练习 抛球练习 力量举练习（主要的）：高翻、后蹲、负重上台阶、抓举 伸展性的整理活动	比赛日的热身活动 短跑的技术练习 核心练习 整理活动
星期六	每日训练强度	训练后的评价
比赛日的热身活动 比赛 比赛日的整理活动	<table><tr><td></td><td>日</td><td>一</td><td>二</td><td>三</td><td>四</td><td>五</td><td>六</td></tr><tr><td>高</td><td></td><td></td><td>×</td><td></td><td>×</td><td></td><td>×</td></tr><tr><td>中</td><td></td><td>×</td><td></td><td></td><td></td><td></td><td></td></tr><tr><td>低</td><td></td><td></td><td></td><td>×</td><td></td><td>×</td><td></td></tr><tr><td>休息</td><td>×</td><td></td><td></td><td></td><td></td><td></td><td></td></tr></table>	

图11.4　跨栏项目的7天小循环训练计划示例：比赛期

结　语

　　跨栏是一个具有高度专项形式的短跑项目，尽管跨栏比赛的各个阶段与平跑项目比赛相同，即起跑、加速、最大速度和降速阶段。跨栏的过程使运动员在栏间必须采取精确的步伐模式，以最快的速度通过固定的距离。在跑动过程中，跨栏运动员不能像平跑运动员那样把步幅完全打开，因为栏间距的长度是固定的，所以跨栏运动员只能通过增加步频来提高速度。在过栏的同时要保持很高的速度，这需要非常好的柔韧性和灵活性。跨栏项目训练的目标是尽可能少地偏离正常的短跑动作机制，这需要重复进行正确的动作技术训练来掌握短跑的动作模式。跨栏项目的训练不但要提高力量、柔韧性、爆发力、速度和速度耐力，还要包含神经系统的训练，以便帮助运动员掌握跨栏比赛所需要的平衡和节奏感。

第4部分

跳跃项目

第12章

跳跃项目的训练

杰里米·费希尔（Jeremy Fischer）

在研究具体的跳跃项目（水平跳跃中的跳远和三级跳远，垂直跳跃中的跳高和撑竿跳高）之前，介绍一些一般性概念十分重要。本章介绍跳跃项目的基本规则、安全事项和对运动员的选材要求，接着介绍项目分析及必要技术。在本章的最后，提供一些适合所有跳跃运动员的一般性技术指导和训练指南。

跳跃项目规则

教练员应掌握跳跃项目竞赛规则，熟悉所有相关规定，并对运动员进行教导。高中、大学、美国国家田径协会和国际田联的跳跃规则各不相同，每年更新一次。对规则有全面的了解和理解可以获得明显的竞争优势。第13章和第14章将分别介绍关于水平跳跃项目和垂直跳跃项目竞赛规则的更多细节。

跳跃项目的选材要求

速度、爆发力和弹跳能力是跳跃项目获得成功所需的主要素质。个子较高的运动员可能有一定的优势，但具备这些能力的体形较小的运动员也能在跳跃项目上取得成功。因为速度可能是这些跳跃项目取得成功的最

大决定因素，所以让水平不高的短跑运动员从事跳跃项目不是一种明智的做法。所有在短跑中取得成功的运动员都可被视为潜在的优秀跳跃运动员。

跳跃项目的一般性分析

本节讨论跳跃项目中使用的基本技术模型。各个跳跃项目在某些方面有相同之处，例如，在所有跳跃项目中，起跳都非常重要，然而，起跳的角度和起跳方式却各有不同。所有跳跃项目的助跑都分为3个阶段。在所有跳跃项目中，水平速度都很重要。对于这些运动参数中的每一个都有创建好的训练模型，以帮助教练员一步一步地指导运动员训练。

跳跃项目的水平速度和垂直速度

水平速度和垂直速度的结合形成跳跃项目中的起跳角度。通过助跑获得的水平速度，对起跳腿的发力至关重要，而且决定着水平跳跃项目的距离。起跳也会产生垂直速度，使运动员获得更好的腾空过程。然而，水平和垂直方向的作用力之间存在此消彼长的关系，垂直速度的增加通常会导致水平速度的下降，不同项目运动员需要采用两个作用力的不同组合来实现最佳起跳角度。跳高需要

最大的垂直作用力，跳远和撑竿跳高次之，三级跳需要的垂直作用力最少。

身体产生垂直方向的提升

起跳时，通过以下两种方式获得垂直速度。

1. 在倒数第二步时降低身体质心，以增加起跳腿的伸展。这种降低质心的动作会出现在跳远和跳高项目中，在一定程度上也会出现在撑竿跳高中，但在三级跳中应该避免，因为该项目单足跳阶段需要更低的起跳角度。
2. 在起跳时，起跳脚位于身体质心的前面。这在跳高项目中很有用，但在其他项目中作用不大，这是由于制动动作会导致水平速度下降。

短跑和助跑的一般技术原理

因为跳跃项目中的助跑与短跑的技术类似，所以跳跃项目运动员必须精通短跑技术。助跑是从加速到最大速度的过程。对加速技术和最大速度技术的全面了解对于学习跳跃

项目至关重要。教练员和运动员应该回顾一下第8章中介绍的短跑技术。

跳跃项目的助跑

跳跃项目的助跑有三个目的。

1. 在起跳时达到所需的速度。
2. 准确到达起跳位置。
3. 在起跳时获得功能性的身体姿势以使力的作用最大化，同时保持水平速度。

在跳跃项目的助跑中，有一个短时的有意识的用力加速阶段，在这个阶段运动员积极发力尽快提高速度。助跑的中间阶段更多是无意识的，运动员通过牵张反射来提高速度向前推进。助跑的最后几步是向起跳的过渡，目标是获得正确的起跳姿势，同时保持住水平速度。

起跑

跳跃项目助跑的起跑（图12.1）应尽可能简单以确保一致性。因此，推荐采用站立式起跑。走入式起跑和动态起跑需要大量的

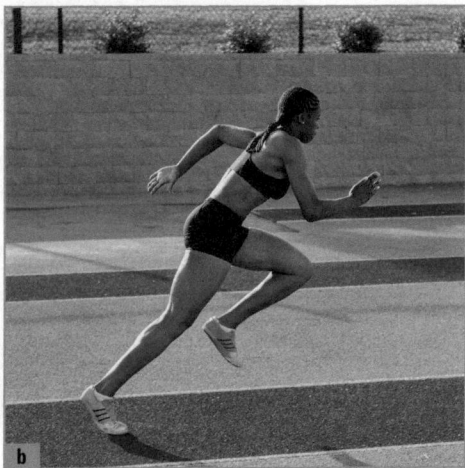

图12.1   跳跃项目助跑的起跑

重复练习才能获得一致性。

姿势

在助跑过程中，运动员应该始终表现出良好的姿态。骨盆处于正中位置，脊柱与头部的正确对齐，可以帮助运动员获得恰当的起跳姿势、力的最佳作用效果和精准的起跳位置。

头部应该始终处在相对脊柱的正中位置。随意移动头部可能会扰乱加速，并对姿势产生负面影响。在助跑的开始阶段，突然抬起头或躯干是一个常见错误。当运动员助跑接近最大速度时，腿部应该逐渐将身体推向一个完全直立的跑步姿势。

骨盆也应该始终处于相对脊柱的正中位置。良好的姿势和适当的加速技术有助于让骨盆保持正确位置。骨盆前倾或向前旋转是一种常见错误，会破坏跑的弹性循环并影响正确的起跳技术。

在助跑期间，应使髋部产生和维持大幅的摆动。一个常见的错误是，运动员会以牺牲动作幅度和良好姿势为代价来增加步频（匆忙地提升速度）。在加速的早期阶段，每一步的垂直作用力会逐渐将身体推向较高的直立的跑步姿势。随后，当达到最大速度时，垂直推力有助于保持步长并建立良好的起跳技术。在达到最大速度时，应该会在每一步感觉到明显的垂直推力。

身体躯干角度应该逐渐地、持续地发生改变，从助跑起跑时的明显向前倾斜，变为达到最大速度时的接近直立位置。虽然身体倾斜的角度确实发生了改变，但头部、脊柱和骨盆的相对位置应该始终保持不变。

跳跃项目助跑的长度

一般来说，跳远、三级跳和撑竿跳高项目的助跑的长度为14至20步，跳高项目的助跑的长度为8至10步（图12.2）。助跑长度取决于运动员的力量、能力和技术水平。初学者应该采用较短的助跑长度，直到他们建立了一定的基础并掌握了必要的技术。

在运动员确立助跑长度时，确定所采用的步数比实际助跑距离更为重要。助跑步数可以是偶数也可以是奇数，具体采用哪种步数取决于运动员的起跳脚，但是，所采用的起跑技术仍然是相同的。建议采用偶数的助跑步数，这样能轻松掌握相关技术。

助跑阶段

应该对所有助跑阶段进行练习，特别是起跑阶段，以确保实现一致性。通常在学习的早期阶段，运动员可以在径赛跑道上练习助跑，而不是跳跃项目的助跑道上，这是为了消除起跳板、跳箱和沙坑的影响。可以用一个或多个助跑标记物来帮助教练员和运动员纠正助跑的不一致。运动员可以在起跑点上设置一个标记物，可能还会在第四步位置上设置第二个标记物，以确保助跑开始部分的一致性。大多数教练员还会在距离助跑结束4至6步的位置设置一个隐秘的额外标记，以便再次检验助跑的一致性。

大多数踏跳位置不一致问题（犯规或上板距离不足）是由于前4至6步出现不一致导致的。在所有跳跃项目中，助跑技术的发挥在很大程度上决定了起跳的有效性。教练员和运动员都应注意培养助跑阶段正确的加速和最大速度技术以及良好的姿势。必须进行大量的重复训练，才能获得最佳的助跑速度和起跳一致性。

频率与步长成反比，增加一个就会减少另一个。这对于调整助跑是一个重要概念。如果运动员在助跑的开始阶段步频太高，那

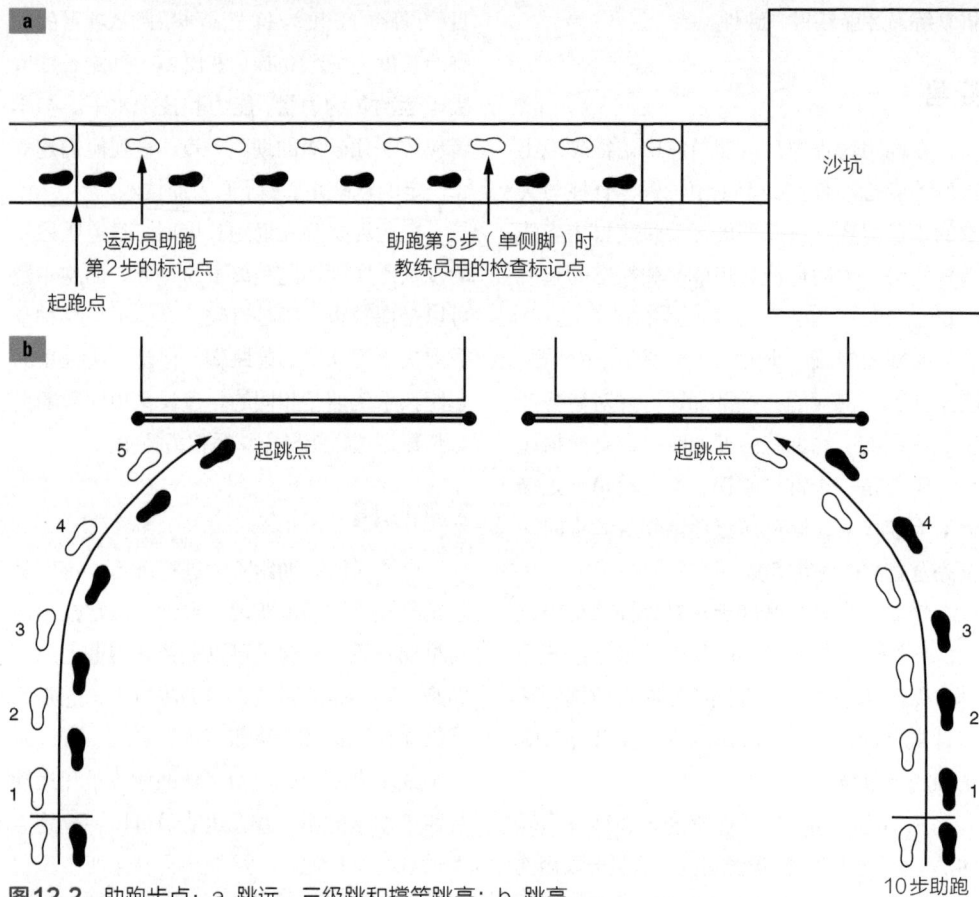

图12.2　助跑步点：a. 跳远、三级跳和撑竿跳高；b. 跳高

么运动员就会不上板或离起跳点太远。教练员不能随意地改变运动员的助跑出发点。踏跳的准确性不足通常是由于助跑的完成质量低导致的，错误通常发生在助跑的前4步。

在水平跳跃和撑竿跳高项目中，获得较高的速度是取得成功的关键，但不应以牺牲良好技术为代价。此外，速度过快会导致运动员失去控制，或无法在起跳时正确用力。

助跑的5个阶段是：起跑阶段、加速阶段、高速阶段、准备阶段和起跳阶段。这些阶段应该相互平稳过渡融合在一起，且不被打乱。

跳跃项目开始于起跑，起跑技术越简单，

助跑就会越一致，踏跳也就越准确。相对于跑入式或走入式起跑，更建议采用站立式起跑，助跑迈出第一步的脚应该与采用起跑器起跑中蹬出第一步的脚相同。

在跳远、三级跳远和撑竿跳高项目中，加速阶段由助跑的前6步组成，在跳高项目中，加速阶段由助跑的前3至5步组成。这个阶段是凭运动员的自主意志控制的，头脑中积极地想着"蹬地、蹬地、蹬地"。这是一个纯加速阶段，其特点是较低的频率和较大的位移。功能性加速阶段可以帮助运动员克服惯性并产生动量，有助于以正确姿势顺利完成后面的阶段。

高速阶段以从加速到最大速度的过渡为特点，而且在速度逐渐增加的过程中逐渐过渡。高速阶段是无意识的，由肌肉的牵张反射驱动。突然过渡到这个阶段可能破坏后面的助跑并导致踏跳点不准确。由于这一阶段脚部与地面短时的接触反映出一种很难从力学上改变的循环运动，因此，在此之前一个良好、一致的加速阶段尤为重要。

由助跑的最后4步组成的准备阶段，是助跑技术向起跳技术的一个过渡。在这个阶段中，运动员将展示接近最大速度的短跑技术，同时保持身体处于正直姿势，为起跳做好准备。在倒数第二步，运动员应该降低身体质心，以便提供起跳所需的垂直作用力。在起跳时，应该保持水平速度和较大的动作幅度，以便产生力的最佳作用效果。

起跳姿势是获得成功跳跃的关键因素。身体向前或向后倾斜、低头或后仰、臀部后突等都是最后几步中常见的错误姿势。髋部持续较大幅度的运动会产生有效的弹性起跳，缩小髋部的动作幅度是起跳的一个常见错误，会导致弹性势能减小并削弱制动效果。在准备起跳时，保持水平速度是运动员的主要目标，但不能牺牲这几步的步幅来保持水平速度，因为起跳后的身体位移与最后几步的距离是成正比的，但应尽量将速度降至最低。

在助跑的加速阶段，脚部落地点最初位于身体的前方，随着运动员的加速，身体朝着更加直立的姿势转变，脚的落地点会移动到身体质心的下方。由于积极的倒数第二步的作用，踏跳时脚的落地点再次位于身体前方，以便在起跳时产生弹射效应（图12.3）。

倒数第二步和准备起跳

倒数第二步应在身体质心的下方落地，以保持水平速度。在落地前，脚踝应该是稳定

的并处于背屈姿势，在接触地面时，会发生从脚跟滚向脚趾的触地动作。在倒数第二步落地时，腿部略微弯曲以使身体稍微降低，脚部应积极主动的落地，降低身体的时候不应造成减速或姿势不正确。在脚离开地面时，身体应该明显移动到脚的前方位置，这有助于保持速度，并为起跳时膝部的积极摆动奠定基础。该动作还会迫使起跳脚位于身体前方的位置落地，从而在起跳时产生强劲的弹射效果。

图12.3　起跳时的弹射效果

起跳

良好的起跳包括一起协调发挥作用的几个因素：身体姿势、起跳腿的动作以及其他肢体的摆动。起跳脚的动作和位置取决于不同的跳跃项目。对于跳远、三级跳远和撑竿跳高，脚部的理想位置在质心稍微靠前的地方。对于需要更多垂直速度的跳高项目，脚部的理想位置在质心之前。在落地前，脚踝应该是稳定的并处于背屈姿势。在倒数第二步落地时，应采用从脚跟滚到脚趾的触地动作。起跳腿的关节应该稍微弯曲，以便产生牵张反射。在起跳过程中，起跳腿应该尽力蹬伸直至完全伸展。年轻运动员的一个常见问题是在起跳的时候起跳腿没有完全发力。由于作用于地面上的水平和垂直方向的作用力，运动员的身体应该向前上方移动。图12.4显示了跳远的倒数第二步。

摆动腿伴随着起跳腿的动作，以最大的动作幅度向前上方用力地摆动。一旦运动员处于腾空状态，双臂也要做大幅度的用力摆动动作。

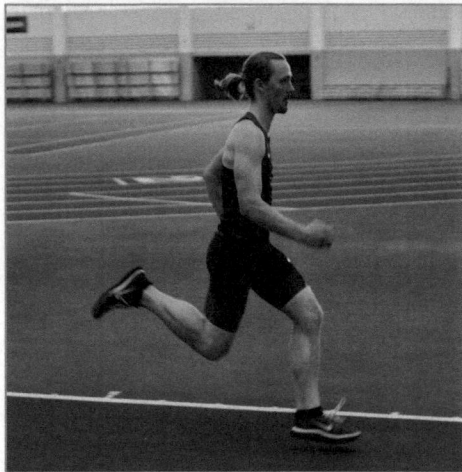

图12.4 跳远的倒数第二步落地时，膝盖位于脚踝的上方，脚部位于质心稍微靠前的地方

跳跃项目的一般教学和训练指南

对于教练员而言，永远不要忽视安全因素，始终监督安全问题。安全检查应该是运动员每日训练的一部分。教练员应该在练习过程中监视项目活动区，以确保设施器材摆放有序、安放合理，不要让运动员在无人监督的情况下进行训练。

教练员应该强调并要求运动员在训练时注意良好的技术和保持认真努力的态度。训练计划中的所有要素，跑步、多级跳、药球练习、抛球，甚至是力量举训练，都是同时练习助跑和起跳技术的机会。关于力量和各项运动素质练习的具体信息，可以在第7章中找到。

助跑训练中的一个有用概念是步长和步频成反比。增加其中一个就会减少另一个，反之亦然。当运动员由于步幅太长而过于靠近起跳位置时，增加频率（特别是在加速阶段）会降低步幅长度并解决这个问题。降低步频（特别是在加速阶段）可以延长助跑的长度，使运动员更靠近起跳位置。

在所有项目中，助跑和助跑道上的练习可以在不做起跳的情况下，或在简化起跳动作的情况下进行。例如，跳远、跳高和三级跳的助跑可以在简化的起跳下进行练习，而不需要真正跳跃。撑竿跳高的助跑可以在径赛跑道上练习，有没有撑竿跳高垫都可以练习。

在大多数的技术练习中，尤其是水平跳跃项目，应该采用短于比赛助跑的距离练习，这样做可以创造一个更好的技术学习环境，并可以进行更多次的重复练习。当疲劳导致不能很好地完成技术动作时，应终止练习。在学习的早期阶段，教练员应该将动作分解成容易练习和掌握的几个部分，但同时要进行节奏训练，以保证项目的整体节奏感。

跳跃项目的一般循环练习

垫步跳、单足跳、跨步跳和跑步练习适用于全年的训练。当训练的重点是体能和打基础时，这些练习特别适用于训练的初期阶段。向初学者传授这些基本动作，会对接下来开始的专项练习带来好处。

垫步跳练习

垫步跳是指一只脚在地面连续两次接触并跳跃着向前行进，然后换另一只脚做同样的动作的过程。这是一种很好的用于热身和整理活动的练习方法，通常在30至50米的距离上反复练习。这是一个要求相对较低的练习。

低要求的垫步跳练习

低要求的垫步跳练习具有治疗性质，能促进足跟底部的恢复，它借助弹性跳步来完成。双脚轻快落地、快速跳起，肘部弯曲，简洁快速地摆动手臂。

快速前进的垫步跳练习

快速前进的垫步跳练习是一种动作更快、更积极的练习。在蹬离地面时要完全发力，腿部完全伸展，摆臂幅度更大。身体在无支撑阶段的姿势就像是伸展的弓箭步，并伴随髋部较大幅度的摆动。

单足跳练习

单足跳是指用同一只脚跳起和落下的练习。运动员应该先学习原地单足跳，然后逐渐学习沿着跑道行进的单足跳练习。这是一个高要求的练习动作。

原地单足跳练习

原地单足跳是借助臀部的较大振幅来完成的（大循环）。跳起时，脚跟收向臀部，然后像蹬自行车一样，向前下方蹬回到地面。每条腿单独练习。

向前行进的单足跳练习

向前行进的单足跳是顺着跑道前进的单足跳练习。两腿分别进行练习。臀部会有较大的振幅和动作幅度，尽力使脚跟收得更高，并努力做好有弹性的蹬车轮动作。可以站在原地体会蹬车轮的动作，准备好了就可向前行进。刚开始可以向前跳10至20米，随着力量和技术的提高逐渐增加长度。双臂向与腿部运动相反的方向积极摆动，自由腿的动作应主动对应跳跃腿的蹬车轮动作。

跨步跳练习

跨步跳是一种跳跃着前行的跑步动作，突出了膝盖的向前用力和伸展运动。这个动作会向地面施加非常强的作用力。跨步跳练习通常采用20至40米的距离，世界级运动员可以将此距离增加到近100米。这是一个要求相对较高的练习。

跨步跳练习

在跨步跳时，脚要积极地落地，手臂与双腿运动呈相反方向用力摆动。离开地面时身体完全伸展，在空中形成一个弓箭步姿势（图12.5）。保持膝盖处于向上抬起状态。

图12.5 跨步跳

跑的技术练习

跑的技术练习可为助跑发展适当的神经系统模板。该练习强调基本的技术和姿势，使运动员能够得到跑动中所需的弹性反射。

第8章中已经介绍了短跑的技术练习方法。这些技术练习可用于训练的所有阶段，通常是日常热身过程的一部分。

摆放锥筒或海绵块的跑动练习

在锥筒或海绵块之间进行三步跑动节奏练习，这些标志物之间的距离大约为5米。这是一个很好的节奏感练习手段，同时也是练习倒数第二步技术的良好方法。

加速跑练习

通过30至40米的加速跑练习，可以获得加速阶段和助跑节奏的一致性。使用大幅度摆臂来对应脚部与地面较长时间的接触。头部与身体躯干保持一条直线，在迈出第一步时，身体躯干前倾45度，在随后的每一步中，逐渐减小角度，在第6步时，身体躯干已变为垂直地面的状态。让髋部以较大的动作幅度摆动以最大化牵张反射作用。

结　语

在跳跃项目中，教练员应该连续教导助跑、倒数第二步和起跳的技术。在所有跳跃项目中，最常见的成功要素是水平速度。如果身体没有为额外的受力做好准备，随着速度的增加，运动员的受伤概率就会增加。通过慢慢教导各种练习手段并在练习中采用正确的技术，从技术上和身体上都为运动员做好准备，这一点至关重要。保持姿势的完整性和身体各部位的准确对齐有助于运动员取得技术上的成功。

第13章

水平跳跃项目

杰里米·费希尔（Jeremy Fischer）

本章讨论跳远和三级跳远两个水平跳跃项目的规则和技术教学模式。讨论范围包括助跑、起跳、腾空、落地。本章从强度较低的跳跃练习开始介绍，然后介绍一些高强度和高技术要求的练习。同时，先是分别介绍各个分解阶段的技术练习手段，最后将它们组合起来。

水平跳跃项目的规则

在跳远和三级跳远比赛中，每个运动员在通过前三轮的试跳后，最好成绩进入前预定名次的运动员将进入后三轮的试跳。运动员所有试跳中的最好成绩为他的最终名次，无论该成绩是在前三轮还是在后三轮中取得。在最好成绩相同的情况下，运动员次好成绩的高低决定了其比赛的最终名次。

运动员必须从起跳线后开始起跳，起跳线指起跳板靠近沙坑一侧的边线。跳跃成绩的测量是从起跳线垂直测量到身体在落地区的最近触地点。跳远运动员必须用一只脚起跳，而对于三级跳远运动员，在落地前，必须按照右脚—右脚—左脚或左脚—左脚—右脚的先后落地顺序进行跳跃。在助跑道或沙坑中不允许放置标记物，但可以沿着助跑道的边缘放置。比赛中，运动员可以策略性地放弃一次或多次试跳机会。

水平跳跃项目的安全考虑因素

沙坑应符合相关竞赛规则手册中所述的最低尺寸要求。沙坑中应该没有碎石片，定期用铲子松动，定期浇水以保持沙子潮湿。沙坑的边缘应与助跑道和沙坑周围的地面平齐。沙子表面必须保持与起跳板和助跑道在同一个水平面上。

沙坑和助跑道周围的区域应该没有任何障碍物，包括沙坑后面的区域，以便运动员可以安全跑过。起跳板应该明显易见、质量可靠并牢固安装在沙坑前面的适当位置。

运动员应该穿着合适的跳鞋，并始终处在可被恰当指导和有效监督的状态下。

跳　远

本节介绍跳远训练的各个组成部分，包括加速到过渡、最大速度、倒数第二步、起跳、腾空直到落地。本节还提供一些教学手段和技术练习方法，以帮助运动员获得正确的技术和方法来取得在跳远项目上的成功。

助跑

跳远助跑是一个持续平稳加速到接近最大速度的过程。在运动员准备起跳时，在助跑后期的跑动循环尽量不要中断。运动员常犯的一个错误是在准备起跳的最后几步做出重大动作调整。这种改变破坏了弹性动作循环，使水平速度下降，并阻碍了运动员到达准确的起跳位置。运动员天生就拥有自动调整能力，他们在助跑的后期会通过改变步幅来确保自己能够踏上起跳板。运动员应通过大量的练习来获得助跑的一致性，以避免进行后期调整。大量的重复练习可以让运动员在助跑时获得一致性并增强他们的信心。

作为一个视觉提示，运动员可以在助跑的早期阶段看向起跳板，但在接近起跳位置时，他应该将视觉焦点调整到紧挨沙坑远端的某个点上。助跑标记物可以用来帮助教练员和运动员确保助跑的一致性。除了明显的起跑点标志物之外，运动员可以在助跑开始的第4步位置放置第二个标志物，用它作为助跑一致性的指示。因为发生在起跳板上的大部分步点不准确问题都是由于前4步的不一致造成的，所以第二个标志物是一个非常有用的标记。位于起跳板前4至6步的隐秘标记能够让教练员评估助跑的准确度，同时避免运动员因看到标记而分心，在最后4步中进行调整。

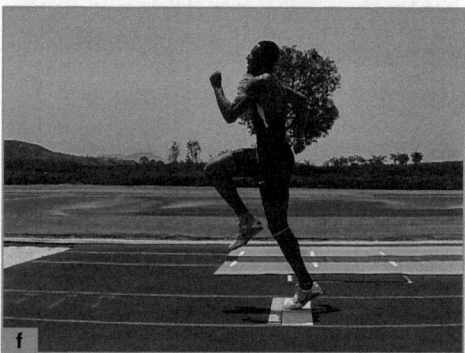

图13.1　跳远的倒数第二步和起跳

在倒数第二步时，跳远运动员应该通过降低身体质心并尽量不减速，让身体为起跳做好准备（图13.1）。在倒数第二步时，运动员身体应该向前移过落地脚位置，而自由腿应该用力前摆。维持最后4步的弹性动作循环对最大限度地减少减速至关重要。

教练员应该帮助运动员找到适合其力量和能力水平的最佳助跑长度。仅在运动员力量允许的情况下，才能加长运动员的助跑距离。教练员应该从多个角度观察运动员的动作，包括身体倾斜度、手臂的动作和姿势变化等。助跑节奏必须平稳流畅，不能出现明显的改变或中断。在倒数第二步时，运动员的身体必须是直立的，盆骨没有前倾，在助跑的开始阶段就应该确保正中的盆骨位置。

在最后两步时，维持水平速度至关重要。运动员的最后两步必须主动下压落地。倒数第二步的腾空会导致减速并对最后两步发展的弹性能量产生负面影响。倒数第二步所用脚的脚踝必须绷紧为落地冲击做好准备。倒数第二步落地后，身体重心向前从落地脚的上方移过，此时脚掌上会形成拱桥，踝关节以90度提供支撑，在蹬离地面时脚不用完全向后伸展。

起跳技术

在起跳脚接触起跳板时，起跳脚应该位于身体稍微靠前的位置。运动员常犯的一个错误是为了试图获得更大的垂直作用力，而将起跳脚落在身体过于靠前的位置，这会降低运动员的水平速度。由于在起跳时水平速度远重要于垂直速度，所以运动员应尽最大努力通过起跳腿主动完全发力来保持水平速度。在起跳板上起跳腿未能完全伸展或未能完全发力也是跳远项目的一个常见错误。起跳腿在起跳板上的蹬伸动作应使运动员向前上方跳起。

直到身体向前经过起跳脚上方并且起跳腿开始蹬伸时，身体才应该开始做与起跳相关的上抬动作。一个常见错误是身体过早上抬，导致起跳腿在起跳板上未能完全发力。在起跳时，手臂应该用力地进行相应的摆动。摆动腿的动作受到倒数第二步动作的影响，如果在倒数第二步时主动发力，那么摆动腿会积极地向前上方摆动，并增加起跳腿施加地面的作用力。

运动员踏跳脚必须完全用力，不要在起跳板上仓促做动作。摆动脚向前摆动时收到臀部高度，以加速前摆，摆动腿的大腿向前上方抬到与地面平行的高度。

表13.1总结了跳远项目的一些常见错误和纠正方法。

表13.1 跳远项目的常见错误和纠正方法

错误	原因	纠正方法
起跳时减速	• 助跑距离太长 • 过快的加速 • 起跳时的制动动作产生过大的垂直分量	• 缩短助跑长度或调整助跑时的速度分配 • 纠正并练习倒数第二步技术，以便保持起跳时的水平速度
起跳时身体前倾	• 助跑太短 • 仍在加速 • 起跳时向下看起跳板	• 确保助跑距离足够长，以使身体在倒数第二步之前直立 • 目光聚焦在沙坑远端后面的某个点上
过早地做腾空技术	• 急于起跳而没有完成踏跳的动作	• 进行短距离助跑跳跃练习。专注于正确的倒数第二步技术，并让起跳腿能够在起跳板上完全发力
腾空时身体过度前倾，过早落地	• 无效的倒数第二步技术 • 在起跳板上停留时间过长 • 在腾空过程中没有使用手臂伸长的旋转动作，以减慢身体的向前旋转	• 练习倒数第二步技术 • 确保助跑长度适合运动员的力量素质 • 练习伸长手臂的旋转动作，并在腾空的时候让手臂尽量伸长，开始练习时使用一个较矮的跳箱

腾空

在腾空时，所有运动员的身体都会向前旋转。运动员在腾空时有两个任务：减缓身体向前的旋转和为落地准备最佳的身体姿势。起跳时，摆动腿的大腿应平行于地面，当身体离开地面时，运动员的身体会沿着飞行抛物线到达顶端，摆动腿的大腿落到身体质心的下方，这时运动员应伸直摆动腿以帮助控制身体向前的旋转。

身体躯干在腾空过程中要保持直立，这使运动员能够为落地做准备，并在落地动作次序中保持正直的姿势，这会直接影响落地时腿部在最早触地点上的位置。

腾空时的主要任务是尽量减缓身体向前的旋转。走步式技术伸长手臂的旋转动作和挺身式技术向上伸直的手臂动作都可以减缓旋转。运动员必须尽可能晚地折叠腰部以为落地做好准备。可以用较低的跳箱练习，以增加腾空时间。

挺身式技术（图13.2）通过伸展手臂和腿来减缓腾空时身体向前的旋转。

走步式技术（图13.3）通过手臂和腿做向前的环绕动作来减缓腾空时身体向前的旋转。

图13.2 对于挺身式技术，运动员可以通过伸展腾空时的身体来减缓向前旋转

图13.3 对于走步式技术，运动员可以通过手臂和腿的环绕动作来减缓向前旋转

落地

结束跳跃时的有效落地（图13.4）能够使运动员获得最远的距离。没能获得良好的

落地姿势通常是由于较差的起跳技术引起的身体过度向前旋转而造成的，这些问题可以通过助跑的技术练习和加强倒数第二步的技术来解决。

图13.4 跳远的腾空中段到落地

运动员在接近腾空最高点时就要开始为落地做准备。身体躯干要保持直立，手臂伸直从头顶向下扫动，直到落地时，双手摆到靠近臀部的位置，而双腿则应当在身体的前面伸开。触地时，髋关节和膝关节的屈曲动

作可以使身体继续向前移动。落地时臀部会继续向前移动直到靠近脚跟，使运动员双腿向前面踢出，臀部继续向前滑入由脚部在沙面造成的坑中。运动员腾空时要想着在沙面上踢出一个坑，然后让臀部滑入其中。

跳远的技术练习手段

以下是跳远运动员的练习目标。

- 发展起跳前的最大的、可控的水平速度。
- 在起跳时产生必要的垂直作用力，以实现最佳起跳角度，同时最大限度地减少水平速度的损失。
- 掌握腾空技术以控制身体向前的旋转，并做好落地准备。

专项技术练习手段可以帮助运动员发展助跑、起跳、腾空和落地技术。一般技术练习可以定期进行，甚至可以作为每天热身程序的一部分。助跑和起跳技术对腾空和落地至关重要，所以应该花费大量的时间来发展

和练习这些技术。几乎所有这些练习都包含各种不同负荷的弹性（快速伸缩复合训练）训练，必须谨慎安排这些训练，以确保运动员身体能得到必需的恢复。

一般循环练习（比如垫步跳、单足跳、跨步跳以及跑的练习）应该是跳远运动员训练计划的一部分。第12章中介绍了这些练习。

助跑

助跑是一个"前"因"后"果的过程。运动员从后方加速跑出的技术直接影响到紧接着的高速行进间的跑动技术。而高速行进间的跑动技术又会直接影响倒数第二步和起跳技术。跳远运动员应该在每个环节的练习上花费足够的时间，然后再进入下一个环节。

加速技术练习

加速阶段的反复练习是指助跑前6步的高质量重复练习。该练习应该在训练过程的早期进行，而且至少应每周进行一次。大多数的起跳不一致问题都来自前6步中。可以放置一个6步标记物进行加速阶段的反复练习，以增强助跑的一致性。

确保手臂伸长大幅摆动，与加速跑时脚与地面接触时间相对较长相一致。在加速跑时，头部与身体躯干呈一条直线，不要向下或向上看，每一步都用力蹬地。在迈出加速阶段的第一步时，身体躯干的角度应为45度，在迈出第6步后，身体呈直立状态，摆动腿前摆时脚要抬到支撑腿膝盖的高度。在达到最大速度时，腿部会像活塞一样对地面施力，而不要做过多后蹬的动作。

抗阻加速技术练习

使用绳子或橡皮筋，将其系在腰部，教练员可以通过绳子或橡皮筋拉着运动员，在这种情况下进行加速阶段的反复练习。在身体向前加速跑动时，注意腿部的完全伸展动作。

变速跑技术练习

这里所说的变速跑练习是指跑的过程由不同速度节奏的段落构成，其中一些分段的速度很快。变速跑练习可以让运动员掌握高速跑动时的放松能力，并提高他们改变速度的能力。

各种段落安排可以根据训练课程的目标而有所不同。以下是一个段落安排的示例。

1. 加速：注重良好的加速动力。

2. 最大速度。

3. 放松跑：速度较快而又有弹性，但很放松。

4. 最大速度：注重脚落地时的活塞运动方式。

5. 减速：缓慢减速以保护胫骨。

每个分段的距离可以根据需求进行调整，示例如下。

- 30–20–30–20–30米。
- 30–30–30–30–30米。
- 30–20–30–40–30米。

倒数第二步的技术练习

在指导运动员练习倒数第二步技术时，教练员应确保在落地时，运动员的膝盖位于脚踝上方，落地前脚踝要撑牢。这是一个主动落地的过程，蹬离地面前腿在臀部完全伸展，使起跳脚摆动到身体质心的前面。积极主动的倒数第二步会给起跳时摆动腿膝盖的前摆提供强大的驱动力，并有利于保持水平速度。

对于跳远运动员，就算不能每天练习倒数第二步技术，也应经常练习。可以将"跑—跑—跨步跳"的练习作为热身活动的一部分。

三步跑栏架练习

该练习可以训练运动员在倒数第二步时降低身体，以及在起跳时的蹬伸动作。使用15至30厘米的迷你栏架。按照三步节奏摆放栏架，栏架之间相距约5米。使用右脚—左脚—右脚或左脚—右脚—左脚的节奏，第二步作为倒数第二步，第三步作为起跳，尽量抬高膝盖。随着水平速度的增加，增加栏架之间的距离。

交替使用起跳腿的"跑—跑—跨步跳"练习

用40至50米的距离重复进行"跑—跑—跨步跳"练习。在前进的方向上，先使用右脚—左脚—右脚的脚步交替顺序，跨步跳落地后进入左脚—右脚—左脚的脚步交替顺序。跨步跳时确保脚踝保持背屈姿势，摆动腿的大腿应平行于地面。在跑道上重复进行2至3次该练习（每次练习12次触地）。

使用相同起跳腿的"跑—跑—跑—跨步跳"练习

用40至50米的距离重复进行"跑—跑—跑—跨步跳"练习。在这种变化中，每次都用同一条腿起跳。在前进的方向上，使用左脚—右脚—左脚—右脚的交替顺序或右脚—左脚—右脚—左脚的交替顺序。可以在跑道上重复进行几次练习。

格劳乔练习

格劳乔练习是指用稍微下蹲跑的姿势（质心下降5至8厘米）进行跑的练习。最好用一个扫帚横放于双肩来进行格劳乔练习。使用20至30米的距离重复进行此训练，同时保持身体质心比平时低5至8厘米。快速跑，但在后面的脚不用完全伸展。

起跳的技术练习

起跳练习可以使运动员掌握良好的技术，使他们在跑到起跳位置后能够做出良好的身体腾空姿势。这些练习不仅可以培养正确的身体姿势，而且可以训练运动员在高速跑动中起跳时腿部的动作顺序。

立定跳远练习

立定跳远练习可以使运动员掌握在起跳时完全伸展双腿的动作。双脚从沙坑的边缘跳入沙坑。用深蹲的姿势站立，跳起来后再次用深蹲姿势着地。起跳前，双臂用力从前向后挥动，脚跟离地，臀部降低靠向脚跟。最后，双脚蹬地跳离地面，在沙坑中用双脚脚跟落地，同样双臂用力从前向后摆动，随着脚后跟接触沙子，弯曲膝盖，将臀部滑入双脚制造的坑中。

三步跑栏架练习

使用15至30厘米的迷你栏架，栏架之间相距约为5米。跑步的时候高抬膝盖，并跨过每个栏架。脚步的顺序为第一步、倒数第二步和起跳。

使用跳箱的起跳练习

用5至10厘米高的弹性跳箱进行起跳练习（图13.5），使用高抬膝盖的跑姿助跑6至8步。从跳箱起跳有助于增加垂直方向的上升高度。在跳离跳箱时，摆动腿的大腿与地面平行。手臂的制动动作有助于转移动量。摆动腿对侧的手臂停止摆动，并在肱二头肌和前臂之间形成90度的角度。保持这个姿势，以延迟腾空动作顺序并抵抗身体向前的旋转。在蹬离跳箱时，腿部完全伸展，臀部要有很大的振幅。在蹬离跳箱之前，起跳脚始终用力蹬伸。青少年运动员常犯的一个错误是腿部没有完全发力。

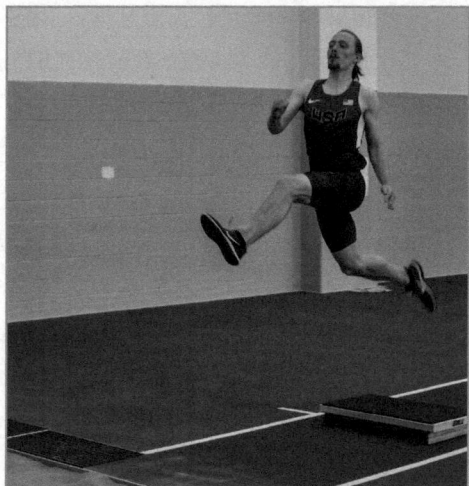

图13.5 使用跳箱的起跳练习

不用跳箱的起跳练习

不借助跳箱进行起跳练习，使用高抬膝盖的跑姿助跑6至8步。蹬离地面时，摆动腿的大腿与地面平行。手臂的制动有助于转移动量。摆动腿对侧的手臂停止摆动，并在肱二头肌和前臂之间形成90度的角度。保持这个姿势，以延迟腾空动作顺序并抵抗身体向前的旋转。

腾空的技术练习

不管是挺身式还是走步式，腾空的技术练习可以使运动员掌握合理的腾空动作顺序。腾空是身体离开地面还没有进入沙坑的这个阶段。练习手臂和腿的动作、把握好各个旋转动作的时机对于每种腾空技术都很关键。可以使用5至10厘米的弹性跳箱来增加腾空的时间。

手臂的绕环动作练习

当离开起跳板后，手臂的动作对于身体在空中的位移和减少身体向前的旋转至关重要。腾空时，起跳腿对侧的手臂肘部伸展，向下向后摆动，顺势在肩关节做从后向前的旋转。摆动腿对侧手臂在起跳时用力前摆，然后制动，以便将动量传递到全身。如果有足够的腾空时间就能对手臂动作进行很好的训练，使用10至15厘米高的弹性跳箱进行短距离助跑跳跃练习，可以达到这个目的。此外，手臂的动作应能反映腿部动作，两者的动作必须协调一致，以创造和谐的节奏。

以弓箭步姿势落入沙坑的练习

该练习强调了起跳后那一刻身体的弓箭步姿势。运动员在蹬离起跳板时充分发力，身体完全伸展，摆动腿的膝盖向前上方顶出，直到大腿平行于地面（图13.6a）。保持住这个弓箭步的姿势（图13.6b），直到落入沙坑中（图13.6c）。该练习的关键之处是，起跳时上身保持较高且竖直的姿态，以及起跳腿的完全发力。手臂模仿腿部的动作，在肩关节处用力摆动。

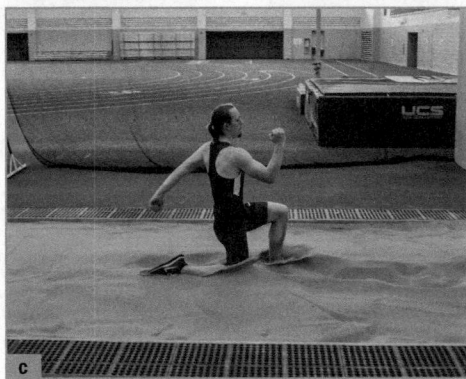

图**13.6** 以弓箭步跳入沙坑：a.起跳；b.腾空；c.落地

两个弓箭步的跳跃练习

该练习是弓箭步跳跃练习的一种升级形式，在学习走步式技术时很有帮助。在练习这个技术前，首先要掌握以弓箭步跳入沙坑的练习技术。因为这个练习需要更多的腾空时间，所以可借助一个较矮的跳箱进行起跳。跳离起跳板后，进入弓箭步姿势，然后前后腿换位形成第二个弓箭步，使起跳时顶在前面的摆动腿收向后部。起跳时不要急着形成弓箭步姿势，这样做会损失距离。

落地技术练习

在进行针对跳远的落地技术训练时，运动员应充分利用自己掌握的腾空技术（挺身式或走步式）。落地顺序开始于脚跟触地，接着是一个腿部的手风琴风箱式的折叠动作，臀部跟随脚跟进入由脚跟踢出的坑中。落地练习可以从立定跳远练习开始，逐渐进入短距离助跑的跳跃练习，可以使用较矮的跳箱也可以不用。

手风琴风箱式的折叠动作练习

用脚在沙面上挖一个小坑。可以从静态立定姿势起跳，也可以用调整的2至4步的短程助跑起跳，向小坑跳入，臀部和双脚也应该进入这个小坑。双手向前摆动，以保持落地时的身体质心向前移动。落地顺序开始于脚跟触地，接着是一个腿部的手风琴风箱式的折叠动作，臀部跟随脚跟进入由脚跟踢出的坑中。

跳远的小循环训练

下面的小循环训练计划示例（图13.7至图13.9）展示了如何在训练年度的不同阶段以一个循序渐进的方式合理安排运动员的训练负荷。无论某一天的安排是技术练习、速度练习、力量练习、体能训练，还是恢复训练，当天的总负荷是训练量和训练强度的函数，并反映了当天训练的主题目标。

小循环＃ 阶段：一般准备期	日期： 评语：	项目组：跳远
星期日	**星期一**	**星期二**
积极休息	热身活动 加速跑技术练习 跳远的基本助跑练习 短跑的加速跑练习 身体平衡能力练习 药球练习 负重练习：一般力量练习、奥林匹克举练习 整理活动 预康复训练	热身活动 发展速度的技术练习 跳远的基本起跳技术练习 发展速度的跑的练习 栏架灵活性练习 功能性动作和本体感觉训练 负重练习：静态力量练习 整理活动
星期三	**星期四**	**星期五**
简短的热身活动 平衡能力练习 循环训练 核心力量练习 游泳或自行车练习：低强度，中等训练量	热身活动 发展速度的技术练习 体操或跳远腾空意识练习 最大速度技术练习 药球练习 负重练习：静态力量和奥林匹克举的混合练习 整理活动 预康复训练	简短的热身活动 快速伸缩复合训练 药球练习 栏架练习 整理活动 交替进行冷水浴和热水浴
星期六	**每日训练强度**	**训练后的评价**
控制跑或大步跑		

	日	一	二	三	四	五	六
高		×			×		
中			×			×	
低				×			×
休息	×						

图13.7 跳远项目的7天小循环训练计划示例：一般准备期

小循环#	日期：	项目组：跳远
阶段：专项准备期	评语：	

星期日	星期一	星期二
积极休息	热身活动 加速跑技术练习 跳远的助跑练习 短跑的加速跑练习：起跑器起跑 身体平衡能力练习 药球练习 负重练习：奥林匹克举练习 整理活动 预康复训练	热身活动 发展速度的技术练习 短程助跑起跳练习 发展速度的跑的练习 栏架灵活性练习 功能性动作和本体感觉训练 负重练习：静态力量训练 整理活动

星期三	星期四	星期五
简短的热身活动 平衡能力练习和瑜伽练习 循环训练 核心力量和物理治疗球练习 游泳或自行车练习：低强度， 中等运动量	热身活动 发展速度的技术练习 跳远专项技术练习 最大速度跑的练习 药球练习 负重练习：静态力量和奥林匹克举混合练习 整理活动 预康复训练	简短的热身活动 肌腱韧带力量练习 药球练习 栏架练习 整理活动 交替进行冷水浴和热水浴

星期六	每日训练强度	训练后的评价
热身活动 大量的变速跑练习		

	日	一	二	三	四	五	六
高		×			×		
中			×			×	
低				×			×
休息	×						

图13.8 跳远项目的7天小循环训练计划示例：专项准备期

小循环#	日期：		项目组：跳远
阶段：比赛期	评语：		

星期日	星期一	星期二
积极休息	热身活动 加速跑技术练习 跳远助跑和调整的起跳练习 加速跑练习：起跑器起跑 身体平衡能力练习 药球练习 负重练习：奥林匹克举练习 整理活动 预康复训练	热身活动 发展速度的技术练习 短程助跑起跳练习 发展速度的跑的练习 栏架灵活性练习 功能性动作和本体感觉训练 负重练习：静态力量训练 整理活动

星期三	星期四	星期五
简短的热身活动 平衡能力练习和瑜伽练习 循环训练 核心力量和物理治疗球练习	热身活动 发展速度的技术练习 跳远专项技术练习 最大速度跑和多级跳练习 药球练习 负重练习：静态力量和奥林匹克举混合练习 整理活动 预康复训练	赛前的准备活动 抖动训练 节奏跑练习 调整的起跳练习 加速跑练习

星期六	每日训练强度							训练后的评价
比赛日		日	一	二	三	四	五	六
	高		×			×		×
	中			×				
	低				×		×	
	休息	×						

图13.9 跳远项目的7天小循环训练计划示例：比赛期

三级跳远

三级跳远由助跑、起跳、单足跳、跨步跳和跳跃组成。脚触地的顺序可以是左脚、左脚、右脚，或者是右脚、右脚、左脚。目的是保持速度以通过每个腾空阶段，三级跳远很像打水漂，每个腾空阶段的动作需要又低又快。

助跑

三级跳远和其他跳跃项目一样，助跑同样由一组顺畅的、一致的跑向起跳板的加速动作组成。运动员运用正确的加速机制并达到可控的最大速度非常重要，因为踏跳的精确度和正确的身体姿势取决于这些因素。

由于三级跳远项目更为复杂，要求更高，所以助跑距离经常会（但不总是）比跳远的助跑距离更短。经验较少的运动员应该采用较短的助跑距离，直到他们的力量和技术能力达到足够要求。与在跳远项目中一样，运动员会在助跑时进行步幅调整，以便踏上起跳板，因此，用于跳远训练的视觉聚焦技术和助跑标志物也适用于三级跳远项目。

教练员应该找到适合运动员力量和能力水平的最佳助跑长度，只有在运动员力量允许的情况下，才能延长助跑距离。教练员应该从多个角度观察运动员身体的倾斜角度、手臂的动作和姿势的变化。教授正确的助跑技术（比如身体倾斜角度和手臂动作）很重要。助跑节奏必须顺畅并且逐渐加速，没有明显的节奏变化。为了使起跳点保持一致，运动员可以在助跑道贴上胶布记号。在倒数第二步时，运动员需要保持身体直立并保证盆骨没有前倾，并且从助跑开始时就必须让盆骨位于居中位置。

准备和起跳阶段的一般考虑因素

在所有的跳跃项目中，在助跑的最后几步中保持最大速度对确保起跳时良好的身体姿势至关重要。三级跳远和其他跳跃项目之间有一个明显的区别，那就是三级跳远运动员不会在倒数第二步上发生根本性的技术变化。与跳远和撑竿跳不同，三级跳远需要较低的起跳角度（图13.10）。起跳角度太高可能是三级跳跃项目中最常见的错误，它可能会对后面的动作造成一系列的多米诺骨牌效应。

在三级跳远助跑的最后几步中，与最大速度技术相关的垂直推力尤为重要。年轻运动员在最后一步中经常向前过度伸腿，而且往往以过大的角度起跳，或者因为总是想以较低的角度进行起跳，而在最后几步中以更水平的角度跑进，这可能会导致在最后几步

中脚在身体后面拖得太远，进一步导致单足跳、跨步跳等阶段跳跃距离缩短、助跑不够精准以及身体向前旋转的情况出现。

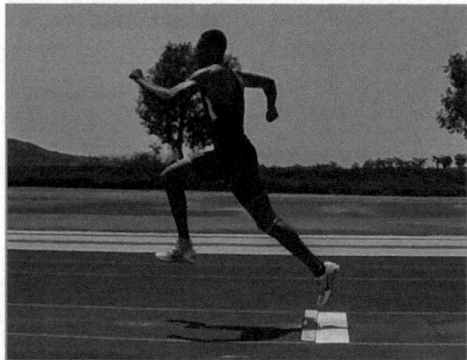

图13.10 三级跳远的起跳采用了一个较低的角度

在最后几步中，可以采用单臂或双臂动作。基本上，单臂动作是短跑技术循环机制的延续。双臂动作可以向地面提供额外的冲力，但也会破坏起跳前的跑动技术循环机制；因此，必须进行大量的练习，以便在起跳时将速度减小到最低。

在起跳板上的起跳

起跳脚落地时应该在身体质心的下方。在起跳点上，身体不应向前或向后倾斜。跑的弹性循环机制应一直持续到脚落到起跳板上的时候，身体在起跳时应该稍微上升。在运动员离开地面之前，身体应该继续向前移动，向前超过起跳脚所在的位置，身体的伸展程度甚至比跳远项目还要大。摆动腿用力地向前和向上摆动，有助于在起跳时保持躯干与盆骨对齐，并控制腾空过程中身体向前的旋转。三级跳远项目可以利用脚步的连续落地来控制身体前向的旋转，这是运动员练习时的主要目标。身体向前移过起跳脚以及摆动腿的动作为接下来3个腾空阶段的正确

技术奠定基础。在3次腾空阶段中出现的大多数技术错误都是由起跳前准备阶段的错误造成的。

双臂在起跳时应该用力摆动。为了让运动员在接下来的3次腾空中保持平衡和节奏，手臂动作必须与对侧腿部的动作相匹配。在起跳时，单臂技术可以帮助运动员更积极地踏过起跳板，但单臂技术无法产生双臂技术那么大的作用力。相反，双臂技术可以增加冲击力，而且可以在起跳时提供稳定性和平衡，但速度和跑的循环节奏会受到影响。无论运动员是采用单臂技术还是双臂技术，目标都应该是在起跳时最大限度地减少水平速度的损失。

起跳时，运动员起跳脚要完全发力蹬伸。不能在起跳板上仓促行动。三级跳远起跳的角度比跳远的角度要小。正确的提示是"猛力地从起跳板上跑过"，运动员应该让身体前移，而不是上升。摆动腿必须向前和向上摆动，对运动员而言，正确的提示是"大腿前顶"。运动员在倒数第二步时必须将质心下降程度减至最低。

表13.2总结了三级跳远项目的一些常见错误和纠正方法。

表13.2　三级跳远项目的常见错误和纠正方法

错误	原因	纠正方法
起跳前减速	• 助跑距离太长 • 过快地加速 • 在起跳时制动，而产生垂直分量	• 缩短助跑距离，或调整助跑速度结构的分配 • 纠正和练习倒数第二步的技术，保持水平速度直到起跳
起跳时身体向前倾斜	• 助跑距离太短 • 仍在加速，导致身体前倾 • 起跳时向下看向起跳板	• 确保助跑距离足够长，使运动员在倒数第二步时身体已经直立 • 视线专注于沙坑远端后面的某个点上
在单足跳阶段的腾空过程中身体跳得太高，导致迈出的步幅太短	• 在起跳时，垂直方向的力量太大 • 没有执行"跑过起跳板的技术"	• 进行类似于"跑过起跳板"的起跳技术练习，不要做跳远项目中使用的倒数第二步技术
在每次落地时，没有保持水平速度	• 没有准备好落地，或者没有积极主动落地	• 练习腿部在髋关节大幅度地积极摆动以及具有侵略性地主动落地技术 • 确保手臂伸长，摆动动作具有攻击性，以配合腿部的动作
在跳跃阶段身体向前过度旋转，脚过早地落入沙坑	• 身体向前旋转很常见，而且旋转程度通常会随着每个阶段而增加	• 在腾空过程中，尽量伸展身体，以减缓前向旋转 • 采用跨步—跨步—跳跃的练习方式跳入沙坑 • 练习在每个跳跃阶段中保持身体竖直姿势

各个腾空阶段的一般考虑因素

三级跳远的单足跳、跨步跳和跳跃阶段有3个关键概念：姿势的保持、落地的方式和摆动动作。

1. **姿态的保持**。身体核心区域的正确对齐是三级跳远取得成功的主要因素。三级跳远中所需的对齐与短跑类似。头部应该与脊柱保持中立对齐。骨盆虽然不能僵硬，但也应保持中立对齐。此外，运动员必须足够强壮，使身体能够在落地冲击下保持对齐。身体向前或向后倾斜和臀部后撅的姿势都是各个腾空阶段中的常见错误。

2. **落地的方式**。单足跳、跨步跳和跳跃三个阶段的落地方式是类似的。落地时，触地点位于身体质心稍前的地方以保持水平速度，脚过于向前伸会导致身体刹车效应。在落地之前，踝关节以背屈姿势稳固撑牢以准备接受冲击。运动员必须准备好迎接每次落地的冲击。在接触地面时，脚部应该是一个主动的从脚跟到脚趾的滚动动作，这一动作特性是由贯穿于每个跳跃阶段的良好的弹性循环机制决定的。在落地时，各关节应该只做最低限度的退让（缓冲），以建立适当的牵张反射模式。因为每次落地时腿部的发力时间是有限的，所以运动员必须保持绷紧状态做好迎接冲击的准备。在每次触地期间，腿部都要做到完全伸展，当脚落到地上时，运动员的身体应该继续向前移动，一些年轻运动员经常急于完成跳跃动作。试图在触地时过度地抓地或扒地不是明智之举。在触地之前，优秀的三级跳远运动员所表现出的脚部主动向后的运动，是牵张反射和良好的弹性循环机制持续作用的自然结果。

3. **相同的摆动动作**。3 个腾空阶段中的摆动动作都是相似的，摆动腿应该以较大的幅度用力摆动。在摆动开始时，摆动腿稍微伸直，所以足跟的轨迹偏低。在摆动腿的摆动中过度强调膝盖高抬是一个常见错误。摆动腿在起跳时的适当摆动可以增加起跳腿的力量，有助于保持良好的骨盆姿势，并能最大限度地发挥牵张反射作用。当腿以一个稍微伸直的姿势摆动时，骨盆跟着向前移动，并在起跳时能保持良好的对齐。无论是使用单臂动作还是使用双臂动作，手臂都应该大幅度地用力摆动，手臂的摆动动作是从肩关节做出的动态的摆动。

三级跳远的 3 个腾空阶段

腾空技术的主要目标是尽量减少身体向前旋转，并为下一次脚部落地做好准备。脚部以平脚掌方式落地，伴随着轻微的从脚跟到脚趾的滚动。腿部保持伸长状态下的向前摆动，能够尽量减少身体向前旋转，并能获得每次适当的脚部落地动作。在单足跳、跨步跳和跳跃 3 个阶段中，手臂的制动动作必须与腿部的落地刹车、支撑和蹬伸相协调。虽然我们的目标是在起跳时限制垂直方向的作用力而保持水平方向的作用力，但后续的每次落地冲击都应有更大的垂直分量。

单足跳阶段

运动员腾空后，随着运动员起跳腿在空中迈步，摆动腿会伸直并收回落在身体下方，这有助于控制身体向前旋转。单足跳起跳腿的空中前摆动作是放松的，并且较晚启动。当身体远离起跳板后，起跳脚落在了身体的后方，当准备落地时，脚从后方自然地往前提起并落在身体下方，这类似于跨栏运动员在过栏时身体的移动和起跨腿的动作。如果摆动中起跳腿尝试使用足跟收向臀部的叠腿动作，或者向前猛拉起跳腿，这可能会破坏身体姿势，导致落地时减速，并破坏跨步跳阶段的动作机制。单足跳（图13.11）应该是三个阶段中腾空高度最低的阶段。过高的腾空高度会增加落地时的不稳定性，破坏节奏，并缩短跨步跳阶段的距离。

图13.11 三级跳远的单足跳阶段

跨步跳阶段

在准备进入跨步跳阶段时,摆动腿稍微伸直,脚部的前摆轨迹处于较低位置,这有助于获得正确姿势和平衡。当运动员落地并

开始跨步跳时,摆动腿向前和向上摆动(图13.12)。在跨步跳阶段,不应过分强调膝盖的用力驱动。这个阶段的成功与否取决于能否保持骨盆对齐、正确的姿势和单足跳阶段

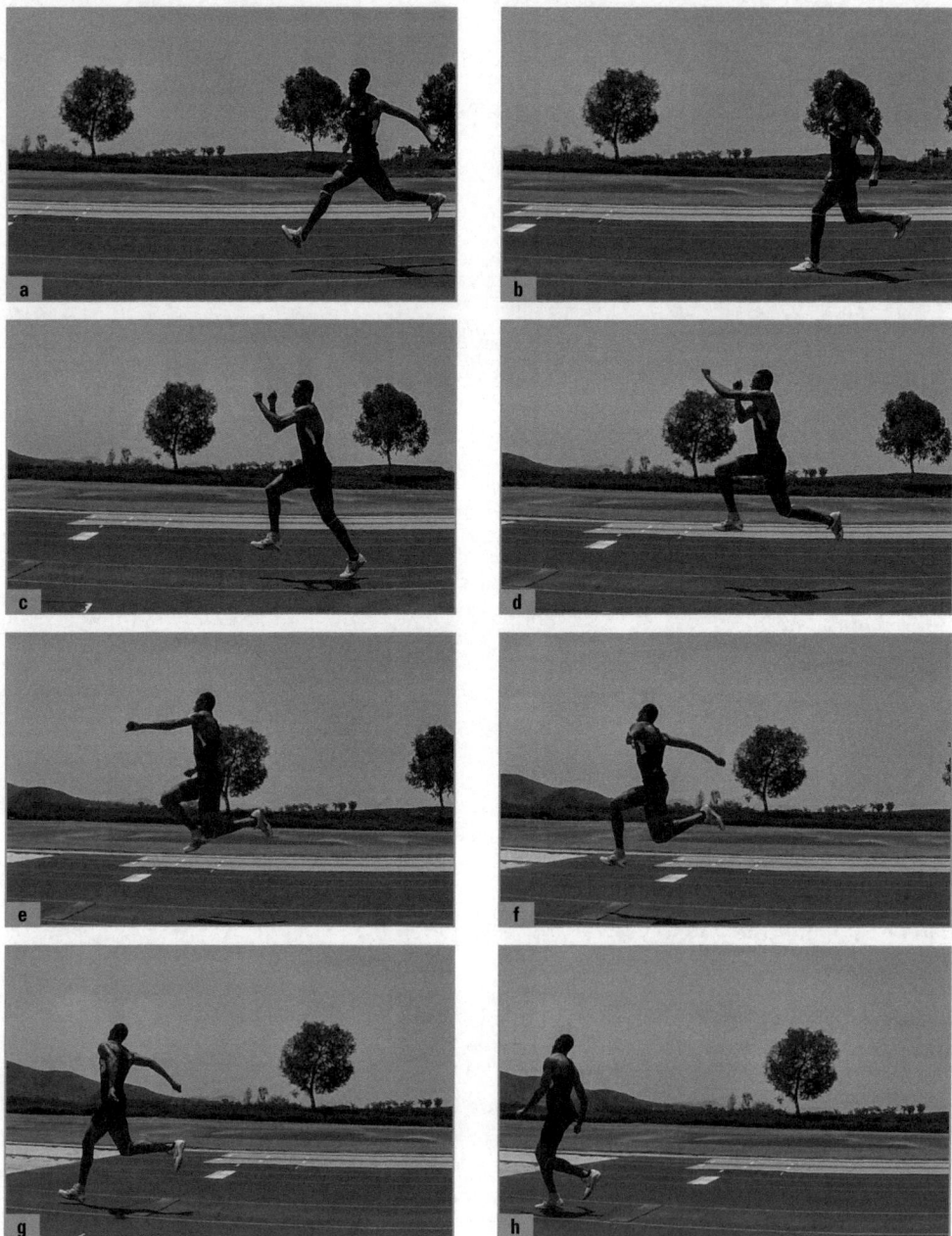

图13.12 三级跳远的跨步跳阶段

形成的弹性循环机制。维持（或控制）跨步跳阶段的滞空能力始终由骨盆的姿势来决定。跨步跳阶段出现的错误通常是由单足跳阶段出现的问题导致的。

跳跃阶段

身体向前旋转的幅度通常随着三级跳远中的每次触地而增加。在起跳时身体前倾是一个常见错误，会导致过早地落入沙坑。为了减慢身体向前的旋转，运动员在腾空时应该尽可能地伸展身体，以创造一个较长时间的手臂动作。由于腾空时间的限制（图13.13），在跳跃阶段通常采用挺身式技术，即在跳远部分所述的技术。在挺身式技术中，运动员摆动腿前摆到与地面平行位置。如果采用双臂

图13.13 三级跳远的跳跃阶段

技术，当摆动腿前摆、支撑腿蹬伸的同时，运动员双臂向上摆动并制动停在与眼睛高度持平的前方。如果采用单臂技术，运动员在支撑腿蹬离地面时，摆动腿对侧的手臂进行上摆并制动。在跳跃抛物线的顶点处，采用挺身式姿势的运动员应该将双手伸展到头部上方。当运动员开始进入落地阶段，在顺着抛物线落到沙坑的过程中，双臂应从头顶向下向后扫动，这会使胸部向前倾斜，形成折叠刀的姿势，随后，脚跟触地，随着手臂的后扫膝盖弯曲，身体形成一个手风琴风箱式的折叠效果，运动员臀部顺势滑入由脚跟踢出的沙坑中。

落地

落地是跳跃过程中的最后一个步骤。落地不能增加跳跃的总长度，但错误的落地技术可能会缩短总的距离。

在落地时，上半身应该处于前倾状态。双脚都在身体的前面，形成类似长矛的姿势。当脚落地时，脚跟是最先接触沙子的部分，双腿折叠，臀部跟着脚跟进入由脚跟踢出的沙坑中。跳跃所产生的冲力能够让身体跟随着进入沙坑。

三级跳远的技术练习手段

以下是三级跳远运动员的练习目标。
- 发展起跳前最大的、可控的水平速度。
- 在起跳时创造必要的垂直作用力，以实现最佳起跳角度，同时最大限度地减少水平速度的损失。
- 掌握腾空技术以控制身体向前的旋转，在3个腾空阶段通过最佳的身体姿势来保持水平速度。
- 在3个腾空阶段保持姿势的完整性和

弹性循环机制，以减少水平动量的损失，并最大限度地减少刹车制动力。
- 协调手臂和身体其他部位的动作，使用单臂或双臂的制动，以使身体平衡并帮助传递能量。

下面介绍的专项技术练习手段可以帮助运动员发展助跑、起跳、3个腾空阶段和落地技术。一般技术练习可以定期进行，甚至可以作为每天热身程序的一部分。助跑和起跳技术对3个腾空阶段和落地至关重要，所以应该花费大量的时间来发展和练习这些技术。几乎所有这些练习都包含各种不同负荷的弹性（快速伸缩复合训练）训练，必须谨慎安排训练，以确保运动员身体能得到必需的恢复。

一般循环练习（比如垫步跳、单足跳、跨步跳以及跑的练习）应该是三级跳远运动员训练计划的一部分。在第12章中介绍了这些练习。

助跑技术练习

助跑的技术练习能够使运动员区分助跑的不同阶段，运动员需要分辨出成功的加速所需的技术，从加速阶段向最大速度阶段过渡的技术，以及最大速度阶段的技术。这些技术练习可以让身体保持更好的姿势并获得更精准的助跑步点。请参阅跳远部分中介绍的加速技术练习、抗阻加速技术练习，以及控制跑技术练习。

起跳技术练习

三步跳远的起跳应该采用较低角度的起跳，该起跳更像是从地面或从起跳板上跑过去。较低的轨迹对于后续每个落地支撑动作中保持水平速度非常重要。在三级跳远中，过高的起跳角度可能会产生落地刹车效应，使单足跳阶段结束时损失过多速度。

立定三级跳远练习

立定三级跳远可以练习手臂和双腿的协调同步动作，同时减少助跑时产生的巨大冲击力。使用双脚（或单脚）起跳，单腿支撑落地后接着进行跨步跳并用另一条腿落地，最后结束于挺身式的跳跃动作落地完成整个三级跳远。双脚的顺序可以是双脚—右脚—左脚，或者双脚—左脚—右脚。

三步跑栏架练习

使用与跳远项目相同模式的三步跑栏架练习，但采用更水平、更低的腾空模式。使用15至30厘米的迷你栏架，栏架之间相距约5米。跑动中膝盖高抬并跳过每个栏架，脚步交替顺序为第一步、倒数第二步和起跳步。

单足跳阶段的"跑进"技术练习

这个技术练习更多强调的是水平方向的动作。采用4至18步的助跑，类似于跑过起跳板，只模拟三级跳远单足跳阶段的起跳动作，采用单臂技术或双臂技术方式均可。起跳时尽量降低水平速度的损失，减少垂直作用力以获得较低的起跳角度，注意保持姿势的完整性，摆动腿的大腿摆到与地面平行位置。从起跳时脚趾落地到离开起跳板这段时间，应将注意力集中在髋部的水平位移上。

使用跳箱的三级跳远练习

根据预计的起跳点、单足跳落地点和跨步跳落地点分别放置5至10厘米高的弹性跳箱。练习时起跳和单腿落地支撑都在跳箱上进行。尽管弹性跳箱提供了垂直方向的力量，但尽量保持身体的移动是水平的。关键是在每次腾空期间，都要让摆动腿的大腿与地面平行。可以先从原地起跳开始练习，然后逐渐过渡到两步助跑，再到四步助跑。

在每次蹬离跳箱后，集中注意力于身体的水平移动、完全伸展以及臀部的大幅度动作上。直到脚离开跳箱之前都要持续用力蹬伸，青少年运动员的一个常见问题就是没有完全发力蹬伸。

不使用跳箱的三级跳远练习

进行不使用跳箱的三级跳远练习。关键是在每次腾空期间，让摆动腿的大腿与地面平行。可以先从原地起跳开始练习，然后逐渐过渡到两步助跑，再到四步助跑。

在每次蹬离地面后，集中注意力于身体的水平移动、完全伸展以及臀部的大幅度动作上，同时注意脚部离开地面前的持续蹬伸动作。

3个腾空阶段的技术练习

这些练习方法使运动员能够掌握三级跳远单足跳、跨步跳和跳跃阶段的合理动作顺序。它们可以是分解技术练习，也可以是完整技术练习。每个练习都应以较低的强度和速度开始，随着运动员对动作熟练程度的增强，逐渐增加练习的强度和速度。

手臂制动的技术练习

无论采用单臂还是双臂技术，在每个腾空阶段手臂的摆动和制动都应与起跳腿的蹬伸相对应。手臂的摆动和制动动作将动量从手臂传递到全身，以产生身体更大的位移并保持水平的动量。

以连续3个跨步跳的方式跳入沙坑的技术练习

这个技术练习是指采用大幅度的髋部摆动和积极的落地动作进行3个连续的跨步跳练习，第3个跨步跳以双脚落地的方式跳进沙坑。这个练习能够使运动员掌握大幅度的髋部摆动动作，同时能够练习落地技术。

以单足跳—跳跃的方式跳入沙坑的技术练习

这个练习对运动员掌握单足跳阶段落地后的用力蹬伸很有帮助。使用2至6步的短距离助跑，起跳进入单足跳阶段，落地后用力蹬伸直接进入跳跃阶段并最终落入沙坑。这个练习有助于学习掌握单足跳阶段的积极主动落地技术。随着运动员技术的提高和力量的增加，可以逐渐增加助跑距离。

以单足跳—跨步跳的方式跳入沙坑的技术练习

这个练习可以帮助运动员掌握腿部的节奏性循环，就像是单足跳—跳跃方式跳入沙坑的技术练习一样，但是第二跳要以跨步跳的技术单腿落入沙坑并继续向前跑出。

以单足跳—跨步跳—跨步跳的方式跳入沙坑的技术练习

这个练习强调的重点是在单足跳和跨步跳时，脚部的完全蹬伸以及大幅度的臀部动作。以适当方式进入单足跳阶段，然后接着一个跨步跳，再接着另一个跨步跳进入沙坑，顺势从沙坑向前跑出。

短距离助跑的三级跳远练习

这个练习是指2至8步的短距离助跑三级跳远。注意力集中于起跳板上的蹬伸动作、3个阶段相差不多的腾空距离、臀部的大幅动作和每次触地前的主动落地。

落地技术练习

由于每个腾空阶段相对于跳远项目距离较短，并且每个阶段速度都会有一定损失，共同会导致了跳跃阶段腾空时间缩短，因此对于三级跳远项目来说应该通过挺身式技术来完成落地。落地阶段开始于脚跟进入沙坑，接着双腿进行一个类似手风琴风箱式的折叠动作，接着臀部跟随脚跟进入由脚跟造成的沙坑中。请参阅跳远部分中关于手风琴风箱式折叠动作练习的介绍。

使用跳箱的短距离助跑三级跳远练习

采用3至6步的助跑进行三级跳远完整动作练习，不同的是跳跃阶段将从较矮的跳箱（5至10厘米高）上跳出。这为准备落地和练习技术提供了更多的腾空时间。

三级跳远的小循环训练

　　下面的小循环训练计划示例（图13.14至图13.16）展示了如何在训练年度的不同阶段以一个循序渐进的方式合理安排运动员的训练负荷。无论某一天的训练安排是技术练习、速度练习、力量练习、体能训练，还是恢复训练，当天的总负荷是训练量和训练强度的函数，并反映了当天训练的主题目标。

小循环 #　　　　　　　　　　　阶段：一般准备期	日期：　　　　　　　　　　　评语：	项目组：三级跳远
星期日	星期一	星期二
积极休息	热身活动 加速跑技术练习 三级跳远的基本助跑练习 短跑的加速跑练习 身体平衡能力练习 药球练习 负重练习：一般力量练习、奥林匹克举练习 整理活动 预康复训练	热身活动 发展速度的技术练习 三级跳远的基本起跳技术练习 发展速度的跑的练习 栏架灵活性练习 功能性动作和本体感觉训练 负重练习：静态力量练习 整理活动
星期三	星期四	星期五
简短的热身活动 平衡能力练习 循环训练 核心力量练习 游泳或自行车练习：低强度，中等训练量	热身活动 发展速度的技术练习 体操或三级跳远腾空意识练习 最大速度技术练习 药球练习 负重练习：静态力量和奥林匹克举的混合练习 整理活动 预康复训练	简短的热身活动 快速伸缩复合训练 药球练习 栏架练习 整理活动 交替进行冷水浴和热水浴
星期六	每日训练强度	训练后的评价
控制跑或大步跑	<table><tr><td></td><td>日</td><td>一</td><td>二</td><td>三</td><td>四</td><td>五</td><td>六</td></tr><tr><td>高</td><td></td><td>×</td><td></td><td></td><td>×</td><td></td><td></td></tr><tr><td>中</td><td></td><td></td><td>×</td><td></td><td></td><td>×</td><td></td></tr><tr><td>低</td><td></td><td></td><td></td><td>×</td><td></td><td></td><td>×</td></tr><tr><td>休息</td><td>×</td><td></td><td></td><td></td><td></td><td></td><td></td></tr></table>	

图13.14　三级跳远项目的7天小循环训练计划示例：一般准备期

小循环#	日期：	项目组：三级跳远
阶段：专项准备期	评语：	

星期日	星期一	星期二
积极休息	热身活动 加速跑技术练习 三级跳远的助跑练习 短跑的加速跑练习：起跑器起跑 身体平衡技术练习 药球练习 负重练习：奥林匹克举练习 整理活动 预康复训练	热身活动 发展速度的技术练习 短程助跑三级跳远起跳练习 发展速度的跑的练习 栏架灵活性练习 功能性动作和本体感觉训练 负重练习：静态力量练习 整理活动

星期三	星期四	星期五
简短的热身活动 平衡能力练习和瑜伽练习 循环训练 核心力量和物理治疗球练习 游泳或自行车练习：低强度，中等运动量	热身活动 发展速度的技术练习 三级跳远专项技术练习 最大速度跑的练习 药球练习 负重练习：静态力量和奥林匹克举混合练习 整理活动 预康复训练	简短的热身活动 肌腱韧带力量练习 药球练习 栏架练习 整理活动 交替进行冷水浴和热水浴

星期六	每日训练强度	训练后的评价
热身活动 大量的变速跑练习		

	日	一	二	三	四	五	六
高		×			×		
中			×			×	
低				×			×
休息	×						

图13.15 三级跳远项目的7天小循环训练计划示例：专项准备期

小循环#	日期：	项目组：三级跳远
阶段：比赛期	评语：	

星期日	星期一	星期二
积极休息	热身活动 加速跑技术练习 三级跳远助跑和调整的起跳练习 加速跑练习：起跑器起跑 身体平衡能力练习 药球练习 负重练习：奥林匹克举练习 整理活动 预康复训练	热身活动 发展速度的技术练习 三级跳远短程助跑起跳练习 发展速度的跑的练习 栏架灵活性练习 功能性动作和本体感觉训练 负重练习：静态力量练习 整理活动

星期三	星期四	星期五
简短的热身活动 平衡练习和瑜伽练习 循环训练 核心力量和物理治疗球练习	热身活动 发展速度的技术练习 三级跳远专项技术练习 最大速度跑和多级跳练习 药球练习 负重练习：静态力量和奥林匹克举混合练习 整理活动 预康复训练	赛前的准备活动 抖动训练 节奏跑练习 调整的起跳练习 加速跑练习

星期六	每日训练强度							训练后的评价
比赛日		日	一	二	三	四	五	六
	高		×			×		×
	中			×				
	低				×		×	
	休息	×						

图13.16 三级跳远项目的7天小循环训练计划示例：比赛期

结　语

在水平跳跃项目中，速度和身体姿态是非常重要的。加速阶段必须采用一致的技术完成，运动员需要从功能性的加速技术过渡到受控的最大速度短跑技术再过渡到起跳技术。保持良好的姿势和水平动量至关重要。获得助跑和起跳的准确性和一致性，是必须通过训练来实现的目标。

第14章

垂直跳跃项目

杰里米·费希尔（Jeremy Fischer）

本章探讨跳高和撑竿跳高这两个垂直跳跃项目的规则、技术模型和教学练习手段。虽然垂直跳跃项目与水平跳跃项目非常类似，但垂直跳跃项目有其明显的特点。跳高项目包含一个曲线助跑部分，但助跑速度要比水平跳跃项目慢得多。垂直跳跃项目需要在垂直方向上施加更大的作用力，并且采用不同的起跳技术。撑竿跳高项目的助跑和起跳与水平跳跃项目类似，但在起跳时使用撑竿的技术是其他项目所没有的。

垂直跳跃项目的基本规则

在跳高和撑竿跳高比赛中，比赛组织者会在赛前制定比赛的高度递增计划。运动员可以根据需要选择从其中任何高度开始起跳，在每一高度上可以试跳3次。当所有的参赛者都跃过了某个高度（成功过杆），或者用完了他们的试跳次数，就会升高横杆高度并重复试跳过程。运动员可以策略性地选择在某一高度上免跳。只要在某一高度或不同高度上连续3次试跳失败，就会被取消比赛资格。最后一个丧失比赛资格的运动员就是冠军，倒数第二个丧失比赛资格的就是第二名，依次类推。运动员最后越过的横杆高度是用来判定其名次的第一个标准，如果在最后越

过的高度上不止一名运动员，则根据最后一个高度上运动员的试跳失败次数和整个比赛中的试跳失败次数来判定运动员名次。教练员应该熟悉这些程序和其他规则，因为在确定起跳高度和何时免跳的策略时，它们往往会发挥作用。垂直跳跃项目的运动员必须采用单脚起跳。

跳高的安全因素

在所有田径项目中，安全始终是首先要考虑的因素。为了确保运动员的安全，教练员和赛事组织者应该确保落地区面积符合相关规定，并且处于良好的保存状态。落地区垫子应该被其外层材料紧密包裹在一起。每次试跳后，都要检查落地区的位置，确保没有移动。起跳区应保持干净，相对于落地区的位置横杆立柱应以恰当的间距摆放。最后，运动员在任何时候都应该获得恰当的指导和监督，并且他们在训练时应该穿着合适的训练鞋。

撑竿跳高的安全因素

撑竿跳高运动员应该在任何时候都获得适当的指导和监督。落地区和环绕插斗的

前端延伸部分应该满足规则中关于最低尺寸标准的要求，尺寸越大越好。落地区垫子应该被其外层材料紧密包裹在一起。教练员应参照相应比赛级别的规则手册，获取落地区尺寸和规格的准确信息，落地区应该靠近插斗。在插斗与落地区之间的地面上，应该覆盖一个符合当前田径标准技术手册要求的衬垫。落地区应该位于适当的位置，如果发生移动，则应进行调整。

落地区垫子应覆盖撑竿跳高架立柱的底座和所有突出部分，立柱的底座应有适当的配重，并牢固地安装于地面以防止其倾倒。落地区的周围区域不能有任何障碍物和有危险的物体，应该将坚硬物体的表面或障碍物适当地包裹起来。

插斗后壁的倾斜角度为105度，两个侧壁的倾斜角度为120度。插斗最低点距地面的垂直深度约为20厘米。

竿子应完好地存放在竿筒里，以防止其被损坏、踩踏或被钉鞋踩到。不应使用带有刻痕、划痕和割痕的竿子，不能以任何方式改变竿子结构。运动员和教练员不应在使用撑竿前通过插斗弯曲竿子以使它变松，这样做存在一定程度的危险，而且还有可能损坏撑竿。竿子的插头应该完好无损，尺寸合适，而且应该定期更换插头，以防对撑竿造成损害。可以在运动员握竿的地方缠绕胶布，以方便抓握。练习中应该考虑对头部进行适当的保护。最后，不应在恶劣的天气条件下进行试跳。

跳　高

本节主要介绍跳高项目的技术要求和教学练习手段。因为需要更多考虑曲线助跑和三维空间方面的因素，所以跳高项目的教学练习手段和技术要求非常专项化。助跑、起跳和腾空技术使得跳高不同于其他跳跃项目。

助跑

跳高的助跑非常独特，它从一个直线加速阶段开始，然后进入曲线助跑阶段。这种曲线助跑会为运动员在起跳时提供额外的力量（向心力）来帮助提高起跳效率。起跳时，曲线助跑的切向力推动运动员越过横杆，抵消了运动员跳向横杆的趋势。

无论助跑的长度如何，最后五步助跑都应该是曲线形式。大多数跳高运动员都使用两个检查标记的方法，以确保获得一致的起跳位置。第一个检查标记置于在开始起跑处，第二个检查标记放在连接立柱的延长线上，通常在距离运动员较近的立柱外侧约3至5米的位置，连接两个检查标记的直线与横杆垂直。第二个检查标记可以确保助跑的第一部分是笔直的，并垂直于横杆。能力更强、速度更快的运动员可以采用更大的曲线助跑半径。

教练员应使用三角测量系统来判断助跑线路是否正确，同时确保运动员助跑的直线部分与横杆延长线之间形成的直角是恒定的。为了使用这个测量系统，教练员可以标出一个直角三角形，其中一条直角边是横杆的延长线，另一条直角边标记运动员的助跑的路线，斜边是从起跑检查标记连接到离运动员较近的立柱的直线（图14.1）。一旦两条直角边的90度夹角被确定，就可以建立起任何三角形的测量方法。

从直线加速过渡到曲线助跑的过程应该非常流畅，没有过度的减速、加速、停顿或身体前倾。在曲线上助跑的一个特殊要求是身体向内倾斜，这个要求稍微改变了手臂的动作。手臂应该平衡，同时与腿部产生对抗动作，但不应该过分强调手臂动作。每一步都应

落地区

立柱

横杆

a

$a^2 + b^2 = c^2$

c

b

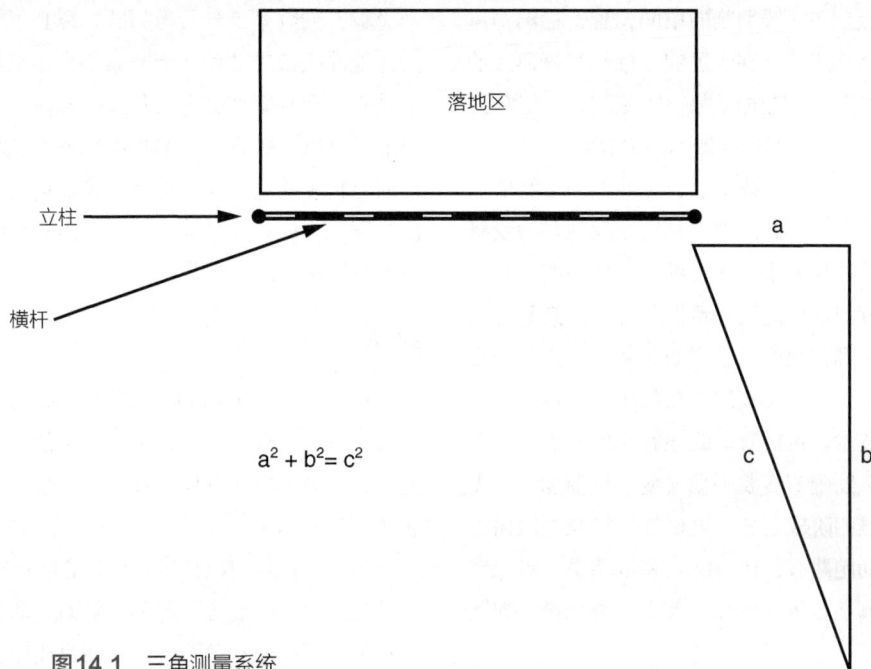

图14.1 三角测量系统

该踩在曲线上，触地脚的轴线应与该曲线一致。常见的错误是脚尖的指向偏向了曲线的外侧。运动员应在转弯时保持髋部的摆动。

表14.1总结了跳高项目的常见错误和纠正方法。

在开始的几步中，视线焦点应该放在第二个检查标记上。在开始曲线跑助之前，运动员应将视线焦点转向较近的立柱，以估测

表14.1 跳高项目的常见错误和纠正方法

错误	原因	纠正方法
助跑起跳缺乏一致性	• 助跑节奏不一致	• 练习正确的助跑和加速节奏 • 检查每次的起跳点是否一致
跳向横杆，而不是从上方越过	• 相对于其个人力量水平，助跑得过快 • 倒数第二步的技术有所欠缺 • 没有到达正确的起跳位置，而不能发力推动身体质心向上移动	• 缩短助跑距离，并练习正确的倒数第二步技术 • 提高力量素质
过杆时腿部碰到横杆使其掉落	• 在起跳时，由于身体没有向内倾斜而导致身体在横杆上无法做背弓动作，从而阻碍了身体旋过横杆的动作 • 没有收拢下巴以启动折叠腰部并抬高双腿的过杆动作	• 加大助跑的曲线半径，以使身体向内倾斜，这会产生身体越过横杆时所需的旋转动作 • 进行原地背越式过杆练习，在杆上时，注意收紧下巴并抬高双脚过杆
在跳跃过程中，身体没有沿纵轴旋转使身体背对横杆	• 在起跳时，没有产生围绕身体纵轴的角速度	• 在起跳脚落地时，摆动腿膝盖向前摆过身体，这会引起起跳后身体发生纵向的旋转

起跳点。在曲线助跑的中间位置，运动员应将视线焦点转移到较远的立柱和横杆形成的交叉点上，以提供估测向内倾斜程度的目标，同时对横杆位置也能做到心中有数。

教练员需要找到适合运动员力量和能力水平的最佳助跑距离，只有在运动员力量素质允许的情况下，才能延长助跑距离。从多个角度观察助跑可以帮助教练员注意到运动员身体倾斜角度、手臂动作和姿势方面的任何变化。所有跳高运动员都应该掌握正确的助跑技术，包括身体的倾斜角度和手臂的摆动等。助跑节奏要平稳流畅、逐渐加快，没有明显的阶段划分。可以使用粉笔在地面上画出助跑路线，让教练员和运动员都可以看到双脚是否每一步都沿着正确路线进入起跳阶段。

起跳前的准备

跳高运动员通过降低倒数第二步的身体质心，让身体为起跳做好准备。积极的倒数第二步至关重要，可以避免在起跳时减速，并保持助跑动作循环的弹性反射作用。在倒数第二步落地后，身体质心应该在落地脚上方向前移动通过，这个动作会为摆动腿的有力摆动奠定基础。由于曲线助跑会产生旋转作用，保持姿势的完整性和良好的曲线助跑技术对于倒数第二步的动作非常重要。大多数身体姿势方面的错误都发生在为起跳做准备的倒数第二步上。

即使不是每天都练习，跳高运动员也应该经常练习倒数第二步技术。可以将这些练习作为热身活动的一部分，以跑—跑—跑—跳的模式进行练习。跳高运动员应该注意在最后两步助跑时保持水平速度，并保持积极主动地下压落地。倒数第二步的腾空会导致减速，并对最后两步发展的弹性能量产生负

面影响。倒数第二步所用脚的脚踝必须绷紧为落地冲击做好准备。倒数第二步落地后身体质心向前从落地脚上方移过，此时脚掌上会形成拱桥，踝关节以90度提供支撑在蹬离地面时脚不用完全向后伸展。跳高运动员的倒数第二步的落地必须与曲线助跑时脚的落地保持线性一致。

起跳

跳高的起跳（图14.2）需要完成两个任务：一是产生垂直提升力量；二是使身体产生沿纵轴的旋转而背向横杆，并为横杆上背屈过杆奠定基础。

起跳脚是朝向横杆的，所以它指向离运动员较远立柱的后方。起跳位置因运动员能力水平的不同而有所不同。与新手相比，更高水平运动员的起跳位置与横杆垂直面和横杆中心的距离会更远。

运动员在起跳时会出现两个方向的身体倾斜：一是由于按照曲线助跑而导致身体向内倾斜；二是因为积极地完成倒数第二步，将起跳脚落在身体质心的前面，从而导致身体稍微向后倾斜。起跳脚稍靠前的落地位置和身体的向后后倾，会在起跳时产生弹射效应。这两种倾斜产生的切向力会使运动员的身体产生垂直方向的移动。在起跳时，曲线助跑和摆动腿膝盖向身体前上方的上摆相结合，共同导致身体发生沿纵轴的旋转。起跳时，手臂和摆动腿要大幅度地用力摆动，摆动腿的摆动使膝盖在起跳瞬间处于抬高位置。在腾空过程中，膝盖始终保持抬高姿势。腾空时没有保持摆动腿抬高姿势通常会导致背部拱起的过杆动作出现问题，这通常是由最后三步助跑的错误技术引起的。

跳高运动员在起跳时可以采用单臂或双臂摆动作。在一些最高级别的比赛中，两

图14.2 良好的跳高起跳技术

种技术都会有人用到。虽然从理论上讲，采用双臂动作能在起跳时传递更大的动量，但该动作也会打乱倒数第二步的节奏。教练员和运动员应该共同协商来确定哪种动作对运动员更为有效。无论是采用单臂动作还是双臂动作，起跳时，手臂都应该用力地向上摆动以传递更大的动量。

在起跳时，运动员的起跳脚应该完全蹬伸。摆动脚收向臀部位置，以加速其折叠前摆动作。摆动腿的大腿抬高到与地面平行的位置，并稍微超过身体中线，以产生身体纵轴上的旋转。内侧手臂制动来帮助能量的转移。肩膀和脊柱的垂直位置确定了垂直方向上的起跳位置。

腾空技术

在腾空过程中，运动员的主要任务是完成围绕横杆的加速旋转动作（图14.3），这个旋转动作从一开始就已由运动员在地面上的发力情况决定了。在腾空后，虽然身体质心的运动轨迹已被设定，但运动员可以缩短身体过杆时的有效长度。运动员仰面向上，臀部略微伸展，形成轻微的拱形。在腾空过程中，双膝弯曲并略微分开。保持摆动腿高抬是腾空动作的关键。

在腾空过程中，手臂会回到身体两侧靠近臀部位置。运动员应该注意不要让臀部过度弓起，这样做往往会导致双脚降低到横杆以下高度，进而导致脚跟撞到横杆使其脱落。在腾空的最后阶段，头部应该收向胸部，以促进双脚抬高越过横杆。

在腾空时，运动员应该保持在刚离地面时的垂直方向上提升身体，起跳腿膝关节应尽可能长时间地保持在90度。身体在越过横杆后会顺势落下。运动员应该抵制在过杆时向上弯腰或头往后伸以形成拱形的冲动。

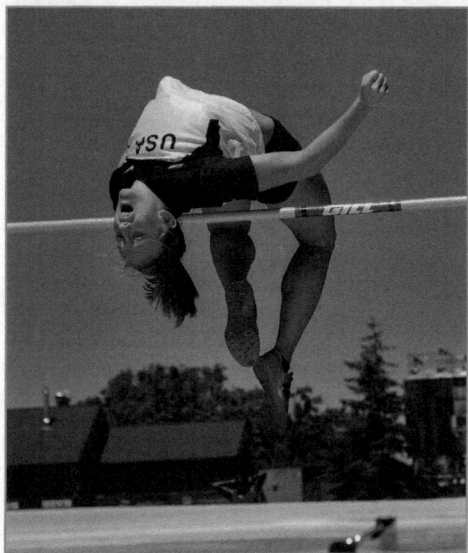

图14.3 跳高运动员的过杆姿势

落地

落地前，运动员应该向胸部收紧下巴，双肩的后侧撑紧以准备好落向垫子。收起下巴并用肩背部垂直落入垫子，是为了防止头部和脊柱在落入垫子时受到冲击，运动员自然地做出这样的动作是因为身体会本能地保护头部和脊椎，就像一个在空中落下的猫一样。当落地区垫子较小，或运动员在过杆时容易做出过度的旋转动作时，教练员应当格外注意运动员的落地动作。

跳高项目的技术练习手段

以下是跳高运动员需要实现的动作技术目标。

- 获得起跳时最大的、可控的垂直速度和水平速度。
- 在起跳时产生必要的垂直力量，在获得最佳起跳角度的同时尽量减小水平速度的损失。

- 掌握空中旋转翻越的腾空技术，优化过杆抛物线轨迹。

跳高项目运动员需要进行助跑、起跳、腾空和落地技术的练习，一般技术练习可以定期进行，甚至可以将这些练习作为日常热身活动的一部分。助跑和起跳技术对腾空和落地至关重要，因此应该用大量的时间在提高助跑和起跳技术的练习上。这些练习几乎全部都是各种负荷的弹性（快速伸缩复合）训练，因此必须精心设计，以确保身体获得足够的恢复。

助跑

跳高项目的助跑可能是所有跳跃项目的助跑中最困难的，它的曲线部分会使教练员检查和测量助跑的准确性以及运动员控制助跑的精准性变得更加困难。曲线离落地区太近，会导致运动员从横杆下方跳入落地区。由于在起跳时会产生扭矩，曲线离落地区太远，可能会导致运动员的脚踝和脚部受伤。在跳高项目中，找出适当弧度的助跑曲线、合适的速度和节奏是成功的关键。

跳高项目助跑加速阶段的重复练习

这个练习是指高质量的前六步助跑加速的重复练习。该练习应该在训练的早期阶段进行，而且每周至少进行一次。大多数起跳不一致都源自前五步加速出现的问题。在进行加速阶段的重复练习时，在第五步落地处放置标记，以帮助提高助跑的一致性。

确保伸长的摆臂动作与开始加速时较长的地面接触时间相匹配。在加速助跑期间，头部与身体躯干保持在一条线上，不要向下或向上看，每一步都用力蹬地。助跑的第一步，躯干角度应该是45度，在第六步时，身体形成直立姿势，摆动腿的折叠前摆动作中，脚部应该从另一条腿的膝盖高度越过。在达到最大速度时，脚部的下压落地动作像活塞运动一样，高速跑动时，它并不是一个抓地动作。

利用锥筒进行的控制跑练习

应该至少每周进行一次发展速度和练习。在起点、30米处和50米处各放置一个锥筒。从起点开始起跑加速，在到达30米处时，身体已经直立，并已建立了完整的短跑动作循环。在30至50米这段距离，运动员应将注意力集中在髋部的大幅度摆动动作上，摆动腿的折叠前摆动作中，脚部应该以另一条腿膝盖的高度向前越过。脚部落地的动作类似于活塞运动，而不是一种抓地动作。50米之后逐渐减速，以减少对小腿的冲击。在两次练习之间要安排2至3分钟的恢复时间。

蛇形跑

在地面上画一条蛇形曲线路径，双脚按照画好的路线进行助跑练习，跑的过程中注意采用良好的短跑技术。每个曲线的半径都应反映出跑的速度大小，跑得越快，转弯半径就越大。在曲线上跑的时候，保持肩膀向内倾斜的姿势，并保持头部、脊柱和髋关节成直线对齐。

绕圈跑和椭圆形跑

用锥筒摆出一个直径为9至15米的圆圈。绕着锥筒摆成的圆圈跑动，在绕圈跑时，身体向曲线内侧倾斜并采用良好的短跑最大速度技术。在弧线上跑的时候，保持肩膀向内倾斜的姿势，并保持头部、脊柱和髋关节成直线对齐。

椭圆形跑是绕圈跑的一种升级练习手段。椭圆形跑包含了一段直线跑部分，然后进入转弯，就像曲线助跑一样。椭圆形跑的曲线部分的直径为9至15米，直线部分最长可达23米。

节奏跑

采用与全速助跑相同的节奏，以全速助跑的70%至80%的速度进行助跑练习。

倒数第二步的技术练习

在倒数第二步落地时，运动员应该让落地腿的膝盖处于踝关节的上方，并让脚踝撑紧为落地做好准备，这就是所说的主动落地。倒数第二步时，落地腿的髋部完全伸展，使起跳脚在身体质心的前面落地。

积极的倒数第二步为摆动腿膝盖强有力的上摆奠定基础，这样做还能保持水平速度不受损失。

在介绍跳远的第13章中，倒数第二步的专项技术练习方法中的格劳乔练习可以用于跳高项目的练习。

三步跑栏架练习

这个练习可以帮助运动员在倒数第二步时将身体质心降得更低，髋部伸展的幅度更大。使用3至5个76至84厘米的栏架，以7米左右的间距摆放，这个长度的栏间距恰好可以让运动员在栏架之间采用三步上栏的节奏。在栏间采用"左—右—左"或者"右—左—右"的迈步顺序过栏的同时，注意保持水平速度。

交替双腿起跳的"跑—跑—跳"练习

重复"跑—跑—跳"的模式行进40至50米，在跑道上重复练习2至3次，最后一跳跳进沙坑。这个练习也可以通过曲线模式来完成，最后一跳跳上跳高垫。

以相同腿起跳的"跑—跑—跑—跳"练习

重复"跑—跑—跑—跳"的模式行进40至50米，在跑道上重复练习2至3次，最后一跳跳进沙坑。这个练习也可以通过曲线模式来完成，最后一跳跳上跳高垫。

"达佩纳"练习

　　"达佩纳"练习是助跑的最后两步的技术练习，这种练习方法可以同时帮助运动员掌握倒数第二步技术和起跳技术。

　　以倒数第二步的落地脚作为支撑，身体和肩膀向曲线内侧倾斜，保持倒数第二步腿的膝盖方向与曲线方向一致。当身体质心在倒数第二步的落地脚上方经过时，起跳腿向前摆出，前摆过程中起跳腿的脚跟与支撑腿膝盖靠近，并从其上方高度迈过。这个练习模拟了完整跳高技术起跳时的最后两步技术。

起跳练习

　　起跳练习用于发展跳高项目所需的起跳技术。因为跳高是一个曲线助跑项目，一些专项技术练习可以帮助运动员熟练掌握所需的身体旋转动作。

三步跳小栏架练习

　　按照曲线（C）的形状以5米的间距摆放小栏架，采用15至30厘米高的小栏架来进行练习，助跑时抬高膝关节，并跳过栏架。确保栏架间采用跑一步、倒数第二步和起跳的这3种技术。

剪式跳高练习

　　使用4至6步助跑，然后起跳并以剪式跳高技术越过次最大高度的横杆。这个练习的目的是强化摆动腿垂直向上的摆动和练习起跳位置的一致性，过杆后双脚落在垫子上。

跳栏架练习

　　因为需要跳过栏架，因此必须采用一个更加垂直的起跳。以5米的间距摆放栏架，可以沿直线摆放，也可以沿曲线放置。栏架应该足够高，以迫使运动员展示更好的倒数第二步技术来增加起跳时的垂直分量。

迷你栏架起跳练习

　　以5米的间距摆放15至30厘米高的迷你栏架，以"跑—跑—跳"的方式跳过每个栏架。

背越式跳高练习

在5至10厘米高的跳箱上进行起跳练习（图14.4）。从跳箱上起跳后，将身体完全展开，臀部的伸展幅度达到最大，脚部要持续发力蹬伸直到离开跳箱。年轻运动员常犯的一个错误是起跳腿没有完全发力和伸展。这种练习也可以在不使用跳箱的情况下进行。

图14.4　利用跳箱起跳的背越式跳高练习

腾空技术练习

腾空技术练习可以帮助运动员在腾空期间保持正确的身体姿势。在起跳之后，运动员无法看见横杆，会经历一个背对横杆的腾空过程。在身体处于上升轨迹时，保持耐心非常关键，因为运动员将要利用从地面起跳时产生的向后翻转动作。在腾空的顶点时，身体要向上拱起，这样使身体质心从横杆下穿过。在越过横杆后，身体开始下降，跳高运动员需要适应这种下降的感觉，因为人的本能反应是在感觉到下降时保护自己。下面的这些练习对腾空过程中的所有动作都很有帮助。可以使用一个15至46厘米高的跳箱来练习以增加腾空的时间。

原地背越式跳高练习

两脚站立，背对横杆，跳起并向后翻越横杆，在杆上时背部向上拱起。在落地前，下巴向胸部收紧，以肩膀后部落向跳高垫。

利用跳箱起跳的背越式跳高练习

进行原地背越式跳高，但从一个15至46厘米高的跳箱上练习，这可以加深体会身体下降的感觉，并可以教会运动员在做过杆姿势时保持耐心。

过杆技术练习

过杆技术练习主要集中在腰背在横杆上方的向上拱起动作和呈现的过杆姿势。下面的技术练习可以帮助运动员发展背部向上拱起进而使质心下降到横杆下方的能力，这可以帮助运动员顺利越过横杆。

背桥练习

躺在垫子上，双脚脚掌和肩膀与垫子接触，臀部向上顶起，保持肩膀始终贴在垫子上，双脚脚掌平踩垫子，腰背部向上形成一个弧线。

在能够用肩膀完成背桥动作后，可以尝试去做一个"手—脚"桥动作，在抬起臀部形成背桥时，仅留下双手和双脚支撑在垫子上。更进一步的练习方法是将双手和双脚靠拢，形成镰刀式折体姿势。

背越姿势练习

以背越式技术向后跳到垫子上，注意背部向上拱起，在落到垫子之前，下巴向胸部收紧，以肩膀后部落向垫子。

跳高项目的小循环训练

下面的小循环训练示例（图14.5至图14.7）展示了如何在训练年度的不同时期以一个循序渐进的方式合理安排运动员的训练负荷。

无论某一天的训练安排是技术练习、速度练习、力量练习、体能训练还是恢复训练，当天的总负荷是训练量和训练强度的函数，并反映了当天训练的主题目标。

小循环# 阶段：一般准备期	日期： 评语：	项目组：跳高
星期日	星期一	星期二
积极休息	热身活动 加速跑技术练习 跳高的基本助跑练习 短跑的加速跑练习 身体平衡能力练习 药球练习 负重练习：一般力量练习、奥林匹克举练习 整理活动 预康复训练	热身活动 发展速度的技术练习 跳高的基本起跳技术练习 发展速度的跑的练习 栏架灵活性练习 功能性动作和本体感觉训练 负重练习：静态力量练习 整理活动
星期三	星期四	星期五
简短的热身活动 平衡能力练习 循环训练 核心力量练习 游泳或自行车练习：低强度，中等训练量	热身活动 发展速度的技术练习 体操或跳高的腾空感觉练习 最大速度技术练习 药球练习 负重练习：一般力量练习、奥林匹克举练习 整理运动 预康复训练	简短的热身活动 快速伸缩复合训练 药球练习 栏架练习 整理活动 交替进行冷水浴和热水浴
星期六	每日训练强度	训练后的评价

控制跑或大步跑

	日	一	二	三	四	五	六
高		×			×		
中			×			×	
低				×			×
休息	×						

图14.5 跳高项目的7天小循环训练计划示例：一般准备期

小循环#	日期：	项目组：跳高
阶段：专项准备期	评语：	

星期日	星期一	星期二
积极休息	热身活动 加速跑技术练习 跳高的助跑练习 短跑的加速跑练习（起跑器上） 身体平衡能力练习 药球练习 负重练习：奥林匹克举练习 整理活动 预康复训练	热身活动 发展速度的技术练习 跳高的短距离助跑技术练习 发展速度的跑的练习 栏架灵活性练习 功能性动作和本体感觉训练 负重练习：静态力量练习 整理活动

星期三	星期四	星期五
简短的热身活动 平衡能力练习或瑜伽练习 循环训练 核心力量练习和理疗球练习 游泳或自行车练习：低强度， 中等训练量	热身活动 发展速度的技术练习 跳高的专项技术练习 最大速度跑的练习 药球练习 负重练习：静态力量和奥林匹克举混合 练习 整理运动 预康复训练	简短的热身活动 肌腱韧带力量练习 药球练习 栏架练习 整理活动 交替进行冷水浴和热水浴

星期六	每日训练强度	训练后的评价
热身活动 大量的变速跑练习	<table><tr><td></td><td>日</td><td>一</td><td>二</td><td>三</td><td>四</td><td>五</td><td>六</td></tr><tr><td>高</td><td></td><td>×</td><td></td><td></td><td>×</td><td></td><td></td></tr><tr><td>中</td><td></td><td></td><td>×</td><td></td><td></td><td>×</td><td></td></tr><tr><td>低</td><td></td><td></td><td></td><td>×</td><td></td><td></td><td>×</td></tr><tr><td>休息</td><td>×</td><td></td><td></td><td></td><td></td><td></td><td></td></tr></table>	

图14.6 跳高项目的7天小循环训练计划示例：专项准备期

小循环 #　　　　　　　　　　日期：　　　　　　　　　　　　　　　　　　　项目组：跳高		
阶段：比赛期　　　　　　　　评语：		
星期日	星期一	星期二
积极休息	热身活动 加速跑技术练习 跳高的助跑练习 短跑的加速跑练习（起跑器上） 身体平衡能力练习 药球练习 负重练习：奥林匹克举练习 整理活动 预康复训练	热身活动 发展速度的技术练习 跳高的短距离助跑技术练习 蛇形跑、曲线跑练习 栏架灵活性练习 功能性动作和本体感觉训练 负重练习：静态力量练习 整理活动
星期三	星期四	星期五
简短的热身活动 平衡能力练习或瑜伽练习 循环训练 核心力量练习和理疗球练习 游泳或自行车练习：低强度， 中等训练量	热身活动 发展速度的技术练习 跳高的专项技术练习和多级跳练习 最大速度跑的练习：绕圈跑、8字跑 药球练习 负重练习：静态力量和奥林匹克举混合练习 整理运动 预康复训练	赛前的准备活动 跳高的助跑练习 较低高度的完整跳跃练习 加速跑练习
星期六	每日训练强度	训练后的评价

星期六								训练后的评价
比赛		日	一	二	三	四	五	六
	高		×			×		×
	中			×				
	低				×		×	
	休息	×						

图14.7　跳高项目的7天小循环训练计划示例：比赛期

撑竿跳高

　　撑竿跳高的最终目标是安全地越过横杆。能够很好地完成起跳这个初步任务才能为有机会实现最终目标。越过更高的高度和确保安全必须齐头并进。

　　第一个任务是将撑竿垂直竖立起来。运动员必须使竿子从起跳时的位置移动到垂直位置，以方便下一步的过杆动作。这意味着起跳时的发力方向不应仅使竿子弯曲，还应该能使竿子反弹竖立起来。

　　第二个任务是产生适当的竿子速度，这个速度是指撑竿反弹到竖直方向时的速度。过慢的速度使竿子很难达到竖直的位置，这会使运动员离横杆过远。过快的速度会使运动员没有足够的时间为过杆做好准备，反而会使运动员过早地遭遇横杆。

　　最后一个任务是在离开地面时保持水平速度。这个任务与前两个任务是一致的。虽然撑竿跳高是垂直跳跃项目，但在起跳和随后的瞬间，运动员的动作主要是水平方向的。之后动作方向才转换到一个更加垂直的方向上。

撑竿跳高的特殊考虑因素

由于撑竿跳高项目的特殊性，教练员也需要了解撑竿跳高教学的特殊性，以及如何正确使用撑竿设备。

撑竿跳高的教学原则

在最初的教学阶段，教练员必须让运动员明白，只有让竿子获得足够的速度才能试跳成功并确保安全。早期教学的重点应该放在发展运动员和竿子的水平动作上。从开始试跳的第一天起，就应该让运动员注意在垫子的中心位置落地，而不是竿子怎么弯。事实上，直竿撑竿跳是向弯竿撑竿跳过渡的一个很好的渐进性教学练习手段。

一个安全的、功能性的教学练习过程会强调撑竿动作的效率，而不是过高的握竿位置，总是强调握竿位置这可能会掩盖一些严重的技术问题。在采用较高的握竿位置之前，教学的重点应该放在掌握正确的技术上。

撑竿跳高架立柱位置的调整

规则允许将撑竿跳高架立柱在与助跑道平行的方向上前后移动。运动员需要在横杆的正上方达到腾空的顶点高度，因此，通常情况下，立柱都被设置在距离插斗后沿有一段距离的地方。由于环境因素和竿子特点的不同，需要经常调整立柱的位置。教练员应该查阅相应比赛的规则，了解在比赛中移动立柱的限制条款。在规则允许的范围内，教练员和运动员的目标应该是将立柱设置在尽可能靠后的位置。将立柱设置在靠近最后点的位置，这能够帮助运动员在起跳时发展水平速度，以确保安全、成功地完成过杆动作。

在比赛中，如果在横杆前面达到了腾空的最高点，运动员会本能地通过向前移动撑竿来做出反应。然而，这个问题可能是由助跑、插穴或起跳的错误技术导致的，也可能是由于使用了错误的撑竿。这些因素中的任何一个都会导致在起跳时无法保持撑竿速度。将立柱前移会导致运动员的水平动作遭到更大的破坏，使问题更加复杂。永远不要把移动立柱作为腾越距离不足的补救方法。

撑竿的分级

撑竿按照长度和运动员的体重进行分级。较短的撑竿适用于发展中的运动员，他们的握竿位置较低；较长的竿子为较高水平的运动员提供一个更高的握竿位置。应在掌握了适当的速度和技术后，再尝试使用更长的竿子和更高的握竿位置。所有撑竿的握竿位置都被设计在距离竿尾15至46厘米的位置。

每个撑竿都有一个体重等级，它用以指明该撑竿所能承受的最大体重。运动员不能使用低于其体重等级的竿子。具有更高体重等级的撑竿会更硬一些，撑竿越硬，所能撑过的高度就越高。不过，更硬的撑竿需要施加更大的负荷，也使腾跃和技术效率更难实现。运动员应在比赛中使用他能掌控的最硬的竿子，然而太硬的撑竿会在一定程度上牺牲竿子速度和腾跃效率。

选择撑竿的依据

选择撑竿的两个主要依据是腾越距离和竿子的弯曲程度。腾越距离是指身体在过杆时，在落地区方向所穿过的水平距离。这个距离取决于握竿高度、竿子速度和竿子的运动。撑竿弯曲程度是指在撑竿期间竿子的弯曲量。撑竿的弯曲程度往往具有误导性，它不是选择撑竿的必要条件。如果运动员的技术很好，过大的弯曲程度意味着需要更换一个更硬的竿子。不过，一些技术问题，比如在起跳时停住、身体冲到横杆下方，以及较小的起跳角度，都会导致产生过大的弯曲度，在这些情况下，腾越距离通常都会不足。

撑竿选择指南

以下五项指导原则能够帮助运动员在确定抓握高度、竿子长度和撑竿硬度时做出正确的决定。这些信息还可以帮助教练员最大限度地提高运动员的技术发展水平，并保证运动员在学习过程中的安全。

1. 如果运动员在撑竿时，竿子弯曲程度很大而腾越距离不足，那么可以尝试较低的抓握位置。

2. 如果运动员在撑竿时，竿子弯曲程度很小，并且腾越距离不足，可以选择使用一个较软的撑竿，但撑竿的重量等级仍要等于或大于运动员的体重。

3. 如果运动员在撑竿时，竿子弯曲程度很大而且腾越距离过大，可以选择使用一个较硬的撑竿。

4. 如果运动员在撑竿时，竿子弯曲程度较小，而腾越距离过大，可以提高抓握位置。

5. 如果运动员落在垫子中心的左边或右边，无论撑竿的弯曲程度如何，都应该降低抓握位置。

助跑

撑竿跳高的助跑有许多特点，尽管持杆助跑使它不同于其他项目，但一个成功的撑竿跳高助跑依然取决于在其他跳跃项目中具备的加速和最大速度技术的基础。

双手以略宽于肩的距离握住撑竿（图14.8），上面的握竿手（上手）握在撑竿设定的抓握范围内。双手握住撑竿的姿势，应当使撑竿举过头顶时，掌心向内。

在持竿时，上面的握竿手位于臀部稍微靠后的位置。下面的握竿手（下手）靠近胸部的中心位置，手腕弯曲，使撑竿位于大拇指和食指扣成的圆环内。双手手指放松地环绕在竿子上。

图14.8　撑竿跳高的握竿姿势

开始助跑时，撑竿前端被举到相对较高的位置，在最初的几步，运动员用力驱动，以快速产生动量。运动员助跑加速产生的位移指向撑竿的轴线方向，以使撑竿被有效地向下推向跑道。

在完成助跑的前几步后，撑竿的前端随着之后的每一步逐步下降。运动员应该使用上面（后面）的握竿手控制竿子前端的下降；下面（前面）的握竿手充当支点。当倒数第二步的脚触地时，撑竿的前端应该在运动员的额头高度或该高度下方。竿子前端过早下落会导致错误的姿势或身体向前倾斜，使运动员很难正确起跳。如果竿子前端下落太迟，会迫使运动员减慢速度，从而打乱插穴动作的节奏。

大多数教练员会在过渡阶段开始时，距起跳点4至6步的位置放置一个检查标志，这有助于教练员判断助跑的准确性，同时消除在后6步中调整脚步的干扰。运动员相对这个检查标记的位置通常比起跳时的位置更为重要。

教练员必须不断地监控运动员的起跳位置，以确保起跳的一致性。起跳位置距离插斗太近，教练员会发出"近了"的口令；起跳位置距离插斗太远，教练员会发出"远了"的口令。起跳位置的一致性最好是通过跑道上的重复练习来获得。与所有的跳跃项目一样，助跑前4至6步的一致性对于保持一致的起跳点至关重要，起跳点不一致的原因大部分都源于前4至6步的问题。

教练员和运动员需要找出适合运动员的力量和能力的最佳助跑距离。只在运动员的力量允许的情况下才能延长助跑距离。从多

个角度观察助跑可以帮助教练员注意到身体倾斜角度、手臂动作和姿势方面的任何变化。所有运动员都应该掌握正确的助跑技术，包括正确的身体倾斜角度和手臂动作。助跑的节奏是平稳地逐渐加快的，没有明显的阶段划分。在助跑道上贴上胶布标记可以帮助运动员练习助跑节奏。

在倒数第二步的时候，运动员的躯干必须是直立的，骨盆没有发生前倾。在开始助跑时，就必须让盆骨位于中间位置。

表14.2总结了撑竿跳高项目中的一些常见错误和纠正方法。

表14.2 撑竿跳高项目的常见错误和纠正方法

错误	原因	纠正方法
起跳时减速	• 助跑距离太长 • 过快地进行加速	• 缩短助跑距离 • 练习助跑速度分配
起跳位置不一致	• 无效的助跑节奏，不够协调 • 前6步加速不一致	• 进行助跑加速阶段的技术练习，直到获取加速阶段的一致性
撑竿下落太迟，导致太晚进行插穴动作	• 撑竿下落的时间不正确	• 在助跑道上贴上胶布或放条毛巾，练习早一点落下撑竿
身体过早上摆	• 在上摆时起跳腿屈膝 • 下面的握竿手臂没有撑牢，这会导致上摆时，臀部引导肩部的动作 • 起跳时，起跳腿没有完全发力蹬伸	• 练习上摆动作，使起跳腿在整个摆动过程中伸展。助跑插穴跳入沙坑的练习对这个动作非常有帮助 • 学会在起跳时双臂上推撑竿，并用胸部引领身体。这将导致手臂受到压力，这是正确的
竿子速度较慢、腾越落向垫子的距离太短	• 抓握的位置太高 • 撑竿太硬	• 抓握更低的位置 • 换一根更软的撑竿

插穴和起跳

插穴是一个"屈一举"动作（图14.9）。上面的握竿手臂在肘部屈臂，让手靠近耳朵。在接下来的举竿动作中，两条手臂都向上完全伸展推出。在屈臂动作中，运动员应该让竿子尽可能地靠近身体，以防止减速和姿势出现问题。双手同时向上举起，并有个稍微

向前的动作，以保持竿子速度。"积极的双手动作"是一个很好训练提示。

插穴的任务是将撑竿在垂直方向竖立起来。因此，当竿子撞击插斗时，应该尽可能地举高竿子。在撞击之前，运动员应该保持高质心的身体姿势，双臂完全伸展（图14.10）。起跳时，起跳脚应该位于上手的正下方。

图14.9   插穴的"屈—举"动作

在倒数第二步落地时，运动员落地腿的膝盖在踝关节的上方，踝关节撑紧以准备应对落地的冲击。落地瞬间，脚与地面接触的顺序是从脚后跟到整个脚掌，再到前脚掌（滚动触地动作）。上面的握竿手翻转，将撑竿从臀部抬到耳朵处。下面的握竿手稍微旋转并稳住撑竿。倒数第二步是一个主动下压落地的过程，落地腿臀部完全伸展，使起跳脚摆动到身体质心的前面。积极的倒数第二步为起跳时摆动腿膝盖有力的前摆奠定了基础，同时还保持了水平速度。

即使不是每天都练习，运动员也应该经常练习倒数第二步技术。可以将这些练习作为热身练习的一部分，以"跑—跑—跑—跳"的方式进行练习。教练员应该强调在最后两步助跑时要保持住水平速度，并让运动员保持积极主动地下压落地。倒数第二步的腾空会导致减速，并对最后两步发展的弹性能量产生负面影响。倒数第二步所用脚的脚踝必须绷紧为落地冲击做好准备。倒数第二步落地后，身体质心向前从落地脚的上方移过，此时脚掌上会形成拱桥，踝关节以90度提供支撑，在蹬离地面时脚不用完全向后伸展。撑竿跳高运动员的倒数第二步与最后一步之间的过渡时间应该更长一些，最后一步应该更短、更快一些。

在起跳时，肩膀应与横杆平行，上面的握竿手臂向上完全伸展，而下面的握竿手处

图14.10   在撑竿撞击插斗之前，双臂处于较高的位置

在对侧肩膀的前面（图14.11）。上面的握竿手不能偏到肩膀的外侧，这些要点可以确保身体向落地区中心位置移动，并给撑竿施加恰当的负荷，而且能预防撑竿发生转动。

撑竿跳高的起跳角度类似于跳远的起跳角度。像在跳远中一样，倒数第二步为起跳创造了垂直分量。运动员从地面上用力地向前向上跳出，确保能够有效地向竿子施加负荷。在竿子撞击穴斗及之后的瞬间，身体水平移动仍在继续，而上体后仰的动作稍有延迟。在蹬离地面后，肩膀和髋部继续向前移动，它们明显地向前超过上面的握竿手和起跳脚。同时，运动员通过伸展身体以确保起跳后瞬间身体仍然保持垂直姿势。

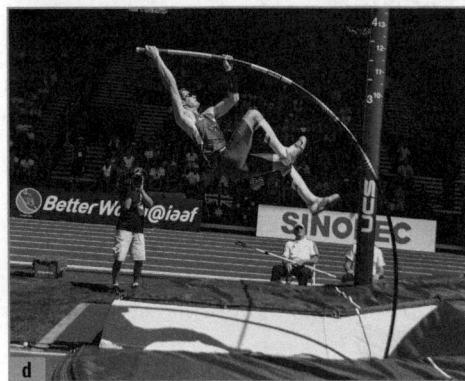

图14.11 起跳

在起跳过程中，运动员的起跳脚必须完全蹬伸，而不能匆忙离开地面。摆动腿脚部收向臀部，以加速其折叠前摆动作。起跳时运动员应该将双手高举，在插穴的瞬间，上面的握竿手正好在起跳脚的上方。"积极的双手动作"意思是完成向上推（而不是向前上方）动作。运动员跳离地面时，应保持姿势的完整性和一个较高的直立姿势。

起跳离地后，肩膀和臀部会继续保持向前移动，向前超过上面的握竿手和起跳脚，身体呈现出一个对称的C字形或反向的C字形，正反形状取决于观察者所处的角度（图14.12），这个姿势为处在身体后面的腿做下一步有力的摆动动作奠定基础。在摆体阶段开始时，起跳腿和上面的握竿手臂仍保持伸展姿势。当摆体变缓时，运动员开始弯腰团身，使小腿靠近撑竿，缩短身体杠杆以加快旋转速度。随着摆体动作的结束，臀部有力地伸展，带动身体的伸展使其与撑竿几乎在一条线上。

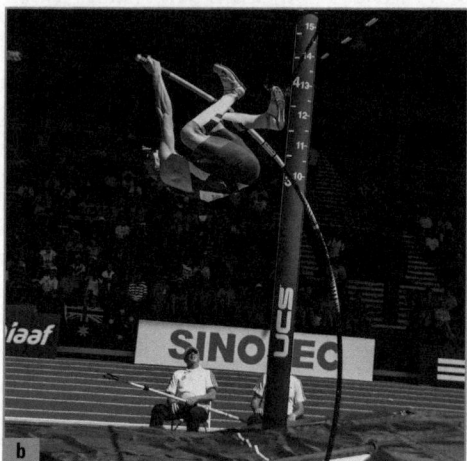

图14.12 C字形姿势

撑竿的弹直

在撑竿弹直过程中，上面的握竿手臂以划桨动作经过身体躯干划到对侧的臀部位置，这个手臂动作使身体产生了环绕撑竿的转体动作。

运动员用下面的握竿手向上推撑竿，以减少弯曲撑竿所需的力量，并将能量传递给撑竿。运动员必须尽量保持手臂伸直，以减少制动力。"积极的双手动作"是完成此动作的一个关键。

从摆体到身体处于倒立姿势的过程中，运动员在做前半部分的摆体动作时，需要保持拉长的身体姿势，这会激活髋屈肌、躯干屈肌和肩伸肌的牵张反射作用。处在身体后侧的腿应该积极摆动，并主动将上面的握竿手划动到对侧的臀部位置，以使身体与弹回垂直位置的竿子保持对齐。

过杆

在过杆之前，运动员需要弯曲腰部，以准备翻转过杆，并将质心移动到相对于横杆更有利的位置。在过杆的最后阶段，双手松开撑竿后，运动员应该抬起肘部并向外旋，以避免触碰到横杆（图14.13）。

在向过杆阶段过渡时，运动员继续向上摆体，并将身体拉引到竿子顶部。上面的握竿手靠近身体，而下面的握竿手靠近头部。运动员的身体围绕着竿子，从面向跑道旋转至面向横杆方向。竿子的弹直动作可以将运动员从竿子的顶部向上弹起并远离撑竿。

落地

当从横杆高度下落时，运动员应该准备好以背部落地。年轻的运动员倾向于用双脚落地，这会增加脚踝扭伤的风险。运动员在准备用背部落地时应该撑牢后背（图14.14），落地时让手臂和腿部伸离身体，以防止其压在身体下面。当运动员撞到垫子上时，颈部和头部应该稍微向前倾，以避免产生鞭打效应。

图14.13　撑竿跳高的过杆动作

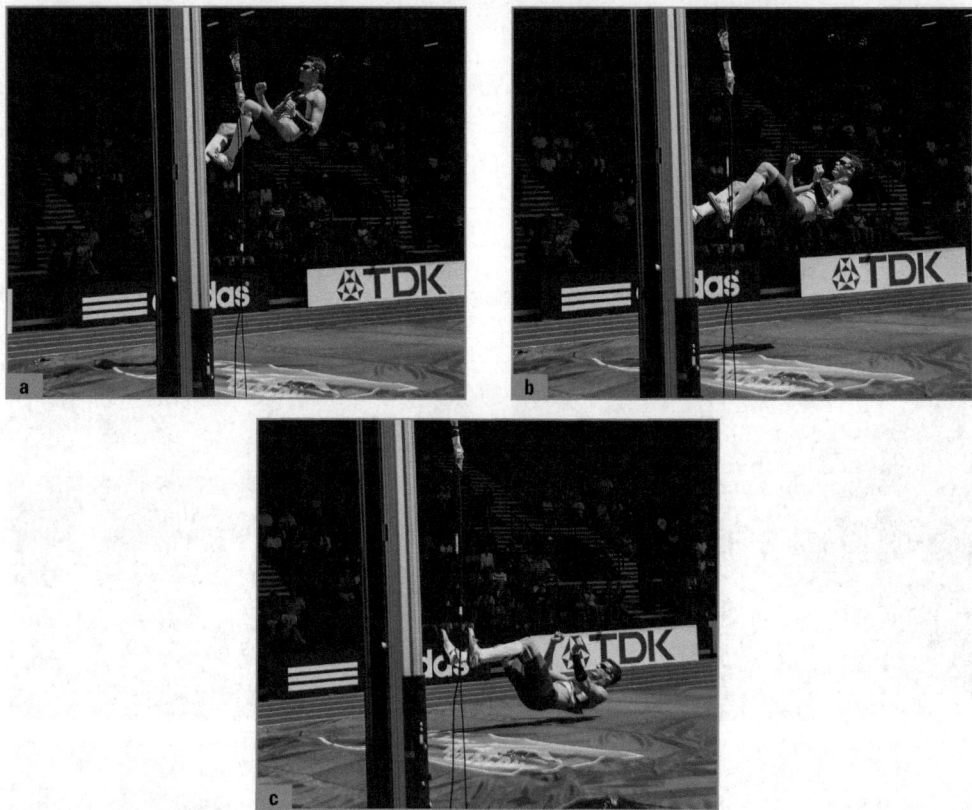

图14.14　用后背落地

撑竿跳高的技术练习手段

以下是撑竿跳高运动员需要实现的动作技术目标。

- 获得起跳时最大的、可控的水平速度。
- 在起跳时产生必要的垂直速度，在获得最佳起跳角度的同时尽量减小水平速度的损失。
- 获得较高的垂直速度，使能量能够转移给撑竿，使身体得到垂直提升并最大化竿子速度。

撑竿跳高项目运动员需要进行助跑、起跳、腾空技术练习，一般技术练习可以定期进行，甚至可以将这些练习作为日常热身活动的一部分。手持竿子或改动的竿子（较短的竿子）进行助跑或技术练习，这可以帮助运动员发展持竿助跑时的短跑技术。助跑和起跳技术对随后的腾空和过杆至关重要，因此应该用大量的时间在提高助跑和起跳技术的练习上。这些练习几乎全部都是各种负荷的弹性（快速伸缩复合）训练，因此必须精心设计，以确保身体获得足够的恢复。

助跑练习

撑竿跳高项目，会产生一些特殊的力，例如竿子撞击插斗后壁产生的撞击力。此项目技术练习和教学过程要求是：使运动员获得成功的同时还要保证他们的健康和成长。提高助跑的精确性，建立良好的技术模型，提高持竿和插穴所需的力量，使运动员能够为水平动作转为垂直动作储存能量，这些都是保护运动员安全和帮助他们获得成功的基础。

撑竿跳高运动员也可以采用跳高项目中使用的锥筒变速跑练习。

助跑加速阶段的重复练习

这个练习是指高质量的前6步助跑加速的重复练习。该练习应该在训练的早期阶段进行，而且每周至少进行一次。大多数起跳不一致都源于前6步加速出现的问题。在进行加速阶段的重复练习时，可以在第六步落地处放置标记，以帮助提高助跑的一致性。

确保伸长的摆臂动作与开始加速时较长的地面接触时间相匹配。在加速助跑期间，头部与身体躯干保持在一条线，不要向下或向上看，每一步都用力蹬地。在助跑第一步，躯干角度应该是45度，在第六步时，身体形成直立姿势，这时摆动腿的折叠前摆动作中，脚部应该以另一条腿的膝盖高度越过。在达到最大速度时，脚部的下压落地动作像活塞运动一样，高速跑动时它并不是一个抓地动作。

有抗阻的助跑加速的重复练习

使用绳索或皮筋拉带连接在一条系在运动员腰间的皮带上，运动员手持调整过的较短竿子或普通撑竿，教练员在身后拉住绳索或皮筋拉带提供阻力重复进行助跑加速练习。在身体向前加速期间，应将注意力集中在腿部的完全蹬伸上。用力蹬！

跑道上的助跑练习

这个练习是指在跑道上模拟助跑的练习，通过这个练习运动员可以提高助跑技术，而不必考虑插穴和起跳动作。这个练习的目的是发展助跑节奏和掌握撑竿下降的时机。可以在跑道上放置一个助跑起始标记，并使用胶布粘贴在跑道上或摆放毛巾来充当插斗进行练习。强烈推荐在助跑最后4步或6步摆放一个视觉标记。

倒数第二步的技术练习

这些技术练习可以帮助运动员提高起跳时的垂直作用力，以产生身体的提升，并将水平速度转换为垂直速度。质心的降低也有助于将能量转移到撑竿中。

格劳乔练习同样可以用于提高撑竿跳高运动员的倒数第二步技术。

三步跑栏架练习

这个练习可以帮助运动员掌握在倒数第二步时降低身体质心以及在起跳时的身体伸展动作。以运动员可以跑三步的间距摆放小栏架，手持一根改动过的竿子（较短的竿子，长度约为扫帚柄的长度）来进行练习。在跳过小栏架时，双手上举，将竿子推过头顶。

交替双腿起跳的"跑—跑—跳"的练习

重复"跑—跑—跳"的模式行进40至50米，在跑道上重复2至3次这个练习，最后一跳跳进沙坑，即采用与跳远练习相同的模式进行练习。手持一跟改动过的竿子，重复"跑—跑—跳"的模式向前跑进。在跳的时候采用调整后的撑竿跳高的起跳动作，双手上举，将竿子推过头顶。

以同一条腿起跳的"跑—跑—跑—跳"的练习

重复"跑—跑—跑—跳"的模式行进40至50米，在跑道上重复2至3次这个练习，最后一跳跳进沙坑，即采用与跳远练习相同的模式进行练习。手持一根改动过的竿子，重复"跑—跑—跑—跳"的模式向前跑进，在跳的时候采用调整后的撑竿跳高的起跳动作，双手上举，将竿子推过头顶。

屈臂技术练习

运动员原地站立，上面的握竿手臂在肘关节屈臂，将撑竿从臀部翻转到耳部，练习掌握竿子下落时机，并为起跳做准备。这个练习的目的是在屈臂将竿子移动到肩部时，让竿子尽量靠近身体。在掌握了屈臂动作后，可以将原地练习改为行走过程中练习。

插穴和起跳的技术练习

就像其他跳跃项目一样，撑竿跳高也有一个起跳动作。与其他跳跃项目不同的是，运动员会在起跳时或起跳后瞬间经受一个撞击力，该撞击力是竿子撞到插斗后壁而产生的力量。下面的技术练习可以帮助运动员掌握在手持竿子的情况下进行起跳并保持正确的身体姿势的能力，同时使竿子从水平方向转为垂直方向。

手持较短的竿子进行"跑—跑—跨步跳"练习

按照第13章的描述，进行"跑—跑—跨步跳"练习。熟练后携带一个较短的竿子进行此项练习。在进入倒数第二步时，上面的握竿手将竿子从臀部翻转到耳朵处，下面的握竿手帮助完成竿子下落并将其旋转45度。起跳时，双臂向上完全伸出，将竿子举过头顶。

"跑—跑—跨步跳" 栏架练习

手持一根较短的竿子，使用较矮的小栏架进行"跑—跑—跨步跳"练习。在进入到倒数第二步时，上面的握竿手将竿子从臀部翻转到耳朵处，下面的握竿手帮助完成竿子下落并将其旋转45度，接着双臂向上完全伸出，将竿子举过头顶，同时以跨步跳跳过小栏架。

四步助跑插穴跳入沙坑的技术练习

将上面的握竿手握在竿子的较高位置上，从原地站立开始，助跑四步，然后将竿子末端插入一个跳远沙坑中，起跳后仅将上面的握竿手握在竿子上，手臂伸直，身体随着竿子的钟摆运动进行摆动，用起跳脚落地，然后跑出沙坑。

四步助跑单臂悬垂的起跳练习

将上面的握竿手握在竿子的较高位置上，从原地站立开始，助跑四步，然后将竿子末端插入插斗起跳，起跳后仅将上面的握竿手握在竿子上，手臂伸直，身体随着竿子的钟摆运动进行摆动，最后落在撑竿跳高垫子上。

完整助跑插入滑动插斗的起跳技术练习

采用一个完整的助跑，并将竿子插入一个改动过的滑动的插斗中，起跳的同时，双臂向上完全伸出，将竿子举过头顶。

从摆体到展体倒立过程中的技术练习

这些练习模仿了在撑竿过程中运动员完成从摆体至倒立所需的动作模式。这些练习可以帮助运动员在身体从悬垂转为水平再转为倒立的过程中，适应身体倒转和发力的感觉。

布勃卡单杠技术练习

双手正反向握住单杠（一只手的手心向下，另一只手的手心向上），抬起摆动腿，使摆动腿大腿与地面平行，而起跳腿则向后完全伸展。摆动身体，将身体拉起成上下倒立姿势，髋部与双手在同一水平高度。这个练习模仿了撑杆时身体倒立的姿势。

四步助跑侯维安技术练习

在撑竿跳高的助跑道和垫子上进行练习，助跑四步并进行插穴，举杆时完全伸展双臂，起跳后不要让竿子弯曲，使用划船作用力将上面的握竿手划到对侧的髋部位置，以平躺的姿势落向垫子。

吊绳摆体技术练习

采用与撑竿跳高相同的抓握方法抓握绳子，跳起来抓住绳子，随着绳子的摆动，做出起跳姿势，借助起跳腿的摆动产生的动能使身体倒立，保持这个姿势3秒时间。

推竿、转体和过杆的技术练习

这些练习模拟了在推竿和过杆时身体的姿势和动作。它们只是一部分练习，但可以通过这些练习很好地体会在撑竿腾跃这个阶段的动作感觉。

橡皮筋划船练习

将一根橡皮筋绑在一根较短的或经过改制的竿子末端。以起跳时的双手举竿动作开始，接着做向下的划船动作，将上面的握竿手划动到对侧的髋部。利用橡皮筋产生的阻力进行练习。

半蹲式划船练习

保持起跳腿向后伸直、摆动腿弯曲的半蹲姿势，手持一根经过改动的撑竿，从举竿位置向下做划船动作，将上面的握竿手划到对侧髋部位置。

侧手翻练习

在草地上做这个练习，跑出两步，将身体弹射出去，双手落地支撑，双脚并拢，向上伸直，接着用双手推离地面，翻转身体。当身体开始翻转复位时，弓背含胸，双脚落地完成翻转动作，双臂在头顶上伸直，大致与肩同宽。

利用箱子进行侧手翻练习

使用一个10至30厘米高的箱子。跑出两步，将身体弹射出去，下面的握竿手落在地面上，上面的握竿手落在箱子上，双脚并拢，向上伸直。接着用双手推离地面和箱子，翻转身体。当身体开始翻转复位时，弓背含胸，双脚落地完成翻转动作，双臂在头顶上伸直，大致与肩同宽。

撑竿跳高的小循环训练

下面的小循环训练计划示例（图14.15 至图14.17）展示了如何在训练年度的不同阶段以一个循序渐进的方式合理安排运动员的训练负荷。无论某一天的训练安排是技术练习、速度练习、力量练习、体能训练还是恢复训练，当天的总负荷是训练量和训练强度的函数，并反映了当天训练的主题目标。

小循环# 阶段：一般准备期	日期： 评语：	项目组：撑竿跳高
星期日	**星期一**	**星期二**
积极休息	热身活动 加速跑技术练习 撑竿跳高的基本助跑练习 短跑的加速跑练习 身体平衡能力练习 药球练习 负重练习：一般力量练习、奥林匹克举练习 整理活动 预康复训练	热身活动 发展速度的技术练习 撑竿跳高的基本起跳技术练习 发展速度的跑的练习 栏架灵活性练习 功能性动作和本体感觉训练 负重练习：静态力量练习 整理活动
星期三	**星期四**	**星期五**
简短的热身活动 平衡能力练习 循环训练 核心力量练习 游泳或自行车练习：低强度，中等训练量	热身活动 发展速度的技术练习 体操或撑竿跳高的腾空感觉练习 最大速度技术练习 药球练习 负重练习：静态力量和奥林匹克举的混合练习 整理运动 预康复训练	简短的热身活动 快速伸缩复合训练 药球练习 栏架练习 整理活动 交替进行冷水浴和热水浴
星期六	**每日训练强度**	**训练后的评价**
控制跑或大步跑	（见下表）	

	日	一	二	三	四	五	六
高		×			×		
中			×			×	
低							×
休息	×						

图14.15 撑竿跳高项目的7天小循环训练计划示例：一般准备期

小循环#	日期:	项目组：撑竿跳高
阶段：专项准备期	评语:	

星期日	星期一	星期二
积极休息	热身活动 加速跑技术练习 撑竿跳高的助跑练习 短跑的加速跑练习（起跑器上） 身体平衡能力练习 药球练习 负重练习：奥林匹克举练习 整理活动 预康复训练	热身活动 发展速度的技术练习 撑竿跳高的短距离助跑起跳技术练习 发展速度的跑的练习 栏架灵活性练习 功能性动作和本体感觉训练 负重练习：静态力量练习 整理活动

星期三	星期四	星期五
简短的热身活动 平衡能力练习和瑜伽练习 循环训练 核心力量练习和理疗球练习 游泳或自行车练习：低强度，中等训练量	热身活动 发展速度的技术练习 撑竿跳高的专项技术练习 最大速度跑的练习 药球练习 负重练习：静态力量和奥林匹克举混合练习 整理运动 预康复训练	简短的热身活动 肌腱韧带力量练习 药球练习 栏架练习 整理活动 交替进行冷水浴和热水浴

星期六	每日训练强度	训练后的评价
热身活动 大量的变速跑练习	（见下表）	

	日	一	二	三	四	五	六
高		×			×		
中			×			×	
低				×			×
休息	×						

图14.16　撑竿跳高项目的7天小循环训练计划示例：专项准备期

| 小循环#　　　　　　　　日期：　　　　　　　　　　　　　　　　项目组：撑竿跳高 | | |
| 阶段：比赛期　　　　　　评语： | | |

星期日	星期一	星期二
积极休息	热身活动 加速跑技术练习 撑竿跳高的助跑和调整后的起跳练习 短跑的加速跑练习（起跑器上） 身体平衡能力练习 药球练习 负重练习：奥林匹克举练习 整理活动 预康复训练	热身活动 发展速度的技术练习 撑竿跳高的短距离助跑技术练习 发展速度的跑的练习 栏架灵活性练习 功能性动作和本体感觉训练 负重练习：静态力量练习 整理活动

星期三	星期四	星期五
简短的热身活动 平衡能力练习和瑜伽练习 循环训练 核心力量练习和理疗球练习	热身活动 发展速度的专项技术练习 撑竿跳高的专项技术练习 最大速度技术练习和多级跳练习 药球练习 负重练习：静态力量和奥林匹克举混合练习 整理运动 预康复训练	赛前的准备活动 抖动练习 节奏跑练习 调整后的起跳练习 加速跑练习

星期六	每日训练强度							训练后的评价
比赛		日	一	二	三	四	五	六
	高		×			×		×
	中			×				
	低				×		×	
	休息	×						

图14.17　撑竿跳高项目的7天小循环训练计划示例：比赛期

结　语

在所有田径项目中两个垂直跳跃项目是最复杂的。两者都有垂直方向的动作构成和专门的技术要求，因此对于垂直跳跃项目，专项教学练习过程对安全训练和获取成功是至关重要的。在指导跳高和撑竿跳高运动员的训练时，教练员应该始终确保在一个安全的环境里进行安全的教学。

第5部分

投掷项目

第15章

投掷项目的训练

劳伦斯·W. 贾奇（Lawrence W. Judge）博士

将器械（链球、铅球、铁饼和标枪）投出的田径项目统称为投掷项目。强大的肌肉力量和快速的肌肉收缩速度共同产生较大的输出功率，这些正是运动员需要提高的地方。虽然较好的力量是运动员在投掷项目比赛中的一项优势，但在投掷项目上取得成功还需自身天赋、技术水平和有效训练等变量的相互作用。高水平的教练员可以针对每名运动员制定这些变量的正确组合。为了找出针对每一名运动员最有效的训练模式，教练员必须制定针对每个人的训练计划，以便系统地、逐步地提高运动员的技术直到获取最佳的表现。本章对那些影响投掷运动员最终成绩的一些变量进行探讨。

投掷项目的选材要求

伟大的投掷运动员都具有强壮的体格。在田径项目中，高水平的发挥很大程度上取决于力量素质。可以将力量定义为利用肌肉活动（通过力量训练来提高）来抵抗外力，从而克服这些外力的能力。利用与投掷项目相关的力量做出正确的姿势和技术，进而提高成绩表现。技术的不断优化是通过一系列肌肉协调同步的收缩和放松，使器械得到最

大加速度这一过程实现的。体型也很重要，但体型并不代表运动能力。在其他速度爆发力项目中获得成功的运动员可能在投掷项目上也能表现很好。橄榄球和篮球运动员通常拥有成为伟大投掷运动员的身体条件和体型，所以在非赛季，他们经常去参加铅球和铁饼比赛。因为速度和爆发力是投掷项目的基本要素，相比一个更高大、动作更慢的选手，一个中等水平的短跑运动员最终可能会成为更好的投掷运动员。排球运动员往往速度快、爆发力好，他们改练标枪项目则很容易取得成功。

运动天赋的概念一直是贯穿于体育史的一个主题。很多运动员从很早就开始统治运动场，这样的例子在各个运动项目中都很常见。遗传基因对于运动员的成功有多大的影响？遗传基因可能会为运动员的运动能力提供良好的基础，但教练正确的讲解和运动员的刻苦训练、先进的训练方法和技术手段已经超越了遗传的作用。通过适当的训练和基本的运动能力，许多专注的、坚定的运动员也可以在运动比赛中获得成功。在投掷项目中，内心的驱动力和献身精神比自身的运动能力更为重要，尤其是在运用良好的训练方法加以培养的情况下。

投掷项目的一般分析

在投掷项目中，运动员的竞技表现通过力量、爆发力和技术得到充分展现。投掷是在有限空间内以很高速度进行的复杂运动。从训练的角度来看，链球、铅球、铁饼和标枪都被归类为速度和爆发力项目。虽然每个项目都各具特点，但它们也有一些共同特点。虽然身体条件和运动能力都非常重要，但运动员的技术能力对其整体表现有显著影响。在体育界的精英级别的运动员中，许多人认为技术是运动员之间最大的区别因素。最近有人提出，有些教练员过于注重力量和爆发力，而忽视了技术。此外，一些文章认为，缺乏对投掷项目的科学研究可能会阻碍这项运动的发展。鉴于缺乏这样的科学知识，投掷项目的教练员必须帮助运动员增强和保持力量，同时发展完善的技术。

出手参数

三个参数（出手速度、出手角度和出手高度）决定了每次投掷的成绩，所有的技术教学都致力于改进这些参数。当器械被投出时，它的水平位移取决于它的速度、角度和高度。出手速度是最重要的参数，因为器械的水平位移与出手速度的平方成正比。出手角度和出手高度有助于投掷铁饼和标枪时产生更好的空气动力学作用，尽可能地减小风切变的影响，同时尽量减少出手速度的衰减。相较长投项目，铅球项目的出手角度较大，出手高度距地面更高，出手速度较慢，因此投掷距离也相对较短。出手角度的较小偏差是可以接受的，因为在接近最佳出手角度时，器械的飞行距离对出手角度不敏感。与最佳的出手角度相比，更快的出手速度会获得更好的投掷成绩。

通常，速度是投掷过程中的关键参数，提高出手速度的两个主要途径是提高力量和爆发力，以及通过优化技术最大限度地利用力量和爆发力。教练员应该牢记，技术的发挥可能受到力量和爆发力的限制。

要充分发挥这些力的作用，运动员必须充分领会投掷过程中涉及的静态姿势和动作序列模式。理解在投掷过程中产生必要的功率和动量所涉及的力学原理，可以帮助教练员在必要情况下对训练程序进行设计和调整，进而提高运动员的成绩表现。每个姿势和它相关的动作模式都归属于不同的动作阶段，掌握它们可以培养运动员良好的投掷技术。

投掷不同阶段的划分

研究人员对投掷阶段的数量划分持有不同的意见，对每个阶段的确定有不同的判断标准。他们将投掷阶段最少划分为4个，最多则达到11个。人们采用了各种各样的方法来划分投掷动作。例如，海（Hay, 1993）将投掷阶段分为初始站姿、滑步、投掷出手和维持平衡等动作任务。每一种划分办法都注重于动作的外在形式，而不是器械的加速度或动作的动力学原理，这会使解释和比较各种研究结果变得很困难。为了便于应用，本章使用5个标准化的术语来定义各个阶段：开始姿势、预备阶段、超越器械、最后用力阶段、跟进和维持平衡（换脚）阶段。

开始姿势

运动员从一个固定的位置开始投掷，并在完成试投掷后离开投掷圈或助跑道。开始姿势是指运动员在开始试投掷之前所保持的身体姿势，包括器械的持握。不同项目运动员的开始姿势是不同的，但一些基本的技术概念（比如平衡与稳定性）是一致的。开始姿势的微小变化（小至2厘米）就会影响后续的动作结构。例如，在铅球、铁饼和链球项目中，运动员的开始姿势都采用更宽的分腿站位来保持较高的平衡和稳定性。

预备阶段

每个投掷项目都包含某种类型的预备动作，比如铅球的滑步、铁饼的旋转、标枪的助跑和交叉步、链球的抡摆和旋转。预备阶段始于投掷动作的启动，并在开始最后用力的动作时结束。预备动作产生的动量和速度，还有助于增加投掷的用力距离，同时调整身体和器械的位置，为最后用力阶段的正确动作提供必要的基础。投掷过程中获得正确的身体姿势和加快速度一样重要，尤其是在提高技术时期。

运动员向投掷圈前沿移动，而与投掷圈地面没有接触的一段时间就是腾空阶段。后脚触地点（RFID）是腾空阶段之后运动员的后脚与投掷圈地面接触的那个点。同样，前脚落地点（FFTD）是腾空阶段之后前脚与投掷圈地面接触的那个点。准备阶段结束后，伴随着双脚触地，超越器械姿势得以形成。

超越器械

预备动作为最后用力阶段提供了最佳的身体姿势。这个姿势被称为是超越器械。每个投掷项目的超越器械都是不同的，但有相似之处。虽然大多数人认为后脚应该先于前脚落地，但仍有一些人认为应该让前后脚同时落地。尽管同时落地较短的过渡时间非常有益，但一些研究人员认为，同时落地可能会减小运动员和器械向前的动力。在后面的章节中，将会阐述各个项目的投掷力学原理，以及各个超越器械动作的相似之处。

最后用力阶段

从后脚落地到器械出手之间的这段时间就是最后用力阶段。这个阶段开始于身体到达超越器械并开始最后力之时。最后用力阶段又可以细分为过渡阶段（后脚落地和前脚落地之间的时间），以及用力阶段（前脚落地和出手之间的这段时间）。

最后用力阶段由上肢和下肢两部分的动作组成。上肢的动作被称为击打，最后用力阶段是投掷动作的最后一个部分，它在形成超越器械时开始，随着器械的出手而结束。下肢固定锁死，以便为抵抗上肢末端的爆发用力提供一个稳定的基础，特别是在铁饼、标枪和铅球项目中投掷臂爆发用力时。在这个阶段，运动员通过伸展膝、髋、背和肩等一系列动作来加速提升器械到肩部的高度，最后在肩部或更高的高度投出器械。在最后用力阶段，下肢的爆发性提升和转动密切反映于髋关节的动作，髋的转动和伸展与腿同时进行。这些高强度、短时间的动作导致踝关节的跖屈，膝和髋的伸展等一系列的腿部动作（也被称为"三重伸展"）。

运动员一旦掌握了可以获得最佳出手高度和角度的技术之后，重点就应该放在可以提高出手速度的技术转换上。在所有投掷项目中，最大的动作速度是获取最大可能的出手速度的必要条件，正如获得理想的器械加速度需要最大的力一样。在出手过程中，身体不同部位的连续加速和减速使动作协调性最大化，这就是所谓的非投掷侧制动，这是有好处的，因为它进一步加速投掷侧的动作，并促使运动员更好地将动量传递到器械上。

跟进和维持平衡（换脚）阶段

　　如果运动员出手动作不当，或者从进入投掷圈或助跑道内开始投掷到器械落地之间，运动员触及助跑道或者投掷圈及以外的地面，都会被判犯规。跟进和维持平衡这种动作策略可以防止犯规，因为这些动作可以确保运动员在投掷圈前沿或者投掷弧标记线以内落地，从而获得成功的试投。例如，在铅球项目中，跟进动作的目标是获取正确的投掷臂技术，包括手臂伸展、腕部动作和手掌的向前跟进。维持平衡（换脚）动作可以使运动员跟进和追随器械。运动员在最后用力阶段的最后时刻及随后的跟进动作中，通过制动来结束向前的动量。

　　通常，铅球和铁饼项目有3种动作方式以获得成功的试投。第一种方式，运动员在最后用力阶段的最后时刻及随后的跟进中运用制动力，结束向进的动量，这被称为非换脚模式。因为此策略与其他两种策略不同，运动员在出手之后，双脚前后位置没有互换。

　　另外两种方法中，如前所述，前后脚的位置会进行互换。其中一种技术称为上步换脚或延迟换脚。在采用这种方法时，运动员会在并非完全交换双脚位置的情况下停止向前的动量。然而，运动员在出手后一定时间的延迟后，后脚确实会向前迈出一步。

　　第三种是换脚动作。这是一种使铅球和铁饼运动员在出手后跟进、恢复、保持或重获平衡，以防止犯规的动作。在这种技术中，运动员交换前后脚的位置，以便可以使用后脚来阻止身体和器械的向前动量。有些人认为这是停止向前动量最好的方法。

　　在链球和标枪项目中，出手之后会有专项的跟进动作。在分别介绍这两个项目的第18章和第19章中，将会分别描述这些动作。

器　械

　　对投掷器械有基本的了解非常重要。器械的重量、材料和感觉各不相同。运动员应该选择那些适合自己风格、与其能力相匹配的器械。教练员可能要购买一些器械用做练习使用，其他的主要在比赛中使用。改动的或轻重量的器械可以在学习的早期阶段使用，以帮助运动员取得进步。例如，用一个圆锥筒来代替铁饼，用一个球或小棍来代替标枪，或者用一个重一些的棒球棒来代替链球。在后面的与各个项目相关的章节中，会提供关于如何选择器械的更多信息。

各个投掷项目的技术

　　一次试投的成功与否取决于动作技术上的稳定发挥。刚开始的时候，会觉得投掷项目所用的一些技术似乎有些不自然。为器械最后出手做准备的所有力的总和会直接影响投掷的结果。虽然各投掷项目在某些方面是相似的，但出手前的各个动作可能会各有不同。

　　铅球包括三个动作：滑步或旋转，超越机械和出手。链球和铁饼的动作包括投掷圈内的身体旋转加速，依靠向心力和扭矩，在达到最快时最终出手。与链球和铁饼不同，标枪要求运动员在直线距离上建立速度。在这四个投掷项目上任意一个取得成功，都需要在最短的时间内将爆发力和最大肌肉力量转移到器械上。

　　肌肉力量的重要性要求运动员在其职业生涯的早期阶段锻炼腿部力量。力量对于投掷运动员来说非常重要，它通常是技术发展的一个限制因素。力量较弱的运动员根本不能像较强壮的运动员一样迅速有效地提高技术水平。

图式理论（Schmidt，1975）认为，技术学习是一个回忆和认知的过程。图式理论用在运动技能的学习时涉及一些动作信息的存储，例如身体姿势、技术参数、精准性和知觉输入等（Judge，2007）。每个投掷项目都需要培养在有限的时间内，产生最大的力，同时保证技术的精准执行。

器械的持续加速

对于一次成功的试投，节奏和技术同样重要。恰当的加速是节奏的一个关键组成部分。例如，推铅球在投掷方向上的最后动作是在髋和肩停止旋转时开始的。在髋和肩旋转开始后，铅球的速度达到每秒6米，而当投掷臂通过肘部和肩膀的伸展参与到出手动作之后，铅球速度增加到接近每秒7米。器械的加速度必须是持续增加的，持续渐进加速的概念看似简单，但通常无法实现。一个常见的错误就是器械加速太快，后来很快就开始出现减速。逐渐加速在预备阶段和最后用力阶段都很重要。在图上，加速率应该描绘成一个平滑的曲线，没有陡峭的尖峰和下沉。

合力

力的产生一般开始于近端关节。大腿和躯干上的大块肌群克服惯性并产生动作，使肩膀和手臂的小块肌肉可以在最后用力阶段进一步增加器械的速度。在通过依次伸髋、伸膝和跖屈动作之后，最初产生的力从近端关节传递到远端关节，并使运动员和器械系统得到加速。这种力必须通过其他（远端）关节传到地面或器械上。例如，虽然肩关节（近端关节）可能产生力，但力是通过肘和腕部（远端关节）传递到铅球的。在最后用力和手臂推击时上半身的活动是由力的结合引起的。虽然各投掷项目略有不同，从近端到远端的用力顺序是一样的。总体而言，最佳的动作协调模式是：肌肉的激活和身体特定部位的加速是以从近端到远端的方式发生的，伴随特定部位在出手之前的最佳时机做出减速。

从近端到远端的动作协调模式的好处之一是它产生的鞭打动作。当大腿和躯干肌肉组织开始收缩时，髋部旋转，肩轴和髋轴之间会产生更大的角度偏离。当髋部旋转减速、肩部加速直到投出器械，这过程就产生了鞭打效应，髋部的减速是"加速—减速"动作协调模式中的关键。如果肢端肌肉强壮，但核心力量单薄，就不能产生足够的合力，其结果往往是技术瓦解，无法得到最佳的表现。

延长器械加速轨迹

施加在器械上的力的作用时间越长，动量和速度就越大。为了延长力的作用时间，运动员必须使器械在最后用力阶段的加速轨迹最大化。有两种方法延长加速轨迹，一是重量转移和旋转，二是使用闭式投掷姿势（身体投掷侧向前伸的同时非投掷侧向后拉回的投掷动作）。

在最后用力阶段，身体的重量从后脚转移到前脚，以增加身体的活动范围并延长器械的运行轨迹，这种体重的转移是投掷动作的一个至关重要的部分。前腿在器械出手时几乎完全伸直，但是，下肢的动作起始时间和动作的幅度在滑步和旋转技术上有很大的不同，与滑步技术不同，旋转技术最后用力阶段的两腿之间的重量负荷分布更加均匀，也就是说，采用旋转技术时，两腿回旋肌同时发力，而不是由后腿产生推力将体重转移到前腿。

形成超越器械姿势后进入最后用力阶段，身体的质心（近端关节）在投掷方向上平稳渐进地向前转移，这种质心的转移或转体在投掷动作中非常关键。在形成超越器械姿势开始最后用力时，身体躯干与投掷方向呈相反方向，使器械在最后用力阶段转过更大的角度。对于高水平的投掷运动员来说，在双支撑时身体微微前倾有助于在身体转动的角速度降低而器械的绝对速度相对加快时保持身体平衡。对于身材较矮的运动员来说，则需尽量利用较长的转动半径，使运动学指标更加平稳地发生变化。

在投掷动作的开始阶段产生更大的转动半径影响重大。对于给定的线速度，更大的转动半径可以使运动员以较慢的角速度进行旋转。相对较慢的旋转速率可以允许相关肌肉以较慢的速度收缩，这样肌肉可以产生更大的力，这是由于骨骼肌的力与速度之间的关系造成的，反过来，较大的肌肉力量会产生较大的扭矩并增加系统的整体角动量。因此，在投掷动作的早期阶段使用较长的转动半径可以增加系统的角动量并延长器械的运行轨迹。

分离和扭矩

虽然身体在投掷方向上平稳逐渐地转动，但在大多数情况下，上半身和下半身不会在同一时间、同一个位置上转动，这就是所谓的分离，也就是指髋轴和肩轴之间的偏离。此外，运动员先开始转动下半身，然后转动上半身，这样躯干核心区的扭转则会产生扭矩。力是改变物体或身体线性运动状态的推力或拉力。力体现在角度上就是扭矩。扭矩是力在转动轴上产生的转动效果。可以通过施加更大的力或通过增大旋转半径来增加扭矩。当大腿和躯干肌肉首先收缩时，髋轴向

前转动，肩轴和髋轴之间会发生更大角度的分离，躯干扭紧。随着髋的转动减速、肩的转动加速，身体的扭紧被逐渐打开，随后器械出手；这髋轴和肩轴的分离导致的身体扭紧再到打开的过程会导致鞭打效应。不同投掷项目的分离和扭矩程度不同，但都是为了建立一种从下半身产生，并传递到上半身的旋转合力。

制动

运动员必须最终停止身体产生的动量并将其传递到器械上。一个好的办法就是协调，并结合左腿和左臂的制动动作。由于铅球、铁饼和标枪运动中的出手技术不同，上半身的制动动作也会各不相同。例如，在铁饼中，投掷臂与躯干呈90度可以达到最理想的转动半径，左侧制动动作的启动和定位刚好与投掷侧反向。

左腿的制动

在左腿的制动动作中，随着左脚脚跟积极下压着地，停止左腿和左髋在水平方向和旋转方向上的运动，在超越器械位置上左腿得以牢牢地固定，通过这个动作将动量传递到上半身和器械。双脚恰当的对齐对于正确的制动动作非常重要。铅球、铁饼和标枪的一个常见错误动作是左腿偏离身体中心而过度偏左，无法做出制动动作，这种错误通常会导致重心不稳。

左臂的制动

在最后用力阶段，运动员通过伸长左臂以减慢上半身的转动，上半身肌肉组织产生离心拉伸，这样可以允许髋部早于上半身开始发力，肩带的动作是这一过程的关键。左臂向身体中心线快速地收缩，从而形成强大的合力。运动员努力期望获得的强有力的肌肉收缩通常都是弹性和反射性的收缩，通过

将肌肉组织离心拉长而建立的强有力的反应收缩被称为自主向心收缩反应。如果任何肌群的自主收缩发生在不恰当的时机或者随意参与，整个系统生成的弹性势能将会减少，从而导致效率降低。在最后用力开始前，左臂要一直保持伸长的状态，从最后用力起左臂开始向身体收近以帮助左侧上半身停止运动，并将动量传递到投掷侧。当发生牵张反射并产生弹性势能时，投掷的动作会更有效率。

在教授运动技术时，教练员应该创造条件让运动员预先拉伸肌肉，但是链球项目不需要这样做，因为它采用的是用双臂投掷。然而，在器械出手时，试图最大限度地增加旋转半径并提升链球，这时运动员的左侧是制动的。

姿势

和许多运动项目一样，姿势对于投掷项目也非常重要。由于核心区是几乎所有运动的中心，核心区的肌肉组织是能量产生的关键因素，躯干支撑手臂和腿部动作的能力（核心稳定性）对许多运动项目的表现和损伤预防都至关重要。

姿势的完整性直接关系到弹性势能的产生，身体各部位必须稳定有序地发力并产生动作，不能过度扭曲和旋转。不稳定或错误的姿势会导致控制姿势的肌肉进行过度代偿用力和维持平衡，这会限制它们伸缩自如的肌肉功能，但是，也不能为了稳定姿势而限制运动。运动过程中正确的姿势应避免身体过度僵硬，这不利于产生弹性势能。运动时身体核心区的同轴性（各部分保持对齐）对动作效率和损伤预防非常重要。

一个重要姿势就是头部的对齐，由于多种原因头部的对齐在投掷项目中非常重要。头部没有对齐会通过削弱肢体的动作而影响技术的发挥。由于前庭器的大部分功能被妨碍，身体平衡会受到进一步影响。最后，由于头部相对较重，所以多余的动作可能会产生不稳定性。头部没对齐导致的身体不稳定，会进一步引起身体僵硬、身体多链路，还会影响投掷动作的流畅性，导致运动表现的不一致。头部对齐可以确保身体得到放松并保持平衡，有助于创造一个良好的出手或手臂击打动作。投掷时，低头和转头都是常见的错误。

姿势的另一个重要构成即骨盆的对齐，它对于有效的试投掷同样至关重要。骨盆没有对齐会严重影响腿部功能的发挥，并几乎总是导致身体不稳定。骨盆没有对齐导致的不稳定同样会进一步引起身体僵硬、多链路，从而瓦解投掷技术。骨盆与脊柱的居中对齐可以使运动员更放松、腿部功能得到更好的发挥，完成更好的旋转动作。一个常见的错误是在到达超越器械位置后，腰部过度弯曲，使骨盆处于一个错误的位置。

投掷项目的教学与训练

投掷项目训练安排的目标是在比赛日达到最佳的技术表现和最好的机能状态，同时将机体疲劳降到最小。恰当的训练次序和合理的强度安排会使运动员达到巅峰状态。每一次技术训练课，教练员和运动员都必须有一个明确的目标。一旦目标确立，教练就必须根据目标针对反馈调整训练课。在介绍每一个项目的章的结尾部分，都会列出针对不同项目制定训练计划的参考。

在纠正一个新手所犯的错误时，教练员应该更强调运动员的优点，而不是需要改进的方面。"积极三明治"策略很有帮助，即首先对运动员的优点给予积极的评论，然后讨论如何纠正错误，最后再给予运动员肯定的评语结束谈话。这种方法有助于运动员保持活力和自信。

虽然纠正错误很重要，但是教练员应该小心避免给运动员造成过度的心理负担。给运动员造成心理负担的一个常见错误就是，在每一次投掷后都指出运动员的错误。好的计划是为每堂课都设定一个技术主题，并将注意力集中在这个主题的反馈线索上。此外，教练员应该限制反馈线索的数量，运动员不能同时处理好几条指示，他们需要重复动作技术练习来实现目标动作计划。为了掌握一项技术，运动员必须使思想和精力集中，并不断重复练习动作。处理太多信息不利于快速掌握任何运动技能。由于这些原因，教练员必须指出优先考虑的运动技术，并鼓励运动员专注于这一技术，直到他们能够完全掌握。一旦掌握某个技术后，在很长时间内都不会遗忘。

持久的记忆使运动技能学习成为研究学习和记忆机制的一个有趣范例。技能学习是一个连续的动态过程，没有明显的阶段划分，不过，为了方便起见，以下的一般阶段划分可以参考。

- 泛化（认知）阶段。这个阶段是指一项技术最初的介绍和练习阶段，涉及"做什么"的决定。泛化阶段具有快速学习（训练课内）和慢速学习（训练课之间）的特点。在这个阶段，运动员会对技术及其要求形成一个认知画面。在这个起始阶段，动作通常不顺畅、停滞以及动作时机不佳。

- 分化（联结）阶段。该阶段是运动员在经过初步学习之后，不断练习他们新获得的技术的过渡阶段；涉及"如何做"的决定。这个阶段很长，事实

上，有些运动员可能永远过不了此阶段。在这一阶段，运动员已经掌握了技术的基本原理，技术发挥波动不大，一致性增强。

- 自动化（协调完善）阶段。在这个阶段，大部分技术是在不假思索情况下完成的，因为运动员已经不需要再注意那些基本要求了。因此，运动员可以有选择地将更多的注意力放在有更高认知要求的动作上，比如比赛策略，或者像铁饼的拨饼、标枪的拨枪等外部提示。在这个阶段，进步会很慢，但运动员在新的环境中也能稳定发挥技术。这个阶段涉及"如何做好"的决定，以产生更高水平的技术发挥。

大多数运动员在学习技术时是会一个阶段提高到另一个阶段，不过，由于训练的要求、任务的复杂性和动力不足等因素，有些人可能不会到达最后阶段。

风险管理

风险管理是教练员工作职责的一个重要组成部分。为了预防风险，必须做好员工培训、设备的更新和维护、紧急情况下风险管理预案。对田径场地场馆进行正确的风险评估和管理，需要对各运动项目、观众数量和安全设施具有深入的了解。

需要特别关注田径投掷项目的设施。例如，链球和铁饼护笼的安全性往往被人们所忽视。除了设施本身的问题被忽视外，链球项目存在着内在风险，参加比赛的运动员、教练员和观众都处于危险之中。链球（女子：4千克；男子：7.26千克）是一种用力掷入空中并高速飞过相当长距离的钢制器械，并且在飞行时很难被看清。

教练员决不能忽视安全问题，应始终予以严格监督。内场一般是唯一适合进行训练的地方。恰当醒目的标识非常重要，教练员应该培养运动员不在内场穿行的习惯，即使没有进行投掷，也不可以在内场穿行。链球和铁饼护笼必须保证安全；开口处必须正确安装。应该仔细检查铁饼、铅球和链球的投掷圈，以确保干燥干净、没有异物。在运动员进入投掷圈或助跑道之前，落地区必须清场。

田径运动需要不同的专项鞋，投掷鞋必须是宽底平底鞋，而且有良好的韧性。下面是选择投掷专项鞋的一些基本指导原则。

- 链球。理想的链球鞋有平滑弧度的鞋底。当运动员在投掷圈中旋转时，有弧度的鞋底能够使鞋的侧边更自然地接触地面。

- 铁饼和旋转式推铅球。鞋跟圆度在这些项目中没有那么重要，因为投掷主要靠脚掌的动作，因此，最好有宽阔平坦的鞋底，但是应该有一些纹理，或者是用黏性橡胶制成，这样就可以在投掷圈里获得更好的抓地力。

- 滑步式推铅球。这个项目专项鞋的最佳款式是稍微有点弧度的鞋，鞋跟宽而平，这可以帮助维持横向平衡，防止运动员来回晃动，同样它还可以使脚跟抵住投掷圈后沿变得更容易些。

- 标枪。标枪鞋有低帮、中帮和高帮3种样式。这些设计是为了给支撑脚的踝关节更多的支撑和保护。标枪鞋有11个鞋钉，通常前面7个，后面4个。据国际田联技术规则，专项鞋上最多有11个鞋钉，长度不能超过12毫米。

在训练和比赛之前，教练员应协助运动员检查设备和专项鞋，确保所有设施都处于良好状态以防止运动员受伤和表现不佳。

在训练时，教练应重视并要求运动员注意所有训练中的技术细节。训练（跑步、多级跳、抛球，甚至力量举练习）时，教练员应该利用各种机会尽可能地提示投掷的基本原则。当运动员身体疲劳并影响技术动作时，应停止训练。教练应将动作分解，让运动员能够很容易地练习和掌握各个部分。先训练器械的出手动作，然后再训练从超越器械开始的最后用力动作，以此类推，即将整个动作技术分解后，从后往前依次训练，逐步增加动作的速度和预备动作。

运动员在正确掌握开始和预备动作之前，不应尝试练习完整投掷动作。简化的技术，如缩短标枪的助跑，或者采用一圈或两圈的旋转技术投链球，对运动员的训练很有帮助。

过早地做维持平衡动作是一项影响技术发挥的常见错误，即运动员在把力完全施加给器械之前就开始做维持平衡动作。要解决这个问题，教练员在训练中不要强调这个动作，并且不允许运动员在学习和掌握技术阶段练习这个动作。

结　语

尽管在投掷项目上取得成功取决于几个变量之间的相互作用，但我们也不能忽视天赋和基因的影响，伟大的运动员都具有运动天赋。成功同样依赖于力量、爆发力和技术的积极表现，以及各技术构成的一致性。虽然每个项目各不相同，但获得成功所需的许多特性都是一样的。尽管出手速度是最重要的，但初始速度、出手角度和出手高度共同决定了投掷的成败。

了解了投掷的技术原理，教练员就可以在必要时改进运动员的技术，并设计训练方法以提高他们的技术表现。教练员在运动员取得成功的过程中扮演着至关重要的角色，在技术训练的各个方面，教练员和运动员都必须制定明确的目标，一旦目标确立，教练就必须针对这个目标根据反馈情况进行调整。系统的训练框架可以确保教练员和运动员对训练目标有个清晰的认识，使运动员能够更有效地应用新掌握的技术。

第16章

铅球项目

劳伦斯·W. 贾奇（Lawrence W. Judge）博士

铅球是一项传统的投掷运动，起源于苏格兰高地游戏。它是田径比赛中最古老的项目之一，现代夏季奥运会自1896年问世以来，都会进行铅球比赛。铅球运动中的手臂推击动作是这个项目独有的动作，其他运动不要求三角肌前束和肘部与身体呈90度角的情况下做推击动作。铅球运动员必须培养一套起初看起来可能不太自然的技术，他们必须学习专门的姿势，掌握平衡，还要习惯以脚掌为中心进行转动。

本章中教授的每一项技术练习都针对一项专项技术。例如，一个运动员天生的肩部灵活性很少能达到做出一次有效推击所需的灵活性要求。做出手臂推击动作之前，非投掷臂的制动动作是另外一个必须通过技术练习来掌握的技术动作，比如本章稍后会介绍的搭档举手击手掌练习方法。

目前精英级别的男女运动员利用滑步和旋转技术都取得了同样的成功，因此，本章分别介绍这两种技术。为了使运动员掌握投掷动作的分解技术，教练必须引入一系列的练习方法来教授专项技术。不管最终采用哪种技术，所有的铅球运动员都需要学习和掌握一些基本的动作，比如制动、手臂推击以及髋部的动作。

目前铅球比赛的竞赛规则由国际田联制定，国际田联田径竞赛规则手册对这些规则进行全面阐述。规则规定，铅球的外形必须是球形，由硬度不低于铜的金属制成，或由此类金属制成外壳，中心灌以铅或者其他固体材料。对于室内比赛，铅球可以由塑料制成，或者在外层包裹橡胶。铅球表面必须光滑，表面不能有不规则的形状。表16.1列出了适用于成年男女和青年男女的铅球重量和直径。通常，比赛用的铅球由铁或钢制成。铸铁制成的铅球价格从20到50美元不等，钢制铅球的价格从50到100美元不等。钢制铅球的重量和平衡性更加精确。

表16.1　铅球的重量和直径

	重量/千克	直径/毫米
成年男子	7.26	110至130
青年男子	6	110至130
成年女子	4	95至110
青年女子	4	95至110

无论是采用滑步技术还是旋转技术的铅球运动员，都必须学会一些重要的技术，刚开始这些技术对有志于从事铅球项目的新手来说似乎有些怪异。例如，运动员天生的髋部灵活性与做出有效的铅球推掷动作所需的髋部灵活性相去甚远。在最后用力阶段开始时，躯干的转动是另外一种不自然的动作，必须通过反复的技术练习和专项力量训练才能掌握。一位出色的教练员在引入滑步或者旋转技术之前会先专注于训练铅球运动的基本技术。

要想成为一名成功的铅球运动员必须严格自律、积极投入，还要有较大的决心。即便是年轻的、身材条件突出的、天赋较好的运动员，也要投入几年的刻苦训练才能掌握必需的技术。在掌握手臂推击、制动和超越器械等基本技术之前就开始练习旋转技术，可能会限制运动员的长期发展。

不管运动员的竞技水平多么高，总是有需要学习和提高的技术。旋转技术脚下动作的复杂性使得雄心勃勃的年轻运动员要花费几年的时间才能掌握。美国女子铅球纪录保持者吉尔·卡马雷娜-威廉斯（Jill Camarena-Williams）就是一个很好的例子，她通过滑步技术掌握了基本的技术（18.15米），然后练习旋转技术而成为世界级（20.18米）的铅球运动员。掌握了基本滑步技术的铅球运动员可以轻松地学习铁饼一章（第17章）中所讨论的基本旋转技术。

开始姿势

为了简洁明了，本章的所有讨论都以右手持球运动员为例。运动员必须采用一个开始姿势和一个最终形成的超越器械动作来达到正确的姿势和平衡。平衡性是一种均衡状态，其特点是所有的作用力均被相等的反作用力抵消。稳定性指的是身体抵抗向某方向倾倒的能力。尽管定义不同，但是稳定性与平衡性密切相关，并且相互影响，因而很难将两者分开来讨论。

在铅球运动中，为了产生有效的位移，运动员必须在一个稳定的基础上施加作用力。当身体向地面或者器械施加作用力时，身体核心部位必须处于稳定状态。初学推铅球的选手倾向于在开始姿势时拱背和低头。低头会导致在纠正第一个错误时，接连发生一系列的错误。

1. 头部向前移动，导致质心发生移动。

2. 为了补偿质心移位，上半身会向后移动。

3. 为了补偿上半身的倾斜，髋部向前移动。

一个稳定的棒球击球手（直立）姿势——头部位于脊椎上方，身体躯干最低程度弯曲，这是一个让青少年运动员处于有力姿势的状态。这个姿势类似于在力量房中进行高翻动作时刚要耸肩之前的姿势。形成棒球击球手姿势时，头部相对于脊柱和骨盆的合理位置是主要的关注点。

持球和颈部放置方式

将铅球放在手中，使其位于手指的根部（图16.1）。手指要舒展开，用3根最有力的手

图16.1 持球

指接触铅球，大拇指和小拇指处于两侧来维持铅球平衡。手腕弯曲，把铅球放在贴住颈部挨着下巴的位置，使大拇指与锁骨接触，肘部处于弯曲状态，铅球被置于下颌轮廓附近的颈部上。有些教练员声称下颌骨后方的凸起就是为全世界的铅球运动员而存在的。旋转选手（使用旋转技术的铅球运动员）通常将铅球高举在耳朵附近的颈部位置（图16.2a）。大多数滑步选手将铅球放在下巴下方的颈部位置（图16.2b）。铅球在颈部的放置主要取决于手腕、前臂、肱三头肌和肩带的柔韧性。高翻练习非常适合需要增强并维持上半身柔韧性的铅球运动员。

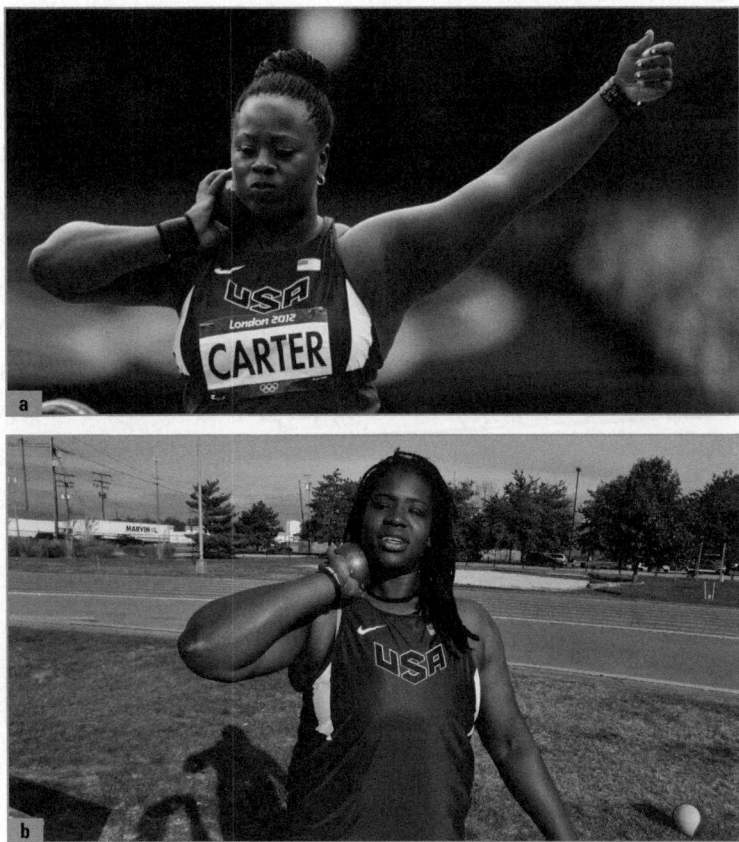

图16.2　铅球处于颈部的位置：a. 美国纪录保持者米歇尔·卡特（Michelle Carter）将铅球放在颈部较高的位置；b. 有些铅球运动员更喜欢将铅球放在较低的位置

错误的开始姿势会导致运动员在出手的时候垂肘，这种错误会减慢手臂推击的速度。一个常见的错误是将铅球放在锁骨上，手和手腕朝向身体的中线。这种错误通常是因为上半身灵活性和专项力量不足。尽管肘部位置可以不同，但是一般要稍微抬高一点。教授正确的颈部放置方式的一个较好的技巧是，指导运动员先将铅球和持球手朝向与出手角度大致相同的方向举起，即32至36度之间，然后将铅球落至颈部，大拇指朝下，肘部朝外，非持球手辅助将铅球贴在颈部就位。

预备姿势

在预备姿势中，蹬伸腿的脚部要放平，靠近投掷圈的后沿；脚趾指向投掷的相反方向（图16.3）。在开始滑步之前，运动员可能要用到预备阶段中的两种基本开始姿势之一。

1. 采用直立姿势开始。蹬伸腿蹬地以进行动态滑步。

2. 采用微屈蹲起始姿势或者T字形起始姿势。T字形起始姿势采用低位姿势，在开始朝抵趾板运动之前，需要将大约70%的体重放到位于投掷圈后部的蹬伸腿上。

预备动作

预备动作和投掷动作应当是一个有节奏的整体。教练员在教授这些动作时要将节奏牢记于心。铅球运动员在开始滑步之前有许多开始方式。他们可以从直立姿势、中位姿势或者低位姿势开始。静态开始姿势（图16.4）从低位开始，而且没有预备动作，这种姿势非常适合初学者。较高水平的运动员可以选择蒂默曼（Timmerman）这样的开始姿势，这是一种从直立姿势发起的站立开始动作（图16.5）。教练员和运动员应当共同确定运动员所使用的预备动作的类型和节奏。

图16.3 预备姿势

图16.4　静态开始姿势

图16.5　蒂默曼开始姿势

准备滑步

开始滑步之前，投掷选手应该抬起左腿，然后将体重完全放在右腿上面，弯曲膝盖和髋部，与此同时，左腿向右腿靠拢，使得双膝在最大弯曲位置处相互靠近。躯干和头部保持在原位，肩膀和左手臂保持收紧，铅球保持在右脚的后方。

滑步

　　滑步是3个不同动作的结果，分别是：髋部的后坐、左腿的伸展和右腿的推拉（图16.6）。随着准备阶段的完成，运动员髋部便开始后移。一旦运动员的质心经过右脚脚跟，

图16.6　滑步

便要伸展左腿，使左脚朝着抵趾板移动，几乎就在同时，右腿用力地推动身体，使身体作为一个整体朝着投掷圈前沿移动。该推动利用了右脚的整个脚底，所以在右腿伸展的过程中，脚后跟是最后离开地面的部位。随着右腿的推动，髋部开始逐渐朝运动员左侧张开，躯干开始稍微抬起，但是肩膀仍然与投掷圈后方垂直。头部保持与脊柱对齐，左手臂保持收紧，而铅球仍然保持在后面，眼睛注视着投掷圈后方1.8至2.4米处的固定位置。

　　在过去几十年里，滑步采用的两种主要技术类型是：长滑步、短支撑（长—短型）；短滑步、长支撑（短—长型）。尽管许多教练员信奉长—短型滑步技术，但是大多数世界顶级滑步选手采用的都是短—长型的滑步技术。教练员和运动员应当一起选择最适合运动员的技术类型。滑步技术常见的错误动作和纠正方法参见表16.2。

表16.2　滑步技术的常见错误动作和纠正方法

错误	原因	纠正方法
左脚向投掷圈前沿的蹬插动作迟滞	• 即便是运动员直接向后蹬伸了左脚，但是在开始蹬伸时，左脚可能抬到了髋部以上位置，这会使运动员在腾空时左脚只是掠过投掷圈，左脚在伸向抵趾板着地时，与地面只是轻轻接触 • 左腿使用效率太低；朝向抵趾板的蹬伸动作不正确；蹬伸时左脚踢到了髋部以上位置，同时膝盖呈明显的弯曲。需要通过技术训练来使运动员做到左脚爆发性地笔直蹬伸插向抵趾板	• 采用A字形专项技术练习方法 • 在左脚正后方放置一个药球，在向抵趾板蹬伸左脚时，用左脚踢或者推药球 • 将一根弹力带的一头固定，另一头系在左脚踝上，双手抓住栅栏，反复地向后踢左脚并使左腿完全伸展。为了增加强度，在左脚踝绑着弹力带的条件下进行滑步练习。阻力会迫使运动员更用力地使用左腿

续表

错误	原因	纠正方法
在投掷圈后部用脚掌推离地面	• 由于腿部力量不足，在发力期间直接用脚掌推离地面，而没有做出由脚掌滚动至脚跟进而蹬离地面的动作	• 右脚平站在地上，质心位于右脚脚跟上方。当开始团身动作时，将质心保持在右脚脚跟上方。当髋部开始后移时，会自然地做出由脚掌滚动至脚跟的动作 • 采用A字形专项技术练习方法 • 在低位开始姿势时，在投掷圈的后部开始蹬地时抬起脚趾，这么做会消除向垂直方向推动的选项，而只能向水平方向推动，从这个姿势用力向抵趾板方向推动
躯干在滑步期间上抬	• 力量不足（力量不足的一个迹象是向下和向后甩动左手臂以帮助完成滑步动作） • 不良习惯 • 右膝弯曲的角度不够	• 要牢记的是双腿在工作，集中注意力保持躯干向后（投掷圈后沿）倾斜，眼睛注视投掷圈后沿 • 为了加深右膝的角度并发展右腿的力量，进行左膝锁死状态下滑步训练。在投掷圈的后部，尽可能地降低身体，胸部尽可能地靠在右大腿上面，左腿必须在膝盖锁死的状态下向后蹬伸。右膝较大幅度地弯曲，胸部靠着大腿，这一点至关重要。从这一姿势开始，尽可能远地滑步并推出铅球。随着这项技术的提高和掌握，你可以试着使用更重的铅球
右脚在身体下方过于靠近投掷圈前沿，并且躯干在右腿上方向后伸展得过多	• 如果在滑步期间将左腿伸得太高到髋部以上，则会导致上半身向前倾斜以及右脚过快地从投掷圈的后部蹬出，并落在离投掷圈前沿过近的位置	• 采用A字形专项技术练习以及类似的训练，以便加强左腿动作 • 集中精力保持左腿锁死在伸展状态下向后伸和下插，并让双脚同时落地形成一个平衡的超越器械姿势

续表

错误	原因	纠正方法
视线朝左肩膀上方看，这会导致在滑步期间，肩膀向左旋转（张开）	• 没有保持眼睛注视投掷圈后缘，导致头部失去控制	• 左手握住毛巾的一端，让教练员握住另一端。在滑步时，教练员通过拉毛巾向后拽住左侧肩膀。当你到达超越器械阶段并准备最后用力时，教练员松开毛巾 • 让教练员站在你的左侧。教练员的右手轻轻地放在你的左上臂上面。在你滑步时，教练员的手始终保持和左上臂的接触，直到形成超越器械为止 • 将一根扫帚柄或者PVC管横放在肩膀后部，并练习滑步。扫帚柄应当能够保持你的肩膀处于平直状态，避免它们张开

腾空和过渡阶段

随着右脚推离地面，腾空阶段便开始了。在腾空时右脚应收至身体质心下方。在右腿完成其推地动作之后的腾空阶段，右腿应当收回到身体的下方，并在腾空时转动右脚，使其落地时右脚脚尖方向与投掷方向呈90至135度。

过渡阶段指的就是右脚落地和随后跟着左脚落地之间这一阶段，器械会在这个没有支撑的阶段内减速；这个阶段的目标是实现滑步的水平动作与超越器械的垂直动作的完美衔接和融合。初学者在此阶段内有停顿的倾向，但是随着力量的增长和技术的熟练，这种倾向会逐渐消失。左脚落地时，髋部继续轻微打开，躯干保持稳定但是稍微地倾斜，而肩膀和左手臂保持收紧，铅球所处的位置越往后越好。

超越器械

超越器械是运动员能够借以爆发力量的姿势，这个姿势的平衡至关重要。为了做好最后发力的准备，运动员落地后必须形成一个良好的超越器械姿势（图16.7）。体重放在了右脚的脚掌上面，而右脚脚掌位于圆心附近，脚尖略微偏向投掷选手的右侧，使其与投掷方向呈90至135度。右腿的膝盖弯曲。左腿落地后有稍微的弯曲，但是牢牢地落在离抵趾板2.5厘米的位置，稍稍偏向抵趾板中心的左侧。髋轴与投掷方向呈90度。躯干

图16.7　超越器械

轻微地倾斜，但是并未低至使身体在腰部出现过度弯曲的程度。头部处于对齐状态，肩膀和左手臂紧绷，铅球位于右脚的后方。尽管运动员会感到躯干上有些紧，但是超越器械姿势应当自然舒适，眼睛要注视着投掷圈后方1.8至2.4米处的固定位置。

最后用力阶段

最后用力阶段对最终投掷成绩的贡献占将近70%。它包括两部分：最后用力的开始阶段和手臂推击动作。

最后用力的开始阶段

最后用力阶段以力量较大、速度较慢的近端关节开始，以力量较小、速度较快的远端关节结束。在落地形成超越器械姿势时，紧接着会发生3个动作。

1. 髋部转动。
2. 髋部前移。
3. 右腿有力的蹬伸。

最后用力阶段从下半身开始，在髋部转动以及重心从右脚转移到左脚的过程中，伴随着右腿有力的蹬伸动作，左手臂和上半身相继向投掷方向转动并前移，右手臂相对位置保持不变，使肘部和铅球的运行轨迹保持线性一致。随后，左手臂向下和向靠近身体方向猛拉来对左侧上半身的转动进行制动。躯干转动时，头部要始终对齐。这个阶段的目的是为身体提供一种最大化的潜能（准备），即在接下来的动作中能将有力的近端关节产生的动量传递到力量小、速度快的远端关节。

一个常见错误是头部先于上半身开始转动，这会导致错误的关节发力顺序。为了让铅球处于右腿髋部的后方，并保持扭矩姿势以获得最大的投掷距离，运动员必须保持眼睛盯着投掷圈后沿以外1.8至2.4米的固定位置。

手臂推击

手臂推击（图16.8）开始于右腿的蹬伸和上半身的转动几乎完成的时候。推击动作指的就是一个推的动作，该动作开始于肩部和肘部，结束于手腕的有力抖动。铅球离开颈部到肱三头肌的上方位置，肘部抬高，与铅球的运动轨迹呈一条直线对齐，大拇指在推击期间朝下。一个常见的错误是，在手臂推击期间低头或者将头转向左侧。手臂推击的方向主要是水平方向，但是稍微有些垂直分量；出手角度大约为32至36度。对于不同的出手角度，运动员无法获得相同的出手速度，随着角度的增加，速度通常会降低。

图16.8　手臂推击动作

跟进和维持平衡（换脚）动作

运动员猛烈地推击铅球，当推击动作结束，铅球出手后，上臂会被顺势带着甩过胸部。

维持平衡（换脚）动作是髋部和腿部剧烈伸展的结果，该动作有助于铅球的投送和肩部向前伸长的推击动作。为了合理地维持身体平衡，在铅球出手之后，运动员右脚向前迈向抵趾板方向，落在原来左脚支撑的位置，同时左脚后撤抬起，胸部降低并转向运动员身体的右侧（图16.9）。

图16.9   维持平衡（换脚）动作

运动员不应观看铅球的飞行，这很可能会导致运动员触及抵趾板上沿而导致犯规。一个有效的方法是"在维持平衡（换脚）期间，在投掷圈后方选择一个可以注视的点"，注视这个点可以帮助运动员获得平衡并避免犯规。

旋转式推铅球

自从迪克·福斯贝里（Dick Fosbury）采用背越式跳高技术之后，田径项目便再也没有产生过比旋转式推铅球更有意义的技术革新了。尽管伟大运动员亚历山大·巴瑞辛尼可夫（Alexander Barishnikov）在1976年成为首位采用旋转技术在国际上获得成功的运动员，但是采用掷铁饼那样的旋转技术来推铅球的方式实际上要早于背越式跳高。通过自己的摸索构建技术模式的第一代旋转技术运动员现在都在执教，并且旋转技术已经成了一种更为广泛传播的技术。人们开展了更多的研究，而且运动员们正在利用这种技术不断克服新的障碍。

尽管滑步技术已经非常成熟，但是旋转技术有许多优于滑步技术的力学优势。例如，旋转技术增加了铅球的运行轨迹，延长了加速距离，这使运动员可以延长发力时间。利用旋转技术创造的路径长度为4.27米，并且出手时高度升高25至30厘米，然而利用滑步技术创造的路径长度仅为2.95米，出手时高度升高10至15厘米。由于发力时间的增加，运动员可以获得更大的出手速度，最后用力时获得更高的腿部蹬伸幅度。从投掷圈后部旋转到前部产生的巨大动能，超越器械时的更大扭矩以及出手时的双腿蹬伸离地，使旋转技术比滑步技术更具爆发性。

复杂的旋转技术的不稳定性让采用旋转技术的运动员备受折磨（表16.3）。然而，当做到各关节协调发力时，旋转技术会产生激动人心的结果，因为这种技术会给运动员提供一个更加有利的投掷姿势，并且其本身节奏具有的更加协调的特性，有助于产生更大的扭矩。除了技术方面的优势以外，旋转技术为个头较矮、力量中等的运动员们提供了机会。因为这种技术模仿了许多用于铁饼训练中的元素，它给身体施加了更少的压力。尽管旋转技术提供了强势表现的机会，但是运动员们必须经过无数小时的刻苦训练才能掌握。

表16.3 旋转技术常见的错误和纠正方法

错误	原因	纠正方法
在投掷圈后部转出时过度地旋转，导致身体失去平衡	• 向右预摆幅度过大，这可能导致在开始向左后方旋转，重心移到左腿上时摔向投掷圈地面	• 不要急于开始旋转。注意减少向右的预摆幅度。将重点放在保持对身体的控制上 • 切记，上半身的旋转动作不同于掷铁饼的旋转 • 进行360度旋转专项技术练习
身体转向投掷圈圆心时失去平衡	• 左肩和头部先于并带动身体进行转动	• 集中注意力将身体重量先转移至左侧，不要着急进行旋转，重点放在头部和对齐躯干上，同时眼睛直视前方，肩膀应与左臂平齐，并处于左腿的正上方。在左脚开始转动时，保持右脚与地面接触，直到胸部转向3点钟方向时，右脚离地 • 进行四分之一圈旋转和半圈旋转专项技术练习
重心从右脚向左脚转移时，右肩和铅球前移到双腿前方，导致身体失去平衡，或向左摔出投掷圈	• 当髋部转向3点钟方向时，左肩下沉降低	• 集中精力保持肩膀水平 • 肩上扛一根PVC管，完成360度旋转技术练习。这样可以培养保持肩膀水平的运动感觉
尽管肩膀处于水平状态，但重心先向投掷圈地面下落，而不是转移到左腿上	• 肩膀面向5点钟或者6点钟方向	• 保持左臂和左肩处于左膝上方。确保重心转移到左腿上面。保持平衡 • 利用扫帚或者PVC管练习技术模仿，这有助于培养在左腿和左脚上转动的感觉
在旋转中失去平衡或摔倒	• 在开始旋转时，没有以脚掌为轴，左脚翻转到了脚外缘上，导致重心转移至左腿的外侧	• 进行大量的在投掷圈的后部的旋转模仿练习 • 集中精力保持以脚掌为轴旋转 • 进行开始旋转技术练习
缺乏足够的空间来容纳超越器械支撑	• 在从投掷圈后部转出时旋转的距离过大	• 保持左腿的平衡和控制，从脚踝和脚部发出一个有力但可控的跳转放慢速度并注意控制身体的动作 • 进行"跃溪"技术练习

续表

错误	原因	纠正方法
过度的旋转，使肩膀转向9点钟方向，而不是面向投掷方向	• 左腿制动后身体继续旋转（虽然身体的力矢量指向左面，但仍可能将球沿着右侧角度线投出） • 未能成功做出左腿的有效制动动作，导致力量朝身体左面发出，这通常会引起犯规或者将球沿着左侧角度线投出	• 直到肩膀和髋部面向3点钟方向时，右脚才离开地面，当右脚扫向圆心时，在12点钟方向选择一个聚焦点，并将动力指向该点，左肩指向左侧角度线。如果你倾向于纠正过度旋转，那么可以将左肩指向12点钟方向的聚焦点 • 进行四分之一圈旋转和南非旋转专项技术练习
身体向后倾斜，从胸前穿过推出铅球，并向左侧跌到投掷圈外	• 右脚脚跟落地导致右脚停止转动（旋转技术中最常见和最严重的错误）	• 进行大量的无球技术练习。集中注意力保持右脚脚跟抬起，并保持右脚的转动。这样可以确保重心完全处于右脚和右腿上方，从而防止脚跟接触地面 • 进行"轮转"专项技术练习
左脚向抵趾板摆动落地前，留滞于投掷圈后部，致使左脚在落地时出现大幅延迟。这会导致在抵趾板前，左脚落在右脚的右侧，从而限制了髋部转动	• 仿佛在投掷圈后部完成了一次原地脚尖旋转，即运动员右脚落地，再次面向6点钟方向时，左脚仍然托在身体前面	• 在面向投掷方向之前，必须以右脚掌为轴旋转。左脚必须尽可能快地落地，可以试着双脚同时落地。集中精力于迅速地拉收左脚穿过右膝后方，并顺利地进入超越器械姿势 • 进行半圈和"轮转"专项技术练习
过早停止右腿的转动，急于开始最后发力动作	• 由于在髋部向前转动的动作完成之前，左腿率先伸直，所以导致出手时髋部和肩膀面向1点钟方向	• 时机把控（节拍）至关重要。在整个旋转过程中，都要保持双腿处于良好的弯曲状态。保持左腿放松，直到铅球出手时，左腿向上发力 • 采用重器械进行多次重复练习 • 通过大量的技术模拟练习，以掌握更好的时机把控能力
右腿转过了太多的投掷圈空间，形成一个较窄的支撑	• 错误的旋转技术	• 等到髋部、左脚和肩膀面向3点钟方向时再抬起右脚。右脚抬起时，右膝必须弯曲至90度 • 进行"跃溪"技术练习

通常，会先向初学者介绍滑步技术，这样教练员能够教授铅球运动的基础技术。滑步技术容易让初学者掌握在右腿转动的条件下形成稳定的超越器械姿势。右腿向内转动对于掌握旋转技术来讲至关重要。

要想采用旋转技术取得成功，运动员必须具备耐心和毅力来达到技术的精准要求。由于这个原因，旋转技术并不是每一位铅球运动员的最佳选择。成功的旋转型铅球运动员做事有条不紊、性情温和、始终专注，并对该技术有坚定的决心。强烈的表现欲望必须处于完全的控制之下。此外，在决定是否要引入旋转技术的时候，教练员可能要考虑到运动员的投掷距离。一个经验是，一名可以在铁饼项目中投出43至46米的高二学生可能具备成为一名成功的旋转型铅球运动员所需的节奏和平衡。

开始姿势

旋转技术的开始姿势可以直立也可躯干稍微前倾。采用膝盖弯曲较为明显的前倾姿势，可以实现从投掷圈的后部一直到最后用力阶段有更长的加速路径，并且使铅球获得更陡的升高路径。该姿势可能为初学者带来困难，因为它要求具备更强的整体力量，尤其是核心肌群，该姿势使运动员在开始时很难掌握平衡，而且鉴于所需的力量，它可能会限制转动速度的发挥。虽然可能要将铅球握在手中并托在颈部位置，正如滑步技术中的那样，但是为了增加转动期间铅球的可控性，大多数旋转型运动员倾向于将铅球握在耳朵下方，甚至是后方。随着旋转期间转动速度的增加，将铅球保持在颈部会变得愈发困难，较高的颈侧位置有助于抵消离心力。

运动员跨立在投掷圈中线两侧，两脚略宽于肩，但是两脚的距离最终还是根据个人

的喜好和舒适性进行调节。尽管运动员腰部轻微弯曲，肩膀平直并面向投掷圈后方，但是身体姿势要处于稳固状态（图16.10）。在教导初学者时，推荐使用直立（棒球击球手站立姿势）姿势。假设运动员右手持球，使铅球顶着颈部，右臂与肩部持平并与躯干呈90度。左臂在体前与肩膀持平并处于放松状态，肘部轻微弯曲。

图16.10 旋转式推铅球开始姿势中的直立姿势

旋转

投掷的成功取决于投掷圈后部的一系列精准的动作。开始姿势站稳后，躯干开始向右侧轻微的预摆，然后运动员开始将重心缓慢地转移至左腿，为左腿蹬离地面做好准备。双膝弯曲至90至110度，这是一个类似前蹲的姿势（图16.11）。

随着运动员以左脚脚掌为轴进行转动，直到髋部面向3点钟方向，右脚才会有一个延迟的蹬离地面动作，这会导致髋部区域感觉到张力。与此同时，右臂和铅球保持在右

膝盖和右脚上方。

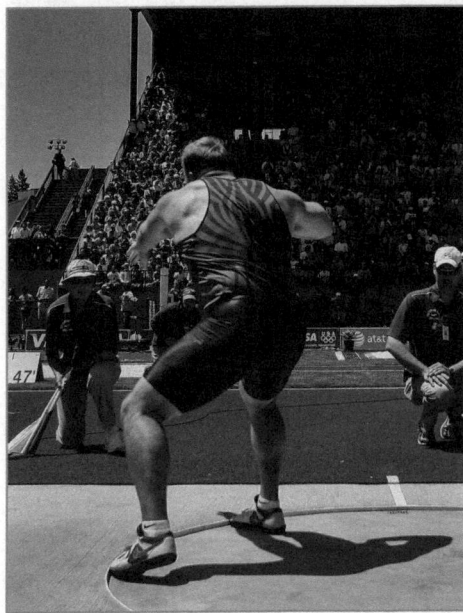

图16.11 重心转移至左腿

在转动的过程中，双眼始终注视水平方向，面部朝前，头部与肩膀对齐。教练员应当让运动员始终保持该姿势并且避免向肩膀左边看。转动期间，头部始终要与肩膀对齐。

左臂和左肩向左转动到左膝和左脚上方后，随着左膝和左脚继续转动，直到它们指向3点钟方向。此时，右脚抬起，在膝关节上形成90度角的弯曲；接着右足背屈，并沿着心形路径扫向投掷圈圆心位置，其间在4、5点钟方向会扫出投掷圈边沿之外。右膝关节的角度必须至少为90度。这种足球式的小腿和脚部的扫动动作（踢球动作）会使双脚快速地向投掷圈圆心移动（髋部翻转）。该动作还可以确保一个短、平的跳转。

接着左脚和脚踝做出蹬离动作，膝盖绝对不能锁死或者伸直，因为这会导致运动员跳得过高，并且占用太多的投掷圈空间。左臂过于用力地张开或者摆动会导致不稳定，上半身在转动时会发生倾斜，从而导致在投掷圈前部出现平衡问题。

从圆圈后部转出时保持肩膀处于水平状态是取得成功最重要的条件之一。左肩膀的任何下沉或者低垂都将会导致在投掷圈前部出现严重的平衡问题。

随着身体转向左脚前方，右脚被甩向了投掷圈中心。运动员必须向着落地区左侧角度线的方向驱动左肩和左臂。右脚和右腿从右髋位置向内转动，这样当右脚落地时，它便会朝向6点钟到9点钟之间的方向。

在左脚向圆心处推动髋部的过程中，运动员为了防止肩膀的过度旋转，可以用眼睛盯着落地区左侧角度线。左脚完成推动之后，为了在投掷圈前部快速落地，必须将其迅速地收起拉向右腿并蜷在髋部下方。左脚落地越慢，形成的扭矩就越小，并且重心过早向左腿转移的可能性也越大。

左脚必须从投掷圈的后部拉出，并与髋部形成90度角，以形成更加有效的跳转，进而达到超越器械姿势，这样做会避免左脚延迟到达抵趾板。教练员可以通过让运动员练习将左大腿尽可能地拉近右大腿，或者尝试将左脚脚跟踢至臀部，以便使运动员左脚在投掷圈前部快速地移动。

同样重要的是，运动员要在适当弯曲的双腿上保持低位。采用旋转技术的初学者所犯的一个常见错误是起身过快，这会导致消耗过多的腿部力量，还有可能会减小身体从超越器械开始升起的高度。

超越器械

右脚通过脚掌与投掷圈接触。右脚的有效蹬转取决于在投掷的整个剩余阶段脚跟都不和投掷圈接触。左腿和左脚迅速地摆向投掷圈前沿，该动作会产生更大的扭矩（肩轴与髋轴的扭紧），此时重心仍位于恰当弯曲的右腿上方。

当左脚落地时，铅球和右肩应当处于右脚的上方。左臂应当位于左腿的外侧以在胸部产生预拉伸。髋部面向3点钟方向，并且双脚呈左脚趾与右脚脚跟对齐的状态。旋转技术的支撑要窄于滑步技术，右脚位于投掷圈圆心前8至15厘米的位置。

右臂仍然处于肩膀高度，将铅球压在颈部。双眼牢牢盯着投掷圈后方1.8至2.4米的点，髋部要早于肩膀开始转动。

保持右脚脚掌紧贴地面并继续用力地转动，同时向前推动右髋并顶向撑着的左腿（图16.12）。与此同时，在髋部完全转向投掷方向之前双腿保持弯曲。由于旋转技术较窄的支撑，右腿并不会像滑步技术中的那样完全伸直。右腿和右脚的重要任务是向前推动右髋。

几乎所有的旋转技术运动员都会犯一个同样的错误：髋部在面向2点钟或者1点钟方向时，左腿就过早地伸直或者锁死了，这会损害重心的提升和出手高度，还会导致将球推向落地区右角度线方向。在向投掷方向转动右髋期间，重心必须稳稳地保持在右腿和右脚上方。

手臂推击

一次成功的试投掷与两条腿发力有直接的关系。然而，只有在髋部面向投掷方向之后，主要的蹬起才来源于左腿，这是运动员在左侧形成一个有效的制动姿势（图16.13），

并确保运动员处于在投掷圈之内以避免犯规所必需的。

图16.12 轮转形成超越器械姿势

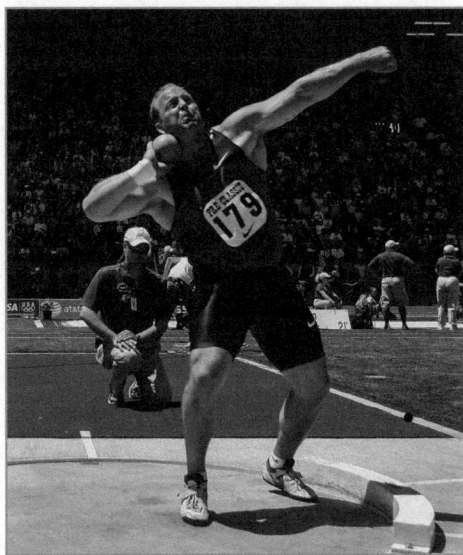

图16.13 制动

旋转技术的关键是时机的精准把控。右腿先于左腿蹬起通常会导致制动无力，并将球沿着落地区左侧角度线方向推出。如果左腿先于右腿抬起，运动员可能会被迫蹲坐或

者后倾，使质心处于左腿后方，这会导致发力疲软。

在右臂做从内向外的推击动作时，左肩和左臂连同左腿一起工作形成一个有效的发力。

旋转技术运动员必须学会等待右髋转至投掷方向再做出手动作，不这样做通常会导致犯规，原因是髋部向前平移。许多运动员着急出手并向前平移髋部，最后导致腿部蹬起和铅球出手时，肩膀偏向髋部前面位置。

抬头挺胸面向投掷方向，同时右肩前推，右肘高举在铅球后方。手指和手腕进行有力的拨击，铅球离手时大拇指朝下，小拇指朝上。

维持平衡（还原）

由于旋转动作和腿部蹬伸产生的巨大动量，旋转技术要求运动员在铅球出手之后继续进行旋转。这会使运动员在落地时右腿稍微弯曲，右脚全脚掌落地并指向9点钟方向。左腿被拉摆向6点钟方向。

滑步式推铅球的专项技术练习手段

最好通过一系列的专项技术练习方法来掌握推铅球的基本技术。运动员必须掌握一些必备的技能，比如姿势、平衡性，以及习惯以脚掌为轴进行旋转。每项技术都应对应一个具体的专项技术练习方法。一系列的专项技术练习方法有助于运动员掌握投掷各个环节的动作技巧。不管运动员最终会采用哪种方式推铅球，都必须掌握一些基本的技术。一旦掌握了基本的技术，运动员便做好了学习投掷圈后部以及向投掷方向移动技术的准备。

投掷项目采用"分—总—分"的教学方法。教练员将整个动作分解成各个部分。对于铅球项目，最先教授的是超越器械，接下来才是滑步。运动员在掌握了基本的超越器械和滑步技术后，即开始将二者结合成一个整体，以便开始完整动作的节奏练习。由于节奏和时机掌握至关重要，教练员必须让运动员进行大量的完整技术训练。不过，运动员必须进行各个分解动作的专项技术练习，以巩固那些具有挑战性的技术。

初学者必须了解，在铅球项目中，双腿是最重要的身体部位。为了让运动员理解这点，教练员可以让运动员在保证正确发力次序的情况下，通过各种投掷来证明身体不同部位对投掷距离的影响程度。身体每个环节的动作最终会组成完整的投掷过程。

应当牢记并建立正确的姿势，错误的姿势会直接导致投掷失败。教练员和运动员在训练中应努力去摸索能产生"火花"的最佳姿势。棒球击球手的姿势是一个可取的开始姿势。运动员可以尝试不同类型的起始姿势，并根据自身需要选择适合自己的技术。一个微小的技术调整可能会产生巨大的影响，一旦运动员找到了正确的姿势后，应当对该姿势不断练习。教练员的任务是塑造和巩固一个技术模型，让运动员通过该模型的不断训练以达到自觉应用的程度，一旦技术模式定型，就可以引入重器械和轻器械的训练。

手臂推击和制动动作的专项技术练习方法

手臂推击动作有可能是铅球项目中最需要指导的部分。手臂合理地由内向外的推出动作通常是良好试投掷和完美试投掷之间的差别所在。手臂推击中的击打动作是另一个不自然的动作，必须通过专项技术练习和专项投掷力量训练来建立。大多数运动员都习惯了投篮后手腕的抖腕动作，这可能会给运动员掌握推击动作带来挑战。下面的专项技术练习方法有助于运动员掌握各个分解动作。应该重点注重基础技术的练习。这些技术既适用于滑步技术又适用于旋转技术，有助于运动员感受需要的姿势和动作。

推药球练习

双肘抬起，右手大拇指朝下，握住一个2千克或者3千克的药球（图16.14）。采用由内向外的动作将球推给搭档或者推向围栏。推出时大拇指始终朝下，手顺势向外跟进。

图16.14　推药球练习

搭档高位击掌练习

面对搭档站定，搭档充当训练的靶点。右臂肘部弯曲，右手位于肩膀上方，保持左侧手臂舒展在身体中线上。搭档一只手举在空中作为靶点，运动员用右手推击搭档的手掌（图16.15）。在推击时右臂肘部抬起，大拇指朝下，采用与真实投掷相同的角度推出，并保持手臂的同轴性。

几次重复之后，增加制动动作。这个练习的发力顺序：制动—推击。你会感觉到由制动动作带来的力量汇聚和额外的动力。

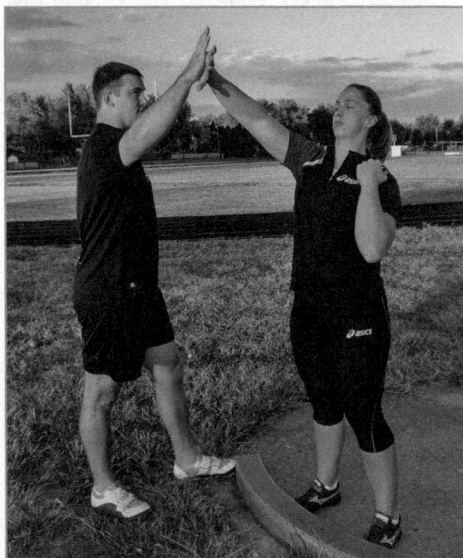

图16.15　搭档高位击掌练习

跪地投练习

在这项练习中，要利用推铅球来强调制动动作。如果是右手持球运动员，那么应该右膝跪地，并将铅球从颈部挪到肩膀上，身体应面向落地区，左臂在身体中线前方稍微弯曲，采用搭档击掌练习中描述的由内向外推击动作推出铅球（图16.16）。不用强调投掷的距离，而应该重点强调良好的出手技术。

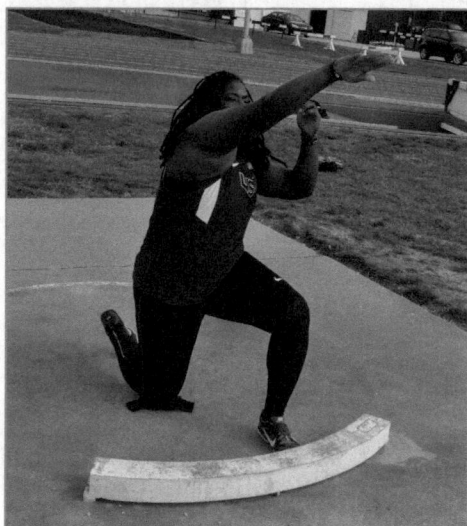

图16.16　跪地投练习

直角投练习

面向投掷方向，右膝跪地，左臂放松与身体中线呈35度角，并伸向落地区中间方向。右手托在铅球下方，将铅球置于三角肌上方摆成准备投掷姿势（图16.17）。利用正确的手臂伸展和手腕动作沿着投掷方向推出铅球，左臂在身体中线上保持伸展。

图16.17　直角投练习

制动投练习

面向落地区，右膝跪地，将铅球从颈部挪到肩膀上面，左臂在身体中线前略微弯曲，采用搭档击掌练习中描述的由内向外的推击动作推出铅球（图16.18）。推击的同时，左手收向左肩，手臂后侧拉向胸腔，注意控制肩膀不要发生转动。

图16.18 制动投练习

转腰投练习

面向落地区，右膝跪地，将铅球从颈部挪到肩膀上面，左臂在身体中线前略微弯曲，将肩膀向右侧旋转90度，使铅球位于右髋后面（图16.19），沿投掷方向推铅球。不用发力旋转，肩膀会自然地向前方转动。

图16.19 转腰投练习

最后用力阶段的专项技术练习方法

灵活性、平衡能力和运动感知对于成为一名成功的铅球运动员来讲至关重要。滑步技术和旋转技术在投掷圈中心位置的动作都包括旋转、蹬伸和转髋等动作，这些动作的质量取决于运动员的技术和身体素质。大多数扭转是沿着脊柱产生的，而躯干引发旋转动作。通过部分张开的髋部和收紧的肩膀产生扭矩，这个姿势在躯干上产生了受载弹簧的效应，用来推铅球的肌肉处于拉长状态，为收缩和铅球加速做好准备。动作的关键在于正确的发力顺序（从近端关节至远端关节），以使力的作用效果最大化。

超越器械和最后用力的专项技术练习方法有助于运动员掌握始终一致的超越器械姿势，确保该姿势的恰当平衡和对齐。这些训练可以使运动员掌握对最后用力阶段动作模式合理时机的把控（动作幅度与躯干扭紧的程度），从而增加铅球在出手之前经过的运动轨迹。

转髋练习

从超越器械姿势开始，保持肩膀收紧，重心落在右腿上，搭档要么握住左手手臂（图16.20a），要么握着一根系在左手臂上的弹力绳，这可以帮助运动员在转髋时肩和躯干仍留在后面。髋部在右腿上向前转动时，右腿做出类似于用脚底碾灭烟蒂的动作。该练习有一种变化形式，可以同时转动髋部和左臂（图16.20b）。还可以在肩上扛一根木棍进行转髋练习（图16.20c）。

图16.20　转髋练习：a. 转动髋部并蹬伸腿部；b. 转动髋部和左臂；c. 肩上扛一根木棍的转髋练习

前击推球练习

两脚向前顶住抵趾板站定，面向投掷区，右手托在铅球下方，铅球位于三角肌上方（图16.21）。右脚向后撤步呈与肩同宽的姿势，身体大部分重量都落在右腿上面。从这个经过调整的超越器械姿势开始，使劲地蹬伸右腿，同时右脚内转。要体会双腿及髋部独立于上半身运动的感觉。在下半身完全伸展并转向前方时，做出手动作，同时保持左脚牢牢地踏在地上。前击推球练习非常适合作为原地投球技术练习之前的预热活动。

图16.21 前击推球练习

原地投球练习

背对投掷方向，双脚与肩同宽前后站定，并且两脚呈脚跟对准脚尖的姿势，右脚转向最后用力开始时的方向。弯曲右腿，保持躯干直立稳定。左腿稳定并略微弯曲，左脚位于距离抵趾板2.5厘米远，刚好在中心线偏左的位置。尽管在躯干上可能会感觉到一些张力，但是超越器械姿势应当感觉舒服自在。眼睛注视着投掷圈后方1.8至2.4米处的固定位置。从身体中段部位启动转动动作，随着髋部转动，重心从右脚转移至左脚。通过右脚脚掌转动蹬伸转髋。该动作开始于力量大、速度慢的近端关节，最后结束于力量小、速度快的远端关节。大多数原地投球练习不应当做换脚动作。以10次原地投球练习作为一堂投球课的开始部分是个很好的训练方法。

滑步阶段的专项技术练习方法

一旦能够自如地完成完整的原地投技术，运动员便做好了开始学习投掷圈后部技术的准备。教练员应当最先介绍滑步技术。采用原地投比用完整技术投得更远的初学者，在他们掌握完整滑步技术之前，可以在比赛中采用原地投技术。教练员可以考虑较早地向具有超常旋转感的运动员介绍旋转技术。本节介绍的专项技术练习方法只是针对滑步技术。

后撤步练习

　　采用与滑步技术一样的开始姿势（图16.22a）。右脚向后撤向投掷圈的圆心位置，并轻微地转动45度（图16.22b），左脚后伸至抵趾板（图16.22c）。该动作最后会形成一个有力的超越器械姿势。你可以在超越器械姿势停顿一下，然后做投掷动作，或者连贯地完成整个动作。这个练习的目的是形成一个稳定的、平衡的超越器械姿势，同时将铅球从投掷圈后部前移。该练习非常适合从事多个项目的运动员。掌握了这个基本动作之后，就可以继续深入地学习滑步技术。

图**16.22** 后撤步练习：a. 开始姿势；b. 右脚后撤；c. 左脚后撤

A字形练习

采用正常的开始姿势，髋部后坐，让大部分重量落在右脚脚跟上面，左腿后摆插向抵趾板方向，同时保持右脚脚跟踏在地上。在做该动作期间，髋部应当保持低位，肩膀应当与投掷圈后部保持垂直。可以做有球练习，也可以做无球模仿（图16.23）。这个练习动作会形成一个拉长的身体姿势，从侧面看类似于字母A。该练习消除了滑步技术过渡阶段的腾空动作。在滑步技术中，这个阶段必须动作流畅。腾空阶段时间过长通常会导致左腿延迟落地，肩膀过早地张开，从而减少了宝贵的力在铅球上的作用时间。

图16.23 A字形练习

左脚推药球接滑步练习

该训练可以帮助运动员掌握滑步中左腿的后伸动作。如果总是无法沿着直线向后伸插左腿，那么在左腿后面放置一个药球，在投掷圈后部站定，仿佛准备进行滑步，用左腿踢药球来感受滑步时的后伸动作（图16.24）。

图16.24 左脚推药球接滑步练习

迷你滑步练习

滑步的节奏非常重要，核心力量不足可能会妨碍运动员掌握合适的节奏。迷你滑步练习是学习掌握双脚同时落地的绝佳方法。

进行一个缩短版的滑步（图16.25），要重点强调正确的节奏。以15厘米的滑步距离开始，并在此基础上逐渐增加。随着你对节奏的领会、力量的增强，逐渐加长滑步距离。

图16.25 迷你滑步练习：a. 开始姿势；b. 结束

搭档滑步练习

在穿过投掷圈朝抵趾板移动时应保持肩膀收紧，这通常是滑步式推铅球的最大挑战。搭档滑步练习强调在滑步中保持肩膀收紧（与投掷圈后部垂直）。

让搭档握住你的左手，在投掷圈后部站成正常的起始姿势（图16.26a）。搭档通过在滑步期间随着你的滑步动作向前走动来提供轻微的拉力（图16.26b），确保你的肩膀处于收紧状态，并垂直于投掷圈后部。重复进行5组练习。

图16.26 搭档滑步练习：a. 开始姿势；b. 执行过程

完整技术的专项练习方法

每堂训练课都应当包括一个简单的灵敏性练习和慢跑这样的热身环节，紧接着可以进行超越器械和滑步技术练习。每堂训练课的开始，教练员都应简单介绍本堂课的训练目的。每堂完整投球训练课应当包含大约30次试投，根据所处训练周期的不同阶段，选择不同重量的器械。

滑步—停止—继续投练习

该技术的练习方法将整个投掷过程分解成了两个部分，采用与一次完整投掷相同的姿势开始，不过在滑步穿过投掷圈圆心之后，要在原地投练习姿势停住，这时教练员观察运动员姿势是否正确。观察（通常几秒时间）完之后，教练员会喊出"继续"或者拍手让运动员继续完成投掷。

该技术练习有助于教练评估运动员滑步穿过圆心之后所摆成姿势的正确程度。但是这个练习没有考虑从滑步到最后用力的快速过渡。因此，教练员应当确保运动员不能习惯于在投掷圈的中间停住。重复3至5次这个练习，有助于运动员对超越器械姿势形成良好的运动感觉。

不做换脚动作的完整投球练习

在身体的中段部位启动投掷动作（近端至远端），同时髋部进行转动，身体重量从右脚转移至左脚，该动作开始于力量大、速度慢的近端关节，结束于力量小、速度快的远端关节。大部分技术练习（70%）都不应做换脚动作，所有的原地投技术练习和10至15次的完整投技术练习同样不应包含换脚动作。

包含换脚动作的完整投球练习

换脚动作是髋部和双腿剧烈伸展的功能体现，这可以促进铅球的投送、加长肩膀的推送距离。进行5至10次的包含换脚动作的完整投练习，并确保身体平衡，留在投掷圈内。

旋转式推铅球的专项技术练习方法

对于像旋转式推铅球这种复杂的技术，适合在介绍基本的动作技术之后将其进行动作分解，分别练习各个分解技术，再融合在一起形成最终的技术，即"总—分—总"的训练方法。运动员首先观看完整技术演示形成对完整技术的印象，并了解各部分如何组成完整技术。接着按顺序单独练习每个分解技术，然后将它们连接融合在一起并进行拓展，这种方法称为渐进分习法。这个过程很缓慢，但它允许对薄弱环节进行有针对性的训练，而且有助于运动员领会各分解技术与完整技术之间的关系。本节把旋转式推铅球技术分解为一系列专项技术练习。

超越器械姿势的技术练习

指导旋转技术的第一步是原地投练习。对于滑步选手和旋转选手（旋转式投掷运动员），应当采用相同的方式指导原地投练习。

唯一区别在于旋转选手两脚之间的距离可能要窄于滑步选手。参见上述"最后用力阶段的专项技术练习方法"中的原地投技术练习。

侧向弯身投球技术练习

双脚与肩同宽站立，双脚指向3点钟方向。上半身向右侧弯曲以形成向右腿倾斜的姿势（图16.27）。用右腿推动，以便通过髋部向体侧和肩膀产生一个弹簧运动，借助此动作来启动投球，左臂进行制动。该技术练习借鉴了投掷中的超越器械姿势，而且非常适合发展核心力量。

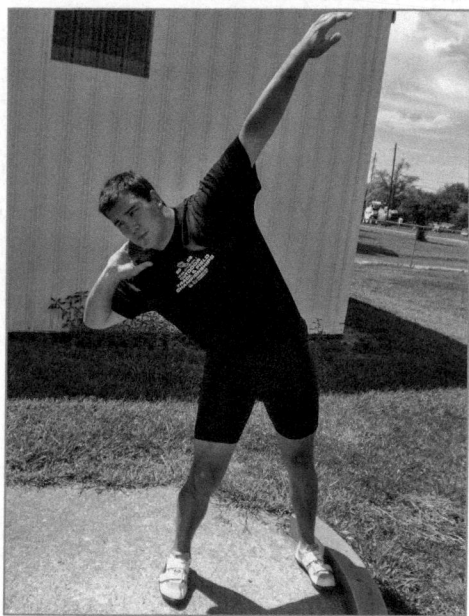

图16.27 侧向弯身投球技术练习

过渡阶段的专项技术练习方法

当掌握了超越器械姿势后，运动员必须做一系列的技术练习来学习旋转运动。许多用于旋转式推铅球的技术练习都可以经过调整后用于掷铁饼的技术训练。本节介绍的技术训练方法可以帮助运动员掌握整个旋转动作中的平衡和基本姿势。这些训练方法能够

让运动员在从最初的起始位置转到正确的超越器械姿势的过程中保持一贯性，但首先必须在投掷圈后部形成一个舒适有效的起始姿势。这些训练还可以帮助运动员掌握过渡阶段（下半身主动、上半身被动）良好的时间动作模式。

沿直线后撤步旋转技术练习

双手叉在髋部，左脚在前右脚在后，沿着一条直线站立。当教练员下达"向前跨步"指令时，右脚向前迈步踩在线上（图16.28）。下一个指令是"旋转"，此时以双脚为轴旋转180度。旋转之后，当教练员下达"向后跨步"指令时，左脚沿着直线径直向后撤步踩在线上。最后的指令是"旋转"，此时以双脚为轴旋转180度返回最初的起始姿势。一遍一遍地不断重复该练习，逐渐过渡到持球模仿练习。

图16.28 沿直线后撤步旋转技术练习

轮转技术练习

从右腿处于投掷圈圆心位置开始，旋转至超越器械姿势，注意练习左腿的落地动作（图16.29）。轮转技术练习有助于掌握右脚转动和左腿的卷起（收回）动作。抬起左脚并迅速地卷起（收回），以右脚脚掌为轴转动，进行一次180度的原地转动，在整个技术练习过程中保持相同的姿势。该技术练习可以在同一位置重复进行。

图16.29 轮转技术练习

平衡轮转技术练习

初学者通常难以将上半身和下半身作为一个整体移动。平衡轮转技术练习会让运动员掌握将大部分体重保持在右侧来转动。从投掷圈圆心出发，同时用左手握住右腿的膝盖外侧，沿逆时针方向进行一个半圈旋转动作（图16.30a）。这个技术练习可以让运动员在圆心处保持右腿的平衡和对齐（图16.30b），同时强调了过渡阶段到进入超越器械期间，掌握正确时机和准确姿势的重要性。

图16.30 平衡轮转技术练习：a. 开始；b. 结束

挑战性的轮转技术练习

挑战性的轮转技术练习增加了正常轮转技术练习的难度。它帮助运动员在完成轮转技术练习的过程中增强平衡和控制能力。这种练习方法是指预先设定语言提示和不同旋转角度的组合，进行连续重复的轮转技术练习。练习前在投掷圈外间隔90度设置4个锥筒（图16.31），按照教练的口令，在投掷圈内转动至某个特定的角度。落位选项包括四分之一圈旋转（90度）、半圈旋转（180度）、四分之三圈旋转（270度）和整圈旋转（360度）。

图16.31 挑战性的轮转技术练习

从超越器械姿势开始，沿逆时针方向进行一系列多角度的旋转，为了增加难度，可以在颈部后面肩膀上扛一根木棍练习。该练习也可以在非投掷侧的腿上进行，以提高整体平衡性和协调性。

轮转叠腿技术练习

轮转叠腿技术练习有助于锻炼左脚的折叠和转动。在距离一面墙或者围栏0.9米的位置对齐站定，右脚位于圆心处（图16.32a），进行轮转练习转向超越器械姿势，但不是将左腿插向地面，而是伸膝踩向墙面或围栏。这个练习的目的在于将大部分体重支撑在右腿上，而为了获得支撑，左腿必需踩向墙面（图16.32b）。该技术练习同样能帮助运动员理解，上半身和下半身之间在过渡阶段所需要形成的更大扭力。

图16.32　轮转叠腿技术练习：a. 开始；b. 结束

转入动作的专项技术练习方法

转入[1]技术练习有助于运动员保持从起始姿势中获取平衡和对齐的稳定性。这些技术练习可以帮助运动员掌握转入阶段（下半身主动、上半身被动）恰当的时间动作模式。

---

[1]转入动作指的是从投掷圈后部右脚扫向圆心，左腿快速抽离地面的动作。

"跃溪" 技术练习

　　站在投掷圈的后部，左脚位于圈内，右脚位于圈外，面向12点钟方向（图16.33a）。以左脚为轴转动身体，右脚扫向圆心位置，同时快速抬起左腿并将其拉向圆心方向。右脚落在圆心位置时，肩膀水平，头部抬起，右髋顶在前面。这个练习的重点是集中精力尽可能快地将左脚收至右膝后面，并在投掷圈中间保持住该姿势（图16.33b）。该技术练习可以使运动员掌握从投掷圈后部转出的动作，并强化投掷圈中间的正确姿势。

　　如果运动员在离地和跳转的过程中遇到了困难，那么可以试着跳上一个跳高垫。重点在于完成好从投掷圈后部的转出动作，以便顺利地完成向投掷圈圆心的跳转。对于初学者，应先采用面向跳高垫的练习，随着越来越熟练，可以开始这个技术的正式练习。如果愿意的话，可以在投掷圈中间放一个可以跳过的小物体。在该练习动作结束时，右脚应当落位在圆心附近位置。可以进行5次或者多次的重复练习。

图16.33　"跃溪"技术练习：a. 开始；b. 结束

南非技术练习

　　站在投掷圈的后部，左脚位于圈内，右脚位于圈外，面向12点钟方向，以左脚为轴转动身体，右脚扫向圆心位置，同时集中精力尽可能快地将左脚收至右膝后面并继续转动，左脚积极落地形成超越器械姿势，最后用力将铅球推出。

调整的南非技术练习

　　以完整技术的开始姿势在投掷圈后部站定。首先进行四分之一圈旋转，形成左脚位于圈内，右脚位于圈外，面向12点钟方向的姿势，接着以左脚为轴转动身体，右脚扫向圆心位置，同时集中精力尽可能快地将左脚收至右膝后面并继续转动，左脚积极落地形成超越器械姿势，最后用力将铅球推出。

投掷圈后部动作的专项技术练习方法

下面的练习是掌握旋转技术中投掷圈后部必要技术的方法。第一项练习相当简单，之后难度会逐渐增加。在每项技术练习中，开始时运动员都要让左膝位于左脚脚趾上方，左侧腋窝位于左膝上方，以增加左腿的负荷。

左臂保持舒展，并与左膝方向对齐，身体左侧锁死以进行整体转动。进行每项技术练习时，运动员都要保持两膝分开，用左侧的旋转发起转动，并用右腿为转动增加动力。头部抬起，目视前方。运动员应当想象头上正顶着一摞书在练习平衡。

以左脚为轴右脚绕圈踏步的转动练习

该技术练习可以让运动员掌握在以左脚为轴转动时，如何向左腿施加负荷。以初始姿势开始，大多数体重都落在左腿上，通过左脚的旋转发起小幅度的转动，右脚在以左脚为轴转动时不断地抬起落下，沿着逆时针方向踏步转圈（图16.34）。保持大部分体重（大约70%）落在左腿上。

图16.34　以左脚为轴右脚绕圈踏步的转动练习

四分之一圈旋转练习

四分之一圈旋转练习帮助运动员掌握投掷圈后部动作的平衡。它与以左脚为轴右脚踏步的转动练习非常类似，但是要稍微困难一些。运动员可以在直线上或者投掷圈后部进行练习。双脚与肩同宽，膝盖弯成45度，左臂处于放松状态，并在肩膀高度向外伸出（图16.35），以左脚脚掌为轴转动四分之一圈，同时控制好平衡技术（膝盖位于脚趾上方，腋窝位于膝盖上方，左臂位于左腿上方），重复练习直至回到起始位置。通过左肩移动至左脚上方，将重量转移至左侧，借此来获得身体平衡。当转移重量以获得平衡和旋转时，不要改变膝盖和脚

图16.35　四分之一圈旋转练习

踝的角度。身体左侧作为一个整体始终绕一个固定的轴旋转。整个过程质心向左移动，以左脚脚掌为轴旋转，转过四分之一圈，保持两腿分开。

半圈旋转技术练习

半圈旋转练习同样能帮助运动员掌握投掷圈后部动作的平衡。它与前两个练习非常类似，但是所需的平衡性略多一些。运动员可以在直线上或者投掷圈后部进行练习。双脚与肩同宽，膝盖弯成45度，左臂处于放松状态，并在肩膀高度向外伸出，以左脚脚掌为轴转动半圈，同时控制好平衡技术，重复练习直至回到起始位置（图16.36）。通过左肩移动至左脚上方来将重量转移至左侧，借此取得平衡。

训练要点

- 保持平衡。
- 控制质心的转移和旋转。
- 身体左侧结合成为一个整体。
- 保持两腿分开。

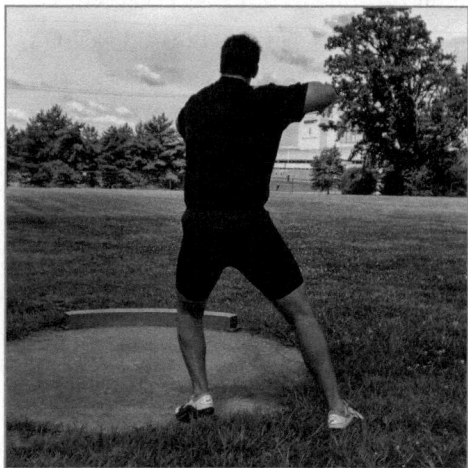

图16.36 半圈旋转技术练习

360度旋转技术练习

360度旋转练习是投掷圈后部技术练习系列中的最后一项。在投掷圈后部或者踩线站成起始姿势。双脚与肩同宽站在线上，膝盖弯成45度，左臂处于放松状态，并在肩膀高度向外伸出，以左脚脚掌为轴转动360度回到起始位置，同时控制好平衡技术。通过左肩移动至左脚上方，将重量转移至左腿，借此取得身体平衡（图16.37a）。可以在肩上扛一根木棍进行练习来锻炼核心力量（图16.37b）。为了获得额外的稳定性，可以用胸前传球姿势握住一个铅球。

图16.37 a. 基本的360度旋转技术练习

b. 肩扛木棍的360度旋转技术练习

c. 握住铅球的360度旋转技术练习

各个分解技术的组合

为了练习完整的旋转技术，可以对各分解技术练习进行不同组合。例如整个旋转过程可以看作是：首先从投掷圈后部初始姿势进行以左脚为轴的四分之一圈旋转动作，接着半圈旋转动作而转至投掷圈圆心，然后进行以右脚为轴转动的半圈轮转动作而形成超越器械姿势。将这些技术练习进行组合是一种向新手传授旋转技术的简单方法。分解动作练习可以防止运动员养成错误动作，这些错误动作有可能是因为难以理解完整技术而产生的。运动员掌握了前一项动作技术后，教练员便可以开始传授下一个动作。

当进行技术练习时，运动员应当一直伸出左臂，以保持身体平衡，并模拟用右手握着铅球。以右脚为轴向后的半圈旋转练习即是半圈轮转和落地支撑技术练习，运动员应当始终以平衡的超越器械姿势结束动作。在以脚为轴旋转期间，运动员需要始终保持膝盖和脚踝的角度。在开始轮转练习时，保持左腿伸长并位于身体前方位置。应当保持重量落在支撑脚上，开始时重量在左脚上，然后旋转到中心处时重量落在右脚上。左臂应当处于放松和向左侧伸展的状态，眼睛放松并看向投掷圈外的水平方向。

左腿点地接转动投球练习

这个技术练习强调了右侧的转动动作。以超越器械姿势开始，肩膀收紧，重量向后落在右腿上。左腿点地，接着右膝进行转动，左臂沿着投掷方向向上挥动。头部和肩膀保持在后面，位于右腿的上方，肩膀呈向后的拱形。在推出铅球的同时，左脚蹬离地面。该技术练习的结果应当是产生铅球飞得较高，但距离较短的投掷效果。

"头痛"技术练习

左臂贴着前额放置，掌心朝外，从超越器械姿势（图16.38a）开始发力推铅球（图16.38b）。对于旋转型投掷选手，"头痛"技术练习重点强调抬高左肘以及线性的过顶出手推击动作。

图16.38 "头痛"技术练习：a. 开始；b. 结束

扫腿技术练习

在投掷圈后部，主要的动作是较宽幅度地向圈内扫动右腿以及右腿积极主动的动作。可以强化右腿环绕左腿的扫动动作，以获得更好的效果。运动员应该集中注意右大腿内侧绕着左腿的扫动动作。许多运动员用右大腿顶部发力带动完成这个动作。不推荐采用这种做法。大步扫腿技术练习和扶墙扫腿技术练习可以帮助引入和改善非常重要的右腿扫动动作。

大步扫腿技术练习

在掌握了分解技术组合练习之后，应该用大步扫腿技术练习来替代四分之一圈旋转和半圈旋转练习。在大步扫腿技术练习中，宽幅的扫腿动作开始时由右大腿内侧带动，结束于投掷圈中间位置（图16.39）。在该技术练习中强调的是环状、心形的扫腿动作。

图16.39 大步扫腿技术练习

扶墙扫腿技术练习

该技术练习的重点在于从投掷圈后部转出的动作以及强化扫腿动作。在离墙一臂远的位置，身体左侧对着墙站立，以左脚为轴开始旋转后，进入转入阶段动作，抬起右腿并绕着身体做扫腿动作，直到必须伸出左臂扶住墙面以保持身体直立，右腿继续向内扫入（图16.40）。至少要重复进行5次此技术练习。

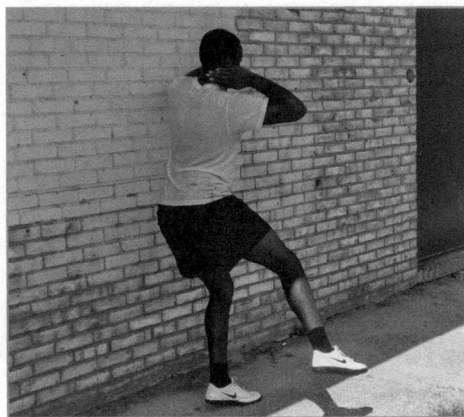

图16.40 扶墙扫腿技术练习

铅球项目训练课的设计

在制定铅球项目训练计划之前，教练员应当强调运动员掌握正确技术的重要性，他们还应当仔细考虑训练和教学之间的关系。在向一名新手教授之前，教练员必须考虑所需的器械、确定训练的单元（包括每个单元的时间），并选择教学的关键点。

在开始每堂训练课前，应当进行8至12分钟的常规动态热身活动，然后逐渐过渡到包含一些专项技术的热身动作。根据每堂课的训练目的（技术主题），应总以针对性的专项技术练习开始。比如某一堂课应当强调超越器械姿势，而另一堂课则注重其他的技术原理。在技术练习结束时，运动员才开始正式的投球课，一般一堂投球课应当由大约30次投掷组成。

在不同的训练课中，应采用多重的器械呢？这取决于运动员的训练状态和训练年限。

许多教练员主张，大部分训练应当采用比参赛器械轻或者重1千克的器械完成，这被称为10%法则。保持重量变化处于参赛器械重量10%的范围内，可以让新手适应这种练习模式，同时不会打乱比赛节奏。

随着运动员水平的不断进步，可以采用更重一些的器械。最终，在完整的滑步或者旋转技术中，运动员可以采用重量不超过标准重量20%的器械。这种推荐做法对于初学至中级水平的运动员们来讲至关重要。随着运动员水平的进一步提高，他们可以在训练体系的一部分课程中尝试比标准重量重或者轻2千克的器械，但是大部分训练都应当采用比标准重量重或者轻1千克的器械完成。器械太轻或者太重都会对技术产生一定的影响。

大多数运动员会在6至8周的训练周期内采用2至3种不同重量的器械。尽管重量的变化有助于发展适当的条件反射，但是在一个训练阶段内，采用过多不同重量的器械可能会压制运动员的神经系统，并抑制动作模式的形成。只有当肌肉的收缩与放松处于协调同步状态，力量会产生最大的作用效果，合理的技术才能被掌握。此外，投掷重器械可以使运动员针对该项目的技术模式变得更强壮，它还有助于发展核心力量，并使身体在做高速投掷动作时，增强身体中段的能力和稳定性。

在超越器械姿势中，双腿和身体右侧的控制以及运动感知非常重要。较重的器械可以增加相关肌肉的生物电活性，从而促进动作电位的协作，最终让功能性运动单元得到更好的募集。

铅球项目的小循环训练计划

铅球训练的明确目标是运动员的功能性重建，以便获得持久的适应、保持住训练的成果。高质量的训练计划既包括专项练习又包括一般练习。诸如训练强度、训练量、训练内容以及训练频率等变量，应当根据运动员的训练年限、优势和薄弱环节以及所处的年度训练阶段进行选择。制定赛季的训练计划必须考虑生物能量学、代谢参数，诸如力量、幅度、速度、动作模式等专项技术动作特征和时间因素。

对于铅球运动员，小循环训练的目标是合理安排训练负荷，以便在训练和恢复之间建立平衡。训练计划必须确保运动员在开始新的小循环之前得到足够的再生。小循环训练的作用是，为某个特定训练阶段提供有计划的合理训练负荷。一般来说，每个小循环都应该包括1至2个恢复日。不同阶段的小循环训练具有特定的目标。准备期小循环训练（图16.41）的目标是让运动员为即将到来的比赛做好准备。比赛之前最后一个准备期小循环训练（图16.42）的目标是释放和调动运动员的表现状态。

比赛期小循环训练（图16.43）的目标是在比赛正式开始之前到比赛刚刚结束期间组织训练活动。该小循环涉及比赛前一天、比赛当天以及比赛结束后几天内的训练。比赛期小循环的目标取决于比赛时间的长短、试投的次数、比赛的频率、对手的水平等。简言之，比赛期小循环应当根据运动员的需求来调整。

最有效的组织结构是以每周为一个小循环。然而，一天训练2至3次的运动员通常需要稍微短一些的小循环，必须在两节训练课之间提供足够的恢复时间。

在制定全年的训练计划时，保持一致是小循环训练的重要考虑因素。此外，还应当仔细考虑各种训练类型之间的潜在影响，这样才能保证每堂训练课的实效性。例如，教练员应当确保前一天的训练活动不会对下一天的训练产生干扰。

小循环#	日期：	项目组：铅球
阶段：一般准备期	评语：	

星期日	星期一	星期二
休息	主题：发展神经肌肉能力、高要求 热身慢跑 动态柔韧性练习 专项技术热身练习，碾烟蒂技术练习3×5 专项技术练习 　扛木棍转髋练习3×5 　扛木棍多次滑步练习3×5 原地投球练习1（10），采用超过比赛重量10%的器械 滑步—停止—继续投练习（10），采用超过比赛重量10%的器械 后抛铅球练习（10），采用超过比赛所用重量10%的器械 力量训练 　奥林匹克举练习 　高翻（从地面拉起）6×4，120%的CL 1RM 　后蹲4×8，75%1RM 　卧推4×8，75%1RM 整理活动，静态拉伸	主题：常规训练、发展能量和内分泌系统的训练 热身慢跑 动态柔韧性练习 专项技术练习 　搭档转髋练习3×5 　搭档滑步练习3×5 有球练习 　原地投球练习1（5） 　滑步—停止—继续投练习（10） 一般力量练习 　全身循环训练（8项练习，每项练习重复20次） 　腹背肌循环训练（1项练习，每个平面内重复10次） 健美力量训练（9项练习，3大组，组间休息60秒） 赤脚整理活动以及足部力量强化锻炼

星期三	星期四	星期五
主题：发展神经肌肉、低要求 热身慢跑 动态柔韧性练习 专项技术练习 　搭档击掌练习3×5 　搭档转髋练习3×5 　搭档滑步练习3×5 　跪地投球练习3×5，采用超过比赛重量10%的器械，注意制动动作 平地上的快速伸缩复合训练 跳跃循环训练（6项练习，每项练习重复10次），两项练习间休息20秒 力量训练 　奥林匹克举练习 　高翻（从地面拉起）4×3，85%1RM 　负重上台阶练习2×5 　负重弓步走转腰练习2×5 　上斜卧推4×8，70%1RM 加速跑5×80米 前抛铅球练习3×5，采用超过比赛重量10%的器械 整理活动，静态拉伸	主题：常规训练、一般力量练习和发展力量耐力的练习 热身慢跑 动态柔韧性练习 栏架灵活性练习 专项技术练习 　搭档转髋练习3×5 　滑步至超越器械练习3×5 　滑步—停止—继续投练习（10），采用超过比赛重量10%的器械 药球循环训练（8项练习，每项练习重复10次） 一般力量练习（8项练习，每项练习重复20次） 赤脚整理活动以及足部力量强化练习	主题：发展神经肌肉、高要求 热身慢跑 动态柔韧性练习 专项技术热身练习，碾烟蒂技术练习3×5 专项技术练习 　扛木棍转髋练习3×5 　扛木棍多次滑步练习3×5 　原地投球练习1（10），采用超过比赛重量10%的器械 　滑步—停止—继续投练习（10），采用超过比赛重量10%的器械 力量训练 奥林匹克举练习 　抓举6×4，115%1RM 　后蹲4×8，70%1RM 　卧推4×8，70%1RM 整理活动，静态拉伸

星期六	每日训练强度	训练后的评价

主题：常规训练、发展能量和内分泌系统的训练
热身慢跑
动态柔韧性练习
滑步技术练习2×10
投球训练
原地投练习2（10），采用超过比赛重量20%的器械
整理活动，静态拉伸

	日	一	二	三	四	五	六
高		×		×		×	
中			×		×		
低							×
休息	×						

注：CL意思为高拉。

图16.41 铅球项目的7天小循环训练计划示例：一般准备期

小循环#	日期：	项目组：铅球
阶段：专项准备期	评语：	

星期日	星期一	星期二
休息	主题：发展神经肌肉、高要求 热身慢跑 动态柔韧性练习 专项技术热身练习 　带弹力绳转髋练习3×5 　扛木棍滑步练习 原地投练习2，交替采用14磅和12磅的器械 滑步—停止—继续投练习（2），交替采用14磅和12磅的器械 不做换脚动作的完整练习，10×2，交替采用14磅和20磅的器械 力量训练 　奥林匹克举重练习 　　抓举6×2，90%1RM 　　后蹲6×5，85% 　　卧推（6，5，4，2），80%，90%，92%，95%，98%，递增负荷训练 抛球练习 　胸前传球式爆发前推铅球练习（10），采用超过比赛重量20%的器械 整理活动，静态拉伸	主题：常规训练、发展能量和内分泌系统的训练 热身慢跑 动态柔韧性练习 专项技术热身练习 　带弹力绳转髋练习3×5 　搭档滑步练习，左臂舒展、头部处于适当位置（5） 　跪地投练习1×5 渐进投球练习（适用于男性高中生运动员） 　原地投练习1×3（6千克、6千克、5千克） 　轮转接投球1×3（6千克、6千克、5千克） 　滑步—停止—继续投练习1×3（6千克、6千克、5千克） 　完整技术投球练习3×3（6千克、6千克、5千克） 　全力投球（4），5千克、100% 　全力投球，穿戴11磅加重背心的前提下，4×3（6千克、6千克、5千克） 　（完整技术投总计25次） 一般力量练习 　腹背肌循环训练（5项练习，每项练习重复10次） 　健美力量训练（9项练习，3个大组，组间休息60秒） 赤脚整理活动以及足部力量强化练习

星期三	星期四	星期五
主题：发展神经肌肉、低要求 热身慢跑 动态柔韧性练习 冲刺跑技术练习 专项力量练习 　跪地投练习（10），采用超过比赛所用重量20%的器械 力量训练 　奥林匹克举重练习 　　高翻（从大腿处）6×3，140%1RM 　　箭步蹲2×6 　　箭步硬拉2×6 　　仰卧上拉4×6 加速跑练习（3×20、3×30、3×40） 整理活动，静态拉伸	主题：常规训练、一般力量练习和力量耐力练习 热身慢跑 动态柔韧性练习 专项技术热身练习 　带弹力绳转髋练习3×5 　扛木棍滑步练习（5） 渐进式铅球练习 　原地投练习2，交替采用14磅和12磅的器械 　滑步—停止—继续投练习（2），交替14磅和12磅的器械 　不做换脚动作的完整练习，10×2，交替采用14磅和20磅的器械（20次投掷） 　包含换脚动作的完整投练习（5），12磅的器械 高级核心力量练习（1项练习，每个运动平面内重复10次） 赤脚整理活动以及足部力量强化练习	主题：发展神经肌肉、高要求 热身慢跑 动态柔韧性练习 专项技术热身练习 　带弹力绳转髋练习3×5 　搭档滑步练习，左臂舒展，头部处于正确位置（5） 　跪地投练习1×5 渐进式投球练习（适用于男性高中生运动员） 　原地投练习1×3（6千克、6千克、5千克） 　轮转接投球1×3（6千克、6千克、5千克） 　滑步—停止—继续投练习1×3（6千克、6千克、5千克） 　完整技术投球练习3×3 　全力投球（4），5千克、100% 　全力投球，穿戴11磅加重背心的情况下，4×3（6千克、6千克、5千克） 　（完整技术投总计25次） 深蹲跳3×5，完全恢复 奥林匹克举重练习 　高翻6×4，85%1RM 　半蹲4×6，120%全蹲1RM 　快速上斜卧推4×6，50%1RM 赤脚整理活动以及足部力量强化练习

星期六	每日训练强度	训练后的评价
主题：常规训练、发展能量和内分泌系统的训练 热身慢跑 动态柔韧性练习 专项技术训练；所有训练都要在穿戴负重背心的前提下进行 　滑步至超越器械并转髋3×5 　肩扛木棍转髋3×5 　左腿90度拉回练习（5） 　原地推药球练习6千克（5） 　轮转接推药球练习6千克（5） 　上三步（左、右、左）投药球练习6千克（10） 药球循环训练（8项练习，针对爆发力重复进行10次练习） 赤脚整理活动及足部力量强化锻炼		

图16.42 铅球项目的7天小循环训练计划示例：专项准备期

小循环#	日期:	项目组: 铅球
阶段: 比赛期	评语:	

星期日	星期一	星期二

休息	主题: 发展神经肌肉、高要求
	热身慢跑
	动态柔韧性练习
	专项技术训练
	  搭档转髋练习3×5
	  扛木棍滑步练习（5）
	渐进式投球练习
	  原地投球练习2（5），采用超过比赛重量10%的器械
	  滑步—停止—继续投球练习（2），超过比赛重量10%的器械
	  不做换脚动作的完整投球练习（5），采用超过比赛重量10%的器械
	  包含换脚动作的完整投球练习（5），采用比赛器械
	  包含换脚动作的完整投球练习（5），采用重量低于比赛重量10%的器械
	  （投球总计22次）
	力量训练
	  奥林匹克举练习
	    膝前抓举6×2，85%至90%
	  卧推6×3，85%至90%，两组之间休息3至5分钟
	  浅蹲6×3，130% BS 1RM
	  俄罗斯转体2×8
	加速跑练习3×20，3×30，完全恢复
	整理活动，静态拉伸
	慢跑5分钟
		主题: 常规训练和发展内分泌练习
		热身慢跑
		动态柔韧性练习
		专项技术热身练习
		  带弹力绳转髋3×5
		  穿戴负重背心滑步3×5
		原地投球练习2（5），采用比赛器械
		  滑步—停止—继续练习（2），采用比赛器械
		  不做换脚动作的完整投球练习（5），采用比赛器械
		  包含换脚动作的完整投球练习（5），采用比赛器械
		一般力量练习
		  腹背肌循环训练（5项练习，每项练习重复进行8次）
		  药球组和练习（4项练习，快速重复5次）
		力量训练
		  健美力量训练（9项练习，3个大组），两组之间休息60秒
		赤脚整理活动以及足部力量强化练习

星期三	星期四	星期五

主题: 发展神经肌肉、低要求
热身慢跑
动态柔韧性练习
专项技术热身练习
  搭档滑步练习3×5
  扛木棍滑步练习（5）
渐进式投球练习
  原地投球练习2（3），采用比赛器械
  滑步—停止—继续投球练习（2），采用比赛器械
  不做换脚动作的完整投掷练习（5），采用比赛器械
  包含换脚动作的完整投掷练习（5），采用重量低于比赛重量10%的器械
  总共进行15次投掷
力量训练
  奥林匹克举练习
    膝前高翻6×3，130%1RM
  负重深蹲跳4×6，30%1RM
  负重体侧屈2×8
整理活动，静态拉伸
	主题: 恢复和心理准备
	观看技术录像，心理准备
	8至12分钟的动态热身运动
		主题: 发展神经肌肉、低要求
		热身慢跑
		动态柔韧性练习
		专项技术热身练习
		  带弹力绳转髋1×5
		  搭档滑步1×5
		渐进式投球练习
		  原地投球练习（2），采用比赛器械
		  滑步—停止—继续投球练习（2），采用比赛器械
		  不做换脚动作的完整投球练习（2），采用比赛器械
		  包含换脚动作的完整投球练习（2），采用比赛器械
		  总共进行8次投掷
		加速跑练习，起跑器上的20米起跑练习（4）
		力量训练
		  奥林匹克举练习
		  高翻5×2，75%至80%1RM，两组之间休息3至5分钟
		  后抛铅球练习（3至5次）比赛器械
		整理活动，静态拉伸

星期六	每日训练强度	训练后的评价
主题: 赛前准备 比赛		

注: BS意思为深蹲。

图16.43 铅球项目的7天小循环训练计划示例: 比赛期

设计个性化的训练课

若能做到在训练课中将个人和项目组的需求良好结合，会使运动员从专门根据他们的需求定制的训练课中获益。这些可能既包括在力量房或场地上的个人训练，也包括共同的训练清单上所列的训练单元。设计训练课程之前，教练员必须了解运动员的身体能力。持续时间太长的训练课可能没有效率，太短又可能不会产生身体的适应性反应。

在进行每堂训练课之前，教练员应当向运动员讲解该堂课的训练目的。明白训练目的的运动员更倾向于接受训练安排。每堂训练课都应当把灵敏性练习和跑步作为一个简短的热身活动内容之一。此外，持球或不持球的专项技术练习可以作为最后的热身活动，在正课之前进行练习。

训练课应当具有一项或者两项具体的可测量的目标，该目标应具有明确的测量标准或活动，它来确保训练进程向最终目标前进。安排的训练内容可能是增强专项力量或者速度，虽然大运动量、高强度的练习可以提高专项力量，然而，并非所有的训练课都应当安排全力投球练习。训练强度应当限制在运动员个人最佳水平的88%至92%，练习中只出现3至4次全力投球即可。教练员应当集中精力纠正或者改进在88%至92%强度区间内进行的投掷的某个技术要素。可以采用重器械或轻器械，也可以集中精力投掷标准器械。

训练课程结束时简短的总结有助于强化该课程的目标，教练员和运动员可以讨论训练课中非常有益的收获，也可以讨论在接下来的训练课中需要纠正的地方。每周至少有一次在训练课结束后的整理活动中，需要包含额外的慢跑或者柔韧性练习。

每堂训练课都应当按照下述步骤进行。

1. 热身活动。
2. 训练介绍。
3. 技术训练。
4. 能力训练。
5. 整理活动。
6. 训练小结。

结　语

严格自律、积极投入和坚定的决心是成功的铅球运动员的基本特征。即便是年轻的、身体条件出众的、天赋异禀的运动员，也要投入数年的训练来培养推铅球的技术。不管运动员的水平多高，始终都有可提高的空间以及可以学习的技术。不过，在向初学者介绍技术时，教练员必须谨慎行事，最先介绍的应当是滑步技术，只有在滑步技术中展示出连贯性和一致性之后，教练员才能向他们介绍旋转技术。不管是采用滑步技术还是旋转技术的铅球运动员，都要去掌握一套最初看起来可能不太自然的技术。为了尽可能提高表现水平，教练员和运动员都必须致力于个性化的训练体系。

第17章

铁饼项目

劳伦斯·W. 贾奇（Lawrence W. Judge）博士

运动员在投掷铁饼时会通过一系列有节奏的动作向地面施加很强的作用力。鉴于该项目的空气动力学特性，了解所用的器械类型非常重要，优质的铁饼价格从80美元到300美元不等。在选择铁饼时，铁饼边缘金属圈的重量是最为重要的考虑因素，金属圈重量占比指的是其重量与整个铁饼重量的比值。金属圈重量占比较大（大于80%）的铁饼飞行时更加稳定，但是其控制难度更大，所以这种铁饼最适合高水平运动员。金属圈重量占比较小（70%至80%）的铁饼更容易控制，对初学者来说是更好的选择。使用橡胶铁饼是针对特定训练内容或者供室内使用的一种廉价解决方案，但是却很少能通过比赛审查，也不视为是正式比赛器械。

与铅球相比，铁饼重量轻一些，并且投掷得更快更远，但是也更难控制。完全掌握掷铁饼的出手技术要比铅球项目难得多。即便是精英级的运动员，也要从护笼里将铁饼掷出，以免砸伤观众。铁饼项目的初学者一旦掌握了完整的旋转技术，他们便可以开始练习从护笼里投掷铁饼。初学者可以使用木制或橡胶铁饼，以便练习控制技术。

女子铁饼的标准重量为1千克，所有年龄段的女运动员都使用1千克的器材，而成年男子铁饼的标准重量为2千克，青年男子

铁饼的标准重量为1.75千克。

下面的介绍均是以右手持饼的运动员为例。

起始姿势

将铁饼握在手掌中，手指的第一个关节轻轻地扣住边缘。食指处在将铁饼二等分的中线位置，食指和中指通常要比其他手指靠得更近一些（图17.1）。目前，常见的两种握法是手指均匀分开握法以及食指和中指紧挨握法。手腕轻微地弯曲，大拇指自然地放在铁饼表面，与食指大约呈45度角。手腕微微弯曲，使铁饼的上缘靠在手臂内侧，手心中空，不要与铁饼接触。如果握姿正确，手不

图17.1 铁饼握法

动时，铁饼会从手里掉出来。旋转运动产生的切向力会使铁饼保持在正确位置。青少年运动员往往都将铁饼握得太紧。

表17.1总结了一些铁饼项目初学者常犯的错误和纠正这些错误的最佳方法。

表17.1 铁饼项目的常见错误和纠正方法

错误	原因	纠正方法
铁饼从手后面滑出	• 握法不当	• 如有必要，对握法进行调整。在出手时放松手臂。进行滚饼技术练习
预摆过高	• 在向后预摆时，过度向前弯身	• 重复进行多次的预摆技术练习，重点在于保持盆骨处于正中位置以及较平的预摆动作
在投掷圈后部转出时，旋转过度	• 运动员在投掷圈后部做芭蕾动作似的旋转，而没有向投掷圈的中心转动。运动员在向投掷圈中心转动时，可能是以左肩带动身体转入的	• 在落地区选择一个注视的焦点，左肩和胸部以线性轨迹转到面向落地区方向。左腿提前一点发力蹬离地面 • 进行"跃溪"技术练习
在从投掷圈后部转出时，以左脚脚跟为轴转动	• 在旋转开始时身体后倾，而没有将体重直接转移到左腿和左脚上	• 降低速度，并将体重转移到左脚脚掌上，身体微微前倾 • 集中精力以左脚脚掌为轴进行旋转 • 进行预摆和重心转移技术练习
左臂和左肩带动髋部和腿部转向投掷圈中心	• 用上半身启动旋转动作	• 用左臂的用力扫动启动旋转，利用此动作拉动上半身，再带动下半身 • 慢慢开始转动，集中注意力保持左肩和左臂位于左腿和左脚（正处于转动状态）的上方 • 进行预摆和重心转移技术练习
当左脚在投掷圈前部落地时，铁饼的位置太低或者低于肩部位置	• 运动员未能获得良好的向后倾斜姿势。运动员站得太高或太直，导致了其他并发问题，如重心落在左腿上面	• 髋部的动作要更积极一些，上半身引导着投掷动作 • 进行原地投技术练习1，强调以脚掌为轴的转动，确保身体良好的向后倾斜姿势。如果铁饼处于肩部水平位置，那么它就总能处于合适的高度 • 进行其他技术练习，比如南非技术练习，在该练习中，重点注意铁饼在肩部的高度，以及左脚落地后形成的良好的向后倾斜姿势

预备姿势

预备姿势是两脚分开，大约与肩同宽，膝盖和髋部微微弯曲，胸部轻微前倾（图17.2）。运动员背对投掷方向，双腿跨立于投掷方向直线的两侧，以棒球击球手姿势稳稳站立，头部与脊椎对齐，躯干稍微弯曲，运动员处于非常有力的姿势。

图17.2 F44级世界纪录保持者杰里米·坎贝尔（Jeremy Campbell）在展示一个宽距的预备起始姿势

预备动作

铁饼项目相对的时机掌握或动作的节奏，是构成正确动作顺序的最重要组成要素之一。节奏代表某种动作技术的固定节拍，它将一个动作范畴与另一个区分开来。不管动作技术是快是慢，所有的动作技术都有固定的节奏结构。预备动作（预摆）和投掷动作是一个有节奏的整体，有一个稳固、独特的时序结构。在教授基本动作时，教练员应将节奏（例如由慢到快）与技术本身视为同等重要。

铁饼的运行轨迹

运动员旋转时，铁饼走过的倾斜的圆形路径称为铁饼的运行轨迹。该轨迹的最低点出现在与投掷方向呈大约180度角时，最高点位于正对着投掷方向的点上。高水平的运动员可以从预摆时开始这种运行轨迹，并将其保持到投掷动作的其他阶段。对于初学者，建议采用较平的轨迹进行预摆，这样更容易在投掷圈的后部保持平衡。

预摆

运动员可以采用多种方法开始预摆。最常见的开始方式是左（非持饼手）手呈服务员托盘姿势，右手将铁饼置于左肩前上方的左手手掌上，而右手扶在铁饼上面（图17.3）。运动员以肩膀高度将铁饼向右后方摆动，伴随着摆动手背翻转。通常在投掷之前运动员会选择预摆一次，铁饼从左边向右后方移动，身体重心略有移动，但大部分体重仍落在左腿上面。每次预摆完成时，铁饼会稍微向上移动，这时运动员用左手接住，以免铁饼掉到地上。摆动应当缓慢，有节奏并且可控。初学者常犯的错误是预摆的速度过快、节奏混乱。预摆时，采用较小的摆动范围会

图17.3 开始时铁饼被置于左肩前上方的手掌上

对初学者有好处。预摆也有助于建立正确的铁饼运行轨迹。预摆时保持铁饼处于较平的路径,这样可以通过消除躯干的起伏来帮助保持整个身体的平衡。

在投掷圈后部的动作

最后一次预摆结束时,髋轴和肩轴之间拧紧(分离),身体置于一个可以开始旋转动作的姿势。髋部背对投掷方向,而肩部则更多地转向运动员的右侧(图17.4)。最后一次预摆让铁饼处在了正确的位置——略低于肩部高度,位于右髋后方一臂之长的位置(图17.5)。该预摆让左臂与右臂正好朝向相反的方向。上半身和铁饼的这种位置关系建立了一个单旋转系统,在整个接下来的旋转、跳转和腾空阶段,甚至在最后出手阶段的早期,该系统的各部分仍保持在相对应的位置。

旋转

在投掷圈后部进行的3个主要发力动作是:后坐(线性动作为主)、扫右腿(旋转性动作为主)以及左腿的蹬伸(线性动作为主)。整个身体左侧形成一个整体,绕着身体左侧形成的轴在左脚脚掌上旋转。运动员通过重心左移开始启动旋转,在左脚脚掌上转动,抬起右脚,转动时向下靠近左腿上方,左腿蹬伸离开地面。铁饼在通过投掷圈后面时,处于低位。整个旋转过程中左腿都处于负载状态。

以左脚脚掌为轴的旋转动作伴随着一个后坐动作,即运动员通过身体略微向后下沉来启动穿过投掷圈的旋转动作,同时还伴随较低的右腿扫动动作。必须小心控制后坐动作,以保证身体旋转穿过投掷圈时的平衡,并防止身体向扇形落地区的左侧摔出。在右腿向左侧扫动(图17.6)时,腿部外旋,以大腿内侧和膝盖引领动作,右脚保持背屈。运动员向投掷圈中间转动的过程,是右脚沿着心形路径做一个宽幅的足球式扫腿动作。在左脚指向90度方向之前,运动员应稍早一点抬起右脚并向右腿的前方伸开。

跳转

左腿的蹬伸离地会形成一个轻微的跳跃,

图17.4　预摆要缓慢并且可控

图17.5　最后的预摆动作将铁饼带到正确的位置

由于在掷铁饼的旋转动作中，投掷圈的直径较小只有2.1米，这个轻微的跳跃更多被看作是腿部小幅的蹬伸离地。在运动员开始转动时，上半身保持相对竖直。随着后坐动作的结束，运动员向投掷方向驱动右膝，接着蹬伸左腿，从而进行一次将身体推向投掷圈中间位置的轻微跳转。身体在蹬伸过程中要继续转动，这一点很重要。在身体离开地面的跳转期间，由于髋部的转动结合上半身的被动动作，保持或略微增加了身体的扭紧状态（肩轴与髋轴的分离）。在跳转时，随着身体转向投掷圈前沿，铁饼的运行轨迹逐渐升高。

图17.6 右脚的扫动动作

腾空

身体腾空时，下半身继续旋转。作为一个整体，旋转期间身体各部位之间的位置关系没有发生变化。左腿前拉并伸至投掷圈前部，以便落地时双脚能够对齐。投掷选手的上半身和铁饼形成一个单旋转系统，该系统的各部分在整个腾空过程中彼此保持相同的对应位置。

超越器械

运动员落地时呈良好的超越器械姿势，左脚大致与右脚脚背呈一条直线。右脚落地同时以脚掌为轴旋转，如果跳转动作合理，在落地瞬间右脚会与投掷方向呈180到240度之间的夹角，体重落在弯曲的右腿和右脚脚掌上面。落地后，右脚和右腿应没有停顿地继续转动，一个常见的错误是右脚没有继续转动就将体重迅速转移到了左脚上面。左脚紧跟着右脚快速落地，落地后左脚脚跟、脚趾应与右脚脚背对齐，或者左脚脚跟与右脚脚趾对齐。身体落地时，髋轴的朝向与投掷方向大约呈90度，肩轴的角度更向后一些，从而较好地保持了之前所形成的上下半身的扭紧状态。铁饼位于髋部后方一臂之长的位置（图17.7）。

图17.7 超越器械

开始发力

随着髋部的转动以及重心从右脚移向左脚，最后用力动作从下半身开始启动。右膝沿着投掷方向横向移动，右髋早于右肩和右臂开始转动，同时右髋和右膝的转动带动右脚的转动。这一系列动作连同左腿的制动动作会产生身体的提升。随后，左臂和上半身一边转动一边向投掷方向移动，左臂通过向身体拉近来对旋转进行制动。转动过程中，头部的对齐方式保持不变，一个常见的错误是在上半身开始转动之前头部先开始转动。

出 手

铁饼最后用力阶段的手臂击打动作是一个挥臂抛掷动作。铁饼始终与身体保持一臂之长的距离。最后发力开始时相对缓慢，所以手臂和铁饼相对于肩部的位置在肩膀转至投掷方向之前都没有明显的变化。发力开始时，运动员的上半身和铁饼仍然是一个单一、稳定的旋转系统。

最后用力阶段开始时，铁饼处于高位，处在与投掷方向大约呈270度夹角位置，左臂的扫动与出手角度协调一致。铁饼转到与投掷方向大约呈180度角时，处于较低点，在接着的最后出手过程中，铁饼开始上升（图17.8）。铁饼的运行轨迹以及腿部的动作会产生身体的提升，铁饼最后从食指上被投掷出去。

图17.8 铁饼的最后出手前的动作

在出手动作的最后阶段，运动员在手掌上轻轻地挤压铁饼，使铁饼从手中滚出，食指的侧面施加最后的推力，并给予器械一个沿顺时针方向的旋转运动（图17.9）。

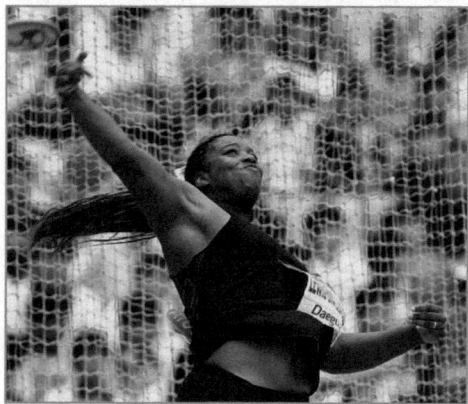

图17.9 美国纪录保持者基亚·里维斯-斯莫尔伍德（Gia Lewis-Smallwood）演示铁饼出手时的制动动作

跟进和维持平衡动作

运动员通过用食指猛力拨动铁饼使其沿顺时针旋转着飞出。铁饼出手后，用力的出手动作会带动手臂划过胸部。如果运动员制动良好，那么很容易观看到铁饼的飞行。有些优秀的运动员制动很好，铁饼出手后会有个停顿后才开始维持平衡动作。有些顶尖运动员采用不做换脚动作的技术，但仍可以将铁饼掷得很远。两种方式各有各的优点。

铁饼出手后，运动员可以通过交换双脚位置来控制身体留在投掷圈内。为了在铁饼出手后正确地进行换脚动作，运动员要将右脚向前迈向投掷圈的前部，左脚向后上方拉回，胸部降低并转向身体的左侧。运动员右脚通过落地时小幅度弯曲膝盖来吸收冲击力，同时左腿后摆向6点钟方向，躯干和肩膀指向9点钟方向（图17.10）。一个常见的错误是在最后发力动作结束之前，脚已经离开地面，开始了换脚动作。

图17.10　维持平衡（换脚）

铁饼项目的专项技术练习手段

掷铁饼的完整技术可以分解为以下几个部分：握法、超越器械、轮转和旋转。可以使用总—分—总三步法进行教学：首先演示完整的技术过程，然后分别练习各个分解技术，最后再进行整合练习，运动员们需要建立听觉和视觉上的模型。教练员应当每次只介绍一个目标技术以及相应的专项练习手段，并通过间歇较短的一系列的专项技术练习手段来掌握目标技术。节奏，或者说相对的发力顺序，是掌握技术的重要教学部分，因此务必始终贯穿于掷铁饼的教学过程中。

正确出手技术的专项练习手段

运动员必须在开始任何其他专项技术练习之前，学会正确的握法和出手动作。运动员的右手掌放在铁饼上面，而铁饼由指尖扣住。左手在铁饼下方提供支撑，右手四个手指（不包括拇指）的第一个指关节握住铁饼侧面，几个指尖摁在铁饼边缘上。手指可以均匀地散开，或者食指与中指挨在一起。初学者可以尝试两种握法，以确定哪种握法更舒服。一次良好的掷铁饼需要正确的出手动作。本节讨论构成出手动作相关技术的一些练习方法。

铁饼预摆技术练习

　　两脚与肩同宽站定，铁饼握在投掷手中，把左手放在左侧三角肌上方，呈服务员持托盘姿势。以肩膀高度前后来回摆动铁饼，用左手接住铁饼，体会将铁饼从手中推出的感觉。

上抛技术练习

　　上下摆动手臂，将铁饼向上抛到空中（图17.11），体会用手挤压铁饼将其从食指上拨出的动作。这个训练可以锻炼出手感觉。

图17.11　上抛技术练习

滚动铁饼技术练习

　　这个训练方法用于掌握铁饼正确的出手技术。将铁饼放在投掷手上恰当的位置，然后采用与掷保龄球一样的手臂动滚动铁饼（图17.12）。铁饼离开手时，大拇指和食指做一个挤压的动作捏在一起，将铁饼滚给4.6米外的搭档。注意挤出铁饼的动作，确保铁饼是从食指上滚下来，并且不要左右摆动。一旦你可以熟练地将铁饼在4.6米远的距离上滚动，那么就增加与搭档间的距离或者滚向一个目标物体。

图17.12　滚铁饼技术练习

最后用力阶段的专项技术练习方法

铁饼运动员必须掌握连贯的最后用力和出手动作。最后用力阶段需要一套独特的技术，这套技术需要长期的练习才能掌握。前世界纪录保持者L.杰伊·西尔维斯特（L. Jay Silvester）将其称为"飞饼"技术。下面针对出手阶段的挥臂动作介绍一些练习方法。

跪地投掷技术练习

该技术练习利用锥筒或者保龄球瓶向运动员们传授出手阶段基本的挥臂动作（图17.13）。右膝跪地（双脚与肩同宽），面向投掷方向，右手握着一个锥筒或者保龄球瓶，左手放在左肩三角肌的上方，呈服务员托盘姿势。在与肩膀平齐的高度上前后摆动锥筒或者保龄球瓶，摆向左侧时用左手接住，进行这种预摆以体会锥筒或保龄球瓶的拖曳感。预摆练习适应后，便可以开始制动和出手动作练习。左臂舒展地位于身体中线前，指关节朝向投掷方向，然后通过肘部的弯曲动作将手臂收向身体，以制动

图17.13 跪地投掷练习

身体左侧的运动，由制动动作带动锥筒或保龄球瓶的挥摆。首先在不用器材的情况下进行跪地制动和挥臂动作练习，直到掌握了动作要领，然后可以引入坐垫来进行更多的重复练习，最后，使用锥筒来体会器材的拖曳感，随后使用保龄球瓶练习来增加器械的阻力。

连续低强度的投饼技术练习

采用超越器械姿势手持铁饼开始练习，用30%至50%的强度连续完成几次轻松的原地投饼练习。右臂始终保持在肩部高度，重点强调每次铁饼出手时完美的飞行轨迹，保持双脚一直踩在地上，不用进行换脚动作。铁饼出手后，走过落地区拾起铁饼继续进行这种低强度的原地投练习，用以热身并体会器械的出手感觉。初学者可以在训练课的开始和结束时花15分钟在落地区上进行这种练习。一旦掌握了出手技术，就可以进一步进行原地投技术训练。在学习掷铁饼的出手技术时，每次重复进行25次的这种练习是个非常好的选择。在比赛或训练之前，这种练习方法通常可以作为专项热身活动（重复4至6次）的一部分。

原地投技术练习1

　　以超越器械姿势（双脚与肩同宽，双脚呈脚跟与脚趾对齐的姿势）开始练习，以右脚为轴进行转动，当髋部向前转动时，大约有70%的体重仍落在右腿上。在以右脚掌为轴转动时，集中精力保持大部分的体重落在右脚上，以保证当髋部面向前方时可以抬起左脚。一旦理解了基本动作，便可以持饼进行训练，最好从身体呈一个反向的C字形姿势开始原地投练习。可以用转髋练习结束专项热身活动，以放松髋部。可以用重复进行5次这种练习来开始一堂投饼课。

原地投技术练习2

　　一旦下半身完成了热身活动，并且下半身的转动动作模式满足要求，便可以开始下一步的原地投技术练习2。刚开始进行该技术练习时，可以使用例如鞋子这种较轻的非流线型物体进行练习。

　　以超越器械姿势开始动作练习，手握一个例如锥筒的轻质物体（图17.14），将原地投练习1的身体呈反向的C字形姿势和下半身动作，与左侧有力的制动及右侧的加速相结合来完成原地投练习。右手臂向后摆至高点，用力以右脚为轴进行旋转，然后沿着大幅度的圆弧

图17.14　使用锥筒的原地投技术练习2

拉动右臂，同时左腿支在地上。当器械到达低点（6点钟位置）时，右髋绕着左侧支撑向前转动，在右膝逆时针向前向下转动的同时，强调髋部向投掷方向（或者制动腿）的推动动作，当左脚脚跟落到地上时，左腿支撑在地面上并面向1点钟方向。转动过程中必须向前推动髋部，以使运动员背侧形成弧形。为了达到最大的旋转半径，要保持投掷手臂处在肩膀高度。双脚保持与地面接触，在原地投练习中不做换脚动作。一旦掌握了动作技巧，便可以用铁饼进行训练。对于初级至中级的运动员而言，通常进行重复5次的原地投练习1和10次的原地投练习2。

旋转动作的专项技术练习手段

　　当掌握了超越器械姿势后，运动员必须做一系列的技术练习来学习旋转动作。这些技术训练方法可以帮助运动员掌握整个旋转动作中的平衡和基本姿势。过渡阶段的技术练习方法能够让运动员获得从最初的起始位置转到合理的超越器械姿势过程中的稳定性，但首先必须在投掷圈后部形成一个舒适有效的起始姿势。这些训练还可以帮助运动员们掌握过渡阶段（下半身主动、上半身被动）良好的时间动作模式。

沿直线后撤步旋转技术练习

双手叉在髋部，左脚在前右脚在后，沿着一条直线站立。当教练下达"向前跨步"指令时，右脚向前迈步踩在线上（图17.15a）。下一个指令是"旋转"，此时以双脚为轴旋转180度（图17.15b）。旋转之后，当教练下达"向后撤步"指令时，左脚沿着直线径直向后撤步踩在线上（图17.15c）。最后的指令是"旋转"，此时以双脚为轴旋转180度返回最初的起始姿势。不断重复该练习，逐渐过渡到持饼模仿练习，这个手段有助于体会以脚为轴转动的概念。

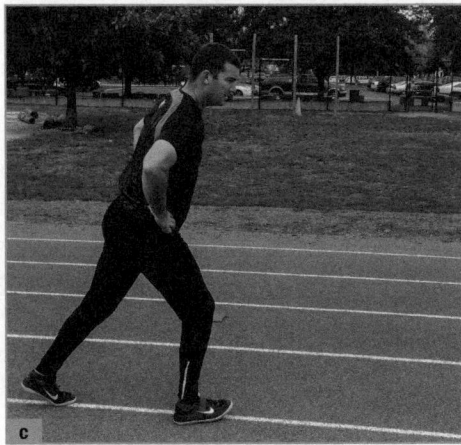

图17.15　沿直线后撤步旋转技术练习：a. 向前跨步；b. 旋转；c. 向后撤步

投掷圈后部动作的专项技术练习方法

下面的练习是掌握旋转技术中投掷圈后部必要技术的方法。尽管这些练习有着相同的技术线索，刚开始的练习相当简单，但是之后难度会逐渐增加。在每项技术练习中，开始时运动员都要让左膝位于左脚脚趾上方，左侧腋窝位于左膝上方，以增加左腿的负荷。左臂保持舒展，并与左膝方向对齐，左侧锁死以进行整体转动。进行每项技术练习时，运动员都要保持两膝分开，用左侧的旋转发起转动，并用右腿大幅度的扫动来增加转动的动力。头部抬起，目视前方保持脊柱对齐，运动员应当想象头上正顶着一摞书在练习平衡。

以左脚为轴右脚绕圈踏步的转动练习

　　该技术练习强调如何向左腿施加负荷。左脚站在投掷圈内，以初始姿势开始，大部分体重都落在左腿上（图17.16a）。通过左脚的旋转发起小幅度的转动（图17.16b）。右脚在以左脚为轴转动时不断地抬起落下，沿着逆时针方向踏步转圈。保持大部分体重（大约70%）落在左腿上。

图17.16　以左脚为轴右脚绕圈踏步的转动练习：a. 起始姿势；b. 以左脚为轴旋转

四分之一圈旋转技术练习

　　四分之一圈旋转练习帮助运动员掌握投掷圈后部动作的平衡。它与以左脚为轴右脚踏步的转动练习非常类似，但是要稍微困难一些。运动员可以在直线上或者投掷圈后部进行练习。双脚与肩同宽，膝盖弯成45度，左臂处于放松状态，并在肩膀高度向外伸出，并位于膝盖内侧（图17.17a）。以左脚脚掌为轴转动四分之一圈，同时控制好平衡技术，膝盖位于脚趾上方，腋窝位于膝盖上方，左臂位于左腿上方（图17.17b）。重复练习直至回到起始位置。通过左肩移动至左脚上方，将重量转移至左侧，借此来获得身体平衡。当转移重量以获得平衡和旋转时，不要改变膝盖和脚踝的角度。身体左侧作为一个整体始终绕一个固定的轴旋转。整个过程是重心向左移动，以左脚脚掌为轴旋转，转过四分之一圈，保持两腿分开，保持姿势竖直，目视前方。

图17.17 四分之一圈旋转技术练习：a. 起始姿势；b. 向前转动四分之一圈

半圈旋转技术练习

半圈旋转练习同样能帮助运动员掌握投掷圈后部动作的平衡。它与前两个练习非常类似，但是所需的平衡性略多一些。运动员可以在直线上或者投掷圈后部进行练习。双脚与肩同宽，膝盖弯呈45度，左臂处于放松状态，并在肩膀高度向外伸出（图17.18），以左脚脚掌为轴转动半圈，同时控制好平衡技术，重复练习直至回到起始位置。通过左肩移动至左脚上方来将重量转移至左侧，借此取得平衡，保持身体竖直，目视前方。

图17.18 半圈旋转技术练习

360度旋转技术练习

　　360度旋转练习是投掷圈后部技术练习系列中的最后一项。在投掷圈后部或者直线上站成起始姿势。双脚与肩同宽站在线上，膝盖弯成45度，左臂处于放松状态，并在肩膀高度向外伸出，身体左侧形成一个整体。以左脚脚掌为轴转动360度（逆时针）回到起始位置，保持身体竖直，目视前方，同时控制好平衡技术。通过左肩移动至左脚上方，将重量转移至左腿，借此取得身体平衡，转动时保持左右腿间宽度直至完成动作（图17.19a）。可以在肩上扛一根木棍进行练习来增强核心力量（图17.19b）。为了获得额外的平衡能力，可以用胸前传球姿势握住一个铁饼进行练习（图17.19c）。

图17.19　360度旋转技术练习：a. 旋转；b. 增加一根木棍锻炼核心力量；c. 用胸前传球姿势握住铁饼

轮转技术练习

　　轮转技术练习，从右腿处于投掷圈圆心位置开始，右脚朝向9点钟方向（270度角），上半身朝向12点钟方向（落地区中线），保持正直的身体姿态，将铁饼向身后预摆（图17.20a），接着以右脚脚掌为轴旋转，伴随着旋转左脚收起后落地，形成超越器械姿势（图17.20b）。轮转技术练习有助于掌握以右脚为轴的转动和左腿的卷起和下压动作。在转动时，抬起左脚并迅速地卷起（收回），教练员常用的提示是"脚跟收向臀部"。当抬起左脚时，身体以右脚脚掌为轴，向后进行一次180度的原地转动，在整个技术练习过程中保持相同的姿势。该技术练习可以在同一位置重复进行。

图17.20　轮转技术练习：a. 开始；b. 结束

完整旋转动作的组合技术练习

　　初学者往往很难理解铁饼动作中的旋转技术。将四分之一圈旋转、半圈旋转和轮转练习相结合是一种向初学者传授完整动作的简单方法。采用这种分解动作练习可以使初学者避免直接练习完整动作而养成坏习惯，而这些坏习惯通常都与初学者过早练习完整技术有关。在运动员掌握了教学手段的第1步（四分之一圈旋转、半圈旋转和轮转）之后，教练员可以进一步进行教学手段的第2步（大步扫腿旋转、轮转技术）练习。

各分解旋转动作的组合练习

　　可以将四分之一圈旋转、半圈旋转和轮转练习进行组合来教授完整的旋转技术。整个旋转动作可以看作，以左脚为轴的四分之一圈旋转动作，接着半圈旋转动作而转至投掷圈圆心，然后进行以右脚为轴向后转动的半圈轮转动作而形成超越器械姿势。

　　左手臂伸出以保持平衡，模拟用右手持饼的姿势，每次练习结束都应形成一个平衡的超越器械姿势。在向中心旋转期间，要保持膝盖和脚踝角度不变。在轮转技术中，保持左腿舒展并摆向前方。保持重心落在支撑脚上——开始时重心在左脚上，在投掷圈圆心处落在右脚上。保持左臂处于放松和舒展的状态，身体放松，目视投掷圈外的水平方向。

　　一旦掌握了这种练习手段，便可以把它作为热身活动的一部分。

大步扫腿旋转技术练习

在掌握了技术组合练习之后，应该用大步扫腿技术练习来替代四分之一圈旋转和半圈旋转练习。在大步扫腿技术练习中，宽幅的扫腿动作开始时由右大腿内侧带动，结束于投掷圈中间。在该技术练习中，强调的是环状、心形的扫腿动作。

完整的投掷技术练习方法

下面的技术练习方法可以帮助运动员从起始姿势开始转动时，掌握动作的平衡和身体各部位的对齐。转入阶段的技术练习可以帮助运动员掌握转入阶段（下半身主动、上半身被动）恰当的时间动作模式。

"跃溪"技术练习

该技术练习可以使运动员掌握从投掷圈后部转出的动作，并强化投掷圈中间的正确姿势。

站在投掷圈的后部，左脚位于圈内，右脚位于圈外，面向12点钟方向（图17.21a）。预摆并以左脚为轴转动身体，右脚扫向圆心位置，右脚落在圆心位置时，肩膀水平，头部抬起，右髋顶在前面（图17.21b）。这个练习的重点是集中精力尽可能快地将左脚收至右膝后面，并在投掷圈中间保持住该姿势。可以重复练习5次或者多次。

如果运动员在离地和跳转的过程中遇到了困难，那么可以试着跳上一个跳高垫（图17.21c）。开始时面向跳高垫，动作结束于右脚落在跳高垫的上面。

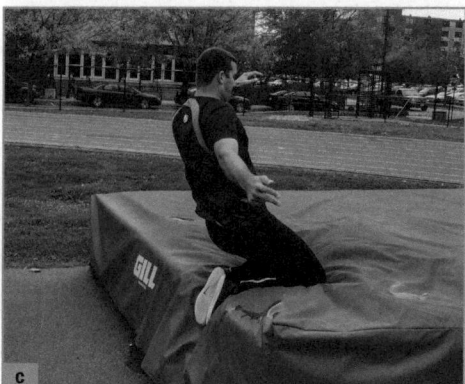

图17.21　"跃溪"技术练习：a. 开始姿势；b. 落地；c. 落在跳高垫上

南非技术练习

　　站在投掷圈的后部，左脚位于圈内，右脚位于圈外，面向12点钟方向，预摆后接着以左脚为轴转动身体，右脚扫向圆心位置，同时集中精力尽可能快地将左脚收至右膝后面并继续转动，左脚积极落地形成超越器械姿势，最后用力将铁饼掷出。

四分之一圈旋转+南非技术练习

　　这是一种调整后的南非技术练习，以完整投饼技术的开始姿势在投掷圈后部站定（图17.22a）。首先进行四分之一圈旋转，形成左脚位于圈内，右脚位于圈外，面向12点钟方向的姿势（图17.22b），接着进行南非技术旋转，以左脚为轴转动身体，右脚扫向圆心位置，同时集中精力尽可能快地将左脚收至右膝后面并继续转动，左脚积极落地形成超越器械姿势，最后用力将铁饼掷出。

图17.22　四分之一圈旋转+南非技术练习：a. 开始姿势；b. 左脚位于投掷圈内

完整投掷技术练习

　　掌握了四分之一圈旋转+南非旋转的组合技术，就可以回到投掷圈后部，面对6点钟方向，开始进行完整的投掷技术练习（参见图17.23，这个阶段，开始了更深入的训练）。

图17.23　完整投掷技术练习

铁饼项目训练课的设计

在确定每堂课的练习内容之前，教练员必须确保运动员已经掌握了该练习的正确技术。他们还应当仔细考虑训练和教学之间的关系。在向一名新手教授之前，教练员必须考虑所需的器械、确定训练的单元（包括每个单元的时间），并选择教学的关键点。

在开始每堂训练课前，应当进行8至12分钟的常规动态热身活动，然后逐渐过渡到包含一些专项技术的热身动作。根据每堂课的训练目的（技术主题），应total以针对性的专项技术练习开始，然后逐渐进入投饼内容。比如某一堂课应当强调超越器械姿势的专项技术，而另一堂课则注重投掷圈后部的技术。在技术练习结束时，运动员才开始正式投饼，一般一堂投饼课应当由大约30次投掷组成。

铁饼项目的小循环训练计划

铁饼训练的明确目标是运动员的功能重建，以便获得持久的适应、保持住训练的成果。高质量的训练计划既包括专项练习又包括一般练习。诸如训练强度、训练量、训练内容以及训练频率等变量应当根据运动员的训练年限、优势和薄弱环节以及所处的年度训练阶段进行选择。制定赛季的训练计划必须考虑生物能量学、代谢参数，以及诸如力量、幅度、速度、动作模式等专项技术动作特征和时间因素。

对于铁饼运动员，小循环训练的目标是合理安排训练负荷，以便在训练和恢复之间建立平衡。训练计划必须确保运动员在开始新的小循环之前得到足够的再生。小循环训练的作用是，为某个特定训练阶段提供有计划的合理的训练负荷。一般来说，每个小循环都应该包括一到两个恢复日。不同阶段的小循环训练包括特定的目标，准备期小循环训练（图17.24）的目标是让运动员为即将到来的比赛做好准备。比赛之前最后一次准备期小循环训练（图17.25）的目标是释放和调动运动员的表现状态。

比赛期小循环训练（图17.26）的目标是在比赛开始之前到比赛刚刚结束期间组织训练活动。该小循环涉及比赛前一天、比赛当天以及比赛结束后几天内的训练。比赛期小循环的目标取决于比赛时间的长短、试投的次数、比赛的频率、对手的水平等。简言之，比赛期小循环应当根据运动员的需求来调整。

最有效的组织结构是以每周为一个小循环。然而，一天训练2或3次的运动员通常需要稍微短一些的小循环，必须在两节训练课之间提供足够的恢复时间。

在制定全年的训练计划时，保持一致性是小循环训练的重要考虑因素。此外，还应当仔细考虑各种训练类型之间的潜在影响，这样才能保证每堂训练课的实效性。例如，教练员应当确保前一天的训练活动不会对接下来一天的训练产生干扰。

设计个性化的训练课

若能做到在训练课中将个人和项目组的需求良好结合，会使运动员从专门根据他们的需求定制的训练课中获益，这些可能既包括在力量房或场地上的个人训练，也包括共同的训练清单上所列的训练单元。设计训练课程之前，教练员必须了解运动员的身体能力。持续时间太长的训练课可能没有效率，太短又可能不会产生身体的适应性变化。

小循环#	日期：	项目组：铁饼
阶段：一般准备期	评语：	

星期日	星期一	星期二
休息	主题：发展神经肌肉能力、高要求 热身慢跑 动态柔韧性练习 专项技术热身练习： 　碾烟蒂技术练习3×5 专项技术练习： 　扛木棍转髋练习3×5 　扛木棍轮转技术练习3×5 投饼： 　原地投练习1（10），采用超过比赛重量10%的器械 　原地投练习（10） 　轮转+投饼练习（10），采用超过比赛重量10%的器械 　后抛铅球练习（10），采用超过比赛重量10%的器械 力量训练 　奥林匹克举练习 　高翻（从地面拉起）6×4，120%的CL 1RM 　后蹲4×8，75% 1RM 　卧推4×8，75% 1RM 整理活动，静态拉伸	主题：常规训练、发展能量和内分泌系统的训练 热身慢跑 动态柔韧性练习 专项技术练习： 　四分之一圈旋转练习3×5 　半圈旋转练习3×5 　360度旋转练习3×5 投饼： 　原地投练习（10） 　南非旋转投练习（10） 一般力量练习： 　全身循环训练（8项练习，每项练习重复20次） 　腹背肌循环训练（1项练习，每个平面内重复10次） 　健美力量训练（9项练习，3大组，组间休息60秒） 赤脚整理活动以及足部力量强化锻炼

星期三	星期四	星期五
主题：发展神经肌肉、低要求 热身慢跑 动态柔韧性练习 专项技术练习： 　药球对墙原地投技术练习3×5 　搭档转髋练习3×5 　沿直线后撤步旋转技术练习3×5 　南非旋转+投饼（10）注意制动动作 平地上的快速伸缩复合训练： 　跳跃循环训练（6项练习，每项练习重复10次），两项练习间休息20秒 力量训练： 　奥林匹克举练习： 　高翻（从地面拉起）4×3，85%1RM 　负重登台阶练习2×5 　负重弓步走转腰练习2×5 　上斜卧推4×8，70%1RM 渐进加速跑5×80米 抛球练习3×5（前抛），采用超过比赛重量10%的器械 整理活动，静态拉伸	主题：常规训练、一般力量练习和发展力量耐力的练习 热身慢跑 动态柔韧性练习 栏架灵活性练习 专项技术练习： 　绳索转髋练习3×5 　轮转形成超越器械的练习3×5 投饼： 　原地投练习（10） 　调整的南非旋转投练习（10） 药球循环训练（8项练习，每项练习重复10次） 一般力量练习（8项练习，每项练习重复20次） 赤脚整理活动以及足部力量强化练习	主题：发展神经肌肉、高要求 热身慢跑 动态柔韧性练习 专项技术热身练习，碾烟蒂技术练习3×5 专项技术练习： 　扛木棍转髋练习3×5 　南非技术模仿练习 投饼： 　原地投练习（10） 　轮转+投饼练习（10） 力量训练： 　奥林匹克举练习： 　抓举6×4，115%1RM 　后蹲4×8，70% 1RM 　卧推4×8，70% 1RM 整理活动，静态拉伸

星期六	每日训练强度	训练后的评价
主题：常规训练、发展能量和内分泌系统的训练 热身慢跑 动态柔韧性练习 跑道上的南非技术模仿练习2×10 持锥筒的原地投技术2练习（10） 整理活动，静态拉伸		

注：CL意思为高拉。

图17.24 铁饼项目的7天小循环训练计划示例：一般准备期

小循环#	日期：	项目组：铁饼
阶段：专项准备期	评语：	

星期日	星期一	星期二
休息	主题：发展神经肌肉能力、高要求 热身慢跑 动态柔韧性练习 专项技术热身练习： 　绳索转髋练习3×5 　南非旋转模仿练习3×5 投饼： 　原地投练习（20），采用超过比赛重量10%的器械 　轮转+投饼练习（10），采用超过比赛重量10%的器械 　南非旋转投练习（10），采用超过比赛重量10%的器械 力量训练： 奥林匹克举练习： 　抓举（地面拉起）6×2，90% 1RM 　后蹲6×5，85% 1RM 　卧推（6、5、4、3、2），80%、90%、92%、95%、98%递增负荷 抛球练习： 　抵趾板胸前前推练习（10），超过比赛重量20%的器械 整理活动，静态拉伸	主题：常规训练、发展能量和内分泌系统的训练 热身慢跑 动态柔韧性练习 专项技术热身练习： 　绳索转髋练习3×5 　360度旋转练习（5）注意左臂伸长，较宽的两腿间距 　对护笼原地投药球练习1×5 投饼练习（男性、高中生水平）： 　原地投练习1×3（1.75、1.6、1.6） 　轮转投练习1×3（1.75、1.6、1.6） 　注重开始动作的完整投模仿（3） 　完整练习3×3（1.75、1.6、1.6） 　全力投练习，1.6千克，100% 　全力投练习4×3（1.75、1.6、1.6） 　（完整技术投总计25次） 一般力量练习： 　腹背肌循环训练（5项练习，每个练习重复10次） 　健美力量训练（9项练习，3大组，组间休息60秒） 赤脚整理活动以及足部力量强化锻炼

星期三	星期四	星期五
主题：发展神经肌肉、低要求 热身慢跑 动态柔韧性练习 冲刺跑技术练习 专项力量练习： 　跪地投练习（10），超过比赛重量20%的器械 力量训练： 奥林匹克举练习： 　高翻（从大腿拉起）6×3，140%1RM 　箭步蹲2×6 　箭步硬拉2×6 　仰卧上拉4×6 加速跑练习3×20，3×30，3×40 整理活动，静态拉伸	主题：常规训练、一般力量练习和发展力量耐力的练习 热身慢跑 动态柔韧性练习 专项技术热身练习： 　绳索转髋练习3×5 　南非技术模仿练习3×5 投饼： 　原地投练习（10），超过比赛重量10%的器械 　轮转投练习（10），超过比赛重量10%的器械 　南非旋转投练习（10），超过比赛重量10%的器械 健美力量训练（9项练习，3大组，组间休息60秒） 核心力量练习（1项练习，每个动作平面重复10次） 赤脚整理活动以及足部力量强化练习	主题：发展神经肌肉、高要求 热身慢跑 动态柔韧性练习 专项技术热身练习： 　绳索转髋练习3×5 　360度旋转练习（5）注意左臂伸长，较宽的两腿间距 　对护笼原地投药球练习1×5 投饼练习（男性、高中生水平）： 　原地投练习1×3（1.75、1.6、1.5） 　轮转投练习1×3（1.75、1.6、1.6） 　注重开始动作的完整的模仿（3） 　完整练习3×3（1.75、1.6、1.5） 　全力投练习（4），1.6千克，100% 　全力投练习4×3（1.75、1.6、1.6） 　（完整技术投总计25次） 跳伸练习3×5 完全恢复 力量训练： 奥林匹克举练习： 　高翻6×4，85%的1RM 　半蹲4×6，120% 全蹲1RM 　快速斜板卧推4×6，50%1RM 整理活动，静态拉伸

星期六	每日训练强度	训练后的评价
主题：常规训练、发展能量和内分泌系统的训练 热身慢跑 动态柔韧性练习 专项技术练习（佩戴负重背心）： 　轮转+转髋练习3×5 　肩负木棍的360度旋转练习3×5 　左腿90度前拉练习（5） 　原地投2千克球（5） 　轮转投2千克球（5） 　完整技术投2千克球 药球循环训练（8项练习，每项练习重复10次） 赤脚整理活动以及足部力量强化练习		

图17.25　铁饼项目的7天小循环训练计划示例：专项准备期

小循环#	日期：	项目组：铁饼
阶段：比赛期	评语：	

星期日	星期一	星期二
休息	主题：发展神经肌肉能力、高要求 热身慢跑 动态柔韧性练习 专项技术热身练习： 　搭档转髋练习3×5 　肩扛木棍的轮转练习（5） 投饼练习： 　原地投练习（5），采用比赛器械 　轮转投练习（2），采用比赛器械 　不做换脚动作的完整投练习（10），采用超过比赛重量10%的器械（88%至92%强度） 　完整投练习（5），采用比赛器械（100%强度） 　完整投练习（5），采用低于比赛重量10%的器械 　（总计22次投掷） 力量训练： 奥林匹克举练习： 　抓举6×2，95% 1RM 　负重蹲跳4×6，30% 1RM 　快速斜板卧推4×6，50% 1RM 　俄罗斯转体2×8 　加速跑练习（3×20、3×30，完全恢复） 整理活动，静态拉伸	主题：常规训练、发展能量和内分泌系统的训练 热身慢跑 动态柔韧性练习 专项技术热身练习： 　绳索转髋练习3×5 　360度旋转练习（5）注意左臂伸长，较宽的两腿间距 　对护笼原地投药球练习1×5 投饼练习： 　原地投练习（4） 　轮转投练习（4） 　注重开始动作的完整投模仿 　完整投练习（8）88%至92%强度 　全力投练习（4）100% 　（12次完整技术投，总计20次投掷） 一般力量练习： 　腹/背肌循环训练（5项练习，每个练习重复8次） 　药球循环训练（4个练习，每个练习快速重复5次） 赤脚整理活动以及足部力量强化锻炼

星期三	星期四	星期五
主题：发展神经肌肉、低要求 热身慢跑 动态柔韧性练习 专项技术热身练习： 　绳索转髋练习3×5 　360度旋转练习（5）注意左臂伸长，较宽的两腿间距 　对护笼原地投药球练习1×5 投饼练习： 　原地投练习（4） 　轮转投练习（4） 　注重开始动作的完整投模仿 　完整投练习（8），88%至92%强度 　全力投练习（4），100% 　（12次完整技术投，总计20次投掷） 健美力量训练（9项练习，3大组，组间休息60秒）130%1RM 整理活动，静态拉伸	主题：恢复和比赛心理准备 技术录像学习 比赛心理准备	主题：发展神经肌肉、高要求 热身慢跑 动态柔韧性练习 专项技术热身练习： 　绳索转髋练习3×5 　360度旋转练习（5）注意左臂伸长，较宽的两腿间距 投饼练习： 　原地投练习（2） 　轮转投练习（2） 　注重开始动作的完整投模仿 　完整投练习（4） 　总计8次投掷 加速跑练习： 　起跑器上20米加速跑（4） 力量训练： 　奥林匹克举练习： 　　高翻5×2，95%，组间休息3至5分钟 　抛球练习： 　　后抛，采用比赛器械 整理活动，静态拉伸

星期六	每日训练强度	训练后的评价
主题：常规训练、发展能量和内分泌系统的训练 参加铅球或铁饼比赛		

图17.26　铁饼项目的7天小循环训练计划示例：比赛期

在进行每堂训练课之前，教练员应当向运动员讲解该堂课的训练目的。明白训练目的的运动员更倾向于接受训练安排。每堂训练课都应当把灵敏性练习和跑步作为一个简短的热身活动。此外，持饼或不持饼的专项技术练习可以作为最后的热身活动，在正课之前进行练习。

训练课应当具有一项或者两项具体的可测量的目标，该目标应具有明确的测量标准或活动，来确保训练进程向最终目标前进。安排的训练内容目的可能是增强专项力量或者速度，虽然大运动量、高强度的练习可以提高专项力量，然而，并非所有的训练课都应当安排全力投饼练习。训练强度应当限制在运动员个人最佳水平的88%至92%，练习中出现3或4次全力投饼即可。教练员应当集中精力纠正或者改进在88%至92%强度区间内进行投掷的某个技术要素。可以采用重器械或轻器械，也可以集中精力投掷标准器械。

训练课程结束时简短的总结有助于强化该课程的目标，教练员和运动员可以讨论训练课中非常有益的收获，也可以讨论在接下来的训练课中需要纠正的地方。每周至少有一次在训练课结束后的整理活动中，需要包含额外的慢跑或者柔韧性练习。

每堂训练课都应当按照下述步骤进行。

1. 热身活动。
2. 训练介绍。
3. 技术训练。
4. 能力训练。
5. 整理活动。
6. 训练小结。

结　语

教练员应该和运动员一起协作制定和实施一个独特的、针对个体的训练体系，以使运动员获得最佳的竞技表现。目的性强、精准细致的训练安排才能使运动员稳定在较高的竞技水平，本章的内容为教练员提供了一个训练安排对策和技术练习方法的概要，以帮助他们培养出更优秀的铁饼运动员。

第18章

链球项目

劳伦斯·W.贾奇（Lawrence W. Judge）博士

由于知名度有限，而且在文献和研究中极少出现，所以链球项目仍是美国田径比赛中最容易被人们忽略和误解的一个项目。由于链球项目具有较高的技术要求，该项目对于运动员和教练员来讲都颇具挑战性，可能仅次于撑竿跳高。链球项目自问世以来已经发生了相当大的变化，其使用的器材制造得更加精确，更加平滑的专项鞋鞋底会使运动员能够转动得更快，加上训练方法和投掷技术的改变，使目前男子运动员的最远投掷距离已经超过了85米，女子的最远投掷距离超过了76米。然而，链球项目本身所具有的危险性始终没有改变。本章按照动作的时间先后顺序的讨论来详细分析链球项目的技术和原理。

器　械

一个金属球体、一条链子以及一个把手组成链球（图18.1）。男、女运动员在比赛中所用链球的重量和尺寸不同，男子链球直径长11至13厘米、重量为7.26千克。女子链球直径长9.5至11厘米、重量为4千克。男子链球长117.5至121.5厘米，而女子链球的长度必须在116至119.5厘米之间。

球体用固体的铁、铜或硬度不低于铜的其他金属制成，球体内不能灌注任何可能会增加整体重量的其他材料。一根带环的链子一端连接在把手上，另一端连接在金属球体上，链子的直径不小于3毫米，链子由单根钢丝构成，投掷时钢丝没有明显的延长。钢丝两端弯成环状牢固地连接在把手上，并通过一个转动轴承连接到金属球体。把手是一个近似等腰三角形的整体构件，当处于投掷张力下时，把手不会产生明显变形。

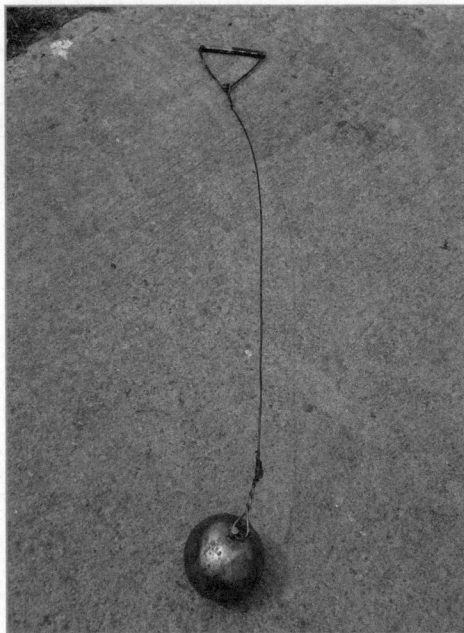

图18.1　链球

国际田联竞赛规则规定，球体重心的位置至球体中心的距离不能大于 6 毫米，把球体放置在直径为 12 毫米的圆形口刃称重装置上时，球体必须保持平衡。

高质量链球的价格从 100 美元到 450 美元不等。钢制链球的重量和平衡性更加精确，并且通常会装配质量更好的转动轴承。尽管可以买到用钢制成外壳、中心灌以铅或其他固体材料的链球，但是廉价的链球往往由实心铁构成，中心灌注的金属物必须固定不能移动。链球经常需要更换钢丝和把手，为了快速更换需要储存一些备用部件。尽管链子可以由 #11 钢琴弦自制，但是购买市面生产销售的钢丝会更为安全，每根钢丝目前的价格大约为 8 美元，市面上也可买到不同种类的把手。

为了确保器械符合比赛标准，教练员应当在比赛之前检查器械的长度和重量。

安全因素

为了裁判员、运动员、教练员和观众的安全，链球的投掷圈外建有 C 字形的护笼以提供保护，护笼的作用是防止链球从运动员手中朝着意想不到的方向飞出。链球项目存在许多内在的安全问题，第一个需要考虑的便是投掷的物理空间，教练员需要确保一个维护良好的护笼被安装在正确的位置，确保它距离其他项目足够远的距离以保证安全。理想情况下，护笼的大小应当符合国际田联竞赛规则的要求，即前面的活动挡网高 10 米，宽 3.2 米，可以轻松地移动。投掷圈外围的防护网或钢丝网围栏必须得到良好的保持和维护。链球护笼和设施器材的合理保养，可以确保设备的使用寿命和安全性。教练员应当查阅国际田联竞赛规则手册，以获取更多的具体信息。

有些学校允许链球场安置在多用途场地上，教练员必须确保一个安全的落地区，必须高度警戒，防止在投掷时任何人员进入危险区域。解决了安全问题，链球的投掷会优美地展现出体育领域无与伦比的体能、节奏、爆发力和速度。

除了场地设施和空间的安全性，教练员还必须考虑落地区，有些学校在训练时会采用一些外层包裹软质材料的链球，这种链球用起来类似于标准链球，但又不会损坏落地区场地。这种链球可以从器材供应商那里买到。

开始姿势

与其他三种投掷项目一样，掷链球的目的是在不犯规的前提下将器械投得越远越好。运动员面向投掷圈后方，通过预摆或者抡摆来开始链球旋转动作。预摆或者抡摆动作，指的是在头顶上沿着圆弧抡转链球的动作。运动员通过在投掷圈中连续旋转加速来将链球转至出手位置。

握法

符合规定的手套是链球运动员的一件重要装备，一般会采用露出指尖、正反面都很平滑的手套。

链球采用双手握住把手的握法，右手为惯用手的运动员要用左手握住把手（图 18.2a），右手包住左手，左手每根手指的第二个指节都要接触把手（图 18.2b）。

预备姿势

运动员脚趾靠近投掷圈后缘站定，双手握住链球把手，双脚与肩同宽（70 至 80 厘米），跨过一条想象中的平分投掷圈的直线。为了帮助初学者掌握一致的脚部位置，可以用粉

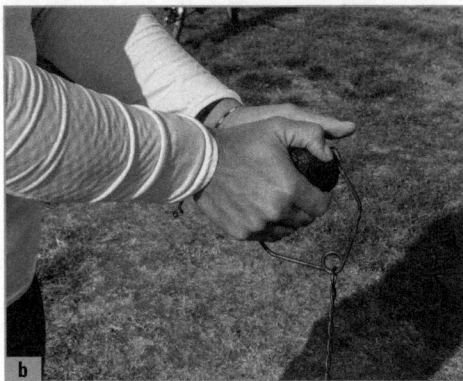

图18.2 链球握法：a. 左手握住把手；b. 右手包住左手

笔画一条线。高水平运动员通常会以左脚站在这条中线上的位置来开始投掷动作。髋部和肩部正对与投掷相反方向。尽管其他投掷项目投掷圈内的规则也适用于链球项目，但链球的器械在开始投掷之前可以位于投掷圈外地面。链球被直接放在运动员右脚后方的地面上（图18.3）。一个间距较宽、稳定的站姿非常重要。

图18.3 前美国纪录保持者埃琳·吉里斯（Erin Gilreath）示范起始姿势中的较宽间距的站姿

预备动作

一次出色的试投在很大程度上取决于预备动作的稳定性和平衡性，它引领着身体稳定地进入旋转动作。运动员首先通过预摆（预备性的抡摆）开始一次试投，在预摆中，运动员面向投掷圈后方，在头顶上方沿圆弧抡转链球。预摆的目的是为链球提供合适的运行平面并建立运行低点。通过预摆，运动员获得了链球的最大的旋转半径，并建立起旋转的节奏。

开始

为了开始投掷，运动员从地上提起链球，并将其放在投掷圈内向后和向右距离右脚均为30厘米的地面上。放置链球同时，运动员向右转动肩膀，左肩放低，髋部和右脚仍面对投掷相反方向，大部分体重都放在弯曲的左腿上。从该姿势开始，运动员用双手从地面上提起链球（图18.4），并沿水平路径挥动链球，直到链球完全移至左侧。

链球的斜圆形路径称作链球的运行轨迹。理想的轨迹中，最低点与投掷方向呈180度，而最高点则指向投掷方向的位置。在整个预摆以及随后的旋转过程中，都重复这个轨迹。

图18.4 从地面上提起链球

预摆

预摆，或者抢摆，有时候被称为原地抢转，它是指在投掷动作开始时，在不旋转身体的前提下，运动员施加作用力于链球使之围绕身体旋转的动作（图18.5）。预摆的目的是产生动量，把链球带到身体开始转动的最佳位置，并将运动员和链球组成一个旋转系统。预摆还会设定器械的运行轨迹。由于预摆会影响如此之多的变量，所以开始预摆时动作的稳定性对于该项目的成功至关重要。运动员在学习掷链球的完整动作之前，必须先掌握如何一贯正确地开始和执行预摆动作。

通常，运动员会在开始转动身体之前进行两圈预摆。运动员利用身体重量对抗链球的转动，在肩膀部位转动身体来控制链球。教授预摆的最佳方法是利用"扫、卷、扭"的提示，扫动链球，在链球经过左腿前方时弯曲左臂，接着扭转肩膀，以恰当地控制链

球的转动。运动员需要小心，此时不要让身体右侧处于放松和弯曲状态。右腿必须保持伸直，实际上是在对髋部进行制动。抢摆时运动员绝对不能让双手向后超过头部的中心位置。

图18.5 开始预摆

在整个预摆过程中，双腿要稍微弯曲并稳固地站在地上，身体重量稳定住以对抗转动的链球产生的作用力。髋部和双脚指向投掷相反方向。运动员保持直立，并且处于链球转动轨迹的中心。集中注意力保持左肩低于右肩，这样可以避免降低右肩这个常见的错误。

在链球从运动员右侧移动至左侧的过程中，双臂弯曲，右手腕转动至身体左侧上方位置，双手与头部中心线的距离为几厘米，当链球转到运动员右肩膀后方时，上臂紧贴着脸部拂过（图18.6）。

图18.6 双手转到身体后方

图18.7 第一圈预摆

当链球到达最高点时，运动员肩膀向右侧转动，当左上臂贴着运动员的脸部拂过时，收回右肘，在链球从运动员右侧下降的过程中，这个动作组合让身体处于一个迎接和加速链球的姿势。静止不动的髋部，外加肩膀的转动，造成了髋轴和肩轴之间角度的增大。

因为练习预摆时，运动轨迹的最低点倾向于逐渐向左移动，因此运动员在练习时，每组应当只重复3至4次。随着对该动作的逐步熟练，运动员便可以采用每组10次或者更多的重复次数来发展专项力量。

第一圈预摆

一旦开始预摆动作，链球开始向运动员的左侧上升，在链球接近轨道最高点时，右脚脚跟要稍微抬起。在链球向后上方转动并且环绕身体左侧的过程中，运动员的双腿和髋部不能晃动或者降低。第一圈预摆链球的最低点应当位于运动员右脚的前方。双脚和髋部面向投掷相反方向，同时右脚平踩在地上，形成一个制动并阻止身体的晃动（图18.7）。第一圈预摆的运行轨迹要随于第二圈。

第二圈预摆

运动员流畅地将链球转至第一圈的最低点后，在身体前方沿着较平的轨迹扫动链球，在链球到达最低点位置之前，双臂已经处于完全伸直状态（图18.8）。链球路径必须充分地向左侧延伸，这样运行轨迹才会经过左脚的外侧。随着链球开始上升，双手的动作特征与第一圈预摆完全相同，但是右肩和右肘向右侧转动的幅度要更小一些，把正在下降的链球拉向旋转路径的最低点，使之正好位于运动员的正前方，并与投掷方向呈180度。如果使用更多圈的预摆，随后的每圈预摆都要重复第二圈的预摆动作。

掌握预摆节奏有困难的运动员可以从观看示范动作中获益。当运动员的双手移动到头部中线以上的时候，教练员应当注意运动员技术和加速的节奏。在做示范时，教练员应重复几次预摆技术节奏，并口头提醒技术要点，当喊"1"时，保持膝盖锁死、向左扫动和卷曲链球，喊"2"时，保持头部固定不动，在肩膀处做扭转动作。

图18.8　第二圈预摆

预摆时，重心从一条腿向另一条腿的微妙转移也存在节奏变化。当运动员做弯曲手臂动作时，重心会朝弯曲侧腿部转移。如果运动员沿逆时针方向，那么左臂会发生弯曲，并且重心落在左腿上。随着弯曲转换成扭转，重心便朝右腿方向转移。

衔接预摆

衔接预摆是指进入第一圈旋转动作之前的预摆动作。它通常出现在第二圈预摆时，但是如果使用了更多圈的预摆，衔接预摆会出现得更晚。在进行衔接预摆动作时，链球稍早一些从最高点转出，同时肩膀向右转动的幅度要小于之前的预摆，这样可以确保链球运行轨迹的最低点位置正好处于运动员的正前方。随着链球走向低点，运动员需弯曲双膝以控制住链球的转动。

旋转

运动员通过在投掷圈内旋转身体将链球逐渐加速到出手瞬间的速度，在旋转期间，链球的线速度会出现波动。旋转是链球和运动员同时的转动，这种旋转的目的是让运动员从投掷圈后沿转到前沿并加速链球。每圈旋转都包含两个阶段：一只脚在地上（右手为惯用手的运动员是左脚）的单支撑阶段，以及两只脚都在地上的双支撑阶段。通常，运动员会旋转3至4圈，而且每圈旋转在技术上都上是彼此相似的。

当从衔接预摆进入第一圈旋转时，链球必须尽量远离运动员质心，并围绕左脚转动，同时身体抵抗住链球的拉力（图18.9）。

图18.9　开始进入旋转动作

与此同时，运动员双脚触地，以左脚的脚掌（脚趾为轴转动）或者左脚的脚跟（脚跟为轴转动）和右脚的脚掌为轴转动，直到链球到达与投掷方向呈近似90度夹角的位置（图18.10），这时抬起右膝，并将右脚上提至左脚踝上方，双膝尽量并拢。在链球到达投掷方向时，左脚继续以脚掌前部外侧为轴转动。在右脚跨过左脚上方时，左脚踝积极背屈，提供一个坚固的脚踝作为坚实的旋转轴点。右脚跨过左脚上方后，右脚脚掌迅速落向地面，在此期间左脚持续转动有助于该动作的完成。接着，双脚同时转动以完成整个动作。转动中双脚的同步性对于效率的最大化至关重要。运动员双脚必须同时进行这种脚跟—脚趾的转动，决不能各自独立转动。

图18.10 进入旋转动作

图18.11 双支撑

当运动员处于双支撑状态时，肩轴和髋轴之间的角度稍微分离（图18.11）。接着，在链球与投掷方向呈270的位置向轨道最低点下降的过程中，运动员通过用身体右侧和双臂的挥动来加速链球，此时通过主动用力来拉动链球非常重要。一个常见的错误是，在这个时候未能成功地发力和加速链球。由于重力的作用，链球下降阶段是增加速度的唯一机会。

运动员必须学会在旋转过程中，不依赖于向下看双脚或地面来维持平衡。向下看会缩短链球的有效旋转半径，从而导致减小投掷距离。

超越器械姿势

链球中的超越器械姿势出现在每圈旋转完成的时候，即双支撑阶段开始时。运动员的髋部和双脚指向投掷相反方向，双膝微弯，用身体来抵抗链球产生的作用力。肩膀偏向身体右侧与链球运行保持一致，这样可

以继续加速链球以进入最后用力的投递阶段。头部和脊柱对齐，眼睛稍微望向链球的上方，胸部呈凹形，同时双臂处于伸展状态（图18.12）。运动员在第1圈和第2圈旋转中必须利用髋部来抵抗转动产生的作用力，而在第3圈和第4圈旋转中，必须用肩膀来抵抗转动产生的作用力，因为速度过快时，转动产生的作用力会变得太大而使髋部无法承受。

发力阶段

在每圈旋转双脚同时在地面上的双支撑期间，运动员身体会产生较大的扭矩。躯干的旋转以及下半身的动作会影响所产生的扭矩大小。为了获得一个更加稳定的身体姿势，初级至中级水平的运动员最好缩小髋轴和肩轴之间的扭矩（仅为20至40度）。右脚落地形成的双支撑阶段允许运动员身体中段有一个更强的转动。一个有效的辅导提示是"假设身体右侧有一堵墙挡住了身体的转动"。

图18.12 在双支撑之前的超越器械姿势

发力阶段由3个动作组成：右脚连同右臂沿逆时针向零度角方向的旋转动作；左大腿内侧用力向下拉动，使左脚脚跟落地并形成一个制动；链球向最低点运行的过程中，下巴和肩膀远离链球的动作，目的是尽量加大脑后部位与链球之间的距离。运动员向后坐，并向后移动肩膀，增大下巴与双手间距离（图18.13）。掷链球常见错误的描述以及纠正方法参见表18.1。

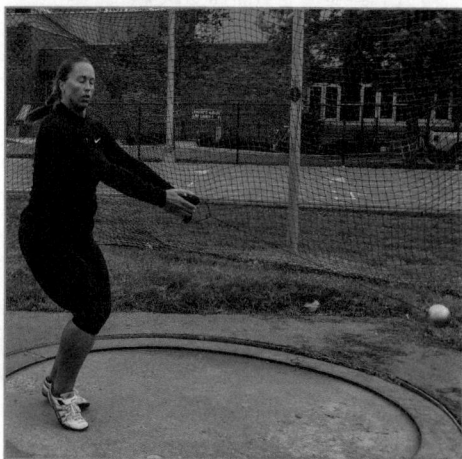

图18.13 发力阶段

最后用力阶段

掷链球的最后一部分是最后用力阶段，该阶段开始于最后一圈旋转结束时，结束于链球的出手。在这个对试投掷是否成功非常重要的阶段中，当链球从0度方向走向左肩膀上方的过程中（对于右手为惯用手的运动员而言），运动员向上加速链球的转动，这是通过伸展膝盖、髋部、背部和肩膀来实现的，链球大约在肩膀高度处出手。一旦运动员已经掌握了能够稳定地获得最佳出手高度和出手角度的技术，训练重点就应当集中于改进技术以提高出手速度。最后用力阶段可以分解成3个部分：启动投掷、出手以及跟进和维持平衡。

启动投掷

真正的投掷动作开始于出手一圈的旋转，也就是到达超越器械姿势和最后用力阶段之前的那次旋转。尽管速度更快，但是最后一圈旋转的启动方式与之前几圈相同。

出手

链球在出手一圈的摆动加速与之前几圈的动作类似，但有一个例外之处。当链球到达最低点时，运动员通过伸展双腿升高身体的姿势，头部和肩膀向后收，以便对抗链球产生的作用力并继续加速链球的旋转。运动员继续转动直到链球出手，出手时双手位于肩膀高度，双臂与投掷方向呈90度夹角。在链球出手的瞬间，运动员头顶与链球之间的距离达到最大，随着出手，运动员的头向后仰，视线正好处于竖直方向。

跟进和维持平衡

链球出手之后，运动员双臂保持伸长，双手继续向上移动并以高举姿势结束（图18.14）。运动员的头部后仰，眼睛向上看向天空。

图18.14　出手之后

相比于铅球、铁饼和标枪，链球中的维持平衡动作是独一无二的，它是一个与出手的提起上升运动相反的动作。链球出手之后，为了将身体留在投掷圈内，运动员要降低重心，如果在最后一圈旋转进入双支撑时失去平衡，那么这个动作就会极具挑战性。

链球旋转动作的专项技术练习手段

尽管身体条件和运动能力对于链球项目很重要，但是技术水平在很大程度上决定运动员的整体表现。对于精英级别运动员，许多人都认为技术才是区分运动员水平的最重要因素。青少年运动员必须逐渐掌握一项起初看起来可能不太自然的技术。为此，教练员应当熟悉可以提高这些专项技术的练习手段。

基础技术练习

链球项目的技术要求可能会给青少年运动员学习这个项目带来障碍。为了引起青少年运动员的兴趣，教练员可能需要在练习过程中添加一些有趣的内容。最开始的练习步骤之一是介绍旋转的技术，以让青少年运动员习惯于投掷圈内的转动。

两个搭档一组进行的转动练习

运动员天生的脚踝柔韧性和力量很难达到执行多圈旋转所需的力量和灵活性要求。这个技术练习需要抓住一个搭档的手腕，同时身体向后坐以对抗搭档的体重。这个所谓的对抗姿势需要髋部向后坐，同时保持躯干直立和紧绷，正如前蹲技术练习中的那样。

抓住搭档的手腕后，就让身体向后坐形成对抗姿势，以脚掌着地迅速地转动，以产生旋转速度。

千万不要俯身或者弯曲肩膀，总共进行5次转动，然后停止。在两人都返回至站立姿势之前，不要松开搭档，这一点至关重要。一旦你领会了转动和对抗的概念，那么下一步就是在该技术练习中使用链球或者类似的物体，例如在一端连有重物的绳子。这些转动可以用双脚脚掌完成，因为此时尚未考虑准确的技术，该训练的目的是发展平衡和旋转能力。

表18.1 链球项目常见的错误和纠正方法

错误	原因	纠正方法
链球碰到地面	• 链球没有处在正确飞行轨迹上	• 身体不要向前倾斜。如果向前倾斜，你将无法控制链球的下行路径 • 预摆过于陡峭；应该让预摆轨迹变得更平些 • 确保身体对抗链球的姿势是正确的
双臂向身体拉近，减小了旋转半径	• 由于经验不足、害怕链球碰到地面，或者因害怕被拉动而失去平衡状态，导致的紧张动作	• 采用轻器械练习左右手单臂的摆动动作。练习一个完整的动作幅度 • 采用轻器械进行常规预摆练习。放松双臂、采用正确的站姿，直到链球以较大幅度进行转动。确保链球必须扫过前方并以较大的幅度扫至左侧 • 采用较重器械练习专项力量，以掌握更好的技术 • 重点强调链球的较平的运行轨道，而不是一个陡峭的上下运动
身体左右摆动得太多	• 为了更好地加强预摆动作，而加大身体的晃动幅度	• 整个预摆过程中，都要保持身体处于直立状态。不要左右摆动髋部 • 当链球开始经过身体后方时，用右腿制动。脚跟牢牢地站在地面上，并且不允许右膝盖有任何侧向动作 • 利用训练提示词"控制别动"
右脚的落地位置距离左脚过远，导致双腿以较宽的间距站立	• 没有等待链球 • 过多地利用了上半身拉动链球	• 在进入旋转动作时，保持左腿处于弯曲状态，右腿使劲地蹬推 • 通过双膝靠拢来保持右脚靠近左腿，看上去像右脚从左脚脚踝上迈过 • 主动自信地落下右脚
出手时，过多的重量落在了右腿上	• 可能是为出手做准备而导致失去平衡，使最后一圈旋转中出现错误	• 包括最后一圈在内的每圈旋转，都要以左脚为轴转动，并向外推动链球 • 努力保持腿部处于良好的弯曲状态，直到链球经过最低点 • 在链球上升过程中，使劲上拉并且要有上提感觉 • 右脚落地之前，左腿要有足够程度的弯曲 • 进行对墙药球出手练习 • 不要用头部带动身体转动，保持视线位于链球上方

续表

错误	原因	纠正方法
在转动中失去平衡	• 用肩膀和头部发起转动 • 在链球向左扫动的过程中，没有将重量落在右腿上 • 在转动中，右腿未能积极主动落地进入双支撑阶段 • 右腿抬起的动作不正确 • 急着进行上半身的转动，而没有利用髋部和双腿的转动	• 第二圈预摆结束时弯曲双腿并向后坐，以对抗位于最低点处的链球 • 保持左腿轻微地弯曲，并推动链球形成一个较大的旋转半径。不要过度地向前倾斜 • 在进入旋转时，确保重心位置位于左脚附近 • 保持双臂伸直。第二圈预摆结束时，在双臂伸直之后，不要破坏双臂之间的三角形结构 • 初学者可能需要在面向90度方向时右脚抬离地面，因为他们的转动速度不是很快。水平更高一些的运动员可以稍早点抬起右脚
在原地一个点转动，通常称为"钻油井"	• 在链球运行到最低点处时，身体对链球的对抗不足	• 在链球向0度方向运行的过程中，准备好髋部后坐以对抗链球的旋转，同时保持背部处于挺直状态 • 由于较大的离心力，精英级别运动员的身体可以稍微向后倾斜 • 在发力旋转时，重量将从左脚脚掌转移至左脚脚跟。除非在最低点处运动员施加的作用力与的链球正好相反，否则无法对抗链球的作用力，难以沿着圆圈转动 • 向前倾斜会使运动员和链球跌向前方，这会让链球取得支配权
转动之后落地时，身体重量落在了右腿上	• 转动时左肩、头部和左腿的错误动作，进入旋转时身体失去平衡，这些可能会导致右腿摆动幅度过大	• 头部面对链球方向，双臂和肩膀一定不能向内收回 • 眼睛一直盯着链球。当链球到达最低点时，不要弯曲颈部观看链球 • 保持重心位于左腿附近，并让链球以较大幅度转过身体左侧，为此，运动员不能伸直左腿或者用肩膀猛拉 • 保持右脚靠近左腿，转过时积极主动地落地，延迟落地将会影响整个投掷过程

用一个短把药球（强力球）进行转动练习

强力球与实际的器械形状类似，但是药球的重量要小得多。药球适合不同年龄段和体型的运动员练习旋转。沿着逆时针方向绕小圈转动踏步，保持头部、肩膀、髋部和双脚都朝着相同的方向。将药球保持位于体前（参考图18.15），不要让它偏向身体右侧。沿圆圈踏8步，以返回起始位置。一旦可以将身体和药球作为整体返回至起始位置，那么便减少每圈踏过的步数。例如，以8步开始，接着减少至6步；当你可以顺畅地完成6步时，便可减少至4步。

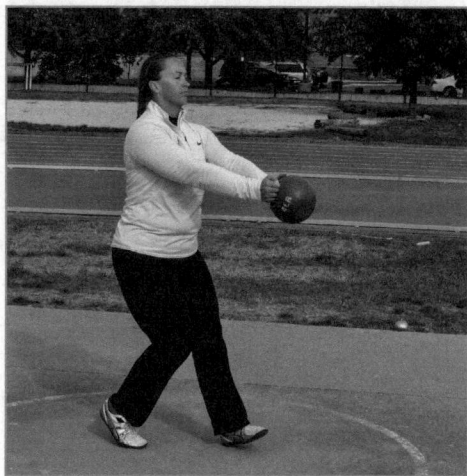

图18.15　手握强力球进行转动

与搭档进行的拔河练习

这个练习旨在教授对抗逐渐增加的链球拉力的平衡概念。最初可以用链子固定在栅栏上练习。随着对动作熟练程度的提高可以和搭档一起训练，可以让一人假装链球，另一人为投掷选手。运动员体会来自另一人逐渐增大拉力的对抗（图18.16）。这是一种让人愉快的练习方法，可用来学习链球项目的对抗理念。

图18.16　与搭档一起进行的拔河练习

旋转动作的练习

成为一名链球运动员的第一步是学习如何旋转、对抗和保持平衡。这一系列关于身体姿态的技术练习包括旋转的技术以及对抗和平衡的练习。运动员应当观察链球旋转过程中，旋转的节奏和脚部的动作。运动员以双脚与肩同宽、双膝稍微弯曲、头部挺直的姿势开始，双臂伸直，在胸前形成一个三角形。运动员将体重落在右脚脚掌和左脚脚跟上，接着进行转动直至达到90度方向为止，重复进行这些90度的旋转动作。一旦运动员能够掌握该动作，便可以开始转向180度的练习，这个练习有助于运动员体会抬起右脚来完成转动的概念。

当掌握了这个技术后，运动员开始学习单圈旋转动作。运动员将其体重放在右脚脚掌和左脚脚跟上，接着进行转动，在大约90度时，运动员抬起右脚，左脚继续旋转，支撑点由左脚脚跟经左脚外侧逐渐过渡到左脚脚掌上。在运动员左腿转动并准备在270度处放下右脚的过程中，右腿都要保持靠近左腿。转动结束时右脚落地，重量即放在右脚脚掌上，以准备好接下来的旋转。运动员必须反复练习这个单圈转动动作，直到完全掌握为止。

教练员应当将动作分解为一连串的脚跟到脚趾的转动动作。运动员领会并练习每个分解动作，直到他们掌握了各阶段的身体姿势，可以完成一次正确的脚跟到脚趾的转动动作。

各角度身体姿势的技术练习

在开始身体姿势的技术练习时，运动员站成稳定姿态，双臂在胸前构成一个三角形（图18.17）。这个姿势的特点是一个直立的躯干和稳定的身体中段部位，体重均匀地分布在两脚之间。

图18.17　姿势技术练习的起始姿势

姿势1的技术练习

从起始姿势转动至某个位置，这时运动员呈将重心放在右腿上的姿势（姿势1）。即在转至90度方向时，保持大部分体重放在右脚上，同步转动双脚。在以左脚脚跟为轴的转动方式中（图18.18a），左脚背屈，并且双脚处于同步转动状态，在运动员面向90度方向时结束转动。在以左脚脚趾为轴的转动的方式中（图18.18b），体重放在左脚脚掌上，并且双脚处于同步转动状态，在运动员面向90度方向时结束转动。

图18.18 姿势1的技术练习：a. 以脚跟为轴转动；b. 以脚趾为轴转动

姿势2的技术练习

从姿势1开始以左脚脚跟为轴转动、右脚提起至270度位置落下（图18.19）。右脚落地于左脚前方7.6厘米的位置。随着动作的完成，身体重量从左脚脚跟转移到左脚脚掌上。这个练习的关键是快速地提起并落下右脚。理想状态下，在形成姿势2时，髋轴和肩轴之间会形成20至40度的角度分离。保持双膝靠近，右脚跨过左脚踝，主要依靠转动的左脚保持平衡。保持肩膀水平，视线位于双手上方。

图18.19 姿势2的技术练习

姿势3的技术练习

从姿势2转回至原先的起始位置（0度）。这个过程是投掷的用力阶段，因为所有的加速都发生在这个阶段。在姿势3中，右脚呈跖屈状态，所有的作用力都是通过右脚脚掌施加的。随着转动完成，左脚与地面的接触由脚掌滚动至脚跟。身体向后坐，肩膀后收，同时让下巴尽量远离双手（图18.20）。

图18.20　姿势3的技术练习

多圈旋转的技术练习

在学习多圈旋转技术之前，运动员必须了解基本的旋转模式和姿势。一种有效的练习方法是利用一支完全拉长的铝制拐杖，将拐杖的把手调节至手臂长度。拐杖能帮助运动员掌握正确的投掷姿势、感受链球在运动轨迹上关键的位置，以及脚跟和脚趾之间过渡的相应技术，以完成正确技术的多圈旋转。一旦掌握了基本的模式，运动员便可以进行其他的多圈旋转技术练习。

手握一根拐杖的多圈旋转练习

双手在胸前握着一根拐杖进行旋转练习可以培养对链球投掷系统的感觉，同时帮助保持双脚位于身体前面（图18.21）。将注意力集中在左脚脚跟到脚趾，以及右脚脚掌的转动动作上。如果感觉到眩晕，可以减少旋转的圈数，直到培养出耐受性并能完成多圈平衡旋转为止。

该技术练习的一种变化形式是在肩膀上横放一根扫帚把。因为双臂可以放在扫帚把上面，所以这项练习的要求相对较低（图18.22）。通过左腿的转动来维持连贯的旋转。

图18.21 手握一根拐杖的多圈旋转练习

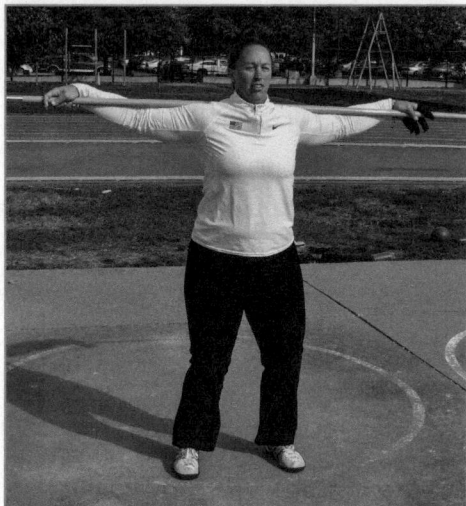

图18.22 肩上横放一根扫帚把的变化形式

遛狗式技术练习

这项技术练习对掌握旋转中双脚的基本动作非常有帮助。进行此技术练习时，可以以链球缠绕或环绕身体的方式开始。如果是右手为惯用手的运动员，那么应该用左手抓住链球（图18.23）。在地面上拖动链球之后，利用低到中等强度进行多圈旋转。将注意力集中在形成正确的姿势上面，而不是转动速度。一旦链球经过了身体中线，便要开始转动双脚来跟随链球的旋转，右脚脚掌和左脚脚跟上的转动要保持平衡。对于初学者而言，在右膝接触到左膝之前，右脚应保持在地面上，随着双膝的并拢，右脚将从地面上抬起。

图18.23 遛狗式技术练习

左臂的单臂技术练习

链球项目取得成功的关键是建立一个正确的节奏，并维持一个复杂精细的动作系统。过早拉拽链球是一个常见的错误，而且往往很难纠正，左臂的单臂技术练习可以帮助运动员学会等待链球以同步转动。双脚、双膝、髋部、躯干、双臂和头部要一起同步运动，体重落在右脚上面，左腿抵抗链球的离心力，下背伸直，肩膀放松，同时左臂处于伸展状态（图18.24）。头部抬起，肩膀处于水平位置，眼睛盯着链球上方的地平线。

图18.24　左臂的技术练习

如果是右手为惯用手的运动员，那么应该用左手或者戴手套的左手握住链球，并将右手叉在腰上以保持平衡。采用单圈预摆使链球转动之后，进行低到中等强度的多圈旋转。注意力应当集中在形成正确的姿势上，而非转动速度。该技术练习的目的在于保持左臂自由放松，并在每圈都逐渐加速时，让链球的转动带动身体的旋转。

保持双眼看向水平方向，并用大部分体重来对抗链球的转动，一个平衡的直立姿势非常重要。有效开展该练习的关键在于保持耐心等待链球运行到最低点。在最低点处身体向后坐以对抗链球的转动，这有助于运动员变得更有耐心去等待链球转过。在开始进入下一圈旋转之前，要确保链球在0度位置转过运动员身体前方。非常有效的教学提示是"让链球向左转过身体"和"让链球带着你转"。在随后几圈更快的旋转中，等待链球转过身体前方在该练习中通常更具有挑战。

右臂的单臂技术练习

只用右臂进行两圈较慢的预摆，右臂左转较大幅度（90度处）时进入开始旋转阶段。右臂推着运动员进入旋转，右脚每次都要转过180度落地。如果单臂预摆存在困难，那么可以用双臂进行预摆，并在进入开始旋转阶段的时候松开左臂。进行几组每组5次旋转的练习，将注意力集中在发力阶段。可以仅利用右臂来完成投掷。左手可以在右手腕下方握住右臂，以获得额外的稳定性（图18.25）。集中注意力将链球尽量远地推

图18.25　右臂的技术练习

至左侧，这时进行开始旋转阶段的脚部动作。让双脚跟随链球的转动进入第一圈旋转。在右脚沿着逆时针方向转动结束进入双支撑阶段时，努力让身体处于稳定状态。在链球到达0度位置前，头部和肩膀向后收的同时，身体后坐，并通过左脚脚跟落地并向下用力来感受链球的对抗。

预摆的练习

　　预摆对提供动量来启动链球的旋转所提供的动量至关重要。如果没有预摆动作，那么获得将链球投到有竞争力的远度所需的速度节奏将会非常困难。初次学习预摆动作时，运动员可以用一个连接在绳子上的药球做练习，直到建立了正确的动作模式为止。采用10组练习、每组5次预摆，组间休息一两分钟，是一种非常好的练习方法。

　　在掌握了一侧的预摆之后，运动员应该采用相同的方法练习另一侧。重点关注运动的感觉，保持双臂放松伸长、身体挺直。当髋部开始伸展时，保持双膝固定，运动员练习在头部中线上方扫过双手。运动员可以采用与另一侧相同的方法进行练习，即采用总计10组、每组5次预摆的练习。

　　在重复无数次练习之后，运动员可以尝试闭上眼睛进行练习，以感受链球在预摆时的声音。运动员应当注意链球绕着身体旋转的两种不同声音之间的区别，一种是拉紧钢丝，链球以恒定的张力围绕身体转动时的声音，另一种是双手降低并且链球偏离期望轨迹时的声音。

双腿并拢站姿的预摆练习

　　这个技术练习可以强化预摆时保持双腿固定的感觉。保持双臂伸长放松、双腿固定、身体竖直（图18.26）。此处的关键点是保持双臂放松，并利用肩膀产生旋转动量。在起始姿势中，面朝外站在投掷圈后部，双脚并拢平行站立，双腿弯曲，将链球放在身体右后方的地面上。通过伸直双腿以及拉动左臂，将链球扫至身体前方。当链球经过头顶时，卷曲左臂。将肩膀向身体右侧扭转，并再次将链球扫至身体前面。左右两侧各进行每组10次预摆的若干组练习。

图18.26　双腿并拢站姿的预摆练习

单臂预摆练习

单臂预摆技术练习可以提高肩关节的灵活性，在练习中可以感受放松伸展的双臂动作，手臂的放松伸展是较好完成预摆动作所必需的。用任意一只手臂较慢地完成该练习。模仿正确的手臂动作模式，就像在用双手握着把手（图18.27）。对于高水平运动员来说，可以先进行单手预摆，接着进入旋转并出手，只不过比正常的速度慢些。

图18.27 单臂预摆练习

两圈预摆接出手技术练习

在脚跟距投掷圈前沿大约30厘米处背对投掷方向站立，双脚等距离地跨在平分投掷圈的中线两侧。进行两圈预摆，在较慢的第一圈预摆之后，当链球在开始第二圈预摆扫过身体前方以及第二圈预摆的后半段中，链球的速度明显加快。当链球转过身体前方，用力向上拉动链球，双腿、髋部、转动的双脚以及拱起的后背共同用力将链球投掷出手。

预摆接旋转技术练习

这个练习在世界级运动员中很受欢迎。它既可以作为一个不错的热身内容，也可以作为一种技术练习手段。完成两圈放松的、相对较慢的预摆，从预摆直接进入旋转，推动链球（不要太快）转过身体前方进入一个较大幅度的、围绕正在转动的左腿旋转的轨道，左脚进行从脚跟过渡到脚趾的转动，当右脚落地结束旋转时，停止所有的脚部动作。紧接着重复进行两圈预摆加一圈旋转的练习，重复进行3至4次，使运动员从投掷圈后部转到前沿，这个两圈预摆加一圈旋转的练习序列就结束了。整个过程都要保持身体处于中心位置和平衡状态。如果在停止旋转时失去了平衡，可以根据需要执行更多的额外预摆，获得所需的平衡后，继续进行"两圈预摆，一圈旋转，停止"练习的剩余部分。

年轻的运动员在控制链球速度方面可能会遇到困难，有时还可能会难以完成动作。教练员应当保持耐心，因为这个技术练习既可以发展专项投掷力量，同时又能强调技术的准确性。

出手动作的技术练习

出手动作可以采用常用器械（药球）安全地进行练习。运动员双脚以不宽于双肩的宽度站立，根据年龄和经验，选择合适重量的药球。

对墙投药球练习

站在距离一面墙或者栅栏大约1.2米的位置，背对墙或者栅栏。保持髋部和双脚与前方垂直的同时，用伸直的双臂将药球转至身体右侧，视线跟随药球顶部转动。当双脚和髋部向左转向墙面的过程中，向左后上方抛出药球（图18.28）。出手时，头部和肩膀后仰、眼睛看向上方。在整个转动和出手过程中，视线始终保持在药球上方。药球会在头部左后上方位置撞击墙面，准备好立刻接住药球。在双臂伸直的状态下，将药球转回起始位置。立即重复这个练习，建立一种流畅的节奏，其间不要停顿，直到完成一组练习。该技术练习的目标是建立一个节奏，并将整个动作串联在一起。尽力完成3组每组10至12次的高质量练习。

图18.28　对墙投药球练习

交替进行左右两侧的抛球练习，以保持身体平衡发展。

链球的最后出手技术练习

该技术练习是最重要的链球技术练习之一，因为运动员必须能够轻松地控制器械。年龄在12岁以下的运动员应采用重量为2千克或者更轻的链球练习。青少年运动员（高中年龄）练习时可以采用重达4千克（男孩）和3千克（女孩）的链球。高水平运动员应采用5至10千克的器械进行大量的重复练习。

准备5个或更多的器械会很方便进行这个练习。在投掷圈的前部站定，进行两圈预摆，让链球转动起来。采用正确的最后用力动作，将链球从高于头部位置抛向扇形落地区。在刚开始，可以用多球连续重复这个练习。对于进阶的练习方法，可以在另一侧上重复该技术练习，左右手交替进行投向落地区的出手练习。

投掷圈内的投球技术练习

在能够持链球沿直线完成两组10至12次有节奏的旋转之前，运动员不应尝试在直径为2.1米的投掷圈内练习投球。在投掷圈内过早地练习投球会养成的错误技术导致很难纠正。练习在投掷圈内投球之前，运动员应当在基本技术上投入至少一个月的时间。

两圈预摆，一圈旋转，然后出手的技术练习

先以两圈轻松的预摆开始，接着进行一圈轻松的旋转然后停止动作。在适应一两次上面的练习之后，重复上述练习4至5次（要求仍然轻松），注意练习时不要增加链球的速度。接着加入出手动作，进行两圈预摆、一圈旋转、然后出手的练习。坚持这种基本的训练，直到能够用恰当的最后用力动作将链球投出并维持身体平衡。练习时注意力集中在双腿的动作上，并控制良好的身体姿势。

这些训练有助于维持平衡，并保持旋转轴位于链球运行轨迹的中心位置。一旦训练开始，就绝对不能摆脱链球或停止链球的旋转。如果失去了平衡，可以通过继续预摆，甚至在预摆的同时走回起始位置来稳住自己，直到身体的平衡程度足以继续训练为止。训练期间，背部必须保持笔直姿势，不能弯腰驼背。当你能够重复进行"两圈预摆，一圈旋转，然后出手"的技术练习时，可以进入下面的更高级形式的练习。

- 两圈预摆，一圈旋转，停止；两圈预摆，一圈旋转，停止；两圈预摆，一圈旋转，出手。
- 两圈预摆，一圈旋转，停止；两圈预摆，两圈旋转，出手。
- 两圈预摆，一圈旋转，停止；两圈预摆，三圈旋转，出手。

两圈预摆，两圈旋转，然后出手的技术练习

一旦掌握了"两圈预摆，一圈旋转，然后出手"的技术练习，就可以再额外增加一圈旋转。这种简单的训练手段为低水平的比赛做好了充分的准备。增加的第二圈旋转有助于学习加速链球，同样也为旋转动作增加了节奏性。如果经验不足，那么可以用这种简单的技术进行比赛。

两圈预摆，三圈旋转，然后出手的技术练习

一旦掌握了"两圈预摆，两圈旋转，然后出手"的技术练习，就可以再额外增加一圈旋转了。目前的世界纪录是通过以脚跟为轴的3圈旋转技术创造的。对于一些运动员，"两圈预摆，三圈旋转，然后出手"的技术练习是他们最后的训练步骤，这个技术也成为他们比赛所用的技术模型。运动员也可以选择学习以脚趾为轴的旋转并采用两圈预摆和四圈旋转的技术。四圈旋转（一次以脚趾为轴的旋转和3次以脚跟为轴的旋转）技术是目前最常用的技术。

链球项目训练课的设计

在制定投球课的训练内容时，教练员必须强调正确技术的重要性，并为投球课准备不同重量的器械，正确理解训练和教学之间的关系同样至关重要。在向一名新手教授之前，教练员必须考虑所需的器械、确定训练的单元（包括每个单元的时间），并选择教学的关键点。

在开始每堂训练课前，应当进行8至12分钟的常规动态热身活动，然后逐渐过渡到包含一些专项技术的热身动作。根据每堂课的训练目的（技术主题），应当总是以针对性的专项技术练习开始，然后逐渐进入投球内容。比如某一堂课可能强调预摆的技术，而另一堂课则注重旋转的技术原理。在技术练习结束时，运动员才开始正式投球，一般一堂投球课应当由大约30次投掷组成。

链球项目的小循环训练计划

链球训练的明确目标是运动员的功能性重建，以便获得持久的适应、保持住训练的成果。高质量的训练计划既包括专项练习又包括一般练习。诸如训练强度、训练量、训练内容以及训练频率等变量应当根据运动员的训练年限、优势和薄弱环节以及所处的年度训练阶段进行选择。训练计划必须考虑生物能量学，代谢参数，诸如力量、幅度、速度、动作模式等专项技术动作特征和时间因素。相应地，应当专门针对运动员不同的生理机能和力量素质特点来制定训练计划，以确保运动员能从中获得最大收益。

对于链球运动员，小循环训练的目标是合理安排训练负荷，以便在训练和恢复之间建立平衡。训练计划必须确保运动员在开始新的小循环之前得到足够的再生。小循环训练的作用是，为某个特定训练阶段提供有计划的合理的训练负荷。一般来说，每个小循环都应该包括一到两个恢复日。不同阶段的小循环训练应有特定的目标，准备期小循环训练（图18.29）的目标是让运动员为即将到来的比赛做好准备。比赛之前最后一次准备期小循环训练（图18.30）的目标是释放和调动运动员的表现状态。

比赛期小循环训练（图18.31）的目标是在比赛开始之前到比赛结束之后组织训练活动。该小循环涉及比赛前一天、比赛当天以及比赛结束后几天内的训练。比赛期小循环的目标取决于比赛时间的长短、试投的次数、比赛的频率、对手的水平等。简言之，比赛期小循环应当根据运动员的需求来调整。

最有效的组织结构是以每周为一个小循环。然而，一天训练2至3次的运动员通常需要稍微短一些的小循环，必须在两节训练课之间提供足够的恢复时间。

在制定全年的训练计划时，保持一致性是小循环训练的重要考虑因素。此外，还应当仔细考虑各种训练类型之间的潜在影响，这样才能保证每堂训练课的实效性。例如，教练员应当确保前一天的训练活动不会对第二天的训练产生干扰。

设计个性化的训练课

若能做到在训练课中将个人和项目的需求良好结合，会使运动员从专门根据他们的需求定制的训练课中获益。这些可能既包括在力量房或场地上的个人训练，也包括共同的训练清单上所列的训练单元。设计训练课程之前，教练员必须了解运动员的身体能力。持续时间太长的训练课可能没有效率，太短又可能不会产生身体的适应性反应。

小循环#	日期：	项目组：链球
阶段：一般准备期	评语：	

星期日	星期一	星期二
休息	主题：发展神经肌肉能力、高要求 热身慢跑 动态柔韧性练习 专项技术热身练习： 　身体姿势的技术练习3×5 专项技术练习： 　扛木棍旋转练习3×5 　持球多圈预摆技术练习3×5（两侧） 投球练习： 　一圈旋转投球练习1（10），采用超过 　比赛重量10%的器械 　五圈旋转投球练习1（10），采用超过 　比赛重量10%的器械 抛球练习： 　后抛铅球练习（10），采用超过比赛重 　量10%的器械 力量训练： 　奥林匹克举练习： 　　高翻（从地面拉起）6×4，120%的 　　CL 1RM 　后蹲4×8，75%1RM 　卧推4×8，75%1RM 整理活动，静态拉伸	主题：常规训练、发展能量和内分泌系统 的训练 热身慢跑 动态柔韧性练习 专项技术练习： 　两圈预摆一圈旋转技术练习3×5 　多圈旋转技术练习5×5 投球练习： 　两圈预摆一圈旋转出手练习（5） 　比赛技术投球练习（10） 一般力量练习： 　全身循环训练（8项练习，每项练习重 　复20次） 　腹背肌循环训练（1项练习，每个平 　面内重复10次） 　健美力量训练（9项练习，3大组，组 　间休息60秒） 赤脚整理活动以及足部力量强化锻炼

星期三	星期四	星期五
主题：发展神经肌肉、低要求 热身慢跑 动态柔韧性练习 专项技术练习： 　身体姿势的技术练习3×5 　遛狗式技术练习3×5 　预摆接出手技术练习3×5，两 　侧，注意制动作 平地上的肌肉快速伸缩复合训练： 　跳跃循环训练（6项练习，每项 　练习重复10次，两项练习间休 　息20秒） 力量训练： 　奥林匹克举练习： 　　高翻（从地面拉起）4×3， 　　85%1RM 　负重登台阶练习2×5 　负重弓步走转腰练习2×5 　上斜卧推4×8，70%1RM 渐进加速跑5×80米 抛球练习3×5（前抛），采用超过 比赛重量10%的器械 整理活动，静态拉伸	主题：常规训练、一般力量练习和发展力 量耐力的练习 热身慢跑 动态柔韧性练习 栏架灵活性练习 专项技术练习： 　扛木棍旋转练习3×5 　持球多圈预摆技术练习3×5，两侧 投球练习： 　一圈旋转投球练习1（10），采用超过 　比赛重量10%的器械 　五圈旋转投球练习1（10），采用超过 　比赛重量10%的器械 药球循环训练（8项练习，每项练习重复 10次） 一般力量练习（8项练习，每项练习重复 20次） 赤脚整理活动以及足部力量强化练习	主题：发展神经肌肉、高要求 热身慢跑 动态柔韧性练习 专项技术热身练习： 　身体姿势的技术练习3×5 专项技术练习： 　两圈预摆一圈旋转技术练习3×5 　多圈旋转技术练习5×5 投球练习： 　两圈预摆一圈旋转出手练习（5） 　比赛技术投球练习（10） 力量训练： 　奥林匹克举练习： 　　抓举6×4，115%1RM 　后蹲4×8，70%1RM 　卧推4×8，70%1RM 整理活动，静态拉伸

星期六	每日训练强度	训练后的评价
主题：常规训练、发展能量和内 分泌系统的训练 热身慢跑 动态柔韧性练习 沿直线边走边做两圈预摆一圈旋 转的技术练习2×10（两侧） 投球练习： 　一圈旋转投球（10），10千克 　器械 整理活动，静态拉伸		

注：CL意思为高拉。

图18.29 链球项目的7天小循环训练计划示例：一般准备期

小循环#	日期:	项目组: 链球
阶段: 专项准备期	评语:	

星期日	星期一	星期二
休息	主题: 发展神经肌肉能力、高要求 热身慢跑 动态柔韧性练习 专项技术热身练习: 　持铅球的姿势技术练习3×5 　抗木棍的旋转技术练习(5) 　衔接预摆技术练习3×5 投球练习: 　完整技术投球10×2,交替采用 　14磅和12磅器械 　完整技术投球(5),采用12磅 　器械 力量训练: 　奥林匹克举练习: 　　抓举(地面拉起)6×2, 　　90%1RM 　　后蹲6×5,85%1RM 　　快推(6、5、4、3、2),80%、 　　90%、92%、95%、98%递增 　　负荷 抛球练习: 　抵趾板胸前前推练习(10),采 　用超过比赛重量20%的器械 整理活动,静态拉伸	主题: 常规训练、发展能量和内分泌系统 的训练 热身慢跑 动态柔韧性练习 专项技术热身练习: 　姿势技术练习3×5 　左臂的单臂技术练习(5)注意左臂 　伸长,膝盖锁死 　左臂单臂技术+出手练习3×5 投球练习(女性、高中生水平): 　完整技术投练习5×3(5千克、4.5 　千克、4.5千克)88%至92%强度 　全力投练习4千克,100%强度 　完整技术投练习5×3(5千克、4.5 　千克、4.5千克)88%至92%强度 　(总计34次完整技术投) 专项力量训练: 　预摆+出手练习,8千克器械,3×5, 　两侧 一般力量练习: 　腹背肌循环训练(5项练习,每个练 　习重复10次) 　健美力量训练(9项练习,3大组, 　组间休息60秒) 赤脚整理活动以及足部力量强化锻炼

星期三	星期四	星期五
主题: 发展神经肌肉、低要求 热身慢跑 动态柔韧性练习 冲刺跑技术练习 专项力量练习: 　一圈旋转+投球(10),超过比赛重量 　20%的器械 力量训练: 　奥林匹克举练习: 　　高翻(从大腿拉起)6×3,140%1RM 　　箭步蹲2×6 　　箭步硬拉2×6 　　负重俄罗斯转体4×6 加速跑练习3×20米、3×30米、3×40米 整理活动,静态拉伸	主题: 常规训练、一般力量练习和 发展力量耐力的练习 热身慢跑 动态柔韧性练习 专项技术热身练习: 　持铅球的姿势技术练习3×5 　抗木棍的旋转技术练习(5) 　衔接预摆技术练习3×5 投球练习: 　完整技术投球10×2,交替采用 　14磅和12磅器械 　完整技术投球(5),采用12磅 　器械 核心力量练习(1项练习,每个动 作平面重复10次) 赤脚整理活动及足部力量强化练习	主题: 发展神经肌肉、高要求 热身慢跑 动态柔韧性练习 专项技术热身练习: 　姿势技术练习3×5 　左臂的单臂技术练习(5)注意左臂 　伸长,膝盖锁死 　左臂单臂技术+出手练习3×5 投球练习(女性、高中生水平): 　完整技术投练习5×3(5千克、4.5 　千克、4.5千克)88%至92%强度 　全力投练习(4),4千克,100%强度 　完整技术投练习5×3(5千克、4.5 　千克、4.5千克)88%至92%强度 　(总计34次完整技术投) 专项力量训练: 　预摆+出手练习,8千克器械,3×5, 　两侧 　跳伸练习3×5完全恢复 力量训练: 　奥林匹克举练习: 　　高翻6×4,85%的1RM 　　半蹲4×6,120%全蹲1RM 　　快速斜板卧推4×6,50%1RM 整理活动,静态拉伸

星期六	每日训练强度	训练后的评价
主题: 常规训练、发展能量和内分泌系统 的训练 热身慢跑 动态柔韧性练习 专项技术练习(采用比赛器械): 　姿势技术练习3×5 　扛木棍的旋转技术练习3×5 　遛狗式技术练习(5) 　左臂的单臂技术练习(5) 　右臂的单臂技术练习(5) 　受控的旋转技术练习,在每圈旋转时练 　习等待链球转过身体前方10×10 　药球循环训练(8项练习,每项练习重 　复10次) 赤脚整理活动以及足部力量强化练习	<table><tr><td></td><td>日</td><td>一</td><td>二</td><td>三</td><td>四</td><td>五</td><td>六</td></tr><tr><td>高</td><td></td><td>×</td><td></td><td></td><td>×</td><td></td><td></td></tr><tr><td>中</td><td></td><td></td><td>×</td><td></td><td></td><td>×</td><td></td></tr><tr><td>低</td><td></td><td></td><td></td><td>×</td><td></td><td></td><td>×</td></tr><tr><td>休息</td><td>×</td><td></td><td></td><td></td><td></td><td></td><td></td></tr></table>	

图18.30　链球项目的7天小循环训练计划示例: 专项准备期

小循环#	日期：	项目组：链球
阶段：比赛期	评语：	

星期日	星期一	星期二
休息	主题：发展神经肌肉能力、高要求 热身慢跑 动态柔韧性练习 专项技术热身练习： 　姿势技术练习3×5 　单臂预摆技术练习 　衔接预摆技术练习，采用比赛 　器械 投球练习： 　完整技术投练习（10），采用 　比赛器械，88%至92%强度 　全力投练习（5），采用比赛 　器械，100%强度 　完整技术投练习（7），采用 　超过比赛重量10%的器械、 　88%至92%强度 　（总计22次完整技术投） 力量训练： 　奥林匹克举练习： 　抓举6×2，95%1RM 　负重蹲跳4×6，30%1RM 　快速斜板卧推4×6，50%1RM 　俄罗斯转体2×8 　加速跑（3×20米、3×30米， 　完全恢复） 整理活动，静态拉伸	主题：常规训练、发展能量和内分泌系统 的训练 热身慢跑 动态柔韧性练习 专项技术热身练习： 　姿势技术练习3×5 　单臂预摆技术练习（5） 　衔接预摆技术练习（5），采用比赛器械 投球练习： 　完整技术投练习（10），采用比赛器械， 　88%至92%强度 　全力投练习（5），采用比赛器械，100% 　强度 　完整技术投练习（7），低于比赛重量10% 　的器械，88%至92%强度 　（总计22次完整技术投） 一般力量练习： 　腹背肌循环训练（5项练习，每个练习重 　复8次） 　药球循环训练（4个练习，每个练习快速 　重复5次） 赤脚整理活动以及足部力量强化锻炼

星期三	星期四	星期五
主题：发展神经肌肉、低要求 热身慢跑 动态柔韧性练习 专项技术热身练习： 　姿势技术练习3×5 　单臂预摆技术练习（5） 　衔接预摆技术练习（5），采用比赛器械 投球练习： 　完整技术投练习（10），采用比赛器械， 　88%至92%强度 　全力投练习（5），采用比赛器械，100% 　强度 　完整技术投练习（7），低于比赛重量 　10%的器械，88%至92%强度 　（总计22次完整技术投） 奥林匹克举练习： 　高翻（膝前）6×3，130%1RM 　健美力量训练（9项练习，3大组，组 　间休息60秒）130%1RM 整理活动，静态拉伸	主题：恢复和比赛心理准备 技术录像学习 比赛心理准备	主题：发展神经肌肉、高要求 热身慢跑 动态柔韧性练习 专项技术热身练习： 　姿势技术练习3×5 　两圈预摆+一圈旋转技术练习（3） 　衔接预摆技术练习（5） 投球练习： 　完整技术投球（2至4）标准器械 加速跑练习： 　起跑器上20米加速跑练习（4） 力量训练： 　奥林匹克举练习： 　高翻5×2，60%，快速、组间2至3 　分休息 抛球练习： 　后抛铅球，采用比赛器械 整理活动，静态拉伸

星期六	每日训练强度	训练后的评价
主题：常规训练、发展能量和内分泌系统的训练 比赛		

<table>
<tr><th></th><th>日</th><th>一</th><th>二</th><th>三</th><th>四</th><th>五</th><th>六</th></tr>
<tr><td>高</td><td></td><td>×</td><td></td><td>×</td><td></td><td></td><td>×</td></tr>
<tr><td>中</td><td></td><td></td><td>×</td><td></td><td></td><td>×</td><td></td></tr>
<tr><td>低</td><td></td><td></td><td></td><td></td><td></td><td></td><td></td></tr>
<tr><td>休息</td><td>×</td><td></td><td></td><td></td><td>×</td><td></td><td></td></tr>
</table>

图**18.31**　链球项目的7天小循环训练计划示例：比赛期

在进行每堂训练课之前，教练员应当向运动员讲解该堂课的训练目的。运动员明白训练目的会更倾向于接受训练安排。每堂训练课都应当把灵敏性练习和跑步作为一个简短的热身活动。此外，持球或不持球的专项技术练习可以作为最后的热身活动，在正课之前进行练习。

训练课应当具有一项或者两项具体的可测量的目标，该目标应具有明确的测量标准或活动，来确保训练向最终目标前进。安排的训练内容的目的可能是增强专项力量或者速度，虽然大运动量、高强度的练习可以提高专项力量，但是并非所有的训练课都应当安排全力投球练习。训练强度应当限制在运动员个人最佳水平的88%至92%，练习中只出现3至4次全力投球即可。教练员应当集中精力纠正或者改进运动员在88%至92%强度区间内进行投掷的某个技术要素。可以采用重器械或轻器械，也可以集中精力投掷标准器械。

训练课程结束时，简短的总结有助于强化该课程的目标，教练员和运动员可以讨论训练课中非常有益的收获，也可以讨论在接下来的训练课中需要纠正的地方。每周至少有一次在训练课结束后的整理活动中，需要包含额外的慢跑或者柔韧性练习。

每堂训练课都应当按照下述步骤进行。

1. 热身活动。
2. 训练介绍。
3. 技术训练。
4. 能力训练。
5. 整理活动。
6. 训练小结。

结　语

链球项目具有其独特的安全问题，因此，需要高度的谨慎和警觉，教练员必须考虑训练和比赛期间将会用到的场地和器材。此外，链球项目的技术要求对运动员和教练员而言都非常具有挑战性。为了训练出一名优秀的运动员，教练员必须制定并实施一套具有针对性的训练方法。本章为教练员提供了一些技术、策略和训练方法，以帮助他们的运动员获得最好的表现能力。

第19章

标枪项目

劳伦斯·W. 贾奇（Lawrence W. Judge）博士

在4个投掷项目中，标枪项目所用的器械最轻，成年男子标枪重800克，而成年女子标枪重600克。与其他投掷项目不同，标枪项目允许运动员在相当长的一段距离内进行助跑加速。除了核心区和上半身力量，与短跳项目相关的敏捷性和运动能力对标枪运动员也很重要。相比于其他投掷项目，高水平的标枪运动员的身材特征与短跳运动员更为相似。但是，标枪运动员仍然需要体格和体重较大运动员所具有的爆发力。

由于投掷标枪会对肩膀和手臂造成压力，所以正确的技术尤为重要。与所有的运动项目一样，首先要考虑的是安全问题。投掷标枪需要明确而一贯的安全措施。训练和比赛期间应当格外注意，对与标枪有关的危险始终保持警觉。标枪的两端都可能导致运动员受伤，所有人应当集中于助跑道一侧，站在投掷弧和两端白线后方有一定距离的地方观看或者等待试投掷。为了安全起见，应始终竖直携带标枪。

标枪的价格从200美元到1450美元不等，它们被设定了一个距离分级，这有助于选择一支最适合运动员能力的标枪。标枪的另一个差异是金属的刚度。刚度较大的标枪在飞行中更加稳定，不过由于它们更加难以投掷，所以更适用于高水平运动员。

本章分析掷标枪的技术和原理。本章的技术分析全部以右手持枪的运动员为例。

起始姿势

标枪由三部分组成：枪头（金属枪头）、枪身和包绕标枪重心的缠绳把手。标枪是一种长器械，男子标枪长2.6至2.7米，而女子标枪长2.2至2.3米。将标枪水平握在手掌内，可以采用3种公认握法：芬兰握法（将缠绳把手握在大拇指和中指之间）、美式握法（将缠绳把手握在大拇指和食指之间）和叉式握法（将缠绳把手握在食指和中指之间）。可以尝试所有3种握法来确定运动员最习惯的握枪方式，这对初学者很有好处。不管采用哪种握法，标枪总是斜放在手中，手掌向上。握枪的时候要保持放松，就像握着一块香皂，以减少手臂和肩膀的张力。

在芬兰握法中，标枪斜放于掌心，手部合拢，食指沿枪身不完全地伸展，并部分地盘绕枪身（图19.1）。中指恰好在缠绳把手后面环绕标枪，与把手保持接触。其他的手指松弛地环绕着握住把手。

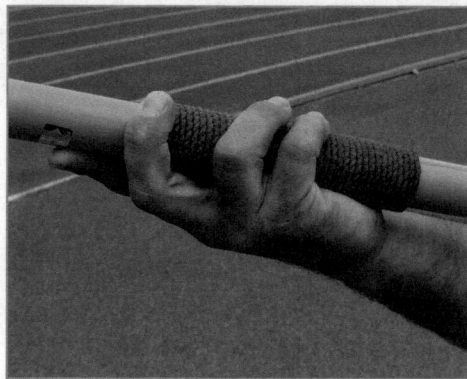

图19.1　芬兰握法

图19.2　美式握法

图19.3　叉式握法

在美式握法中，标枪同样斜放于掌心。手指合拢，使食指恰好位于把手后面，环绕标枪，与把手保持接触（图19.2）。其他的手指松弛地环绕着握住把手。

与其他握法一样，在叉式握法中，标枪斜着横放在手掌之中。手指合拢，使标枪位于食指和中指组成的叉型区域内（图19.3），两根手指处于弯曲状态，从而使它们在两侧与枪身和把手尾端相接触。其他的手指松弛地环绕着握住把手。

在助跑之前，握枪手靠近前额处，标枪处于水平状态（图19.4a）。运动员高举标枪，使标枪位于右肩膀上方（对于右手持枪运动员而言）。理想情况下，运动员的肘部抬高，并指向前方。标枪瞄准目标方向，金属枪头稍微向下倾斜（图19.4b）。

图19.4 标枪的位置：a. 手部靠近前额；b. 枪尖朝下

预备动作阶段

一次出色的试投掷由一系列连贯的、精确的预备动作来引出最后的出手动作。这些初始动作包括助跑、跑、引枪、交叉步、腾空和超越器械。

助跑

助跑以朝向投掷弧的平稳加速的跑动开始。左脚在前站立，在设置好的起跑标记处开始助跑，跑动方向径直向前，保持髋部与落地区方向垂直。运动员在跑动期间保持持枪姿势不变。一般情况下，初学者在投掷之前的助跑要少于12步，经验丰富的运动员的助跑可达到13至17步。

标枪的试投掷过程以助跑开始，接着是引枪动作，引枪之后还要完成若干个交叉步。交叉步的术语可能具有误导性，会导致运动员减缓前进的速率。在做交叉步时，左脚会形成一个较小的角度，右脚形成一个稍大些的角度（图19.5），最后一个交叉步把运动员引入投掷位置。

图19.5 持枪时的前后交叉步的站立姿势

表19.1对助跑、引枪和斜交叉步的技术进行了分析诊断。初学者应当先学习掌握的通常是5至7步的交叉步技术，而不应从引枪姿势开始练习。

表19.1 标枪项目的常见错误和纠正方法

错误	原因	纠正方法
标枪出手后枪头朝下，导致飞行距离较短，标枪向前旋转	• 不正确的助跑节奏 • 手部、标枪和前臂错误的相对位置 • 在最后的动作中，相比水平方向的推力，向上提升的力量占据更多主导	• 改善助跑的节奏 • 纠正肩膀和上肢各关节的相对位置和动作 • 调整右腿发力的时机 • 进行原地或有助跑的单臂拉弹力带模仿练习，使拉弹力带的路线与想要的飞行路线一致
飞行轨迹过低	• 不正确的助跑节奏 • 灵活性或协调性较差 • 最后用力投掷的时机太晚	• 进行助跑和交叉步练习 • 增加灵活性和协调性训练量 • 结合技术模仿，练习双腿和髋部在最后用力时形成弓身姿势 • 进行无枪技术模仿，直到双腿和髋部完成它们的动作之后再开始手臂的动作 • 利用轻掷练习来进行上述两个模仿练习
标枪飞行轨迹向右偏出（标枪落在落地区靠右位置或向右偏出扇形落地区）	• 引枪期间，标枪向右偏斜 • 投掷时，运动员身体倾斜过度，难以投向左侧 • 最后用力时，左臂动作过于积极 • 由于糟糕的交叉步技术，导致左脚落地不稳 • 由于运动员无法忍受交叉步时身体扭紧的姿势，导致胸部过早地转到前面 • 最后用力时，右腿的发力动作较弱 • 运动员腰部的动作被中断	• 练习在引枪之后保持标枪尖端靠近耳朵 • 练习在交叉步期间保持髋部朝前 • 进行包含引枪和交叉步动作的助跑练习 • 进行模仿训练，在形成最后用力姿势时，将后脚落在助跑路线上 • 练习保持笔直向前的动量

续表

错误	原因	纠正方法
最后用力时，右腿动作无效率	• 右腿力量不足 • 错误地执行模仿动作 • 交叉步时抬腿过高（提膝） • 右脚落地不够主动 • 左脚落地之前，髋部在骨盆位置没有提早转动	• 重复进行从引枪到进入过渡阶段的技术练习 • 进行模仿练习，练习骨盆的转动并结合左脚的外旋动作 • 进行右膝内转或右脚脚跟外转的模仿练习
出手后标枪枪头朝上，导致标枪速度降低并产生一个较短的飞行距离	• 握枪较松，松弛的投掷手腕会导致伸展过度 • 运动员降低了投掷手臂 • 最后的用力效果没有传递到标枪枪头上 • 最后的跨步太长 • 左腿出现了弯曲，或者左腿没有撑牢	• 采用正确的握法并保持恰当的手腕张力 • 以原地站立、行走、跑动和交叉步的形式，反复进行引枪练习；保持抬高的手部位置 • 确认检查标记的位置 • 进行原地姿势、上三步或上五步投枪的模仿训练，在最后用力前和最后用力阶段要保证正确的左腿动作。使用不同重量的器械练习 • 练习较短的、有弹性的最后一步技术 • 通过跳跃和体能训练来发展双腿力量，包括双手投练习
飞行轨迹太陡，飞行距离较短，枪头出现明显的俯冲	• 最后用力时，运动员未能在左腿上方充分地向前挥臂发力 • 枪头指向角度太高 • 引枪期间，标枪出现偏斜 • 发力方向过于垂直，没有指向标枪枪头 • 投掷臂先于躯干做出最后动作	• 通过技术练习来纠正错误，包括采用正确的左脚落地和制动动作 • 练习在引枪和交叉步期间保持右手对标枪的支持 • 练习正确的引枪动作 • 利用吊球、铅球和标枪进行模仿练习。进行上三步或者助跑后双手头后向前投球练习 • 进行手斧高砍练习、轻松原地投练习或者短距离助跑的投掷练习
飞行时标枪偏向左侧，落地时插向左侧或者向左飞出扇形落地区	• 引枪期间标枪向左偏斜 • 右肩向后转的幅度过大 • 最后用力时，身体左侧过于放松	• 练习持枪助跑 • 进行模仿训练，最好是在镜子前面练习。练习由左肩启动的平稳的引枪动作 • 进行模仿练习，以改善左侧的支撑 • 进行上三步或者上五步或者四分之三助跑的轻松投练习

跑进部分

　　助跑道宽4米，至少长30米。助跑道的前端有一投掷弧，投掷距离从投掷弧开始测量。从开始助跑到最后投掷，运动员应该充分利用助跑道的长度来获得动量。助跑的跑进部分是一个可控的加速过程，通过这个过程来增加动量，以促使更轻松地完成斜交叉步。合理的助跑速度大约为最大速度的三分之二。高水平男运动员的助跑速度可达7至8米/秒，女运动员可达6至7米/秒。理想的跑动应该用双脚的脚掌着地，避免跳着跑或者跺脚动作。常见的错误是加速过快，并在斜交叉步期间减小动量。最终的速度必须允许运动员做出一个有效的预备姿势，以为最后用力阶段的启动做好准备。运动员应从沿助跑道放置的起跑标记处开始助跑，将标枪举在肩膀上方，手掌向上并处于水平位置，该姿势可以稍有变化。

引枪

　　跑进的最后阶段开始于左脚到达第二个检查标记的时候。引枪的脚步开始于肩带向右的转动，这个动作应该流畅地完成，不能打乱身体向前的动作。最常见、最简单、最有效的引枪方式是三步引枪模式——其中两步是为了引枪，还有一步是冲量步。引枪开始于左脚到达跑道上的预定位置时，运动员左脚蹬地，右腿向前移动的同时，肩膀向右旋转到达与投掷方向呈90度夹角的位置，同时向后伸展投掷手臂来实现引枪，使标枪的尖端位于前额附近（图19.6）。引枪后标枪仍然处于水平状态，在引枪姿势中，保持手掌朝上、手腕伸直。头部面向投掷方向，髋轴的方向因人而异，但是髋部面向与投掷方向大约呈45度夹角。

图19.6　引枪姿势

斜交叉步

　　斜交叉步不是侧身跑，相反，斜交叉步是一种有节奏的脚步，并不会降低前进的速度。斜交叉步面临的问题更大程度上是节奏问题，而不是向上跳跃的问题。肩轴面对的方向与投掷方向呈大约90度夹角，髋部的转动不应当超过45度。在整个斜交叉步过程中，头部面对投掷方向。身体保持直立，同时标枪仍然处于引枪姿势（图19.7）。斜交叉步期间出现的常见错误包括：标枪慢慢地向前移动，身体向投掷方向转动以及身体向后倾斜。

　　最后的斜交叉步以左腿有力地蹬地开始，它驱动身体向前推出，这会带着身体到达超越器械姿势。右腿伴随着左腿的蹬地动作向前扫，扫腿时腿部向外旋转，使大腿内侧和膝盖内侧引领该动作的进行（图19.8）。随着身体离开地面，左腿用力推动下髋部的动作和上半身的被动，共同加大了身体的扭紧程度。

图19.7 交叉步

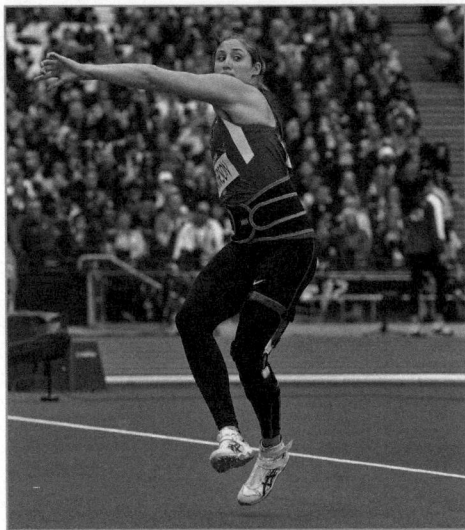

图19.8 美国纪录保持者卡拉·帕特森（Kara Patterson）示范的超越器械姿势开始前的最后交叉步

腾空

与其他专注于向前动作的脚步不同，准备投掷的一步中断了双腿和髋部的向前运动。最后的交叉步与之前的交叉步的主要区别在于左腿还原前摆的速度。在最后交叉步之后的腾空期间，左腿迅速地收回前摆，它被向前拉引并伸展在身体前面（图19.9），以确保左脚在右脚落地之后尽可能快的落地。在整个过程中，标枪都保持处于引枪姿势。

超越器械

运动员落地形成一个良好的超越器械姿势，做好最后用力的准备。右脚落地后的指向与投掷方向呈45度夹角，并落在髋部前方不远处，因为距离过远可能会导致制动过度。质心快速移动到右脚前方，使运动员能够从右侧施加一个非常积极的推力，让髋部向前移动并转向投掷方向，保持肩膀与标枪的相对位置（图19.10）。左脚在右脚落地之后

图19.9 腾空时左腿的还原前摆动作

迅速落地，脚跟先着地，脚背轻微地弯曲。体重落在右腿上面，并且身体的长轴稍微后倾。双肩的朝向与投掷方向呈大约90度夹角，髋部位于肩膀之前，保持标枪处于引枪姿势。

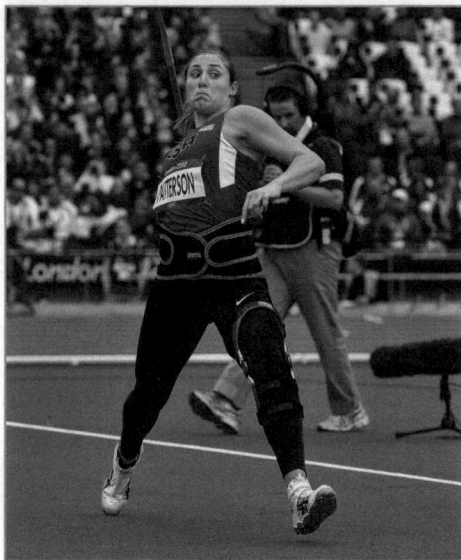

图19.10　超越器械

最后用力阶段

预备动作阶段完成之后，投掷标枪的最后用力阶段会最终促使器械的出手。紧随冲量步之后的有效的准备发力姿势具有以下特征。

- 身体后倾30至35度，左肩膀指向投掷方向。
- 双眼略微朝上望向投掷方向，向前上方呈30至35度。
- 投掷手臂、肩膀和肘部向后伸展，与投掷方向相反，手的高度大约与耳朵平齐。
- 左臂的肘部弯曲，置于肩膀高度。
- 标枪的前端保持在头部附近，高度大约与双眼平齐。

- 三根轴（标枪、肩轴、髋轴）实际上与投掷方向平行。

以下各节讨论掷标枪的最后用力阶段。

开始发力

一旦右脚落地，最后用力便在下半身开始启动。右脚在冲量步结束时的落地瞬间可以看作是助跑阶段与最后用力阶段在运动学上的分界线，这是一个准备发力的姿势。随着髋部的转动，体重从右脚向左脚转移。右腿落地时稍微弯曲，以便质心前移，在左脚稳固地落地之前，右腿就已经开始了积极的动作。接下来，左臂和上半身开始转动并前移，同时通过下拉左臂靠近体侧来制动该旋转。发生转动时，头部的对齐方式保持不变，一个常见的错误是在转动上半身之前先转动头部。

手臂挥击

手臂挥击动作开始于下半身和上半身的动作几乎完成的时刻，它的动作特点是利用肩膀、肘部和手腕进行的一个依次的、举手过肩的投掷动作。挥击动作从肩膀向前上方的摆动开始，伴随着前臂的略微内旋和肘部的稍微弯曲，这个动作使肘部处于一个高位，以建立起举手过肩的投掷动作（图19.11a）。

随着手部沿着枪身发力，手臂挥击动作继续进行，动作结束时，手臂完全位于体前，手腕内转，大拇指朝下（图19.11b）。运动员手臂的挥击，以及结合左侧的制动动作，为标枪提供了提升的力量。在投掷标枪时，肘部低于肩膀的姿势是一个常见的错误，并且会让手臂面临很大的受伤风险。

图19.11 手臂挥击：a. 肘部处于高位；b. 跟进

出手时，标枪可达到113千米/时的速度。

跟进和维持平衡（换脚）

运动员顺着标枪的出手会猛力挥出。投掷完成时，有力的挥击动作会带动手臂顺势划过胸部，到达靠近左髋的位置。

紧随着标枪的出手，运动员通过换脚动作来维持身体平衡。为了较好地维持身体平衡，运动员应该用右脚向前跨一大步，以完全停止身体向前的运动。运动员在投掷弧后方大约1.5米的位置投出标枪，这样做可以为最后的交叉步和投掷出手动作导致的身体向前猛冲提供所需的空间，还可以为维持身体平衡和避免犯规留出所需的距离。

教学手段

标枪项目涉及很多影响因素，包括器械、标枪鞋和助跑道等。教练员掌握合理技术和安全训练方面的知识至关重要。为此，初为

标枪教练员时，需要一名导师的指导。

教练员必须选择一支与运动员能力相匹配的标枪。可以阅读产品目录并向经验丰富的教练们寻求意见，教练员还必须避免为初学者购买昂贵的器械。

一双合适的鞋子对于标枪运动员而言非常重要，那些刚开始练习标枪项目的运动员必须有一双标枪鞋或者钉鞋。由于标枪项目具有一定危险，所以即使对于初学者，合适的鞋子也是十分重要的。

许多学校只有草地跑道，必须将这些跑道修剪得尽可能平整。相较于塑胶跑道，在草地上助跑时运动员需要使用更长鞋钉的标枪鞋。

运动员应当首先练习掷标枪的各个分解动作，然后逐渐将这些基本动作串联起来以得到期望的结果。由于掷标枪的每一个动作都依赖于先前动作的完成情况，所以运动员必须熟练地掌握每个基本动作，并保持动作间的连贯性，以便实现在所有动作之间流畅的过渡。

握枪练习

初学者应该尝试3种握枪方法，并采用最习惯的那一种，这会对初学者很有好处。应最先尝试芬兰握法，大多数初学者都会从首先尝试芬兰握法中受益。

轻掷标枪练习

向后引标枪，使标枪枪头朝下，尾端朝上形成45度角（图19.12）。轻掷标枪，把它插在身体前面大约3米处的地面上。感受标枪离开食指时的旋转，体会出手后手部的内转并形成大拇指朝下的动作。多次重复该动作，直到能够控制标枪的旋转。

图19.12 轻掷标枪练习

双手轻掷标枪练习

选择一种握法。像单手轻掷标枪练习那样握住标枪：标枪后引，枪尖朝下，尾端以45度角朝上，将左手放在右手上面。双脚平行站立，身体后仰成C字形。迈步进行投掷（图19.13），或者从双脚前后站立姿势开始投掷。选择一个大约3米外的目标，并尝试着用标枪插向该目标。在训练场地上向前走动并重复该练习，同时逐渐增加目标的距离。

图19.13 双手轻掷标枪练习

短距离投枪练习

起始姿势时，标枪位于右肩膀上方，肘部与耳朵平齐，理想状况下，肘部应朝着投掷方向。瞄准一个位于10米以外的目标，随着能力的提高，可以增加目标距离。左脚位于身体前方并指向投掷方向（图19.14），右脚蹬地并向前迈到左腿前面，顺势将标枪掷向目标。训练时应专注于利用身体右侧发力带动将标枪投出。

图19.14 短距离投枪练习

原地投枪练习

左脚在前，右脚在后朝着投掷方向站立。体重落在弯曲的右腿上（图19.15）。手部向身后完全伸展并位于肩膀上方进行引枪。转动肩膀，使肩膀与标枪平行，并指向投掷方向。左臂在胸前弯曲，位于标枪枪头的下方，左肘指向投掷方向。通过右腿伸展开始投掷动作，该伸展动作使右髋向前上方转动，并向前拉动标枪，以右肘引领着标枪的运动。当运动员的身体质心越过弯曲但稳定支撑的左腿时，以快速的手臂挥击动作，在肩膀上方掷出标枪，要用整个手推动缠绳把手。手掌向上，以便在最优的35度出手角度上给予标枪最大的出手速度。

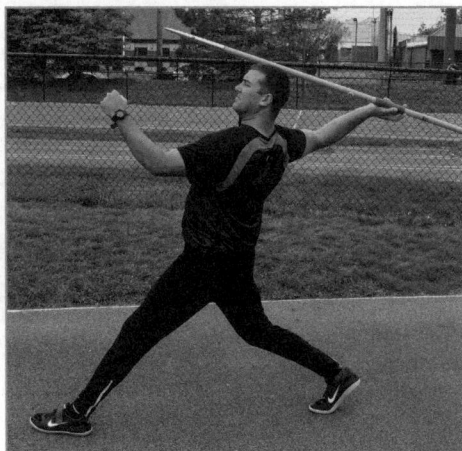

图19.15 原地投枪练习

上三步投枪练习

标枪处于引枪位置，右脚位于左脚前方（图19.16）。抬起左臂并保持稍微弯曲，同时掌心朝下（大拇指向下），下巴位于左肩附近。迈步顺序是左脚—右脚—左脚。当身体左侧形成超越器械姿势时，身体右侧开始发力做动作（蹬转）。

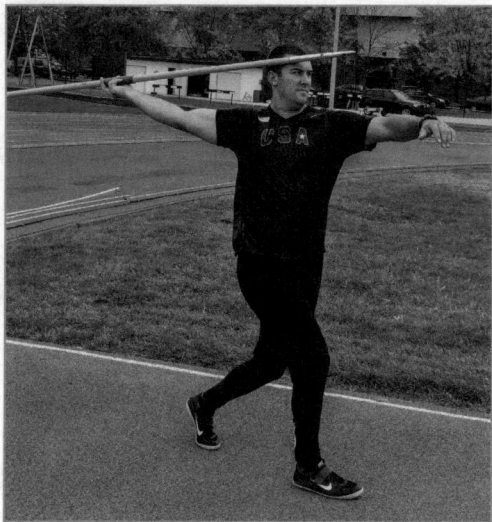

图19.16　三步投枪练习——开始姿势

上五步投枪练习

标枪处于引枪位置，右脚位于左脚前方。抬起左臂并保持稍微弯曲，同时掌心朝下（大拇指向下），下巴位于左肩附近。迈步顺序是左脚—右脚—左脚—右脚—左脚。当身体左侧形成超越器械姿势时，身体右侧开始发力做动作（蹬转）。

走入式投枪练习

以举手过肩的持枪姿势开始，标枪位于右肩上方，呈水平或枪头稍微朝下的倾斜状态。左脚迈出一步，接着右脚迈步并开始引枪动作。左脚迈步的同时进行引枪（图19.17）。此时，教练员应当观察标枪和左臂的位置，以确保动作准确。重复进行练习。一旦掌握了以行走、慢跑和跑动的方式进行这个练习，那么就可以开始进行五步助跑的投枪练习。

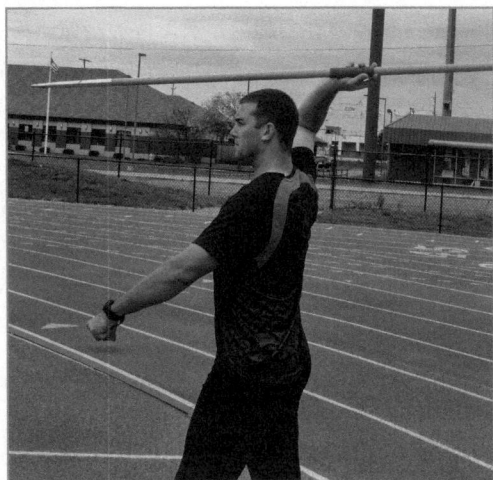

图19.17 行走投枪练习

完整助跑投枪练习

以左脚先迈步开始一个11步的助跑。先以行走的方式助跑，对行走脚步进行计数，并决定在哪一步开始引枪。可以分别以行走、慢跑和跑动的方式进行无枪模仿练习。

在无枪模仿练习之后，可以开始持枪练习，并按相同的方式（行走、慢跑和跑动）继续练习。但不必真正将标枪投出。

接下来，标记正常助跑最后一步左脚（制动腿）落地的位置，分别对4至6次助跑进行标记，记下每次的距离，并在该距离上增加一支标枪的长度，利用标枪或者卷尺测量整个助跑距离，这样就可以在相同或相似的场地上以这个距离进行投枪训练。

使用药球的标枪专项技术练习

掷标枪所包含的动作（与跳跃项目一样）涉及脚踝、膝盖和髋部的伸展，并要求全身发力。投掷药球练习可以使运动员掌握在投出器械时如何动用全身各个关节集中发力。这些练习包括从过顶投球到一侧制动的投掷练习等。对于这些训练，可以使用有弹性的、重4至7磅的药球进行。重复1至3组，每组6至10次的练习。

原地投药球练习

以超越器械姿势站立，体重落在右腿上，双手握住药球。为了启动投掷，以右脚脚掌为轴蹬转，随着朝墙投出药球，右脚向前迈出（图19.18）。保持双臂放松，在上半身发力做动作之前先进行下半身的转动。专注于正确的技术，不用在意投掷距离。

图19.18　原地投药球练习

上三步投药球练习

双手持药球举过头顶，右脚在前左脚在后站立（图19.19），下巴靠近左肩。迈步顺序是左脚—右脚—左脚。当身体左侧形成超越器械姿势时，身体右侧开始发力做动作（蹬转）。

图19.19　上三步投药球练习

上五步投药球练习

双手持药球举过头顶，右脚在前左脚在后站立，下巴靠近左肩。迈步顺序是左脚—右脚—左脚—右脚—左脚。当身体左侧形成超越器械姿势时，身体右侧开始发力做动作（蹬转）。

药球转体练习

开始时，双手持药球位于腰际线高度，双臂稍微弯曲。将药球转动到身体一侧（图19.20）。该练习中有两个关键点：一个关键点是腰部转动的同时，保持双脚脚趾笔直朝前，另一个关键点是每次转动时，将体重彻底从身体一侧转移至另一侧。不断地从右侧向左侧转动。

图19.20　药球转体练习

使用钢球的标枪专项投练习

可以使用诸如药球、短棒或钢球这些器械的练习来帮助运动员掌握投掷技术。可以采用钢球进行原地投、上三步投和上五步投练习。运动员应当从基本技术开始，然后再逐渐过渡到高级投掷技术的练习。

坐姿投钢球练习

可以采用钢球或者药球进行坐姿投球练习。坐在凳上，双脚稳稳踩在地面上，背部保持挺直，右手握住钢球，并向后方伸长手臂。左手手臂伸向投掷方向。肩膀向右转动大约90度，形成一个自然舒适的姿势。右手略高于右肩，从这个姿势开始投球练习。在向前挥臂手部到达高点的过程中，注意右肘要沿着高于右肩的高度向前运动，钢球在头部上方位置投出。左手手臂会收向左肩，但是注意手臂的收回动作不要过于用力。肩膀的过分转动可能会导致投掷手臂下降，钢球在身体侧方投出。

使用标枪的技术练习方法

由于掷标枪不同于其他投掷项目，所以在制定训练计划来发展专项力量时，需要一些特殊的考虑。教练员必须记住，运动员对训练的适应基于施加在他们身上的训练刺激。一名出色的标枪教练员应该制定并实施满足运动员个体需求的练习和计划。

最新研究显示，训练前的动态拉伸会增加专项的柔韧性、力量、爆发力、敏捷性和短跑表现。另一方面，最近有证据显示，训练前的静态拉伸实际上可能会降低运动表现，或者说，更推荐它作为训练后整理活动的一部分。下面介绍的转髋练习是提高专项柔韧的练习方法之一。

转髋练习

在这个技术练习中，当身体左侧形成超越器械姿势时，身体右侧已经开始做出动作（蹬转），这一点很重要（图19.21）。双脚以超越器械姿势站好，将几乎所有的体重都放到右腿上，右脚脚掌踩着地面向内转动，向上传递带动腿和髋部的转动。

图**19.21**　转髋练习

持枪转肩练习

这是一个可以增强肩部柔韧性和灵活性的动态拉伸练习。通过这个练习可以发展和提高掷标枪时肩部的动作幅度。双手比肩略宽握住标枪，保持双臂伸直，将器械举过头顶并向身后振臂，动作的幅度越大越好（图19.22）。

图**19.22**　持枪转肩练习

肩袖肌群的练习

　　肩袖肌群的练习是一个外旋动作。右手握住标枪一端，抬高肘部使它位于身体侧方，肘关节弯曲呈90度。左手握住标枪另一端将标枪从体侧向前拉动，使肩部完全外旋（图19.23）。旋转中心位于肱骨（上臂）附近，不要抬起肘部来促成完全地旋转。

　　这种练习也可以侧卧在地面上进行，肘部在身体侧方，肘关节呈90度，右手手握哑铃，将其直接从地面上提起。

　　同样也可以在最后用力姿势上进行这种练习。右肘保持弯曲90度，右臂在肩关节外展90度，右手拉住一个弹力胶管，胶管另一端固定在踝关节后方的与踝关节同样高度的固定物体上，右臂在拉力下围绕肱部外旋。肘部朝向某个参照物，不要让肘部前后移动。

图19.23　肩袖肌群练习

　　由于这种练习涉及的肌肉体积较小并且被频繁动用，可以通过两组、每组重复20次的练习来提高肌肉耐力，应将注意力集中在非常缓慢的离心动作上，结束时缓慢地减轻阻力。这个动作会发展和增强目标肌群力量。肩后肌群的离心收缩练习可以增强肩关节的稳定性，并且可以在器械出手后减慢手臂的挥动速度。练习时阻力必须足够小以做出完美的技术动作。从没有抗阻条件下开始练习，先掌握正确的动作。

肩扛标枪的转腰练习

原地站立，将标枪扛于颈后肩上，双手牢牢地握住标枪，双手距离中心越远越好（图19.24）。沿着一个方向转动上半身，在躯干完全旋转之前，沿着相反方向转回，重复这个动作。这个技术练习可以增强躯干肌肉力量。

图19.24 肩扛标枪的转腰练习

跑的技术练习

跑的练习是一种最为专项化的练习，它是整个训练年度各个阶段训练计划的支柱。相较之下力量训练和快速伸缩复合训练则属于次要的训练内容。由于短跑是一个整体性的动作过程，所以很难将它们分解成不同的组成部分进行练习，然而，标枪运动员需要发展持枪情况下的专门的跑的技术（即持枪跑、引枪和交叉步）。

持枪跑的练习

顶级的标枪运动员持枪助跑非常快，跑动时眼睛和头部朝向前方。进行不同距离的头上持枪助跑练习（图19.25）有助于提高助跑的速度。放松的技术下运动员能够跑出更好的成绩，在肌肉的收缩和放松间实现快速转换的能力是出色的标枪助跑技术的精髓。这种能力可以保证在下一次肌肉收缩之前，不会出现妨碍收缩速度和力量的张力。与所有的学习过程一样，为了形成第二天性，在训练时必须练习并强调放松技术。在助跑时，既要专注于单个肌群的放松，也要专注于全身的放松。可以将持枪助跑练习作为每天训练的一个组成部分。练习时，以头上持枪慢跑10步开始，随着力量素质的提高，可以增加助跑步数。

图19.25 持枪跑的练习

引枪技术练习

以头上持枪的姿势慢跑10步；接着将标枪向后引至手臂长度，持枪手位于肩膀上方，在此前提下，进行10个连续的交叉步（图19.26）。引枪后保持肩膀转到与标枪平行方向，并让髋部朝向跑动方向。左肩高抬，同时左肘朝向跑动方向。分别完成向前6组和跑回6组的练习，总共跑动240步。

图19.26 引枪练习

交叉上步技术练习

　　髋部与标枪平行，双脚指向身体前方并与髋轴呈90度角。身体向左侧移动，抬起右脚，使其从前面交叉穿过左脚，接着向左侧挪动左脚，以使双腿不再交叉。在这个练习中，不同的运动员髋部的朝向可能存在一定程度不同，因为有些运动员会采用更加线性的助跑来尽量提高助跑速度。接下来，右脚再次从前面交叉越过左脚，接着向左侧拉动左脚来分开交叉的双腿。以行走、慢跑或者跑的方式重复进行练习。可以在不持枪但双臂伸直、与髋平行，或者双臂向前伸出与髋部呈90度角的状态下进行该练习。随后，可以尝试向前跳跃着进行交叉步练习（图19.27）。可以在草地或者一个轻微的小坡上完成这些技术练习。

图19.27 交叉上步技术练习

标枪项目训练课的设计

　　在一堂训练课中，运动员应当从8至12分钟的常规动态热身活动开始，平稳过渡到一些包含标枪专项技术的热身活动。这些技术练习应与当堂课的训练目的相一致。一项技术练习可能重点强调超越器械姿势，而另一项技术练习可能强调助跑的技术。随着技术练习的结束，运动员开始投枪练习，一次投枪课应当包含30次左右的试投掷。

　　教练员应当将预跑和投掷动作分解成更小的部分安排在不同的训练课中，以分别强调专门的概念。运动员在练习持枪助跑时，应保持标枪的水平位置，并注意持标枪情况下身体的放松和器械的平衡。在练习助跑技术时，跑动过程中运动员应当注意上步的时机并注意助跑与出手之间的过渡。运动员应当加速进入出手动作，而不应发生停顿。每周应当安排2至3天的投枪课，除了投枪课以外，应当开展体能和技术练习，柔韧性训练、助跑的技术练习以及药球投掷练习等。

标枪项目的小循环训练计划

　　标枪训练的明确目标是运动员身体的功能性重建，让运动员的身体对训练产生持续性适应并保持训练效果。高质量的训练计划同时包括专项训练和一般练习。应当根据运动员的训练年限、优缺点以及年度训练阶段等因素，对训练强度、训练量、训练内容和训练频率等变量进行合理的安排。制定一个赛季内的比赛准备计划时，必须考虑生物能状况，代谢参数，力量、幅度、速度、动作模式等标枪项目的专项特征以及时间因素。

标枪项目小循环训练的目标是协调安排训练负荷，使身体在训练和恢复之间取得平衡。训练计划必须保证在开始新的小循环训练之前安排足够的组织再生时间。小循环训练（图19.28）的作用是，为某个特定训练阶段提供有计划的合理的训练负荷。一般来说，每个小循环都应该包括一到两个恢复日。不同阶段的小循环训练包括特定的目标，准备期小循环训练的目标是让运动员为即将到来的比赛做好准备。比赛之前最后一个准备期小循环训练（图19.29）的目标是释放和调动运动员的表现状态。

比赛期小循环训练（图19.30）的目标是在比赛开始之前到比赛结束之后的期间内组织训练活动。该小循环包括比赛前一天、比赛当天以及比赛结束后几天内的训练。比赛期小循环的目标取决于比赛时间的长短、试投的次数、比赛的频率、对手的水平等。简言之，比赛期小循环应当根据运动员的需求来调整。

最有效的组织结构是以每周为一个小循环。然而，一天训练2至3次的运动员通常需要稍微短一些的小循环，必须在两节训练课之间提供足够的恢复时间。

在制定全年的训练计划时，保持一致性是小循环训练的重要考虑因素。此外，还应当仔细考虑各种训练类型之间的潜在影响，这样才能保证每堂训练课的实效性。例如，教练员应当确保前一天的训练活动不会对第二天的训练产生干扰。

设计个性化的训练课程

若能做到在训练课中将个人和项目组的需求的良好结合，会使运动员从专门根据他们的需求定制的训练课中获益。这些可能既包括在力量房或场地上的个人训练，也包括共同的训练清单上所列的训练单元。设计训练课程之前，教练员必须了解运动员的身体能力。持续时间太长的训练课可能没有效率，太短又可能不会产生身体的适应。

在进行每堂训练课之前，教练员应当向运动员讲解该堂课的训练目的。运动员明白训练目的会更倾向于接受训练安排。每堂训练课都应当把灵敏性练习和跑步作为一个简短的热身活动。此外，持标枪或不持标枪的专项技术练习可以作为最后的热身活动，在正赛之前进行练习。

训练课应当具有一项或者两项具体的可测量的目标，该目标应具有明确的测量标准或活动，来确保训练进程向最终目标前进。安排的训练内容的目的可能是增强专项力量或者速度，虽然大运动量、高强度的练习可以提高专项力量，然而，并非所有的训练课都应当安排全力投标枪练习。训练强度应当限制在运动员个人最佳水平的88%至92%，练习中只出现3至4次全力投标枪即可。教练员应当集中精力纠正或者改进在88%至92%强度区间内进行投掷的某个技术要素。可以采用重器械或轻器械，也可以集中精力投掷标准器械。

训练课程结束时简短的总结有助于强化该课程的目标，教练员和运动员可以讨论训练课中非常有益的收获，也可以讨论在接下来的训练课中需要纠正的地方。每周至少一次在训练课结束后的整理活动中，需要包含额外的慢跑或者柔韧性练习。

小循环#　　　　　　　　　　日期：　　　　　　　　　　　　项目组：标枪		
阶段：一般准备期　　　　　　评语：		

星期日	星期一	星期二
休息	主题：发展神经肌肉能力、高要求 热身慢跑 动态柔韧性练习 专项技术热身练习：碾烟蒂练习3×5 手臂损伤预防练习：威尔克练习10 药球练习： 　双手头上对墙投球练习 　加转身的双手头上对墙投球练习 　两步跳过超越器械的头上投球练习 　坐姿转腰对墙投球练习，重复 后抛铅球练习（10），采用超过比赛重量10%的器械 力量训练： 　奥林匹克举练习： 　　高翻（从地面拉起）6×4，120%的CL 1RM 　　后蹲4×8，75%1RM 　　卧推4×8，75%1RM 整理活动，静态拉伸	主题：常规训练、发展能量和内分泌系统的训练 热身慢跑 动态柔韧性练习 专项技术练习： 　插枪练习，注意出手后拇指向下，连续练习走过场地 　两步模仿练习：向左将身体推出，右脚落地以碾烟蒂动作积极推转右髋，左脚落地牢牢支撑，投掷 　三步模仿练习：右脚在前交叉站立，两步模仿练习前加一步左腿动作 　短距离助跑模仿练习：完整脚步动作，五步节奏：左—右—左—右—左 健美力量训练（9项练习，3大组，组间休息60秒） 赤脚整理活动及足部力量强化锻炼

星期三	星期四	星期五
主题：发展神经肌肉、低要求 热身慢跑 动态柔韧性练习 铅球专项技术练习 　搭档高位击掌练习3×5 　搭档转髋技术练习3×5 　搭档滑步技术练习3×5 跪地投练习3×5，采用超过比赛重量10%的器械 平地上的快速伸缩复合训练： 　跳跃循环训练（6项练习，每项练习重复10次，两项练习间休息20秒） 力量训练： 　奥林匹克举练习： 　　高翻（从地面拉起）4×3，85%1RM 　负重登台阶练习2×5 　负重弓步走转腰练习2×5 　上斜卧推4×8，70%1RM 渐进加速跑练习5×80米 抛球练习3×5（前抛），采用超过比赛重量10%的器械 整理活动，静态拉伸	主题：常规训练、发展一般力量耐力的练习 热身慢跑 动态柔韧性练习 专项技术练习： 　插枪练习，注意出手后拇指向下，连续练习走过场地 　两步模仿练习：向左将身体推出，右脚落地以碾烟蒂动作积极推转右髋，左脚落地牢牢支撑，投掷 　三步模仿练习：右脚在前交叉站立，两步模仿练习前加一步左腿动作 　短距离助跑模仿练习：完整脚步动作，五步节奏：左—右—左—右—左 与星期一相同的药球练习 有氧跑练习	主题：发展神经肌肉、高要求 热身慢跑 使用橡皮胶管的动态柔韧性练习 威尔克练习 短跑练习4×60米，较高速度 跨跳练习 力量训练： 　奥林匹克举练习： 　　抓举6×4，115%的1RM 　后蹲4×8，70%1RM 　卧推4×8，70%1RM 整理活动，静态拉伸

星期六	每日训练强度	训练后的评价
主题：常规训练、发展能量和内分泌系统的训练 热身慢跑 动态柔韧性练习 沿场地边边做南非技术练习2×10 使用锥筒的原地投练习（10） 整理活动，静态拉伸	<table><tr><td></td><td>日</td><td>一</td><td>二</td><td>三</td><td>四</td><td>五</td><td>六</td></tr><tr><td>高</td><td></td><td>×</td><td></td><td>×</td><td></td><td>×</td><td></td></tr><tr><td>中</td><td></td><td></td><td>×</td><td></td><td>×</td><td></td><td></td></tr><tr><td>低</td><td></td><td></td><td></td><td></td><td></td><td></td><td>×</td></tr><tr><td>休息</td><td>×</td><td></td><td></td><td></td><td></td><td></td><td></td></tr></table>	

注：CL意思为高拉。

图19.28 标枪项目的7天小循环训练计划示例：一般准备期

小循环#	日期：	项目组：标枪
阶段：专项准备期	评语：	

星期日	星期一	星期二
休息	主题：发展神经肌肉能力、高要求 热身慢跑 动态柔韧性练习 专项技术热身练习 　威尔克练习10，双手头上对墙投球 　练习，加转身的双手头上对墙投球练 　习，单手头上对墙 投枪练习： 　跑过所有标记的助跑练习：30分钟 　两步投枪练习，注意技术：15分钟 　较短助跑的投枪练习：30分钟 　技术性练习：15分钟 力量训练： 　奥林匹克举练习： 　　抓举（从地面）6×2，90%1RM 　　后蹲6×5，85%1RM 　　仰卧上拉（6，5,4,3,2）80%，85%， 　　90%，95%，98% 抛球练习： 　抵趾板胸前爆发性前推（10），超过 　比赛重量20%的器械 整理活动，静态拉伸	主题：常规训练、发展能量和内分 泌系统的训练 热身慢跑 动态柔韧性练习 专项热身活动： 　跨步跳练习 　跳箱练习 　无枪助跑练习 药球投掷练习系列： 　双手头上对墙投球3×10 　加转身的双手头上对墙投球3×10 　跳入超越器械姿势的头上对墙投球 　3×10 　上两步单臂对墙投球2×10 　甘贝塔转手过肩投球4×10 　坐姿转身对墙投球，两侧各4×10 一般力量练习： 　腹背肌循环（5个练习，重复10次） 　健美力量训练（9项练习，3大组， 　组间休息60秒） 赤脚整理活动以及足部力量强化锻炼

星期三	星期四	星期五
主题：发展神经肌肉、低要求 热身慢跑 动态柔韧性练习 冲刺跑练习 投枪练习： 　上两步投枪练习，注意基本动作 　600克枪投枪练习（20） 力量训练： 　奥林匹克举练习： 　　高翻（从大腿上）6×3，140%1RM 　箭步蹲2×6 　箭步硬拉2×6 　仰卧上拉4×6 加速跑练习3×20米、3×30米、3×40米 整理活动，静态拉伸	主题：常规训练、发展一般力量和力量 耐力的练习 热身慢跑 动态柔韧性练习 专项热身活动： 　威尔克练习 　药球投掷系列 投枪练习： 　跑过所有标记的助跑练习：30分钟 　两步投枪练习，注意技术：15分钟 　较短助跑的投枪练习：30分钟 　技术性练习：15分钟 高级核心练习（1个练习，每个平面内 重复10次） 赤脚整理活动以及足部力量强化锻炼	主题：发展神经肌肉、高要求 热身慢跑 动态柔韧性练习 专门技术热身活动： 　甘贝塔举手过肩投球练习 　使用橡胶管的模仿练习 投枪练习： 　跑过所有标记的助跑练习：30分钟 　两步投枪练习，注意技术：15分钟 　较短助跑的投枪练习：30分钟 　技术性练习：15分钟 跳深练习3×5，完全恢复 力量训练： 　奥林匹克举练习： 　　高翻6×4，85%的1RM 　半蹲4×6，120%全蹲1RM 　斜板快速卧推4×6，50% 1RM 整理活动，静态拉伸

星期六	每日训练强度	训练后的评价
主题：常规训练、发展能量和内分泌系 统的训练 热身慢跑 动态柔韧性练习 投枪序列练习 轻松的原地投枪练习 上两步轻掷标枪练习 短距离助跑练习，无投枪 交叉步练习 出手技术练习 药球循环练习（8个练习，每个重复10次） 赤脚整理活动以及足部力量强化锻炼	<table><tr><td></td><td>日</td><td>一</td><td>二</td><td>三</td><td>四</td><td>五</td><td>六</td></tr><tr><td>高</td><td></td><td>×</td><td></td><td>×</td><td></td><td>×</td><td></td></tr><tr><td>中</td><td></td><td></td><td>×</td><td></td><td>×</td><td></td><td></td></tr><tr><td>低</td><td></td><td></td><td></td><td></td><td></td><td></td><td>×</td></tr><tr><td>休息</td><td>×</td><td></td><td></td><td></td><td></td><td></td><td></td></tr></table>	

图19.29 标枪项目的7天小循环训练计划示例：专项准备期

小循环#	日期：	项目组：标枪
阶段：比赛期	评语：	

星期日	星期一	星期二
休息	主题：发展神经肌肉能力、高要求 热身慢跑 动态柔韧性练习 专项技术热身练习： 　威尔克练习10 　甘贝塔举手过肩投球练习 投掷练习： 　投轻药球练习 　上两步投掷练习，高强度，10次 　全程助跑投掷练习，高强度，6次 　全程助跑投掷练习，注意正确动作 　全程助跑投掷练习，轻松投 力量训练： 　奥林匹克举练习： 　　抓举（从大腿）6×2，95%1RM 　负重蹲跳4×6，30% 1RM 　仰卧上拉3×8 　俄罗斯转体2×8 　加速跑练习3×20米、3×30米，完全恢复 整理活动，静态拉伸	主题：常规训练、发展能量和内分泌系统的训练 热身慢跑 动态柔韧性练习 专项技术热身活动 　药球练习（3个练习）2×10 　跨步跳练习 　持枪柔韧性练习 　简单的冲刺跑练习3×20米 投掷练习： 　上两步投掷练习，低强度，10次 　短距离助跑投掷，中等强度，10次 　短距离助跑投掷，注意正确动作 　短距离助跑，注意步点准确性，不用投掷 简单的冲刺跑练习 一般力量活动： 　腹背肌循环（5个练习，重复8次） 　药球技术练习（4项练习，快速重复5次） 赤脚整理活动以及足部力量强化锻炼

星期三	星期四	星期五
主题：发展神经肌肉、低要求 热身慢跑 动态柔韧性练习 专项技术热身活动： 　使用橡胶管的转髋练习 　持枪柔韧性练习 投掷练习： 　三步投练习，注意延迟手臂动作 　全程助跑投掷练习，大强度，6次 　全程助跑投掷练习，注意正确动作 　全程助跑投掷练习，注意步点，不用投掷 力量训练： 　奥林匹克举练习： 　　高翻（从大腿上）6×3，130%1RM 　健美力量训练（9个练习，3大组，组间休息60秒） 整理活动，静态拉伸	主题：观看技术录像和心理准备 学习技术录像、心理准备 动态热身： 　威尔克练习 　甘贝塔举手过肩投掷练习	主题：发展神经肌肉、高要求 热身慢跑 动态热身： 　威尔克练习 　甘贝塔举手过肩投掷练习 投掷练习： 　上两步投掷练习，分析技术 　专门练习左腿和右腿的姿势 　短距离助跑，注意左侧的驱动 　全程助跑投掷练习，注意步点，不用投掷 整理活动，静态拉伸

星期六	每日训练强度	训练后的评价
主题：常规训练、发展能量和内分泌系统的训练 参加标枪比赛	（见下表）	

	日	一	二	三	四	五	六
高		×		×			×
中			×			×	
低					×		
休息	×						

图19.30　标枪项目的7天小循环训练计划示例：比赛期

每堂训练课都应当按照下述步骤进行。

1. 热身活动。

2. 训练介绍。

3. 技术训练。

4. 能力训练。

5. 整理活动。

6. 训练小结。

结　语

由于标枪是最轻的投掷器械，它的投掷技术也具有独特性，运动员可以在一定的距离内助跑加速提高动量。精英级运动员的出手速度已经达到了30米/秒以上，而铅球的出手速度低于14米/秒。

由于比其他投掷项目更加注重速度，标枪的专项训练千万不要以较低速度进行。掷标枪的技术构成要求教练员为每个运动员制定并实施一套独特的训练体系。精心地设计训练计划、选择合适的练习方法是至关重要的，这样才能提高运动员的神经适应性和肌肉力量，进而使运动员在这个项目上表现出最好的水平。本章概述的训练策略、练习方法和训练手段可以让教练员为培养出优秀的运动员做好准备。

最后的思考

威尔·弗里曼（Will Freeman）

让我们回到1990年，那时我是一位年轻的大学教练，有10年的工作经验（实际上，只有1年的经验，只是重复了10年而已）。对于教练员是一个什么样的职业，我想我当时是有很多答案的。我在科罗拉多斯普林斯的美国田协中级教练员培训学校的经历证明我错了。对一名年轻的教练员来说，这是一次让我大开眼界并对自己以前的认知感到羞愧的经历。这一次的经历启发了我去了解和联系那些懂得更多的人，并最终促使我写下了我在多年的执教生涯中学到的东西。做这个项目的编辑对我来说有特别的意义。本书的撰稿者们是一些才华横溢的教练员和优秀的人，他们使我们的项目变得与众不同，我非常感谢他们所做的巨大贡献。我们这个项目的目标是帮助我们的田径教练员成长，当教练成长时，运动员也会跟着成长；当运动员成长时，这项运动也会得到发展。教练员的作用着实关键。

学无止境，而许多知识都是免费的！你可以通过阅读、研究、请教别人来进行学习，然后应用你学到的知识。知识就是我们从走在我们前面的人身上学到的东西。从某种程度上讲，它是关于过去的。而智慧则不同，它将知识、经验和直觉都融合起来，让我们能够表现得更好。智慧与经验同行，在做了45年的运动员、教练员和课堂教授之后，我想分享一些在我职业生涯中所学到的真理。

我们接受平庸，因为它是安全的

我们大多数人都位于钟形曲线的中间部分，因为这个区域让我们感到很舒服。走出舒适区会让我们感到不适应。要想成功，运动员就必须明白，他们需要提高适应能力和克服这种不适感。在体育运动中，疼痛、恐惧和失败经常发生。教练员的工作是帮助运动员通过这些挑战进行学习，并最终战胜挑战。当我们通过了这些挑战的检验时，我们会变得更强大。运动体验，以及生活本身，就是一个适应的过程，在这个过程中，我们变得更加勇敢。面对风险的勇气同样是后天习得的，作为教练员，我们的工作就是训练运动员，让他们接受各种检验，让他们期待挑战和风险。然而我们不能要求运动员在比赛中冒险，除非他们在训练中已经接受了类似风险的考验。

生活是艰难的

是的，生活是艰难的。我们需要克服困难，从苦难中学习，然后继续前进。我喜欢生活就像海浪的比喻，生活中有高潮也有低谷，但生活仍会继续。我们都经历过生活的高潮和低谷，这只是我们前进道路上的一个组成部分。我们必须牢记，增长潜力最大的时候是位于低点的时候，而不是位于高点的时候。尼采（Friedrich Nietzsche）是对的，他说："但凡不能打败你的，最终都会使你变得更强大"。

运动员不应该害怕竞争

我们经常看到这种恐惧，它来自社会比较和错误的预期。竞争是一个很好的激励因素，但它也可能让人消沉。运动员应该只关注他们能够控制的事情，教练员应该让运动员知道，运动员在这个过程中是有选择的。运动员可以选择自己定义自己，也可以选择让别人定义自己。在体育运动中获胜是一个很好的激励因素，但获胜只是运动经历的目标之一。

项目本身不会制造紧张和压力

运动员对项目的感知（而不是项目本身）会使他们感到紧张和压力。两名运动员可能会以完全不同的方式对待比赛。教练员应该尽力留意运动员身上出现紧张和压力的迹象。运动员对自身处境的感知方式决定了一切，当把表现水平与自我价值联系在一起时，项目就会被放大超出其本身的实际意义。在出现这种情况时，一个糟糕的结果可能是运动员的自尊受到严重打击。单单表现水平这一项并不能定义某个人，参与项目的主要动力应该是不断提高自己，而不是比赛结果。

思想驱动行为

运动员的想法决定了他们的行为。我们可以一次只考虑一件事，并在思考中做出选择。尽管教练员和其他重要人物的意见对运动员而言很重要，但运动员传递给自己的信息才最为重要。大脑就像电脑硬盘一样，它只是将输入的信息归档，所有输入的东西会塑造一个人的自我意识。我们对自己说的话很重要，而我们对自己说什么是可以选择的。

运动员能为项目提供的最好礼物就是他们自己

地球上有数十亿人，每个人都是独一无二的。作为教练员，我们会考虑进行个性化的训练，但我们常常不会顾及运动员个人的想法。伟大的教练员都知道，创建伟大的团队其实就是在统一的团队和实现运动员个人价值之间取得平衡，找到这种平衡是挖掘运动员潜力的关键。

人们相互之间获取能量

的确如此，这就是镜子原则。我们收获的就是我们所付出的，再简单不过。虽然正能量占据上风，但痛苦往往也会紧紧相随。对于每一天、我们遇到的每一个人，我们想给予什么样的能量？请记住，我们得到的正是我们所给予的。

成功的人总是期望获得成功

冠军总是那些很积极的运动员，他们会进行功能性的训练来提高自己，并不断去想象成功的场景。很简单，他们——积极主动，努力训练，并提前看到自己的成功。一个不断进步的运动员不会成为一个有问题的运动员。教练员的目标是使运动员更有竞争力并提高他们的自信心，这是成功的两个关键因素。一个有能力的、不断进步的运动员信心会不断增强。

平衡至关重要

无论在训练中还是在训练之外，平衡都是最优化发展的必要条件。教练员和运动员必须平衡的各种因素包括：训练、恢复、学业、营养、社会生活、教练员与运动员的关系、团队环境、工作、家庭和训练环境。教练员必须了解这些要素是如何相互作用的，还要了解它们如何影响训练过程。一个因素的变动会对其他因素产生多米诺骨牌效应。教练员必须全方位了解他们的运动员。

过程的诚实性是必不可少的

诚实是指以正确的理由去做正确的事情。诚实训练是成功的关键，只有运动员才能知道这个过程是否诚实。即使教练员不在场时，也应将小事做好，正是这些建立了信任和自信。所有处于巅峰状态的运动员都具备相应的技能，是什么把他们区别开来的呢？我相信正是训练的诚实性。应该由运动员，而不是教练员，对诚实性做出最终的判断。在最重要的目标赛事的终极演出时刻，运动员最后需要问自己的问题就是："每一件事我都做得足够好吗？"只有运动员知道这个问题的答案。

运动员对人际关系的记忆最为深刻

教练员所做的工作是与人有关的，从事运动项目的是人，构成团队的也是人。教练员应该尽其所能帮助每个运动员在团队中发挥其作用。人们会站出来，为他们所关心的人做些事情，这一点令人感到惊讶。作为教练员，我们必须将精力投入到人的身上，而不仅仅是关心他们作为运动员的角色。团体很重要。

依赖性必须给独立性让位

教导运动员就像是在抚养孩子，随着年龄的增长，他们在决策制定过程中扮演着越来越重要的角色。实际上，教练员是在让运动员逐渐摆脱依赖。从依赖到独立，运动员会从该模式中获益良多。教练员需要很大的勇气来放弃对运动员的控制，但对运动员来说，没有什么比这更重要了。如果我们的目标是培养更强大的人，而不仅仅是培养更好的运动员，我们需要让运动员在这个过程中投入更多精力和获得更多的自主权。

教练员必须 不断学习和成长

我几年前就知道，没有任何一个教练员可以解答所有的问题。作为老师和教练员，我们必须挑战自我，不断成长和学习。作为教练员，我们的职责不仅仅是教导我们的运动员跑得更快、跳得更远更高、投得更远，我们还有更重要的职责。我们需要教育和指导年轻人面对比体育运动更大的挑战，因此，我们必须挑战自己来把这项事业做好，真正有所作为。

参考文献

Anderson, L. 1990. Program design: General preparation phase: Female discus thrower. *Strength & Conditioning Journal* 12 (2): 55–73.

Babbitt, D. 2000. Discus. In J. L. Rogers, ed., *USA Track & Field Coaching Manual*. Champaign, IL: Human Kinetics, pp. 235–248.

Bandura, A. 1977. Self–efficacy: Toward a unifying theory of behavior change. *Psychological Review* 84: 191–215.

Bandura, A. 1986. *Social Foundations of Thought and Action: A Social Cognitive Theory*. Englewood Cliffs, NJ: Prentice Hall.

Bartonietz, K. 1996. Biomechanical aspects of the performance structure in throwing events. *Modern Athlete and Coach* 34 (2): 7–11.

Bell, S. 1979. The shot put, as I see it. *Track & Field Quarterly Review* 79 (4): 8–10.

Bompa, Tudor, Haff, G. Gregory. *Periodization*, fifth edition. Human Kinetics Publishing, Company. 2009.

Bosch, Frans, and Klomp, Ronald. *Running–Biomechanics and exercise Physiology Applied in Practice*. London. Elsevier Churchill Livingstone. 2005

Buckingham, M., and C. Coffman. 1999. *First Break All the Rules: What the World's Greatest Managers Do Differently*. New York: Simon and Schuster.

Daniels, Jack. *Jack Daniels Running Formula*, 3rd edition. Human Kinetics Publishing. 2013.

Davids, Keith. Button, Chris. Bennett, Simon. *Dynamics of Skill Acquisition–A Constraints–Led Approach*. Champaign, IL: Human Kinetics Publishing Company. 2008.

Deci, E., and R.M. Ryan. 2006. Facilitate optimal motivation and psychological well–being across life's domain. *Canadian Psychology* 49 (1): 14–23.

Dick, Frank. *Sports Training Principles*. Fifth edition. A&C Black, London. 2007.

Doherty, Ken. *Track & Field Omnibook*. TAFNews Publishing. 1985.

Drabik, J. 1996. *Children and Sports Training*. Island Pond, VT: Stadion Publishing.

Dunn, G.J. 1989. The shot put. In V. Gambetta, ed., *The Athletic Congress's Track and Field Coaching Manual*. Champaign, IL: Leisure Press, pp. 153–165.

Dunn, G., K. McGill, and L.W. Judge. 2014. The *Throws Manual*. Monterey, CA: Coaches Choice.

Dweck, C. S. 2006. *Mindset: The New Psychology of Success*. New York: Random House.

Dyson, Geoffrey. *The Mechanics of Athletics*. Hodder Arnold H&S, 8th edition. 1986.

Freeman, Will. *The Quest: On the Path to Knowledge and Wisdom*. Amazon. 2014.

Furlong, H.J. 1973. Forces acting throughout the put. *Track Technique* 52: 1655.

Gambetta, V.A. 2007. *Athletic Development: The Art and Science of Functional Sports Conditioning*. Champaign, IL: Human Kinetics.

Gastin, P.B. 2001. Energy system interaction and relative contribution during maximal exercise. *Sports Medicine* 31 (10): 725–741.

Godina, B., and R. Backes. 2000. Shot put. In J.L. Rogers, ed., *USA Track & Field Coaching Manual*. Champaign, IL: Human Kinetics, pp. 219–234.

Harre, Dietrich. *Principles of Sports Training–Introduction to the Theory and methods of Training*. Berlin, GDR: Sportverlag. 1982.

Hay, J.G. 1993. *The biomechanics of sport techniques*. San Francisco, CA: Benjamin Cummings.

Issurin, V. 2008. *Principles and Basics of Advanced Athletic Training*. Grand Rapids, MI: Ultimate Athlete Concepts.

Jackson, S., and M. Csikszentmihalyi. 1999. *Flow in Sport: The Keys to Optimal Experiences and Performances*. Champaign, IL: Human Kinetics.

Jacoby, Ed (editor). *Winning Jumps and Pole Vault*. Human Kinetics Publishing Company. 2009.

Judge, L.W. 1991. Using the dynamic start in the glide. *Track Technique* 116: 3700–3703.

Judge, L. W. 2000a. Technique analysis of the hammer throw for men and women. *Coach and Athletic Director* 69 (7): 37.

Judge, L. W. 2000b. Technique analysis of the hammer throw for men and women. *Coach and Athletic Director* 69 (8): 46.

Judge, L. W. 2007. Developing speed strength: Inseason training program for the collegiate thrower. *Strength and Conditioning* 29 (5): 42–54.

Judge, L.W. 2008. *The Complete Track and Field Coaches' Guide to Conditioning for the Throwing Events*. Monterey, CA: Coaches Choice.

Judge, L.W., D. Bellar, J. Petersen, and E. Wanless. 2010. Perception of risk in track and field venue management: Are hammer facilities overlooked? *Kybernetes* 39 (5): 786–799.

Judge, L.W., and K. McGill. 2013. *The hammer throw handbook*. Monterey, CA: Coaches Choice.

Judge, L.W., and J.A. Potteiger. 2000. A battery of tests to identify overtraining in throwers. *Modern Athlete and Coach* 38 (1).

Judge, L.W., and M. Young. 2011. *The shot put handbook*. Monterey, CA: Coaches Choice.

Kurz, T. 2001. *Science of Sports Training*, 2nd ed. Island Pond, VT: Stadion Publishing.

Leonard, G. 1991. *Mastery: The Keys to Success and Long Term Fulfillment*. Penguin: New York.

Maslow, A.H. 1968. *Toward a Psychology of Being*, 2nd ed. New York: Van Nostrand Reinhold.

McArdle, W.D., F.I. Katch, and V.L. Katch. 2001. *Exercise Physiology: Energy, Nutrition, and Human Performance*, 5th ed. Baltimore, MD: Williams & Wilkins.

McArdle, William D. Katch, Frank I. And Katch, Victor L. Sixth Edition. *Exercise Physiology–Energy, Nutrition and Human Performance*. Baltimore, MD. Williams & Wilkins. 2007.

McCoy, R.W. 1992b. Biomechanical analysis of Ramona Pagel at the 1992 United States Olympic trials (unpublished technical report). Williamsburg, VA: The College of William and Mary.

McGuire, R.T. 2005. Winning kids with sport: A construction model for positive coaching. In R.A. Vernacchia and T. Statler, eds., *The Psychology of High Performance Track and Field*. Mountain View, CA: Track and Field News Publications.

McGuire, R.T. 2008. Thinking right in sport: The critical importance of mental training. *Techniques* 1 (3).

McGuire, R.T. 2012a. *Winning Kids With Sport! Teach, Model, Practice, Inspire*. Ames, IA: Championship Productions.

McGuire, R.T. 2012b. *From the Whistle to the Snap: Building Your Best FOCUS for Winning Football*. Ames, IA: Championship Productions.

McGuire, R.T., and M.E. Schloder. 1998. *Understanding Athletes: A Foundation for Success*. Marina del Rey, CA: Health for Life.

McGuire, R.T., and S. Portenga. 2009. Building success: Critical conditions for fulfilling team experiences. *Techniques* 2 (4).

Mujika, I., and S. Padilla. 2003. Scientific bases for precompetition tapering strategies. *Medicine & Science in Sports & Exercise* 35 (7): 1182–1187.

Olbrecht, J. 2000. *The Science of Winning: Planning, Periodizing, and Optimizing Swim Training*. Luton, England: Swim Shop.

Radcliffe, J.C., and R.C. Farentinos. 1999. *High-Powered Plyometrics*. Champaign, IL: Human Kinetics.

Sawyer, T.H., and L.W. Judge. 2012. *The Management of Fitness, Physical Activity, Recreation, and Sport*. Champaign, IL: Sagamore.

Schmidt, R.A. 1975. Schema theory of discrete motor skill learning. *Psychological Review*, 82 (4): 225–260.

Schmolinsky, Gerhardt (editor). *Track and Field–Textbook for Coaches and Sports Teachers*. 1974.

Scholich, Manfred. *Circuit Training*. Berlin: Sport-verlag. 1986.

Seligman, M.E.P. 2002. *Authentic Happiness*. New York: Free Press.

Seligman, M.E.P. 2011. *Flourish: A Visionary New Understanding of Happiness and Well-Being*. New York: Free Press.

Seligman, M.E., and M. Csikszentmihalyi. 2000. Positive psychology: An introduction. *The American Psychologist* 55 (1): 5–14.

Seligman, M.E.P., R.A. Steen, N. Park, and C. Peterson. 2005. Positive psychology progress: Empirical validation of interventions. *American Psychologist* 60: 410–421.

Shields, D.L. 2009. *True Competition: A Guide to Pursuing Excellence in Sport and Society*. Champaign, IL: Human Kinetics.

Simonyi, G. 1973. Form breakdown of Wladyslaw Komar, Poland, Olympic Champion, 69–6. *Scholastic Coach* 42 (7): 7–9, 94–102.

Starzynski, Tadeusz. And Sozanski, Henryk. *Explosive Power and Jumping Ability for all Sports*. Island Pond, VT: Stadion Publishing Company. 1999.

Stone, M.H., M.E. Stone, W.A. Sands, K.P. Pierce, R.U. Newton, G.G. Haff, and J. Carlock. 2006. Maximum strength and strength training: A relationship to endurance. *Strength and Conditioning* 28 (3): 44–53.

Turk, M. 1997. Building a technical model for the shot put. *Track Coach* 141: 4489–4499.

Vernacchia, R. 2003. *Inner Strength: The Mental Dynamics of Athletic Performance*. Palo Alto, CA: Warde.

Vernacchia, R., R.T. McGuire, and D.L. Cook. 1996. *Coaching Mental Excellence: It Does Matter Whether You Win or Lose*. Portola Valley, CA: Warde.

Vigil, Joe. *Road to the Top: A Systematic Approach to Training Distance Runners*. Amazon. 1995.

Wulf, Gabriele. *Attention and Motor Skill Learning*. Champaign, IL: Human Kinetics Publishing Company. 2007.

Zatsiorsky, V.M. 1995. *Science and Practice of Strength Training*. Champaign, IL: Human Kinetics.

美国田径协会与主编简介

美国田径协会（USATF）是负责美国田赛和径赛项目、长距离跑以及竞走项目的国家管理机构。总部位于美国的印第安纳波利斯，它负责管理世界上有组织的最古老的体育项目、最受关注的奥运会转播项目，同时也负责管理初高中学生最受欢迎的体育项目，旁及美国超过3000万的成年跑者。美国田径协会有近10万名个人会员，它的成员组织包括美国奥林匹克委员会、全美大学体育协会、全美大学校际体协、美国路跑俱乐部、跑遍美国和全美高中协会联合会。美国田径协会的57个地方协会在当地监管这项运动以及2500家分布在各地的俱乐部。USATF还提供了教育培训课程，以便提高和规范全国的教练员水平，超过1.4万名教练员接受过美国田径协会教育项目的培训。

威尔·弗里曼（Will Freeman）是美国爱荷华州格林内尔学院一位非常成功的田径和越野跑教练员，也是美国田径协会认证的高级教练员。弗里曼教练曾是美国佛罗里达大学的撑竿跳运动员，曾作为运动员进入过奥林匹克选拔赛决赛，在佛罗里达大学入选成为体育名人堂的一员。弗里曼曾是美国田径协会教练员培养计划的前任主席，以及全美大学体育协会田径三部和越野跑委员会的前任主席。

在格林内尔35年的执教生涯里，弗里曼指导过从初学者到全国冠军的各级别运动员。他的团队在田径和越野跑领域中赢得了28次美国中西部联盟比赛的冠军。弗里曼曾出版过4本专著，录制过19个培训视频，发表过许多关于田径、越野跑和训练艺术的文章，同时他还是在国内外都很受欢迎的临床医生和演讲者。

安德鲁·奥尔登（Andrew allden）是一位有25年经验的长距离跑教练，目前任职于南卡罗来纳大学。在此之前，他曾在卡罗来纳沿海大学、杜兰大学和北卡罗来纳大学任职。他曾在北卡罗来纳大学作为精英教练员工作了9年，负责训练罗利－达勒姆地区的专业和业余跑者。奥尔登于1986年在埃默里大学获得了英语学士学位，并于1991年在佐治亚获得了体育管理硕士学位。他以教练员和耐力跑指导员的身份获得了美国田径协会初级和中级教练员证书。

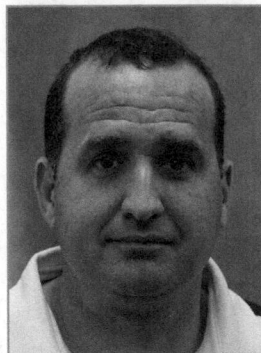

罗伯特·查普曼（Robert Chapman）博士是印第安纳大学运动学系的一位助理教授，同时也是美国田径协会体育科学与运动医学部副主任。查普曼博士在国际科学期刊和文献中发表了很多高水准的文章，他的研究主要集中在精英运动员表现能力的限制因素、耐力运动员的高原训练和运动表现的供氧限制等领域。他是印第安纳大学男子越野跑的前主教练和田径项目的助理教练，在印第安纳大学，他曾培养出3个全国冠军和19个全美优秀运动员。

杰里米·费希尔（Jeremy Fischer）是位于美国加州丘拉维斯塔的奥林匹克训练中心跳跃项目的教练员。他是美国田径协会的中级教练员培训导师、国际田联跳跃项目导师。费希尔教练还拥有人体运动学和营养学领域的理科硕士学位，同时持有美国体能协会注册体能训练专家证书和美国举重协会教练员认证证书。他曾培养出多位世界大赛和奥运会冠军及奖牌获得者。

弗恩·甘贝塔（Vern Gambetta）目前是甘贝塔运动训练体系的董事，他被誉为功能性训练之父。他在所有各级别的赛事中有过44年的执教经历。他的主要背景是田径，但在所有级别的运动中都担任过教练。他曾是美国田径联合会教练员培训项目的第一任董事。甘贝塔教练曾就训练的不同方面发表过100多篇文章并出版过7本专著。他从弗雷斯诺州立大学获得了学士学位，并在加州大学圣巴巴拉分校获得了辅修专业的教师资格证书。此外，他曾就读于斯坦福大学，主修专业为体育教育，并获得了硕士学位。

劳伦斯·W.贾奇（Lawrence W. Judge）是波尔州立大学的一名副教授，同时还是研究生训练项目的协调员。在18年的大学执教生涯中，他曾执教过100多名全美大学体育协会优秀运动员、培养出11名全美大学体育协会冠军、16名美国田径协会冠军、8名奥运会选手和2名美国和世界纪录保持者。2013年，他带领杰里米·坎贝尔（Jeremy Campbell）参加了2012年的伦敦残奥会，并获得了F44级铁饼项目的金牌，还在2013年法国里昂举办的国际残疾人奥委会世界锦标赛上获得了金牌。他曾担任过美国国家教练员培训认证协会的主席，目前担任美国田径协会全国教练员培训项目主席。

瑞克·麦克奎尔（Rick McGuire）博士是密苏里大学校际体育运动心理学会主任，以及运动心理学研究生教授。在1983年至2010年间，他是密苏里大学的首席田径教练。在密苏里，麦克奎尔曾指导过143名全美优秀运动员的训练、培养出110名各级别比赛冠军、29名美国国家队运动员、7名全美国大学体育协会比赛冠军和5名奥运会选手，其中包括两名奥运会银牌获得者。麦克奎尔博士是美国田径协会运动心理学项目的创始人和主席，他曾为11支USATF国家队工作过，包括参加1992年巴塞罗那和1996年亚特兰大奥运会的国家队。麦克奎尔博士现在是密苏里积极训练学院的创始人兼董事，他非常感谢斯科塔·莫顿（Scotta Morton）博士和莱恩·祖勒格（Brian Zuleger）博士在其所著章节中所做的贡献。

　　乔·罗杰斯（Joe Rogers）有48年的田径执教经验。他曾先后在美国军事学院、波尔州立大学、希尔斯代尔学院和奥立维学院执教。自1984年获得美国田径协会初级和中级教练员证书以来，他一直担任美国田径协会教练员培训项目的指导教师，并在全美各地的教练员讲习班中任教。

　　乔·维吉尔（Joe Vigil）博士以临床医学专家的身份在国内外分别任职于国际奥林匹克委员会、美国田径协会和国际田联。他的运动员在奥运会、世界田径锦标赛和世界越野跑锦标赛上都获得过奖牌。他的大学团队赢得了史无前例的19次全国冠军，培养出了425名全美优秀运动员。维吉尔教练曾11次入选名人堂，有两次被评为吉姆议员年度最佳教练。

译者简介

李志宇，黑龙江省田径协会副会长，注册会计师，副研究员，国家级田径裁判员。毕业于北京体育大学，多年来一直在训练一线工作，曾担任黑龙江省田径队领队并在黑龙江队赴美训练期间担任翻译工作。主要研究领域为体育科研和运动训练，主持完成省部级科研课题两项，发表期刊论文6篇，曾获国家体育总局"备战伦敦奥运会训练理念与实践创新征文"一等奖，参与编著国家队体能训练中心《身体功能训练动作手册》等。